中国と
南沙諸島
紛争

問題の起源、経緯と「仲裁裁定」後の展望

呉士存 著　朱建栄 訳

花伝社

中国と南沙諸島紛争——問題の起源、経緯と「仲裁裁定」後の展望

目次

はじめに……7

第1章　紛争の起源……14

　一、地政学的環境……16
　二、複雑な地質と地理的条件……18
　三、資源ファクター……20
　四、植民地主義の侵略と超大国の覇権争い……22
　五、国際海洋法の影響……26

第2章　中国の主権：歴史的根拠……31

　一、中国は最も早く南沙諸島を発見・開発・活用した……31
　二、植民地主義侵略の失敗……43
　三、「断続線」の形成、国際的認知と法的意義……56

第3章　中国の主権：国際法的研究……76

　一、南沙諸島に対する中国の発見権……77
　二、持続的な実効支配……84
　三、国際社会から認められた中国の島嶼主権……92
　四、他国に対する中国の抗議と制止行動……114
　五、「決定的期日」（Critical Date）……119
　六、UNCLOSの影響と中国の南海主権の法的根拠……123
　七、中国の主権と権利の主張が直面する挑戦……127

第4章　中国とベトナムとの紛争……*132*

　一、中越間の南沙紛争の由来と発展……*132*
　二、ベトナムの南沙に対する拡張の手法……*154*
　三、ベトナムの権利主張に対する分析……*181*

第5章　中国とフィリピンとの紛争……*189*

　一、海洋管轄権に関するフィリピンの主張……*189*
　二、南沙諸島とその付近海域への拡張……*192*
　三、フィリピンの南沙拡張の五つの戦略……*217*
　四、フィリピン側の権利主張に対する分析……*231*

第6章　マレーシア・ブルネイとの紛争……*236*

　一、マレーシアの南沙諸島進出の経緯……*236*
　二、実効支配戦略……*242*
　三、ブルネイの権利主張……*245*
　四、マレーシア、ブルネイの権利主張に対する分析……*247*

第7章　21世紀の南沙紛争、波高し……*249*

　一、冷戦以後、一段と矢面に立たされた中国……*249*
　二、ASEANの集団的安全保障体制と大国均衡戦略……*252*
　三、米国の南海政策の転換……*259*
　四、日印など域外勢力の介入……*273*
　五、南沙紛争の平和解決に関する中国の取り組み……*284*

第8章 「仲裁裁定」後の南海問題の行方……303

　一、仲裁裁判の一部始終……304
　二、フィリピンの提訴と仲裁裁定の問題点……313
　三、仲裁裁定の後続的動向と影響……322
　四、ASEAN諸国との関係の新動向……332
　五、南海を周辺諸国の「共通な庭」にするために……339

あとがき――解説に代えて　朱建栄……343

カバー地図　Illustrated Atlas of the World, Rand McNally & Company, 1992.

日本の外務大臣が推薦した地図に「南沙は中国」と表記

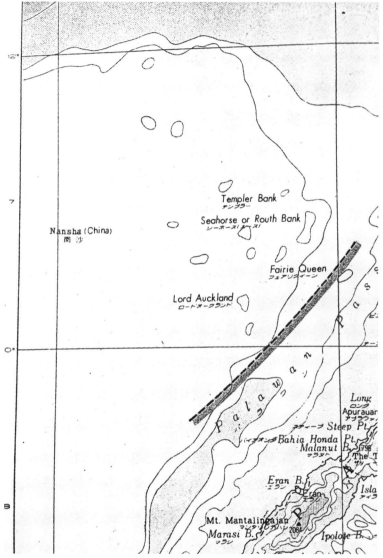

『NEW WORLD ATLAS：新世界地図』（著作兼発行者：全国教育図書株式会社、国土地理院承認済み　承認番号　昭38. 第2555番）の地図集第19図の一部。「南沙／Nansha（China）」と標示されており、当時の日本政府は南沙諸島が中国領であると認めたことを示している。

推薦のことば

世界は常に進展している。

我々は、すべからく視野を広く外に向けて、刻々変転する世界の情勢に注目し、世界の大きな歩みに取り残されぬよう対処すると共に、世界の平和と繁栄に寄与することに努力すべきである。

世界の情勢を常に的確に把握するためには、最新にして正確、且つ詳密なる世界地図がいかに必要であるかは、我々のつとに経験するところである。

この度、全国教育図書株式会社が、非常なる努力を払って完成された NEW WORLD ATLAS は、その内容、表現、規模等、正に世界の水準をゆくものであって、わが国の政治、経済、文化の各層に裨益するところ大であると信ずる。

敢えて広く江湖に推薦する次第である。

外務大臣　大平正芳

地図集の冒頭に「外務大臣　大平正芳」の肉筆署名入りの「推薦のことば」が掲載されている。

はじめに

　本書は歴史、法律および国際政治、経済、外交、軍事など幅広い分野から南沙諸島（スプラトリー諸島、以下同）をめぐる紛争を検証したものである。

　筆者は、中国の南沙に対する主権に関する実践と主張の沿革を検証するだけでなく、紛争に影響と制約を与える関連の諸要因に対しても検討を行い、南沙をめぐる紛争が現在複雑化・長期化・国際化という趨勢を呈している状況を確認した上で、近年の南沙をめぐる紛争の平和的解決を目指した中国による一連の模索と建設的立場を分析し、さらに今後の可能性を展望することを目的とする。

　南海（英語：South China Sea、中国語：南中国海／南海、日本語：南シナ海／南海。本書は「南海」を使う）の地理的位置と地政学的環境、地質的状況、資源問題、過去の植民地主義侵略と戦後の大国間の覇権争い、及び国際海洋法の影響などのファクターは、南沙の紛争を引き起こした背景であり、紛争をエスカレートさせた主要な原因でもある。

　南沙諸島は戦略的にも極めて重要な場所に位置し、多くの国に囲まれ、地政学の政治環境はかなり複雑である。南海周辺地域の人口密度は高く、冷戦終結後、特に21世紀に入って以来、周辺諸国の経済は著しい発展を遂げた。

　ASEAN（東南アジア諸国連合、以下同）の一体化のプロセス、中国とASEANとの間のFTA（自由貿易協定）の締結、ASEANと日本・韓国との経済協力なども迅速に発展し、地域内の協力と融合は目覚ましく進展している。経済発展は資源に対する需要の拡大をもたらし、南海の紛争に関わる東南アジア諸国は我先にと先進国の資源開発技術を導入し、資源開発の能力を高めた。これも南沙海域の資源争奪戦を激化に導いた。

南沙海域の地質と地理的状況はかなり複雑であり、そこに広く分布する島嶼・岩礁・沙州などはいずれも面積が狭く、基本的な生存条件を満たしていない。長期にわたって軍隊を駐屯させるのも難しいため、中国が第二次大戦後、最初に軍隊を一部の島に派遣・駐屯したものの、その後、太平島を除いてすべて引き上げた。これも東南アジアの関係諸国が後に南沙の島嶼と岩礁を占拠し、海域を分割し、資源を各自に開発する機会を提供した。

　近代以来、西側の植民地主義者が東南アジアに侵入する過程で、南海の島嶼群にも相次いで侵入し、数々の歴史問題と火種を残している。

　戦後、東南アジア諸国は相前後して独立したが、国家の領土の範囲を確定させる過程において、かつて植民地主義国が侵略と拡張のために用いた口実を理由に、南沙諸島に対する主権の要求を打ち出した。

　加えて大戦後の冷戦の勃発、資本主義と社会主義の両体制の対立、および冷戦期後半は米ソ両超大国の間の覇権争いに転じたことにより、南沙の問題はよりいっそう複雑化した。南沙をめぐる紛争は関係諸国間の主権と管轄権をめぐる争いになっただけでなく、地域の平和と安定、ないし国際政治の構図にも影響を与える重要なファクターとなった。

　海洋法の発展は国際関係に新しい秩序を構築する反面、それがカバーしきれない多くの分野で紛争の火種も残した。現行の国際海洋法は近現代の欧米の海洋法体系に源流を発するもので、それが島嶼の主権の帰属を判断し、海洋権益をめぐる紛争を解決する最も重要な根拠になっている。

　一方、中国を含む東アジアの伝統文化において、一つの国の領土面積の大きさ、主権の帰属はすべて法律によって定義されたものではなく、社会組織・歴史的伝統および各民族の生活区域によって形成されていた。したがって現行の国際法に由来する主権の定義のみをもって中国の伝統的な管轄の実態を判断することにより、南海の諸島嶼に対する中国の主権の法律的重みが実質的に低く評価され、非合理性がもたらされている。

　また、現行の国際海洋法は、島嶼をめぐる紛争を解決する上で「金科玉律」（必ず守るべき約束）とされているが、それが「歴史的権利」に対して下している定義はかなり曖昧であると言わざるを得ず、特に海岸線が向

かい合う国同士や、隣接国同士の海洋権益の争いを解決するのに明確で有効な規定を欠いている。規則と条項の解釈の幅が広いため、様々な主張が並行して成り立つ土壌を作っている。

南沙諸島に対する中国の主権は争いようのない歴史的事実であり、かつ十分な法的根拠がある。歴史から見れば、中国は最も早く南沙諸島を含む南海の諸島嶼を発見し、開発し、管轄し、また頻繁に運航していた国である。

中国が南海の諸島嶼に主権を行使してきた歴史的事実に対し、フランスと日本の植民地主義は相次いで南沙を侵略して挑戦したがいずれも敗北した。中国政府は第二次大戦後に南沙諸島を取り戻し、11段の断続線(後に9段線に変化)を国際社会に公示することを通じて、南沙諸島に対する主権と、断続線の囲む範囲内の歴史的権利とを明確に規定した。

南沙諸島に対する中国の主権は、植民地侵略と戦う過程で何度も確認が重ねられた。法理から見れば、中国が南沙諸島を発見した優先権と持続的管理が国際社会や紛争関係国にも承認されたことで、中国の島嶼に対する主権は一段と明示・確認されたとも言える。他国の領有権主張に対して中国政府がその都度抗議や対応措置を行うことで、島嶼の主権に関する中国の主張=「決定的期日(critical date)」[1]に対する立場が強化された。

1960年代末・70年代初めから20世紀末にかけて、ベトナム、フィリピン、マレーシアなどの国々は相次いで軍隊を派遣し、一部の南沙の島嶼を占領し実行支配を行っており、その島嶼の数は40余りに上っている。

2002年11月、中国とASEAN10カ国の間でより深い信頼関係の構築や、問題の深刻化の防止を目指して、「南シナ海における関係国の行動宣言」(Declaration on the Conduct of Parties in the South China Sea,略称：DOC、以下略称を使う)が調印された。それ以後、関係諸国は宣言の精神に拘束され、新たな島嶼の占有をしなくなったが、代わりにベトナム・フィリピン・マレーシアなどは観光開発、石油と天然ガスの資源開発、軍

---

1 決定的期日(英語:critical date)とは、国際法において、ある紛争当事国間に存在する法的状態を決定する基準となる期日のことである。

事用と民生用のインフラ設備の整備、ひいては選挙を行い、行政機関を設置するなどの方法でその実効支配を強化し、各国が主張する「主権」を誇示し、その既得権益を固めようとした。

2009年、ベトナムとマレーシアは単独でもしくは共同で国連大陸棚限界委員会[2]に対し、大陸棚以外の海域に関する分割の提案を行い、南海のほぼ全域に対する分割を図ろうとした。この提案は却下されたが、それ以後、南沙をめぐる紛争はエスカレートしていった。

2010年7月に開かれたASEAN地域フォーラムでは、ヒラリー・クリントン米国務長官が、南沙の紛争に米国が介入する姿勢を表明し、それに煽られたベトナムとフィリピンは強硬姿勢に転じ、両国と中国との対立は一層ヒートアップした。

中国と係争する諸国の中で、ベトナムは南沙の全域に対して主権の要求を主張した唯一の国であり、また、南沙の主権に関して「歴史的根拠」を提示したただ一つの国である。南海をめぐる紛争において、現在ベトナムは最大の既得権益を有し、29の島嶼を実効支配している。本書は、ベトナムが南沙諸島に対して主権の要求を打ち出した過程とその根拠について、逐一検証を行っていく（第4章参照）。

フィリピンは1970年、71年、78年、80年、99年の5回にわたる軍事行動を通じて、南沙の九つの島嶼を占領した。フィリピンは実効支配した島嶼に複数の軍事基地を作り軍隊を派遣しており、南沙およびその海域に対する拡張は明らかに戦略的計画が存在し着実に進められたものである。本書はフィリピンの南沙の主権に関する根拠についても詳しい検証と分析を行う（第5章参照）。

マレーシアは南沙の五つの島嶼を占有し、ブルネイは南通礁（英語名：Louisa Reef）の所有を宣言している。この2カ国の南沙に対する権利主張の基本的特徴は、国連海洋法条約（英語の略称はUNCLOS、以下略称

2 　国連大陸棚限界委員会（Commission on the Limits of the Continental Shelf、略称：CLCS）は国連海洋法条約の第76条に基づき、1980年8月に設置され、200海里を超える大陸棚をめぐる問題で調査研究し、関係国に勧告や助言を与える機関である。

を使う）³の大陸棚や専属経済水域（略称は EEZ、以下は略称を使う）に関する規定に基づいて、海洋管轄権の主張をもって領土主権を要求している点である。マレーシア、ブルネイの2カ国はもちろん本国の大陸棚や EEZ に関する法律制度を整備する権利を持ち、それに基づいて海洋管轄権を主張できるが、それを拡大解釈して中国の南沙諸島に対する領土主権と海洋管轄権を損なってはならない（第6章参照）。

南沙をめぐる紛争は今日の世界において関係する国数が最も多く、状況が最も複雑な海洋権益をめぐる争いになっている。中国・ベトナム・フィリピン・マレーシア・ブルネイおよび中国の台湾という5カ国の6主体が争っているだけでなく、米国・日本・インドなどの域外勢力も自身の利益に基づく計算とアジア太平洋地域全般に対する戦略から、南沙の紛争に介入し、問題を一段と複雑化した。DOC の調印により一時期南海の情勢は緩和されたが、その後、緊張の度合いは逆に高まっており、南沙をめぐる紛争が複雑化・長期化・国際化に向かう趨勢は変わっていない。

中国は、国内の経済と社会の発展を最優先する長期戦略を実施しており、対外的拡張を行う余裕がなく、そもそも拡張は中国の国家理念にそぐわない。現在の問題は、中国が自国の南沙諸島の主権を守ろうとする努力が、南海周辺諸国および西側諸大国との関係の制約を受けているということだ。

ASEAN 諸国は、安全保障協力をめぐる内部のメカニズムと大国に対するバランス戦略を活用し、域外諸国の介入を進んで巻き込み、急速に台頭する中国の力に対する均衡を図ろうとしており、その一部の国は更に一部の域外大国を頼りにして中国と対抗している。

域外の諸大国のうち米国は最も影響力の大きい勢力であり、東南アジアにおいて重要な戦略的利益を有している。特に「9.11事件」以降、米国は反テロの名を借りて東南アジアに返り咲きし、南海地域に対する軍事的干渉と支配能力を増強している。2010年の ASEAN 地域フォーラム

3 　全称は「海洋法に関する国際連合条約（United Nations Convention on the Law of the Sea）。1982年4月30日に第3次国連海洋法会議で採択され、1994年11月16日に正式に発効した条約である。通称・略称は国連海洋法条約、英語の略称は UNCLOS。

(ARF）でクリントン国務長官が行った南海問題に関する発言と、2012年8月に米国務省が出した南海問題に関する声明は、米国が一段と深く南海の紛争に介入する方針を宣告したようなものである。

日本は、国内政治の保守化と軍事力の拡張に伴い、すでに平和憲法を有名無実なものにし、集団的自衛権を解禁し、海外派兵を可能にする安保法制を整えた。南海をめぐる紛争の拡大は、日本が一段と東南アジアにおける経済と安全保障の利益を確保・拡大するのに好都合であり、中国への牽制にも利用されている。一部のASEAN諸国との非伝統的安全保障領域における協力の強化を通じて、実際に日本は軍事力をすでに南海まで拡張している。それは南海をめぐる安全保障情勢の複雑化を招いただけでなく、南沙をめぐる紛争を解決するために中国が直面する国際的環境にも重大な変数がもたらされた。

一方、インドはすでに核保有国になっており、地域や世界的な問題に対する影響力を意欲的に拡大している。インドは東南アジアを「アクト・イースト（Act East）」政策（第7章参照）の突破口としており、ASEANとの全方位的関係の拡大に力を入れている。インドは地政学的考慮から、中国の東南アジアにおける影響力の上昇を好ましく思わず、さらに中国が東南アジアをステップに次にインドの周辺地域ないし南アジア全体に安全保障上の脅威をもたらすのではないかという懸念を常に抱いている。そのためインドは、南海で中国の勢力がインド洋に入るのを食い止める必要があると考え、それにより、インドが南海の情勢に影響を及ぼすもう一つの新しいファクターとして台頭した。

経済のグローバル化と地域の一体化という時代の流れ、および中国自身の外交と経済発展の必要性に基づき、中国は2002年の第16回党大会で「隣国に善意をもって接し、隣国をパートナーとする」近隣外交政策を打ち出し、それに従って「隣国と仲良くし、隣国を安定させ、隣国を豊かにする」という実務的外交を推進してきた。

更に習近平主席は、2013年秋に開かれた周辺外交座談会で「親善、誠実、互恵、包容」という周辺外交の理念を提起している。中国は東南アジアのほぼすべての国の最大貿易相手国となっており、東アジア地域においてよ

り幅の広い、レベルの高い経済協力、安全保障面の協力および政治協力の実現も促進している。中国の南沙をめぐる紛争に関する解決方針や、南海の平和と安定を目指す意向はこのような既定の戦略方針に由来するものである。

　2009年に南沙をめぐる紛争が再度激化してから、中国は漁業管理の「漁政」部門の船を派遣して南海でのパトロールを始めた。2012年6月21日、中国政府は三沙市の設立を公表し、1959年に設立された西沙諸島・南沙諸島・中沙諸島管理事務所という地方行政の管轄機関を格上げした。中国から見れば、三沙市の設立と、2013年に着手した一部の自国管轄下の島嶼・岩礁に対する埋め立ては、完全に中国の主権範囲内で国際法に違反せずに進められたことである（第7章参照）。

　2016年7月12日、フィリピンが一方的に提訴した南海の一連の係争に関するいわゆる「仲裁の裁定」が出たが、ちょうどフィリピンの政権交代と重なり、ドゥテルテ新大統領と中国との双方の話し合いによって紛争解決が再合意され、共同開発の可能性も開かれた（第8章参照）。

　しかし南沙をめぐる紛争の解決にはまだ見通しがつかず、火種は依然として残っている。長期的に見れば、関係各国はともに南沙をめぐる紛争の平和的解決に向けて建設的な措置をとっていかなければならない。中国は今後も責任ある大国の立場に立って、関係諸国と一緒に南海地域の平和と発展、Win-Win関係を追求していく方針を変えない。関係諸国も中国と一緒に話し合いを通じて紛争と対立の拡大を防ぎ、地域内の経済と社会の持続可能な発展を進める平和的な国際環境を構築し、その上で南沙をめぐる紛争の平和的解決を促進すべきである。そのためにも、時代遅れの冷戦思考、特別の意図を込めた「中国脅威論」を排除すべきである。

　本書は以上のような考えをもって、複雑化の様相を呈する南沙をめぐる紛争の経緯、現状及びその行方について検証・分析したものであり、日本の読者の理解と建設的思考様式の形成の一助になれば幸いである。

第1章　紛争の起源

　南沙をめぐる紛争の実際の起源は1960年代末から70年代初めにかけての時期に遡ることができる。

　西側の植民地主義者は早くから南海地域に目をつけ、食指を動かしていたが、本格的に南海（南シナ海）に全面的な侵略と占領を行ったのは日本の軍国主義政権だった。第二次世界大戦中、日本は西沙諸島と南沙諸島を軍事基地にも利用した。

　大戦後、日本はこれらの島嶼から撤収し、中国政府はこの二つの群島を完全に主権回復しただけでなく、各主要な島嶼に中国領を示す標識を改めて打ち立て、主権を世界に公示した。

　中華人民共和国は1949年に樹立した後、直ちに西沙と南沙に対する主権を宣言し、台湾に退いた国民党当局も「中華民国」の名義でこの二つの群島に対する主権を再確認した。中国共産党との内戦に追われ、いったん南沙諸島から撤退した台湾の軍隊は1956年、再び南沙の最大の島嶼である太平島に戻り、駐屯した。

　しかしフランスの植民地当局はベトナムの支配に返り咲きした後、西沙と南沙に対する領土主権の要求を再度提起し、両群島の中の一部の島嶼を占領し、1955年に樹立した南ベトナム政権（Republic of Vietnam、略称：RVN）も両群島に対する主権の主張を表明した。

　当時、北ベトナム（Democratic Republic of Vietnam、略称：DRV）はこれらについて何の主権の主張も述べなかった。マレーシア、ブルネイなどの国も、南沙の島嶼およびその付近の海域に対する領有権の主張をせず、行動もとっていなかった。

　フィリピン政府は何度か南沙に対する関心を示し、一部の島嶼の占拠を試みた。その間、いわゆる「人道王国」や「クロマ事件」などの騒ぎが起

きたものの、一度も公式に主権要求を打ち出していなかった（第5章参照）。

総じて言えば、1950年代から60年代にかけて、南沙をめぐる情勢は相対的に安定し、国際社会からの注目も限定的なものだった。

1960年代末から70年代初めにかけて、南沙地域をめぐる情勢は大きな変化を見せた。この変化を引き起こした要因は政治的なものもあれば、経済的、法律的なものもあった。

政治面において、米国がインドシナ半島からの撤退を決定したことにより、米ソ両超大国のこの地域における力の均衡に大きな変化が生じた。また、その時期に南海の航行の安全問題も注目され始めた[1]。

経済面において、国連のアジア極東経済委員会（Economic Commission for Asia and the Far East、略称：ECAFE、以下は略称を使う）[2]に設けられた「アジア沿海鉱物資源共同探査調整委員会（Committee for Co-ordination of Joint Prospecting for Mineral Resources in Asian Offshore Areas、略称：CCOP）」が1968年に調査報告書を発表し、ベトナム沖の隣接海域、南沙諸島の東部と南部の海域において豊富な石油と天然ガス資源が埋蔵していると指摘した[3]。

1973年に発生した世界規模の第一次「オイルショック」は、南沙海域のエネルギー資源の重要性を一段と際立たせた。また法律面において、新しい海洋法公約をめぐる討論が熱を帯びてきた。

新しい公約は1982年に最終的に合意されたが、70年代の半ばには、沿海国と島嶼国が海洋権益を大いに拡張することが可能できるという認識が拡がっていた。

1　Leifer Michel, International Strait of the World: Malacca, Singapore and Indonesia [M]. The Netherland: Sitjhoff and Noordhoif, 1978.
O Neill Robert, The Security of Sea-Lanes in Southeast Asia[J]. Security in East Asia. London: International Institute of Strategic Studies, 1984.

2　全称：Economic Commission for Asia and the Far East、略称：ECAFE。国連の主要機関である経済社会理事会の下部機関。地域経済委員会の一つで、1947年3月に設立された。後にアジア太平洋経済社会委員会（ESCAP）と改称。

3　ECAFE, Committee for Co-ordination of Joint Prospecting for Mineral Resources in Asian Offshore Areas(CCOP). Technical Bulletin, Volume 2, 1969.

南海の半閉鎖海という性格と、その複雑な地理・地質条件により、海洋管轄権をめぐって激しい紛争が引き起こりかねないということを南海周辺諸国はみな見通していた。

　1982年、UNCLOS（国連海洋法条約）が調印されたが、それにより一つのちっぽけな島でも12カイリ（約22.2キロメートル）の領海をもつ権利を付され、そして領海の外にさらに12カイリの隣接区域の管轄権を有し、ひいては200カイリ（約370キロメートル）のEEZと大陸棚を所有することができることになった。

　これら一連の動向が重なった相乗効果により、1970年代以降、フィリピン・ベトナム・マレーシアなどの国は相次いで主権を主張する島嶼に派兵して占領し始めた。南沙をめぐる紛争はこれで突出するようになった。

　紛争の発展過程から見て分かるように、それが激化した直接の原因はベトナム・フィリピン・マレーシア・ブルネイなどの国による南沙諸島への進出だった。しかし、その背後にさらにもっと複雑な背景的要因があることも指摘しなければならない。

一、地政学的環境

　南沙諸島が位置する南海は太平洋とインド洋の間にあり、豊富な資源を有するだけでなく、重要な戦略的場所に位置している。世界的に見ても最も貿易が盛んな交易路であり、東西両洋を結ぶ海上回廊といえる。

　南沙は、南海の各群島の中で島嶼数が一番多く、分布の範囲も一番広く北西から南東に約1000キロにわたって点在する。その周辺に位置する国も多い。南海を通る空と海の航路はほとんど南沙海域を経由する。

　軍事戦略の角度から見れば、これらの島嶼を支配することはマラッカ海峡から日本まで、シンガポールから香港まで、広東からマニラまで、さらには東アジアから西アジア、アフリカ、ヨーロッパまでの多くの海上航路を直接的、もしくは間接的にコントロールすることができる意味を持つ。

　フランスがベトナムを占領した時、早くも西沙と南沙の戦略的位置を極めて重視する判断と認識を持った。1929年、フランスのベトナム中部地

域駐在の全権特使フィローは、西沙諸島は戦略的に極めて重要な存在であり、敵対勢力に一度支配され海軍基地が作られるとインドシナ半島の防御体制にとって最も深刻な脅威を与えると指摘した。

　フランス航海委員会副主席ボーキングも、西沙と南沙の戦略的重要性を無視してはならないとして次のような警告を送った。もし一つの強大な外国勢力がこの地域を占領すれば、いざ戦争となったときにインドシナの安全保障は完全に危険にさらされる。これらの島に潜水艦の基地が設置されればダナン軍港とベトナム中部海域を封鎖できる。ベトナムの北部と中部の通信連絡はすべて鉄道を頼りにするが、海岸線近くに敷かれる鉄道線は海上から戦艦による遠距離の砲撃を受けやすい、と。

　第二次大戦勃発前夜の1937年、フランス海軍副司令官エストワは、イギリス人は西沙を香港とシンガポールの間の海上航路にある重要な観測スポットにする可能性があり、日本人はこの群島を、南進拡張する海軍と空軍の足場とすることを狙っているとの警告を発した[4]。

　その懸念は間もなく的中した。太平洋戦争に突入する前から、日本軍は西沙と南沙を占拠し、南沙で海軍基地を作り、これを拠点にインドシナ半島、シンガポール、インドネシアなどに攻撃を加えた。

　第二次大戦後、フィリピンの国内でも、南沙諸島の本国の安全保障に対する重要性を強調する声が一度ならず現れた。冷戦期において、米国とソ連はそれぞれフィリピンのスービックとベトナムのカムラン湾に海軍を配備し、南海地域は一時期、両超大国の対峙する最前線になった。

　ただ、南沙の島々が散在的に分布する状況はその戦略的価値を制限し、原子力潜水艦と人工衛星など近代的武器装備と観測システムの開発も、これらの島嶼の伝統的な戦略的意義を大幅に低下させたことは否めない。しかし、南沙の戦略的位置は相変わらず周辺諸国がそれを重視する基本的な要素の一つとなっている。

4　次の論文から引用。ヴー・フィー・フアン（Vũ Phí Huáng／武飛煌）「ベトナムの海域、島嶼の軍事地理に関するいくつかの見解」、ハノイ：「Quoc Phong Toan Dan（全民国防）」誌、1989年第4号。

二、複雑な地質と地理的条件

　南沙諸島の範囲内には230以上の島嶼・沙州・暗礁・暗沙・暗灘が分布しており（航空写真と衛星写真から判断すればその数は310に上る）、これらすべての自然構造物はいずれもサンゴの成長と発育によって造成されたものである。南海諸群島のうち、南沙は島嶼の数が最も多く、分布する範囲が最も広いサンゴ礁島嶼群である。

　これまで命名された島嶼、沙州、暗礁、暗沙と暗灘は合わせて189あり（中国地名委員会が1983年1月に公表）、そのうち、島嶼は14、沙州は6、暗礁は113、暗沙は35、暗灘は21となっている。

　島嶼・沙州・暗礁・暗沙・暗灘は、次の五つのタイプに分けられる。

　1、**暗灘**(あんたん)（水面下の台地、の意味）（英語：hidden shoal）。この種のサンゴ礁は海面より比較的に深いところに位置し、広範囲に広がる平たんな台形状を呈し、平均的に水面より20から30メートル以下にある。たとえば人駿灘（Alexandra Bank）は水深27メートルのところにある。

　2、**暗沙**(あんさ)（水面下の沙州）（英語：Shoal）。海面に比較的に近い小規模なサンゴ礁であり、その下部は原生のサンゴ礁だが、表面にはサンゴの残骸や貝殻に覆われる。暗灘から隆起したもの。たとえば曽母暗沙（James Shoal／ジェームズ礁）は水面下の11メートルから22メートルのところにあり、船の運航に一定の影響を与える。

　3、**暗礁**(あんしょう)（英語：Reef）。サンゴ礁の成長が水面に接近し、低潮の時に一部は海面から姿を現わすもの。船の運航にとって最も恐れられる存在であり、水面下のおよそ7メートル以内にある。たとえば南安礁（Sea-horse Breakers）の水深は3.7メートルであり、海安礁（Stigant Reef）の水深は4.6メートルである。その一部は低潮高地に属する。

　4、**沙州**(さす)（英語：Sand）。水面に露出した台地だが、高潮の時は依然、水面下に没する可能性があるもの。沙州の面積は通常小さく、表面はサンゴの残骸と貝殻から形成され、強い風と波の影響下でその形はよく変わる。

また、淡水が溜まりにくいので、樹木が生えにくく、草類だけが成長する。

　5、**島嶼**(とうしょ)（一部の環礁を含む）（英語：Island）。沙州が一段と堆積・拡大してはっきりと陸地に形成されたもの。その形成の期間は上の4種類よりはるかに長い。

　要約すれば、南沙諸島は水面から露出した地理的形態と水面下にある地理的形態の二種類から構成される。

　そのうち、水面に露出した島嶼は約20ある。北半球の熱帯地域にあるため赤道無風帯に近く、台風が少なく、季節風も弱く、島嶼の面積はなかなか伸びず、高くもなれない。よってすべての島嶼の面積が小さく、最も大きい太平島も0.43平方キロメートルしかなかった（埋め立て前の面積）。大きい13の沙州と島嶼の総面積を足しても、香港の南東に位置する東沙島（約1.8平方キロメートル）一つの大きさに及ばない。

　南沙諸島は標高が低いことでも有名で、多くの島の高さは海抜2メートル以下である。南海の潮の落差は50センチに達するため、一部の島嶼と沙州は高潮の時にほぼ完全に水没する。群島の中で、人類の生存条件を最低限に満たすのに必要な淡水が出る島はごく少数である。

　一方、現行の国際法の要求に従えば、領土主権の取得には持続的で有効な支配が必要である。しかしその特殊な地質状況によって、領有を主張するあらゆる国にとって南沙諸島に対して持続的で有効な支配を実施することは難しい。このような厳しい自然条件は、中国にとっても同じであり、とりわけ近代的な航行技術と経済力が確立するまで南沙に対する完全な実行支配を行うことは至難の技であった。

　この過酷な地理的条件により、実効支配と法律の両面において他の国が南沙の主権を申し立て、中国の主権に挑戦するチャンスも生じた。

　1970年以前、台湾当局は面積が最も大きく、生存条件が最も良い太平島をほぼ断続なしに実効支配した[5]が、ほかのどの国も南沙のその他の島

5　1950年に補給困難を理由に駐在の軍隊を一時撤収したが、1956年に駐屯を再開し、今日まで至っている。

嶼を持続的に支配したためしはなかった。

　70年代以降、各国が相次いで初めて南沙の島嶼に対する占領に乗り出した。その当時、中国海軍の力は不足し、南沙の多くの島嶼は野放しに近い状態であったため、周辺の関係諸国はこれらの島嶼に上って、中国側が立てた主権の標識を壊し、自国の旗を立て、石碑を埋め、いわゆる「主権の宣言」を行い、中国の主権に挑戦することができた。

三、資源ファクター

　南沙の紛争を激化させた重要な原因の一つは、これらの島嶼およびその周辺海域に確認された、もしくは潜在的にあるとされる資源の存在である。

　中国人はかなり前から南沙の大きな島々で、ヤシの木、パンノキ、オオアブラギリを栽培し、後にパイナップル、パパイヤやバナナを導入した。

　暗礁、環礁とその周辺水域には豊富な漁業資源があり、イカ、ナマコ、牡蠣および商品価値の高いマグロなどが捕れる。南沙海域は海亀の主な産卵、生息の地でもあり、中国の漁民は数世紀にわたってここで海亀とその肉、殻や卵を採取していた。

　島嶼の伝統的資源として、海鳥のフンからなる「燐(リン)鉱石」が挙げられる。20世紀初めから、人々は南沙諸島で燐鉱石に対する商業開発を始めた。中国は1920年代、南沙の燐鉱石資源を略奪にやって来た日本と仏領インドシナとの間で一連の外交交渉を行い、闘った。他に、サンゴ石灰、珪(けい)酸塩の含有量が高い砂や、サンゴと天然真珠などの資源も注目されている。

　今日、南沙海域の最も重要で極めて豊富な資源は言うまでもなく、海底に埋蔵された石油と天然ガスである。南沙海域で採掘可能な石油埋蔵量は全世界の12％を占めるとの試算もある。

　1968年、アジア沿海鉱物資源共同探査調整委員会（CCOP）が、南海海域に豊富な石油と天然ガス資源が埋蔵しているという報告書を発表した（前述）。ちょうど、地球上のエネルギー資源に限界があると認識され、海底資源の重要性も世界的に強調された時期と重なり、各主要国とも海洋資源に対する大規模な開発と利用に奔走し始めていた。

米国では 1966 年に、副大統領を長とする海洋資源技術開発会議が発足した。フランスでは 1967 年に国立海洋開発センター（CNEXO）が、日本では 1971 年に海洋科学技術センターが、西ドイツでも専門の技術委員会がそれぞれ設置された。

　1960 年代、米国の海洋研究に使った経費はまだ数百万ドルのレベルだったが、70 年代に入ると百倍以上急増し、年間 34 億ドルに達した。

　南沙海域のエネルギー資源に関する巨大な可能性が報告されてから、南海の近隣諸国は我先にと南沙の島嶼をめぐる陣取り合戦を始めた。

　南ベトナムのサイゴン政権は 1974 年に領海の幅は 12 カイリと宣言したが、それ以前の 1972 年、専属漁業海域を 62 カイリ（約 115 キロメートル）とし、また 1958 年のジュネーブ公約に盛り込まれた大陸棚に関する条項を根拠にして、管轄権を持つその大陸棚は陸地の領土が海底に向けて 200 メートルの深さまで延びる海域だと規定した。

　1977 年 5 月 12 日、南北の統一を果たした後のベトナム政府は、「ベトナム社会主義共和国の領海・接続水域・排他的経済水域及びと大陸棚に関する声明」を発表し、ベトナム国境事務委員会主任リュー・ヴァン・ロイはこの声明の意義を説明する中で、

> 「我が国の EEZ や大陸棚における不可侵の主権を強調することは、我が国の東海（すなわち南海）、とりわけホアンサ（西沙諸島）、チュオンサ（南沙諸島）周辺海域の石油と天然ガスなどの資源を開発することにとって極めて重要な意義をもつ。現在のところ、我々の探査と開発能力に多くの限界があるが、科学者の分析と判断によると、我々が東海の資源を探査し、開発する能力を完全に備えた暁には、わが国の経済発展にとって計り知れない影響を及ぼすだろう」

と述べた[6]。

6　リュー・ヴァン・ロイ（Lưu Văn Lợi／劉文利）「ベトナムの領海及び大陸棚における主権」、ハノイ：『ハイクァン（海軍）』特別号、1982 年、5 頁。

フィリピン、マレーシアなどの国も1968年以降、南沙の資源に対する強い関心を示し始めた。フィリピンは1968年3月20日、大統領令第370号を発して大陸棚に対する主権を主張し、その範囲は領海を起点にして開発可能の深度まで及ぶ範囲だと宣言した。さらに1970年から1980年にかけて、軍事行動をとって相次いで南海の九つの島と沙州、環礁を占拠した（第5章参照）。

　1970年から71年にかけて、フィリピンの資源開発会社（Oriental Petroleum and Mining Company、後のOriental Petroleum and Minerals Corporation（OPM））が、パラワン島より50マイル北西の海底で「パグアサ（Pagasa）1-A」と命名する油田の掘削に着手した。

　マレーシア政府も1968年、南沙諸島の範囲内の8万平方キロメートル余りの区域を「鉱区」と指定し（南康暗沙／South Luconia Shoals、北康暗沙／North Luconia Shoals、曾母暗沙／James Shoalという南沙諸島の三つの大群礁に属する環礁、沙州は全て「鉱区」内に含まれた）、それを米国のシェル会社の子会社「サラワク（Sarawak）シェル会社」にボーリング調査権を貸与した。1970年、マレーシアの2隻のボーリング調査船はそれぞれ南康暗沙、北康暗沙に進入して探査と試掘を行った。

　これらの動きが示すように、南沙をめぐる紛争はある意味において資源をめぐる争いであるといえる。南沙周辺地域は人口の密度が高く、経済成長が早いため、資源に対する需要はうなぎ登りに増え、資源開発能力も急速に高まった。

　加えて地球規模のエネルギーと海洋資源をめぐる争奪戦が白熱化したことを背景に、南沙の紛争における資源問題の重要性はずっと拡大の傾向を見せ、今日もその勢いは衰えていない。

四、植民地主義の侵略と超大国の覇権争い

　南沙の紛争を誘発し、激化させ、今日の情勢に至らしめた諸要因のうち、南海周辺諸国以外の問題、つまり域外の西側植民地主義の侵略と超大国の覇権争いというファクターも指摘しておかなければならない。

1930年代にフランスが西沙諸島と南沙諸島へ侵入した「実績」と口実は、戦後ベトナムが南沙の権利を主張する「根拠」として受け継がれた。1956年5月29日、南ベトナムのフィリピン駐在公使カオ・タイ・バオ（Cao Thái Bao／高太宝）は記者会見し、

> 「チュオンサ（南沙諸島）はフランス植民地政府の管轄地域の一部であり、フランスがベトナムに主権を返還したのに伴い、その主権もベトナム側に移譲された」

と述べた[7]。

その後、南ベトナム当局は、フランスが第二次大戦後に西沙と南沙をベトナム側に引き渡したとの主張を何度も繰り返している。

第二次大戦以後、全世界の規模で形成された冷戦構造も、南沙をめぐる紛争の形成に重大な影響を与えた。世界の主要大国、特に米国とソ連は南沙諸島に直接に出兵して占領することさえしなかったものの、程度の差こそあれ、南沙の紛争に両国とも巻き込まれた。

東西二大陣営の最前線に位置する南海地域の力の均衡は、アジア太平洋地域の力の均衡ないし国際政治構造全体に影響するので、その意味において南沙の紛争は、周辺諸国の主権と管轄権の争いの範疇を超えて地域全体ないし東西両陣営の対立構造にも組み込まれていた。

第二次世界大戦の終結以前から、米国は東欧と西欧の共産党の動きをすべてソ連の指導による「実質に復活されたコミンテルン（1943年に解散）の陰謀」と帰結した。その後、米国政府と議会はさらに「共産主義の一枚岩」論を信仰し、世界各地の共産主義勢力への対策を安全保障と世界戦略の重要な一環とした。

米国の戦略転換を背景として、イギリスのチャーチル前首相が1946年3月に米ミズーリ州フルトンで「鉄のカーテン」演説を行い、続いてト

7　（台湾）外交部研究院設計委員会『外交部南海諸島档案資料滙編』、台北、1995年、Ⅲ、4頁。

ルーマン米大統領が1947年3月の議会演説で世界的規模の反ソ反共政策を提唱し（トルーマン・ドクトリン）、「冷戦構造」すなわち米ソの二極対立構造が正式に形成された。

冷戦構造は東アジア、特に米国の対中国政策に直接の影響を与えることとなった。国共内戦が進行中の1947年11月6日、米国務省所属委員会が出した「世界情勢の概観」報告書は、中国で早急に取り組むべきなのは「軍事情勢が共産党勢力に有利な方向へ激変するのを全力で阻止することだ」と明言している[8]。

1949年10月の中華人民共和国の樹立から60年代の中ソ対立の表面化に至るまで、米国政府は一貫して中国をソ連の手先と見なし、ソ連と同じような拡張主義的政策をとるに違いないと決めつけていた。

1950年の朝鮮戦争勃発後、アジアはヨーロッパと同じように「冷戦の主戦場になり」、「中国を封じ込めることもソ連に対する封じ込め政策の一環に据えられ、中国を封じ込めることはすなわちソ連を封じ込めることだと信じ込まれた」[9]。「第一列島線」と「第二列島線」の概念も1951年、ダレス（当時は国務長官顧問）が打ち出した中ソを封じ込めるための「防御ライン」だった。

アイゼンハワーが大統領に就任した1953年、ダレス国務長官は極東に対する軽視に終止符を打ち、中国を孤立させ包囲する政策を推進し北京政権を崩壊させると明言した。

1954年9月と12月、米国は英国・フランス・タイ・フィリピン・オーストラリア・ニュージーランド・パキスタンを糾合し、マニラで「東南アジア集団防衛条約」に調印して「東南アジア条約機構（SEATO）」を設立し、また、台湾を中国から分離することを「対中封じ込め政策」の基軸の一つとし、「米華相互防衛条約」を結んだ。

政治と地政学の両面で中国に対する孤立政策をとるとともに、米政府は

---

8 U.S. Department of State, Foreign Relations of the United States, 1947 (I), pp.776-777.

9 李長久他『中美関係二百年』、北京：新華出版社、1984年、171 — 177頁。

経済面でも中国に対する禁輸政策を実施し、1950年12月2日、米商務省は「中国に輸出するすべての品物に対する許可制管理の制度を実施」すると発表し、翌年5月18日、国連総会で中国に対する禁輸の決議を採択させた。このような中国に対する全方位の封じ込め政策は70年代の初めまで続いた。

冷戦構造と米国による対中封じ込め政策の結果、米国自身が南海と南沙諸島を頻繁に軍事利用すると同時に、対中包囲網に参加するフィリピン、南ベトナムなどによる南沙諸島の占領と実効支配を容認し、支持した。

たとえば、1970年にフィリピン軍が初めて南沙諸島の一部を占拠した直後、パグアサ島（Thitu Island／中業島）に1500メートルの滑走路を作り、軍用機を飛ばした[10]ことも、米国から黙認ないし支援された。

一方の中国は、米国の封じ込めの対象であったため、南沙海域で伝統的な漁業活動ができなかっただけでなく、1968年以後に南海で起きた「海底エネルギー調査ブーム」では、フィリピン・南ベトナム・マレーシアなどの積極的な活動を座視する以外に、なすすべがなかった。

ベトナム戦争の終結前、米国は台湾の国民党当局とサイゴン当局、フィリピンなどの反共産主義政権との間で、南沙をめぐる争奪戦の調整役を務めると同時に、軍用機と戦艦を西沙と南沙に侵入し、南沙諸島にレーザー基地を設置し、南海地域を北ベトナムに対する侵略戦争や、冷戦の利益を確保するための足場としていた。

ただ、1970年代以降、中ソ対立が決定的になり、特にソ連がベトナムと同盟関係を結んで地域での拡張主義を行ってから、米国は南沙の紛争問題において比較的中立的な立場をとった。しかし、冷戦終結後、米国の南海政策は再び中国を封じ込める傾向に転じた（第7章参照）。

一連の歴史的流れから、超大国による国際情勢の判断とその時々の外交政策、特に米国による中国への封じ込め、抑止政策は終始して南沙をめぐる紛争の発展を左右する要因の一つであることは明らかだ。

---

[10] 浦野起央『南海諸島国際紛争史 研究・資料・年表』、刀水書房、1997年、485—486頁と本の冒頭に掲載された写真の説明。

五、国際海洋法の影響

　人類は大昔から海洋を利用してきたが、海洋秩序を整備し、海洋をめぐる立法と規範作りに着手したのは近代以降のことである。

　科学技術の発展に伴い、各国とも海洋に熱い目線を向け、海底と大洋底の石油、天然ガス、金属鉱物などの非生物資源に対する開発に力を入れた。各国の海洋権益の拡大に伴い、国と国との間、先進国と途上国との間、異なる経済・社会・政治制度の国同士、地域内諸国同士の矛盾、さらに経済分野ないし軍事分野の矛盾は次第に先鋭化した。

　そのため、国際社会で広く受け入れられるような法律を制定し、各国間の海洋問題における関係を調整し、さらに、国際的な海洋新秩序を構築し、世界の平和を維持することの必要性は、より多くの国々から認識され始めた。

　だが各国間の経済や社会、軍事力の発展水準に大きな差異があったため、第二次世界大戦が終わるまで、海洋法に関して実際には帝国主義列強と、先に海軍や航海業が発達した国にとって有利なルールが適用された。

　戦後、欧米に源流を発した海洋法は、次第に島嶼の主権帰属を判断し、海洋権益の紛争を解決する最も重要で、ほぼ唯一の根拠になった。

　しかし、東洋文化圏ではその法制度と政治、外交関係の歴史の中で、西側の「主権」の定義に当てはまるような概念は存在しない。よって欧米由来の現代の国際海洋法の法律体系にある定義や概念だけで、東アジアで長年続いた多くの伝統的管轄をさかのぼって判断することは実際にできないし、非合理的だ。

　中国はアヘン戦争の結果として南京条約に調印した1942年以降、「通商口岸体系」（不平等条約によって貿易港の開港を規定されたこと）の出現に伴い、西洋の海洋管轄権の概念とその他の海洋法規を初めて段階的に

受け入れた[11]。

　第二次大戦後、海洋権益をめぐる矛盾と対立は日増しに突出した。社会主義陣営が出現し、植民地と半植民地国家の民族解放運動が活発化した時代の流れにより、多くの新興国と発展途上の沿海国が合流し、海洋覇権主義に反対するようになった。200カイリの海洋権を求める闘いが盛り上がり、新しい国際的海洋秩序の樹立は広範な途上国、とりわけ沿海の途上国にとって共通した要求となった。

　1958年、国連は第1回海洋法会議を開き「領海及び接続水域に関する条約」、「公海条約」、「漁業と公海生物資源の保護条約」、「大陸棚条約」といった四つの公約を採択した。ただ、これらの公約は各国間の対立の完全解消に至らず、多くの不備も露呈したため、当時の150の独立国のうち、わずか40の国しかこれらの条約を批准もしくは加入しなかった。

　1960年に開かれた第2回国連海洋法会議は、前回の会議からの間隔が短く、参加国の立場と方針に大きな変化がなかったため、幅広い議論がかわされたが、ほとんど成果を上げることができなかった。

　1967年に開かれた第22回国連総会で、一部の国が海底と大洋底の資源の探査と開発の問題を提起した。続いて1970年に開かれた第25回の国連総会で、第3回国際海洋法会議の招集、現行の海洋法の協議と改正、海底資源の開発に関する国際制度の制定を行うことが決定された。

　新しい海洋法公約を制定する過程において、領海の幅、外国の軍事船舶の無害通行、国際海峡、EEZの制度などの問題をめぐって激しい論争が行われた。

　そのうち、最も突出した対立は、海洋強国が海底の鉱物資源を自由に開発できる権限を求めたのに対し、社会主義諸国の支持を得た途上国はこの要求に強く反対し、深海や海底およびそれに関連する自然資源を人類の共

11　1860年代、中国福州海軍学校で初めて近代的な詳しい航海図が作成された。1922年、中華民国海軍部に専門の航海図作成局が設置され、1919年と1929年、中国は2回にわたって国際的な海洋安全に関する大会に出席し、一連の条約にも加盟した。1931年、中国政府は3カイリの領海と12カイリの密輸取り締まり特別区域に関する海洋政策を打ち出し、欧米の陸地と海洋に関する主権の概念を次第に受け入れた。

同で継承する財産とするよう訴えたことだった。

5年間の準備（1967〜72年）と9年間の協議（1973〜82年）を経て、1982年4月に開かれた第3回国連海洋法会議ではついに新しい海洋法条約が採択された。その全称は「海洋法に関する国際連合条約」（英語名：United Nations Convention on the Law of the Sea、略称：UNCLOS、以下略称を使う）である。

UNCLOSは12カイリの領海制度を確立したが、これは発展途上国の長年の闘いが勝ち取った勝利だった。条約はまた、深海や海底とその資源を「人類の共同で継承する財産」と規定し、先進国による海洋資源の更なる強奪を効果的に抑制した。

UNCLOSはさらに、平等互恵の基礎の上でそれぞれの国家利益及び国際的な平和と安定を配慮し、海洋資源の利用と開発をめぐって多方面の国際協力を行うことについて多くの規定をつくった。

これらの進展から見れば、UNCLOSは国際的海洋新秩序の樹立にとって積極的な役割を果たしたと評価できる。

一方、この条約の制定は新しい問題ももたらした。

1、UNCLOSの規定によれば、陸地から離れた島嶼は人類の居住と自身の経済と生活を維持する一定の条件さえ満たせば、領海と接続水域、EEZ、大陸棚を設定できることになり、島嶼確保の意義は一段と重みを増した。

たとえ実際の利用価値がない島嶼であっても、領海とEEZなどを主張する根拠になり、全世界の海洋国家による島嶼争奪戦が一気に白熱した。

2、一つの国際的な立法として、普遍的意義を持ち、より多くの国々に受け入れられ、できるだけ国際社会でコンセンサスが得られるよう、厳格・明確・具体的な規定を避け、一定の解釈の幅を持たせる傾向がある。

しかしそれによって、相互に対立し、矛盾する様々な主張が両立し併存する余地が生まれた。海洋権益をめぐる紛争を解決する基準として、一部の盲点も残った。

3、UNCLOSは海をめぐるルールを制定する中で、多くの国が関連海

域に対し長期にわたって保持していた「海洋管轄権」という歴史的事実に十分な配慮を与えなかった。

　具体的に言えば、条約は客観的に存在した「歴史的水域」、「歴史的権利」について明確な規定を設けず、新しい秩序を構築する過程で、皮肉にも新しい矛盾と衝突もつくりだした。

　ベトナム・フィリピン・マレーシア・ブルネイなどの国々はそれぞれ国内立法の形で、UNCLOSが定める、内水・領海・接続水域・EEZ・大陸棚に対して沿海国が有するとされる権利を、さっそく自国の地図に反映させ明文化し、自国の政治的・経済的・軍事的利益に転換しようと図った。

　だがこれらの一方的な主張は、南海地域で中国が持つ歴史的権利と衝突した。一部の国は、中国の海洋管轄権と重複する水域に領有権を打ち出し、一部は海洋管轄権を立てて、南沙の島嶼に対する主権を要求した。一部の国は、一方的に占拠した南沙の島嶼を起点に、南海で領海・接続水域・EEZ・大陸棚の権利を主張した。

　ベトナムが国内の立法を通じて確定させたEEZと大陸棚の範囲は、南海の西沙諸島と南沙諸島を含む大部分の海域をカバーしており、さらに中国の海南島より南東方向の海域まで権利の拡大を主張した。

　その意味で、これらの国々は1958年に採択された四つの海洋公約およびUNCLOSの一部の規定を乱用して中国の南沙に関する主権に挑戦し、もともと国際社会で広く認知された中国の立場は、逆にこの過程で歪曲されてしまった。

　4、UNCLOSは、領海・接続水域・EEZ・大陸棚を主張できる範囲と条件について相対的に明確で具体的な定義と規定を与えたのに比べ、さまざまの主張の間で存在する矛盾と対立の調停、解決方法についてはおおまかで抽象的な規定しか盛り込んでいない。

　たとえば、海岸線が向かい合う国同士や隣接する国同士の海洋管轄権をめぐる主張の対立を解決することに関しては、一般的原則をいくつか確立しただけで、利益が互いに衝突する当事国同士がそれぞれ自分に有利な解釈をする余地を大きく残した。

　そのため、新しい海洋法条約は各国間の対立や紛争の解決に無力さを露

呈し、南沙をめぐる紛争の解決の行方もほとんど楽観できないことを予兆させた。

5、全般的に言えば、UNCLOSの誕生は先進国と途上国の間の妥協の産物であり、多くの途上国が海洋権益を求める闘いの勝利である。

ただ、先進国と途上国の間だけでなく、条約によって途上国の間にも矛盾と衝突がもたらされた。

中国・ベトナム・フィリピン・マレーシア・ブルネイはいずれも発展途上国であり、歴史と発展の道において同様な経験を持ち、海洋覇権主義に反対することにおいて共通した利益を有する。

一方これらの国同士は、海洋経済を発展させ海洋資源を利用するという共通の需要があり、それぞれの国益も異なるので、対立と摩擦が避けられないものとなった。

第2章　中国の主権：歴史的根拠

一、中国は最も早く南沙諸島を発見・開発・活用した

南沙諸島の発見と命名

　中国は既に秦王朝（紀元前2世紀）には、中央集権の統一した封建体制の確立に伴い、海洋権に関する初期形態を形成した。漢王朝の武帝は南部（「南越」）を統一し、中央政府が直轄する九つの郡[1]を設置した。

　珠江デルタの通商都市番禺（今の広州市）、海南島に面する雷州半島に位置する徐聞と合浦、今日のベトナム沿岸にある日南は、中国南部沿海の主要な港となり、南海（南シナ海）の海運業の基盤を作った。中国大陸から南海を経由してインドシナ半島まで「海のシルクロード」が通じ、通商貿易、人的往来も始められた。

　後漢（25～220年）になると「海のシルクロード」はさらに発達し、アラブの紅海にまで延長した。後漢の学者楊孚の著作『異物誌』では、以下のように「漲海」についての叙述がある（「漲海」とは、南沙諸島を含む「南海」に関する古代中国の称呼）。

　　「漲海崎頭，水浅而多磁石，徼外人乗大舶，皆以鉄葉錮之，至此関，以磁石不得過。」
　　（漲海の岩礁は水深が浅く「磁石」が多い。人々が大きい船に乗って

---

[1] 漢王朝が設置した九つの郡は、南海（今の広東省南海県）、蒼梧（今の広西チワン族自治区蒼梧県）、郁林（今の広西貴県）、合浦（今の広西合浦県）、交趾（今のベトナム北部紅河流域）、九真（今のベトナム北部タインホア省一帯）、日南（今のベトナム中部ユエ一帯）、珠崖（今の海南省瓊山県）、儋耳（今の海南島儋州市）である。

大海に出ると、みな鉄の鎖でつながれるが、この海域に来ると「磁石」があるため通過しにくい）[2]

　三国時代（220 ～ 265 年）に万震が著した『南州異物誌』にも、マレー半島から中国までの航路に触れる中で、以下の叙述がある。

　「東北行，極大崎頭，出漲海，中浅而多磁石。」
　（北東方向へ向かうと、大きな岩礁に出くわす。漲海の中は浅く「磁石」が多い）

　ここで言う「崎頭」（＝岩礁）は、南沙諸島を指すと一般的に見られている。
　他にも、万震と同時代の康泰は著作『扶南伝』の中で、南海の島々の形状とその形成原因についてかなり正確な叙述を行った。

　「漲海中，到珊瑚洲，洲底有盤石，珊瑚生其上也。」
　（漲海の中、サンゴ礁に着く。サンゴ礁の底の部分は岩石となっており、サンゴはその上に生えている）

　ここで引用した「珊瑚洲」（＝サンゴ礁）は、南海の島々に対する史上初のかなり正確な描写である。
　これらの記述から分かるように、中国は 2000 年前の漢王朝の時代から南海を発見・認識し、海の島嶼・沙州・暗礁・潮汐などについても一定の知識を持っていた。
　それ以降、南海はずっと中国の対外貿易の主要な通路であり、南海を経由する海上ルートは、中国の対外交流・交易の主要な窓口となった。「南

---

[2] 曾釗輯、楊孚著『異物志』、二酋堂叢書。ここで言う「磁石」について、「サンゴ礁」や「尖った地形」、「強い磁場」など複数の解釈がある。「漲海」についてもトンキン湾やシャム湾を指すという解釈も出ているが、大方の学者は南海を指すとの見方を取る。

海(South China Sea)とその島嶼は、地理の面で世界秩序に対する中国人の認識の形成を助けた」と言われるゆえんである。[3]

三国時代以降、南海における中国の航海活動は規模や数のいずれの点でも大幅に増加した。記録によれば、聶友・陸凱が300隻の戦艦を率いて海南島を巡行し、朱應・康泰の船団が十数年にわたって遠方の南洋へ運航し、法顕和尚が海のルート経由で帰国したなど、様々な活動が見られた。

『三国志』、『梁書』、『法顕伝』などの歴史書でも、当時の中国の船団が南海を経由して、東南アジア・南アジアとの間を頻繁に行き来し、海上ルートで交流をしていたことが記録されている。

唐王朝（618～907年）から、例えば「石塘」（上床）、「萬里石塘」、「萬里石塘嶼」、「萬里長沙」、「萬里長堤」など、南沙諸島を示す古代の地名が現れた。

南沙諸島に関する記載は、宋王朝（960～1279年）以降の文献により多く見出せる。南宋（1127～1279年）の趙汝適が13世紀に著した『諸番誌』の扉に、南海を表示した海図「諸番図」が収録されている。

明王朝（1368～1644年）では、7度（1405～33年）にわたって組織された鄭和の大船団がインド洋やアフリカ海岸にまで到達した。その際、有名な「鄭和航海図」が作成され、南海関連の地名500カ所が明確に表示され、そのうち約200カ所が中国所属の地名として記された。

南海の島々はそれぞれ「石塘」、「万生石塘嶼」、「石星石塘」と表示されたが、その記した場所から、「石塘」は今日の西沙諸島、「万生石塘嶼」は南沙諸島、「石星石塘」は中沙諸島を指すことがはっきりと見て取れる。

それ以降、明代の羅洪先「広輿図」、清代の陳倫炯「四海総図」、鄭光祖「中国外夷総図」、林則徐・魏源「海国図志」の付録地図、王之春「国朝柔元記」に付録する「環海全図」は、いずれも南沙諸島を中国の版図として明示している。

なお、清朝政府が出版した権威ある行政区地図も、すべて南沙諸島を中

3　Marwyn S. Samuels, Contest for the South China Sea., New York and London: Methuen, 1982, pp.9-10.

国の領土として記している。

　例えば、清朝の康熙年間（1662～1722年）に政府が作成した「大清中外天下全図」、「清直省分図」の中の「天下総輿図」（1724年）、「皇清各直省分図」の中の「天下総輿図」（1755年）、最初に作成された「大清万年一統天下全図」（1767年）には、南沙諸島（「万里長沙」）が中国の領土として記されている（地図を参照）。

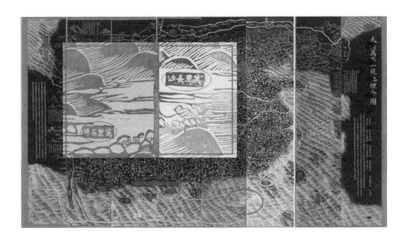

　清朝後期に出版された「大清天下中華各省県庁地全図」では、さらに「万里石塘」は「広東省所属内府級政区」と図例で説明している。[4]

　そのことは中国の外交官の間でも当然のこととして認識されており、1870年代、中国の駐英公使・郭嵩燾は著書『使西紀程』の中で、西沙諸島は「中国に所属する島」と明確に指摘し、郭とともにイギリスに赴任した外交官・張徳彝が著した『随使日記』にも同様の記述がある。

　なお、18世紀初めから作成が始まった、海南島の漁民が使う情報を集めた『更路簿』は、南沙を含む南海島々、数十カ所の地名を詳しく記載し、海南島から西沙、南沙に行く途中に経由する海域と島嶼、および各場所の間の航行羅針盤の方位と所要時間や距離を正確に表示した。さらに各島

4　韓振華『我国南海諸島史料滙編』、北京：東方出版社、1988年、84—89頁。

嶼・沙州・暗礁・航路の幅・地形・方位などの特徴を、様々な比喩を使って詳しく表現している（写真を参照）。

最も早い開発と活用

　西沙諸島ならびに南沙諸島は、大昔から中国の漁民が漁業などの活動を行う重要な場所だった。南海から来た貝殻は、既に漢王朝で通貨として使用されていた。南海のサンゴも、漢の都・長安に披露された。西暦１世紀に書かれた楊孚『異物誌』には、南海産のウミガメとべっ甲の記録がある。

　３～４世紀の晋代では、中国人が南海で漁業することに関する記載が残っている。西沙と南沙の物産の開発・利用は中国が世界で一番早く、中国の歴史書には両群島の物産に関する世界最古の記録が見られる。

　唐王朝以降、南海は「通海夷道」（海の諸国に通ずるルート）と呼ばれ[5]、まさに中国の対外交流の通路となった。そこを経由して各国の使節団が中国に通い、中国と東南アジアの一部の国や地域との間では朝貢貿易が行われた。また中国は、広州や泉州などの沿海都市に、航海貿易を専門的に司

---

5 『新唐書』「地理志」（下）。

る政府機関「市舶司」を設置した。「市舶司」は、近代以降の船舶の登記・港湾事務の監督・税関の税収・外国居住民の管理などに相当する、国家の海洋権益に関する権利を一括して行使した。

コロンブスのアメリカ大陸の発見より90年近く早かった鄭和の大航海（1405年）は、少なくとも三つの分野において中国の南海に対する開発と利用を一段と促進した。

1、東南アジア地域の海賊を一掃し、南海周辺の情勢を安定させ、海の貿易と海防の安全を確保した。古来、東南アジア地域には強大な政権がなかったため海賊がよく出没し、明朝初期には「倭寇」と中国の南東部沿海の海賊が屯する基地や拠点となっていた。

それは、中国と諸外国による海上貿易と、南東部沿海の安全にとって直接的な脅威であった。『明成祖実録』には「東南夷から使臣があり、多くの『蛮夷』（海賊）が海の島に隠れ、中国の軍民の中の無頼者も密かにそれと手を結び、略奪を繰り返しているという」と記されている。[6]

それに対し、鄭和の一回目の大航海では、陳祖義を首領として、旧港（今のインドネシア、スマトラ島のパレンバン）を拠点とした海賊集団を撲滅し、南海とマラッカ海峡の合流海域周辺と海のシルクロードの安全を守ることにつながった。

2、東南アジア諸国間の対立と衝突を調停し、緩和させた。鄭和は大航海の過程で現地政権との関係改善と融和にも乗り出した。特に有名なのは、「セカンダル（蘇干刺）事件」[7]を解決し、「諸蕃の要衝」に位置し「西洋に行く道の要」を抑えるスマトラ島を安定させ、東西の海上ルートの滞ることのない交流を保障したことである。

3、周到な調査が、中国の海洋進出の基礎を打ち立てた。鄭和の大航海

---

6 原文：「使臣有東南夷者，言諸蛮夷多通居海島，中国軍民無頼者，潜与相結為寇」。

7 1414年から15年にかけて、鄭和船団の4回目の大航海の帰路の途中、現インドネシア・アチェ州北部にあるサムドラ・パサイ王国で、反逆者セカンダルに王位を簒奪されていた現地の王ザイン・アル＝アビディンの要請を受け、鄭和は兵を使ってセカンダルを捕らえて王位を取り戻させたこと。

は国家プロジェクトであり、大規模な人力と物力が注ぎこまれたため、順調に行くように一連の事前調査と準備作業が行われた。

出航前、鄭和は船団の中心メンバーを連れて南海などの海域に対して複数回の調査を行い、海の島・岩礁・水流に関する地図を作成した。

> 「永楽元年，奉旨差官鄭和，李愷，楊敏等出使異域，躬往東西二洋等処，開輸貢累々，較政（正）牽星図様，山嶼，水勢，図画一本。務要選取能識山形水勢，日夜無岐誤也」。[8]
> (永楽元年、皇帝の命を受けて鄭和、李愷、楊敏等が自ら東西両洋などに赴き、朝貢国を多く開き、天文航海図を校正し、山と島、水流を一冊の図にまとめた。地形を分かりやすく識別するようにし、日夜（の航行）とも迷うことがなくなった)

鄭和はその後の航海の途中にも、沿路諸国から海図や各種の航海資料を広く集め、インド洋に至るまでの島・岩礁・山脈・海峡・海流・水文・気象・陸地の分布特徴と環境条件などを調査した。特に南海に対しては幅広く、綿密な調査が行われた。

調査の集大成である「鄭和航海図」は、後世に極めて貴重な資料を残した。例えば、鄭和の大航海前にはもっぱら「険悪な地」として敬遠されていた西沙の海域についても、鄭和の船団は実地調査を行い、各群島と多くの暗礁の地理的位置を正確に海図に表記した。

明と清の時代に入ると、南沙で生産活動に携わる中国の漁民の数は大幅に増加し、活動範囲も絶えず拡大した。明王朝時代の海南島出身の学者・王佐が著した『瓊臺外紀』には「州東長沙、石塘，環海之地，毎遇鐵颶，挾潮漫屋，淹田，則利害中於民矣」（台風が襲来するたびに、巨大な海潮は西沙と南沙にある漁民の生活基盤を破壊した）との記載が残っている。

海南島にある漁村の調査によると、海口港・舗前港・清瀾港などの漁民

---

[8] 福建省集美航海学校が所蔵する写本『寧波温州平陽石鉱流水表』。鄭鶴声・鄭一鈞編『鄭和下西洋資料匯編』（下巻)、山東省：斉魯書社、1989 年、253 頁から引用。

は明時代に毎年西沙と南沙へ漁業に向かい多くの水死者を出していたが、文昌県林伍市北山村出身の、有名なベテラン舵手「紅嘴公」（紅嘴弾とも呼ばれる）が現れた。彼が初めて、歴代の漁民が口伝えした南沙諸島嶼の名前を記録した、という。[9]

　清朝になると、漁民が西沙や南沙で漁業活動に従事した記録は、なおさら枚挙をいとわない。漁民たちはそれぞれ太平島・西月島（West York Island）・中業島（パグアサ島／Thitu Island）・双子群礁（North Danger Reefs）・南鑰島（ロアイタ島／Loaita Island）・南威島（スプラトリー島／Spratly Island）などで家屋を立てて居住し、井戸を掘り、ヤシの木、バナナ、サツマイモと野菜を栽培した。また、地下室を掘って海鮮物、干物と食糧を貯蔵したとの記録も残っている。

　中国の漁民は、単なる自給自足的な漁業活動に満足せず、漁獲品を海南島や中国大陸に運ぶだけでなく、東南アジアへの販売活動にも従事した。その過程で彼らは大陸の文化活動も島に持ち込み、南沙諸島で道教や仏教の寺院を造り、祭祀を行った。

　太平島・中業島・南威島・南鑰島・西月島には、それぞれ小さな氏神の祠があり、石刻の氏神が祀られていた。[10] フランスと日本の記録にもそれを裏付ける証拠がある（第3章参照）。

中国漁民の利用実績

　長年にわたる航海の実践の中で、中国の漁民は比較的に固定化した航路、運航と漁獲他生産活動の作業時期、生産活動の組織形態を形成し、南沙海域の運航に適した実用的な技術をまとめ、南沙海域の主要島嶼に対する命名と開発も定着した。

9　魏如松「航海：漁民足跡遍諸島」（2014年4月23日）、「中国漁民：南海諸島最早的開発者」（2016年4月11日）などの記事による。いずれも「三沙市人民政府網」サイトから引用。

10　楊作洲『紛争　南沙諸島』、新評論、1994年、63 — 65頁。

第 2 章　中国の主権：歴史的根拠

① 固定化した作業の路線
　中国の漁民は千年以上の実践を積み重ねて、「最も合理的な路線」と呼ばれる漁業生産活動に関する慣習的ルートを次第に形成した。そのルートは主に 3 本ある。

　第 1 ルート（西ライン）：太平島（黄山馬、旧名、以下同）――大現礁（労牛労）――永暑礁（上土戊）――比生礁（石盤）――華陽礁（銅銃仔）――東礁（大銅銃）――中礁（弄鼻仔）――西礁（大弄鼻）――南威島（鳥仔峙）――日積礁（西頭乙辛）。
　第 2 ルート（南ライン）：九章群礁――六門礁（六門）――南華礁（悪落門）――無乜礁（無乜線）――司令礁（眼鏡）――楡亜暗沙（深匡）――簸箕礁（簸箕）――南海礁（銅鐘）――柏礁（海口線）或いは光星仔礁（光星仔）・光星礁（大光星）――弾丸礁（石公厘）――皇路礁（五百二）――南通礁（丹積）――南屏礁（墨瓜線）。
　第 3 ルート（東ライン）：東分線と南東分線の二手に分かれる。
　東分線はさらに四つのルートがある。
　(1)　双子群礁（双峙）――楽斯暗沙（紅草線排）――西月島（紅草峙）――馬歓島（羅孔）――鱟藤礁――仙賓礁（魚鱗）――蓬勃暗沙（東頭乙辛）に至る。
　(2)　双子群礁（双峙）――楽斯暗沙（紅草線排）――西月島（紅草峙）――馬歓島（羅孔）――五方礁（五風）に至る。
　(3)　楊信沙州（銅金）――火艾礁――西月島（紅草峙）――馬歓島（羅孔）――鱟藤礁――仙賓礁（魚鱗）――蓬勃暗沙（東頭乙辛）に至る。
　(4)　楊信沙州（銅金）――火艾礁――西月島（紅草峙）――馬歓島（羅孔）――五方礁（五風）に至る。
　南東分線は、西月島（紅草峙）――火艾礁或いは太平島（黄山馬）――安達礁（銀餅）――三角礁――美済礁（双門）――仁愛礁（断節）――仙賓礁（魚鱗）――蓬勃暗沙（東頭乙辛）――仙娥礁（烏串）――信義礁（双担）――海口礁（脚跛）――艦長礁（石龍）或いは半月礁（海公）に

39

至る。[11]

② 固定化した作業の組織と作業の形態

　南沙で生産活動に従事する漁民は、主に海南島東部の文昌県と瓊海県（現在の瓊海市）の出身で、海南島の臨高・陵水・万寧・三亜はそれに次いで出身者が多く、他に、広東省の陽江県から来た漁民も一部にいた。

　漁民の中で文昌出身の人間は一番多くの数を占めるが、一番早く南沙に向かったのは、文昌県内でも主に舗前・清瀾・東郊・文教・龍楼などの港と、その付近の村の住民である。瓊海の漁民は潭門・長坡などの出身で、最初は文昌の漁民を追って遠海に出たが、清末以降は逆転し、南沙に行く漁民の数のトップを占めるようになった。

　旧暦の立冬から冬至の間、海南島の漁民は東北からの貿易風に乗って帆を上げて南下し、翌年の清明節から端午の節句のころまで滞在し、そこから南西から吹く貿易風に乗って帰港する。大半のケースにおいて、漁民は南沙に到着した後、一部は島に滞在して漁業やその加工などの作業をし、一部は漁獲品を故郷に運び、年末には食料とその他の補給品を満載して再び南沙にやってくる。

　出航してから線香を立てて時間を計算し、一本の線香が燃えつくす時間を「一更」として、その間に約10カイリ運航するので、「更」は時間と距離と両方の単位を表示するものとなった。漁民たちは何世代もの航行記録に基づいて『更路簿』を作成・増訂し、航路ガイドの「虎の巻」にした。

　南沙で漁業活動をする船はほとんど、2本か3本のマスト（帆柱）を有していた。2本マストの船は積載重量が20～30トンで、サンバン（小舟）を4隻載せるが、3本マストの船は積載重量が30～40トンで、小舟を5隻もしくは7隻搭載した。

　一隻辺りの漁民の数は22～27人で、船長のほかに、帳簿と事務の管理者、技術者と一般漁民が含まれる。技術者のランクは五つに分けられて「五甲」と呼ばれ、一番上は「火表」（または舵工、大公）で、羅針盤の管

11　韓振華『我国南海諸島史料滙編』（北京：東方出版社、1988年）から引用。

理や操舵を担当し、給料は一番高い。二番目は「大繚」（または管工）と呼ばれ、全船の漁民の作業を管理する。三番目の「阿班」は、主幹マストの作業を担当する。四番目は「頭碇」といい、前のマストと小舟を管理する。五番目は「舢板」といい、すなわち最下層の労働力で、捕獲や日常的作業をやるが、その人数は一番多く、給料も一番低い。

　南沙に運航する費用は、主に資金の持ち合わせの形を取り、時には20～30人の漁民が共同出資し、その出資額に応じて利益が配分される。資金のない漁民は船の所有者や責任者に雇われる形で、利益の3割のみ取得する。

③　定着した命名の系統

　南沙諸島の各島嶼も、中国の漁民が最初に名付けたものである。その名前は『更路簿』に記載されており、70以上の地名と100以上の各島嶼間の航行ルートが盛り込まれている。

　例えば、以下の叙述がある。

> 「自黄山馬去丑未，用壬丙巳亥，三更収。対西北。自黄山馬去牛厄，用乾巽，三更。対東南。自黄山馬去劉公劉，用寅申，三更。対西南。自黄山馬去南乙峙，用壬丙，一二更。対東南。自南乙峙去秤鉤，用子午，二更収。対南。」[12]
> （大意：太平島（黄山馬）から渚碧礁（丑未）へは3更の距離で、西北方向。太平島から南威島（牛厄）へも3更の距離で、東南方向。太平島から大現礁（劉公劉）へは3更の距離で、西南方向。太平島から鴻麻島（南乙峙）へは1～2更の距離で、東南方向。鴻麻島から景宏島（秤鉤）へは2更の距離で、南方向。）

1844～68年にイギリスの船が南沙諸島で測量と地名確定の作業をした際、中国の漁民に各島嶼の名称と航路を何度も確認している。1868年に

12　蘇徳柳抄本「更路簿」、『我国南海諸島史料滙編（続編）』第三冊、から引用。

出版した『中国海指南』（China Sea Pilot）に「漁民が『Sin Cowe』と呼ぶ島はおよそ『Namyit』より南の30カイリに位置する」といった叙述が出てくる。[13]

「Sin Cowe」と「Namyit」は明らかに海南島の閩南語系漁民が使う俗称「秤鉤」（Sin Cowe、現在の景宏島）と「南乙」（Namyit、現在の鴻庥島）の方言発音から音訳したものである。

また「外国航海水道志」の記載によると、1867年にはイギリスの航路測量船ライフルマン（Rifleman）号が南沙の太平島に到着し、上陸して水の補給と測量をした時、島の名称を知らないので、島にいた海南島瓊崖の漁民に名前を尋ね、さらに漁民の発音に基づいて英語「Ituaba」に訳して航海図に記録した。

「Ituaba」は海南島崖県の方言発音に由来したものだが、現地の漁民は太平島を「黄山馬（Widuabe）」と発音したためである。

ほかに、南沙諸島の中のThitu島（すなわち中業島）とSubi礁（すなわち渚碧礁）という英語名も、漁民が使った呼び名「鉄峙（Hitu）」と「丑未（Sinbue）」から音訳したものである。

興味深いのは、中国漁民による南沙諸島への命名にはかなり強い法則性が見られたことだ。

例えば、島と沙州についてはすべて「峙」と呼び（一部の沙州は「峙仔」と呼ばれた）、岩礁については一律に「線」「沙」、環礁について一律に「匡」（と異形字「筐」「圏」「壙」）と呼び、暗礁についてはすべて「沙排」「線排」と呼んだ。

南沙諸島の地理と地質的特徴を熟知して初めて、このように法則的な命名ができる。この海域で長年、航海と生産活動をしてきた経験があればこそ、広域の海に分布するこれらの島嶼・沙州・暗礁の地理と、地質的特徴を知り尽くすことができたのであろう。

一連の事実が示すように、長い歴史期間に及んで、中国の漁民は開発を

13　John William Reed, John William King, The China Sea Directory, London: Hydrographic office , Admiralty, 1867.

行い南沙を利用してきた。この時間の長さは、他のあらゆる国の追随を許さない。相当長い期間の中で、南沙地域では中国人以外、ほかのどの国の足跡や痕跡も見当たらなかった。

　1931年、太平洋メキシコ沖にある無人島クリッパートン島（Clipperton Island）をめぐるフランスとメキシコの紛争に対して、仲裁国際裁判の判決文が出された。そこに示された通り、島の領有については「歴史的権利」（historic right）の有無が重要な根拠となり、メキシコが主張した「歴史的権利」に関する根拠が不十分として、島はフランスの所有とするとの判決を出した。[14]

　判決文の中では、「居住に適しない土地に関して、占有国が最初にそこに現れた時から、ずっと当該国の絶対的で相違のない支配のもとに置かれていたならば、占有はすでに完了していると見なされるべきであり、有効な行政管轄と有効な支配を求めるものではない」との見解も明記されている。

　この判決文が指し示す領有権の定義を踏まえれば、中国は南沙諸島を発見しただけでなく、まして管轄権も行使してきたのである。

二、植民地主義侵略の失敗

　10世紀後半から15世紀半ばまで、南海における中国の影響力は次第に拡大する過程にあった。南海は中国の管轄、利用の範囲内に置かれ、「南海は中国の専属の海域になったとまでは言えないが、正真正銘の中国の湖になった」とも評された。[15]

　しかし、明朝後半から、中国の封建王朝が海禁政策を取りはじめた。まさに当時、世界ではポルトガル、スペイン、オランダなどの海洋勢力が急

14　ウィキペディア「クリッパートン島事件」：https://ja.wikipedia.org/wiki/クリッパートン島事件。中国人学者による関連研究は、傅崑成『海洋法専題研究』（厦門大学出版社、2004年）を参照。

15　Marwyn S. Samuels, Contest for the South China Sea., New York and London: Methuen, 1982, p.22

速に台頭する段階だった。中国の航海業は西洋諸国の商人と海軍に圧倒され、次第に栄光から没落に向かい、その間、短い復興もあったが、南海は二度と「中国の湖」にはならなかった。

清朝中期～後期になると、中国の国力は一段と低下し、南海という玄関と国境は、外国の侵略者に対し開けっ放しの状態になっていた。清朝は何度も対外戦争に敗北し、特に海戦での敗北にはそのたびに深刻な後遺症を残した。

アヘン戦争は、西洋列強に対する中国の受動的な開国を象徴する第一幕となった。琉球諸島は1879年、かつて中国を中心とする東洋の国際秩序の片隅にあった日本によって併合された。中仏戦争の結果、西暦1世紀から中国の従属または影響下にあったベトナムがフランスの植民地になった。日清戦争の惨敗は、朝鮮という中国の最後の保護国の喪失と台湾の割譲に直結した。

19世紀、イギリスはインド・マレー半島・カリマンタン島（ボルネオ島）・香港およびその他の地域を相次いで支配し、フランスはインドシナ半島を植民地にした。日本は中国の台湾を併合し、米国はフィリピンを占領した。これら一連の動向は、実際に中国南部を列強の脅威にさらし、南海は欧米の列強による覇権争いの的になった。南海をめぐる競争が激化する一方で、中国は蚊帳の外に置かれた。

もはや南海は中国にとって、商業利益を取得し、沿海部住民の生活基盤である場所ではなくなり、逆に国家の存亡の危機がかかる「地雷原」となった。中国が南海で有した歴史的権利は、一段と厳しい挑戦を受けることとなった。

しかし、厳しい試練を受けてもなお、中国は自国の南海の諸群島に対する主権を守る闘いを続けた。

19世紀後半、イギリスとドイツは南沙海域での測量作業に乗り出したが、中国の反対で阻止され、それ以上の行動を取ることができなかった。20世紀前半、フランスと日本は相次いで出兵し、南沙の各島嶼を占領して互いに争奪戦を展開したが、これも最終的に失敗した。

中国の南沙に対する主権は、植民地主義が近代の国際法をかざして侵略

と拡張を重ねたことに反対する闘いの過程で、むしろ一段と明確になり、広く知られるようになったのである。

フランスによる南沙「九小島」の占領と中国の抵抗

　19世紀末、フランス植民地主義者はベトナムを占領したが、その後のかなり長い間、中国の西沙と南沙に対する主権を認めていた。日本政府によるフランスへの外交照会によれば、「1920年日本の某会社が仏領インドシナ海軍部長に対し同島（西沙諸島のこと）の帰属を訊ねたのに対し、同部長は仏国海軍記録には同島が仏領の記載はないと答えた事実がある」などの根拠により、西沙諸島は明らかに中国領であるとの判断を示した。[16]

　列強間の覇権争いが激化する中で、貧弱な国になり下がった中国をしり目に、南海をめぐるフランスと日本の争奪戦は激しさを増した。1930年4月13日、フランス植民地当局は「マリシューズ（Malicieuse）」号砲艦を派遣して南沙の南威島（Spratly Island）を占領した。ただ貿易風の影響で、周辺の各小島を占領する目的を達成できなかった。

　1931年、日本は自ら引き起こした「満州事変」によって、国際的批判への対応に忙殺された。それに付け込み、フランスは同年12月4日、仏領安南（ベトナム）が、西沙諸島に対していわゆる「先占」の権利を有すると宣言した。

　中国政府は1932年7月26日、フランス外務省に反論の声明を送りつけたが、言葉に窮するフランス側は回答をずっと引き延ばしていた。

　1933年4月7日から12日にかけて、フランスは再び「アレト（Alerte）」号砲艦と「アストロラボ（Astrolabe）」号測量船を派遣して、南威島付近の各小島を占領した。ただしフランスはこれをすぐ公表せず、同年7月になって、初めて南沙の九つの小島を占領したと公にした（九小島事件）。

16　「我方仏国に抗議　"西沙島は明らかに支那領"」、『読売新聞』1938年7月8日夕刊一面。朱建榮「南海——歴史、国際法尊重を」、北京『人民中国』2016年9月号から引用。

さらに5カ月後の12月21日には、フランスのコーチシナ（南ベトナム）総督クラウテュメの名義で南沙九小島をバリア省（Tỉnh Bà Rịa）の管轄下に置くとの布告が出された。[17]

　フランスの侵略行為は、まず南沙の島々を生活拠点とする中国漁民の強い抵抗に遭った。南威島では、文昌県出身の漁民・符鴻光がフランス国旗を破り捨てて抗議した。中業島（Thitu Island）では、文昌県漁民・王安栄がフランス人の埋設した、占領を示す標識を掘り出して壊し、別の漁民・鄭蘭錠が木を登ってフランス国旗を引きずり降ろした。

　南子島（Southwest Cay）では、文昌県の漁民・符国和と石玉礁、林青の3人がフランス国旗を降ろし、旗竿を切り倒した。その直後、フランス軍艦は抗議する中国の漁船に体当たりして沈没させようとしたが、中国漁民は手製の火薬発射器で反撃し、フランス軍艦に損傷を与えた。[18]

　満州事変で中国の東北部が日本に占領され、国家の存亡危機に瀕してナショナリズムが高揚した中で、フランスの「九小島」占領に続き、更に日本もフランスの手法をまねて西沙諸島を占拠しかねない情報が伝えられた。[19] 日本帝国主義は北と南の両方向から中国を挟み撃つのではないかとの危機意識が募り、そこで、フランスと厳正に交渉して「九小島」を取り戻すとともに、日本による西沙諸島などへの拡張に歯止めをかけるよう要求する声は全国規模で盛り上がった。

　1933年7月25日、漢口の国民党党務整理委員会が南京国民政府の外交部に打電し、フランスによる九小島の占拠は「我が国の領土主権を損ない、さらに全国の海防に悪影響を及ぼす」として、外交部が「確実に調査し、厳正に抗議を申し入れ、領海の主権を守り、侵略の更なる拡大にストップをかける」よう申し入れた。

　7月30日、広州にある国民外交後援会は通電を発し、「フランス人の

17　前出浦野起央『南海諸島国際紛争史』、271頁。

18　「三沙歴史：南海諸島千年風雲」、中国『海南日報』、2016年8月4日。

19　（台湾）外交部研究院設計委員会編『外交部南海諸島档案資料滙編』、Ⅱ（1）、17、20、48、60、64、79頁。

暴行を絶対承認せず」と呼びかけ、全国民に対し、「外国の侵略が相次ぐ」ことに直面して、「危機感を最大限にし」、フランスに対して「誓って必ず最後まで戦い、（占拠の事実化を）死を決して否定するよう」訴えた。

多数の著名人も外交部長やその他の政府高官に対し、フランスに強い姿勢をとり、国家の主権を守るよう求めた。例えば7月29日、第19路軍総指揮官・黄強は外交部長に書簡を送り、「不撓不屈の精神で主権を主張し、国家の体面が少しでも保てるよう努力し、列強の中国分割の危機を途絶させるよう」懇願し、同書簡に海南島の「綏靖公署」（中央政府の地方治安担当の出先機関）で参謀長を務めた時に編集印刷した『海南島志』を添付し、参考にするよう要請した。

7月31日、国立北平（後の北京）図書館の袁同礼副館長（後に館長）は外交部部長と次長に書簡を送り、フランスの九小島占拠事件に「十分な注意を払い、その主権は昔から中国に属することを内外に速やかに宣言し、日本による拡張を防ぐよう」注意を提起した。

8月1日付『時事新報』に、「台湾総督府は、フランスが宣言した先占の島は、台湾と関係が最も深い西沙諸島と異なるかもしれないが、フランスが紙一枚の声明でその帰属を決定するなら、日本も同様な手段で西沙諸島を手に入れていいだろう、との見解を示した」旨の記事が掲載された。

それを受けて翌8月2日、中国外交部はさっそく海軍部に打電し、「速やかに艦船を派遣して現地の駐屯と防衛に当たり、万が一の事態に備えるよう」要請した。外交部は同時に広東省政府にも電報を送り、海軍部の行動に協力せよと申し入れた。海南島の在北京同郷会代表団も8月2日、外交部に電報を送り、国土を全うし、南の国境を固めるようフランスに厳重な交渉を行うことを嘆願するとともに、その代表・王家斉は行政院を訪れ、フランスが占拠した島を含めた各島嶼に主権の標識を打ち立て、海南島の開発に力を入れ、南海の諸島を調査する必要があれば、同会は人員を派遣して協力するなど5項目の提言を行った。

このほか、寧夏省の党務特派員事務所、上海市商会、中華海員特別党部上海区党部準備委員会と第一区分部、寧波商会、上海市第四区製糸業産業労働組合、甘粛省皐蘭県農民協会、広東省呉川県党部、広東省紫金県党部

執行委員会、湖南省同県党部、湖南省安仁県党部執行委員会、国民党貴州省党務指導委員会、浙江省紹興県柯橋鎮商会、国民党広東省儋県執行監督委員会、国民党雲南省楚雄県党務指導委員会、国民党湖南省安郷県執行委員会、海南文昌県参議会の参議員全員、国民党貴州省大定県党務指導委員会、国民党湖南省衡山県執行委員会、国民党貴州省第10区党務特派員事務所、貴州省桐梓県党務指導委員会事務所、国民党広東省中山県第二区執行監督委員と貴徳県党務特派員事務所、青海省党務特派員一同など、多くの機関と個人は相次いで外交部に打電し、フランスと交渉し領土の主権を守るよう強く求めた。[20]

全国各地からの声は国民政府の対仏交渉の背中を押した。1933年7月26日、中国外交部報道官は以下の談話を発表した。

> 「フィリピンと安南の間にある珊瑚島は、これまでわが国の漁民しか居住せず、国際的に中国の領土であると確認されている。最近、フランス側の官報によると、それに対する占領が公式に宣言されたが、根拠についてフランス政府は何ら説明をしていない。
>
> 外交部は駐仏大使館に打電し状況の把握を訓令した以外、現在、外交部・海軍部の両部署が積極的に対処方法を検討中であり、フランス政府の行動に厳重な抗議を行う予定である」。[21]

8月2日、広東省政府は中央政府の指令を受けてフランス当局に抗議を行い、中央政府の西南政務委員会はフランスによる中国の島嶼侵入を「世界に広く伝え、公道の伸張を求める」よう訴えた。同日、広東省政府は二隻の軍艦を派遣して中国の島嶼が侵害を受けた状況を調査することを決定した。広東省政府委員会主席・林雲陔は各県の県長に指示を出し、中国の

---

[20] 前出（台湾）編「外交部南海諸島档案資料滙編」Ⅱ（1）、6、11、13、26、56、58—59、61、63—64、78—79、81—82、84—96頁。

[21] 「1912-1949大事記」、『中国南海網』2016年7月22日。http://www.thesouthchinasea.org/2016-07/22/c_53602.htm

漁船が外国の国旗を掲揚することを禁止し、改めて本国の国旗を配布して掲揚することを命じた。

8月4日、中国外交部はフランスの中国駐在公使ウィルデン（Wilden）に覚書を手渡し、その占拠した各島およびその経緯度をそれぞれ確認して伝えるよう要請し、「確認するまで、中国政府はフランスの九小島領有宣言に対して権利を保留する」と表明した。[22]

8月5日、フランスの在中国大使館書記官ファウド（Philippe Faud）が中国外交部次長徐謨に、占有した九つの島の位置に関する説明を送付し、中国領土の最南端は西沙諸島のトリトン島（Triton、中国名：中建島）であり、仏占九島ははるかにその南にあるため、中国領ではないと主張した。[23]

フランス外務省も声明を発表し、その占有した島嶼は西沙と何も関係がなく、航路の要所にあるため、「その海域の複雑さと危険性によりフランス船はここで何度も遭難しているので、占拠した島嶼に危険予防のための施設を建設する考えだ」と詭弁した。[24]

8月5日、中国行政院は外交部に、フランスと確実に交渉するよう訓令した。それ以後、中国政府はフランスとの間で南沙諸島の問題をめぐって1933年から38年まで数年にわたる外交交渉を続けた。[25]

後にベトナムは、フランスが九小島を占領した際に中国政府から何ら抗議が出されなかったので、フランスは「先占」の権利を有すると主張したが、これは歴史的事実ではない。

日本の南沙に対する拡張と占領

日清戦争で中国に勝利し、清朝政府から台湾と付属の島嶼を奪った日本では、第一次世界大戦中、経済の南進を叫ぶ声が高まり、政界と財界から南海を「帝国の戦略と産業経済の要塞」と見なすべきだとの主張も現れた。

22　前出（台湾）「外交部南海諸島档案資料滙編」Ⅱ（1）、22頁。
23　同上、25頁。
24　同上、23頁。
25　前出（台湾）「外交部南海諸島档案資料滙編」の各ファイルに交渉関連文書を収録。

和歌山県出身の宮崎進らは、いわゆる「水産の南進」運動を呼びかけ、自ら船を繰り出して南海の各群島を回り、帰国後、この海域の漁業と鉱物資源が極めて豊富であることを宣伝した。それを受けて日本の船が本土や台湾から南下し、南海の島々を拠点に漁業活動を始めた。

　台湾の高雄から南海にやってきた平田末治は1917年、燐鉱開発の株式会社を作り、翌年、退役した海軍中佐小倉卯之助を招聘して南海に探査と燐鉱の開発にかかった。[26] しかし1929年、世界経済大恐慌の影響を受け、日本人は相次いで南海の島から引き揚げた。

　1933年、フランスが南沙の九小島を占領し、同年7月24日、日本の駐仏大使に照会を送り、九小島は仏領に編入したことを通告した。この動きに刺激され、大阪『毎日新聞』社の松尾特派員が同年8月、撮影チームを連れて南沙諸島に赴き、日本人の残した遺跡を探し、記録に残した。

　映像の字幕説明によると、探査チームは8月18日、47トンの汽船「愛媛丸」に搭乗して高雄から出発し、一週間の航行後、25日に南沙の北子島（Northwest Cay）に到着し、現地でフランス人が立てた、「1933年4月10日、フランス軍砲艦『アレト』号が到着」と書かれた石柱を発見した。続いて長島（すなわち太平島）に向かい、島に日本人が建てた神社の遺跡と「ラサ島燐鉱合資会社」の遺跡を見つけ、埋もれた石碑に「大日本帝国東京ラサ島燐鉱株式会社　西暦千九百十七年八月」と書かれていた様子もフィルムに収めた。[27]

　日本はこれを根拠にフランスの九小島占拠に対する抗議を行い、「日本の燐鉱開発に携わるラサ島会社は、1918年よりこの島に滞在し、天然資源を開発するとともに、鉄道、家屋および船場を造って、かかった費用は日本円の100万円に上った。開発作業は1929年に停止したものの全ての機械は現地に残っている」との理由を挙げて、これらの島は日本のものだと主張した。

　それに対しフランス側は、1930年、日本の領事が安南政府にこの島で

26　「南支那概観」『台湾年鑑』付録、日本南支那研究所、1939年、36頁。
27　前出（台湾）「外交部南海諸島档案資料滙編」Ⅲ（1）、4、789頁。

の燐鉱開発に対する許可を求めていたことから、日本はすでにこの島がフランス領だと黙認していたと反論した。一方、フランス政府は声明の中で、この島を占領したのは航行に利するための浮標の設置が目的で、島を新しい海軍基地にする考えはないとも表明した。

しかし、その後の南海拡張を念頭に置く日本は、フランスが南沙群島を占拠すれば南海の制海権が完全にその手中に収まることを警戒した。フランスがすでに占領したサイゴンと中国の広州湾（租借地）には、1万トン級の巡洋艦が停泊できる。さらに南沙にフランスが空軍基地を造り潜水艦を常駐すると、いったん太平洋地域で有事になれば、フランスの飛行機と潜水艦はヨーロッパとアジアの交通を取り抑えてしまう。中国や香港とシンガポールの間だけでなく、フィリピンとハワイ、日本と欧州諸国の交通もすべてフランスの監視下に置かれるとの危機感を、日本は募らせた。

1939年3月、日本軍がフランス軍を排除して南沙諸島を占領し、続いて日本政府は南沙など三つの群島に対する占領を公式に宣言し、それを「新南群島」と命名して台湾総督の管轄下に置いた。台湾総督府は3月30日付の第122号告示文で、「新南群島」に対する領有を公示し、高雄市の管轄下に編入した。

中国は戦後、南海諸島の主権を回復

1945年8月の日本敗戦に伴い、中国政府は「カイロ宣言」と「ポツダム宣言」に基づいて南沙諸島に対する主権と管轄権を回復した。

1946年7月、広東省政府は行政院の命を受け、南沙の接収事項を検討したが、「これらの島は海岸から甚だ遠く離れ、水流が激しく岩礁も多い」として、軍艦を派遣して接収に協力するよう行政院に申し入れた。

同年9月2日、行政院院長・宋子文は外交部に対し、内政部と海軍司令部を招集し、いかに広東省政府に協力して新南諸島を接収するかを検討するよう指示した。[28]

9月13日午前、外交部米州局は内政部（代表者：傅角今）、国防部（馬

28　同上Ⅱ（1）、4頁。

定波)、海軍司令部(姚汝鈺)と本省(米州局：程希孟、陳世材、王思曾、沈默、情報局：凌乃鋭、亜東局：張廷錚、欧州局：李文顯)らの関係メンバーを招集し、①群島の地理的位置と名称の確認、②広東省政府の群島接収への協力事項、③接収の際に起こりうる外交問題への対応と資料準備、などを議題に協議した。

　協議を経て、会議では以下のことが決定された。
・国防部が広東省政府に協力して速やかに南沙諸島を接収し、接収の地理的範囲については内政部が提案し決定すること。
・群島の地理的位置及び所属島嶼の名称について、内政部が詳細の地図を作成して再確定し、それを行政院に最終決定を仰ぐこと。
・当面、諸外国に対しこの群島の主権問題について説明する必要はないが、将来的に起こりうる紛争をめぐる交渉に備え、内政部、国防部、海軍司令部が関係の資料を集めて外交部に集中すること。[29]

　会議の議決事項に従い、内政部は「南沙諸島位置図」を作成したが、時間が足りず、南沙諸島の名称を確認し改定する余裕がないため、暫定的に外国の資料に基づいて、「南沙諸島名称一覧表」を翻訳してまとめた。

　9月25日午前、内政部は外交部(沈默)、国防部(馬定波)、海軍総司令部(姚汝鈺)と本省(傅角今)の4省庁代表による合同会議を招集し、接収に関連する諸問題を協議した。

　会議では以下のことが決定された。

・南沙諸島の接収範囲は内政部が作成した「南沙諸島位置図」が示した範囲とし、行政院の最終確認を経て広東省政府が執行すること。
・内政部が翻訳し作成した「南沙諸島名称一覧表」は一部の修正を経て採択するが、行政院に提出して最終確認を求める必要があること。
・南沙諸島の資料に関する収集作業は海軍司令部が中心となって担当し、内政部に送付して同省が研究と今後の利用を担当すること。
・各島を接収した後の主権表示の標識については広東省政府が接収に出

29　同上、6頁。

発する前、石碑を作り、それぞれ長島（太平島）、双子島、スプラトリー島など中国領であることを顕彰するのに適切な場所に打ち立てるが、実施後、石碑の立てた場所、様式及び石碑の内容などについて記録を残して内政部に保管すること。
・接収後の各島嶼と沙州の名称の改定問題について、内政部が現有の中国語と英語の名称を参考にして決定し、行政院の最終確認を経て内政部が詳細の地図を作成して公表すること。

なお、南海の各島を接収する行動について秘密事項にすべきかどうかについては、完全で正式の接収が行われるまで一切公表しないこと、接収を担当する軍艦の選定は国防部が迅速に決定することなどについても会議で意見の一致を見た。[30]

広東省政府が速やかに軍艦を派遣して新南諸島の接収を行うよう再度要請したのに応じて、9月29日、行政院長・宋子文は再び外交部に訓令し、内政部、国防部と速やかに協議して接収作業の細部を決めるよう求めた。[31]

10月初め、国民政府主席・蒋介石は（甲）第9920号命令を発し、中国軍が本月中に南沙、西沙、東沙の三群島に進駐せよと命じた。それを受けて10月12日、国防部第3局は南海諸島の進駐に関する実施準備会議を招集し、以下の事項を決定した。

①蒋介石主席の指示に従い、南沙、西沙、東沙三群島に対し、ただちに10月13日より進駐と偵察を同時に実施すること。
②当面の進駐計画については海軍総部が作成して報告し、内政部・空軍総部・聯合勤務総司令部（略称：聯勤、後方支援担当。後に「聯合後勤司令部」と名称変更）・広州行轅（中央政府の現地駐在機関）などはそれぞれ人員を派遣して実施に協力すること。三群島に対して同時上陸することを原則とし、一カ月以内に進駐作業を完了すること。進駐軍の編成は海軍

---

30 同上、8頁。
31 同上、7頁。

総司令部が決定し、参加する人員およびすべての設備も海軍総部が検討して決定すること。

③諸島の恒久的な開発に関する計画は進駐の完了後、現地の実際状況を調査した上で、海軍総部、内政部と広東省政府が共同で作成すること。

④外交面の準備作業は外交部が担当すること。

⑤今後、各群島に関する軍事的事項は暫定的に広州行轅の統一的指揮下に置かれること。[32]

1946年12月12日、中国政府は「太平」号駆逐艦と「中業」号戦車上陸艦を派遣し、海軍総部・国防部・広東省政府・空軍司令部・聯勤司令部及びいくつかの科学研究と教育の部門が共同で接収のチームを構成し、林遵大佐、林煥章大尉、麦蘊瑜専門委員、太平艦艦長・麦士堯、中業艦艦長・李敦謙、太平艦副艦長・何炳材らの引率で、南沙諸島の中心の島太平島に到着し、島の上で石碑を立て、国旗を掲揚し、接収儀式を行った（右の頁の写真）。

南沙諸島に対する管轄を固めるため、当時の中国政府は以下の一連の措置をとった。

1、兵員数59名からなる海軍陸戦隊を派遣して太平島に常駐し、海軍司令部の直轄的指揮を受ける。駐在将兵は毎年に交代し、報酬は通常の3倍とし、半年に1回、島に補給を行うこと。

2、進駐したメインの島に海軍の無線連絡施設を設置し、鄧清海が南沙諸島無線施設の初代施設長に任命された。

3、海軍が暫定的に島の行政を代行し、海軍の各群島に対する管理課を設置し、課の中に事務室、気象組と電信組を設け、海軍総部訓練局参謀・彭運生が南沙諸島管理課主任に任命された。

4、広東省西沙諸島と南沙諸島「島志編纂委員会」が設立された。

32　同上、11頁。

第2章　中国の主権：歴史的根拠

1947年6月11日から15日まで、広東省政府は広州文明路にある「広東文献館」で西沙諸島、南沙諸島物産展示会を催し、現地で採取した各種の実物と標本および写真・図表・歴史文物などの資料を公に展示した。見学者は延べ30万人以上に上った。

このように、中国が南沙諸島に対する主権と管轄権を完全に回復したことは、明白な歴史的事実である。

サンフランシスコ講和条約から日華条約、1972年9月の国交正常化に関する中日両国政府の共同声明に至るまで、いずれも日本の南沙諸島に対する占領は侵略行為であることが示されており、「不法行為から権利が生まれない」という国際法の原則が適用される。これも言い逃れようのない歴史的結論である。

しかしこの歴史事実とその法律効果に対して、ベトナムからあえて異議が提起された。ベトナムで出版された著作『ホアンサ〔西沙〕とチュオンサ〔南沙〕の特別考証』に収録された「クォック・トゥアン（Quêc Tuân／国俊）」署名の「中国のホアンサとチュオンサ両群島の主権問題の論拠に対する検証と分析」と題する論文は、「中国国軍がこの両群島に上陸したことは……一種の不法行為である」と主張し、以下の理由を挙げた。

①「ポツダム会談の決定によれば、中国の国軍はホアンサ（西沙諸島）の日本軍に対する武装解除の権限しか授与されず、チュオンサ（南沙諸島）の日本軍に対する武装解除の権力はもたない。この権利は英印連合軍に属するものだ」。

なぜなら、「ポツダム会談で、三巨頭（チャーチル、スターリン、ト

55

ルーマン）は現地の日本軍に対する武装解除をスムーズに進めるため、インドシナを二つの地域に分け、北緯16度を境界線とし、その線より南の地域は英印軍が担当に委任された」ためだ。

②「日本軍に対する武装解除は1946年8月末より前に行われるべきで、それ以降、中国国軍による武装解除の行動は法律的な根拠をもはやもたない」。

以上の批判に対して、次のような反論を行うことができる。

①連合軍は、北緯16度線を境に仏領インドシナ半島を南北の二つの部分に分けたが、南沙諸島はインドシナの一部でもなければ、仏領でもない。1945年9月2日、連合国最高指令官総司令部はすべての日本軍に対し、連合軍に降伏し武器を引き渡すことを命じる一般命令第一号を発した。

その第1項目（イ）項では、支那（満洲ヲ除ク）、台湾及北緯十六度以北ノ仏領印度支那ニ在ル日本国ノ先任指揮官並ニ一切ノ陸上、海上、航空及補助部隊ハ蔣介石総帥ニ降伏スベシ」と規定した（訳文は外務省資料を参照）。

これで分かるように、中国の降伏受け入れの地域範囲は明確であり、中国大陸・台湾・仏領インドシナの北緯16度線以北の地区である。まさにこの降伏受け入れ範囲に従い、中国の盧漢将軍が1945年9月9日、軍隊を率いてハノイに進駐し、仏領インドシナの北緯16度線以北の日本軍の降伏を受け入れた。

②ベトナム側論文は「日本軍に対する武装解除」を中国の領土回復と完全に混同し、南沙諸島駐在の日本軍は中国側の接収より前にすでに命令された通り、海南島の楡林港駐在の中国軍に武器を引き渡して降伏した事実を忘れていた。

三、「断続線」の形成、国際的認知と法的意義

南海の断続線（後の9段線、Nine-dotted Line）はU字線とも呼ばれ、

中国の南海における島嶼の主権と海洋権益を規定したラインである。

もともとは中華民国政府（当時）が1947年に確定し、翌48年に正式に公表した、地図の上に表示された11本の断続する線（破線）の連なりだったが、1953年、中華人民共和国政府はトンキン湾海域の2本のラインを減らし、9本で表示するようになった。

9段線は北から南まで南海を囲むU字型の中国の海上権利の範囲を示すラインである。

南海を囲む断続線の由来と変遷
1、断続線の起源

断続線の形成と発展、変遷は、列強が中国の南海に対する主権と権益を侵害した結果に対するリアクションとして生まれたが、最初の形は断続線ではなく、一本の連続した線だった。

20世紀初め、列強による中国の南海の主権と海洋権益に対する侵食が始まり、1907年、日本は東沙諸島の資源開発に着手し、それが中国にとって警鐘となった。清朝政府は直ちに西沙諸島へのパトロールを始め、また西沙の島で主権を示す石碑の設置式典を行った。

この時期から、中国人の地図出版業界では南海の主権問題を重視する声が上がった。ただ、その当時、中国は国家レベルの地図に関する審査と出版の機関がなかったため、公開出版された南海の境界線に関する地図はすべて民間で作成されたものだった。

一番最初に南海の境界線を標示したのは1914年12月、上海亜東図書館の胡晋接が編纂した『中華民国地理新図』だった。ただ、この地図は一本の連続線で中国の海域境界線を標示しており、断続線ではなかった。

それ以降1947年に至るまで、中国の民間出版の地図は、示す範囲に一定のずれがあったものの、南海諸島は全て中国の領域内に囲まれており、ほとんど連続線が引かれていた。連続線に囲まれる群島の範囲の大きさによって、中国の民間出版の地図は主に3種類に分かれる。

第1種類は東沙諸島と西沙諸島だけを囲む連続線を標示した地図。それ

には、1914年12月に上海亜東図書館の胡晋接が編纂した『中華民国地理新図』、1927年5月に屠思聡が編纂した『中華最新形勢図』、1933年7月に陳鐸が編纂した『中国模範地図』などが含まれる。

これらの地図は南海の海域に関して、いずれも東沙諸島と西沙諸島より外の範囲で一本の国境標示線を引いている。

この線は西はトンキン湾の中越陸上国境線の沿岸部における分岐地点から始まり、続いてベトナム海岸より外の海域に沿って南東方向に延び、最南端は北緯15度から16度辺りに表示され、次は東に向かってフィリピンのルソン島西側の海域に至り、さらに北東方向に東沙諸島の東側に沿って、台湾海峡と東シナ海、黄海海域の中国境界線に合流する。

第2種類は東沙諸島、西沙諸島と南沙の九小島を囲む連続線の地図。「瓊南小島」または「九小島」の地図と呼ばれる。

この種の地図は1933年のフランスによる南沙の九小島侵入事件の後に多く現れた。また似た地図として、「九小島」より広い範囲を囲むものもあり、例えば1934年8月、陳鐸が編纂した『新制中国地図』は連続線を「九小島」より外の範囲で示し、その南端は北緯9度辺りまでを表示している。

第3種類は南海の四つの群島全部を囲む地図である。もっとも、最南端の境界線が北緯4度から9度までの間に引かれるばらつきがあり、統一されていなかった。

これらの地図は主に1935年から1946年までの間に現れた。今日において検索できるこの種の地図は11種類ある。

線の引き方の違いにより、大半の地図は連続線の最南端を北緯7度から9度の間に引いており、曾母暗沙（James Shoal／ジェームズ礁）を囲んでいなかった。

1936年に出版された、白眉初が編纂した中学教科書『中華建設新図』だけが連続線の最南端を北緯4度辺りに引き、最も早く南海の4群島と曾母暗沙を全部、境界線の中に囲んだ地図である。

２、断続線の範囲の確定と公示

　当時の中国は実地測量に基づく詳細の地図がほとんどなく、民間出版の地図は標示範囲が統一せず、大半は過去の旧版を踏襲し、間違いを訂正せずにいた。海外で出版された中国の地図を鵜呑みして複写して印刷するものもあった。

　それにより、中国の海の境界線についての説明が混乱し、南海における中国の主権を守るのに不利だとして、1930 年 1 月、中国政府は『水陸地図審査条例』を公表し、さらにそれを修訂し拡張した『修正水陸地図審査条例』を発表した。

　1930 年 6 月 7 日、中国政府は、従来使用されていた不正確な伝統的地図に代えて、近代的な手法による領域地図を新たに作成し発表した。それらの地図においては、南海の島嶼が中国の領域であると記されていた。[33]

　続いて 1933 年、内政部・外交部・海軍部・教育部などの機関からなる「水陸地図審査委員会」が政府機関内に設立された。

　1933 年 4 月から 7 月にかけて、フランスが南沙の九小島を占領したが、それに対して、中国社会の各界は相次いで南京の国民政府の外交部に、フランスによる不法の占拠を制止するためにも迅速に情報を収集し、フランスが占拠した島嶼の具体的位置、経緯度をはっきりさせるよう申し入れた。

　これを受けて、1934 年、水陸地図審査委員会は南海の各島嶼の中国語と英語の地名を審査して確定し、南海諸島の 132 の島と沙州、環礁の名称一覧表を公示した。そのうち、西沙諸島関連は 28、南沙諸島関連の名称は 96 だった。

　より重要な点は、同委員会が 1935 年 1 月に発行した『水陸地図審査委員会会刊』第 1 号に掲載した『中国南海各島嶼図』は、中国の南海の最南端の境界線を北緯 4 度と明示し、曾母暗沙を正式に中国の境界線以内に表示したことだった。

　同地図はまた、南海諸島嶼の名称と位置を詳細にわたって表示し、「東

33　Li Jinming and Li Dexia, The Dotted Line on the Chinese Map: A Note, Ocean Development and International Law, Vol. 34, No. 3-4, 2003, p.289.

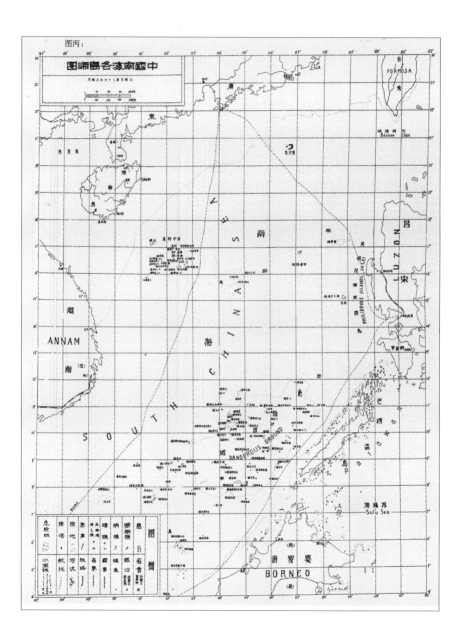

沙島」「西沙諸島」「南沙諸島」「団沙諸島」（「珊瑚礁」とも呼ばれた）は中国の版図に属すると明示した（次頁地図を参照）。

　ここで言う「南沙諸島」は今の中沙諸島を指し、「団沙諸島」は今の南沙諸島に当たるが、団沙諸島の島嶼には北険礁（North Danger Reef、現在の双子群礁）、伊都阿巴島（Itu Aba Island、現在の太平島）、斯巴拉脱島または暴風雨島（Spratly／スプラトリー島、Storm Island／現在の南威島）、曾母灘（James Shoal／ジェームズ礁）などが記された。

　島嶼の名称に関して英仏などの国による島名の訳音を採用した。これらの島嶼の命名は、情勢と条件の制限によって満足の行くものではなかったが、当時の中国の政府と民間による南海諸島嶼、特に南沙諸島への強い関心を示し、戦後の国民政府が南沙に対する行政管轄を施すために必要な情報と知識上の準備を整えたといえる。[34]

　第二次大戦後、中国は南海の各群島を接収したが、西沙と南沙の範囲と主権を確定し公表するため、1947年初め、当時の政府内政部は南海の各群島と島嶼の名称を審査し、調整と統合を行った。「団沙諸島」と「南沙諸島」をそれぞれ「南沙諸島」と「中沙諸島」に改称し、南海の各島嶼の新旧名称比較表も公表し、その中には南沙諸島を含む172の島・沙州・暗礁・暗沙の名称が含まれた。

　南海の領土範囲を具体化するため、当時の内政部方域（国境管理）局は1947年12月、「南海諸島位置図」を印刷し公表した（次頁地図を参照）。

　この地図では、西は中越陸上国境の合流地点である北侖河の河口を起点とし、東は台湾北東部までの11段線を標示して南海の断続線を構成している。その中に、東沙諸島、西沙諸島、中沙諸島、南沙諸島を明記し、曾母暗沙とその他の大部分の島嶼の個体の名称を標示し、断続線の最南端は北緯4度辺りに引いた。これは南海諸島の主権に対して、最も法律的性格を有する中国の主権の主張である。

　1948年2月、内政部方域局はまた「中華民国行政区域図」を公式出版

---

[34] 褚靜濤「収復南沙群島始末」、『中国台湾網』2016年7月26日。http://www.taiwan.cn/plzhx/zhjzhl/zhjlw/201607/t20160726_11519820.htm

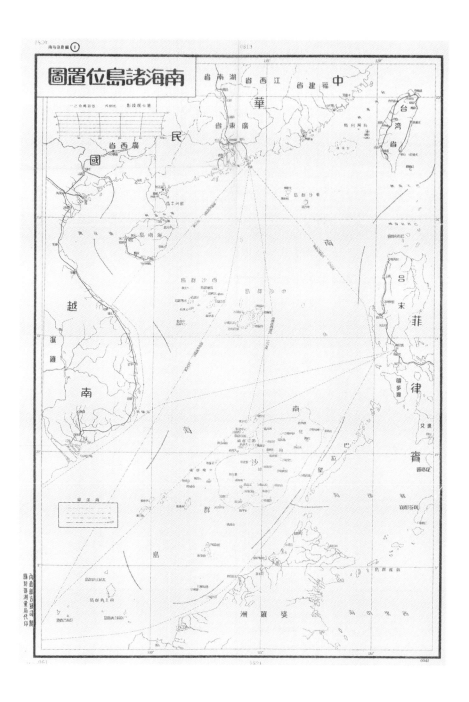

し、その右下に「南海諸島位置図」を表示した。それ以後の中国地図の図面配置（右下に南海諸島と断続線を標示）はほとんどこれを踏襲している。

この「11 段線」の意義及び法的性格に関する正式な説明は行われていないが、一部の中国人研究者は、「11 段線」を設定した目的は、南海の島嶼に対する中国の主権及び諸権利の及ぶ限界を示すためだと推測している。[35]

近年になって、中国南京大学の地理と海洋科学学院の専門家がデジタル化された地理情報システムを使って、南海海底の立体的地形モデルを作成し、1947 年に内政部が発行した 400 万分の 1 の比例の「南海諸島位置図」の中の 11 段線に対して精密な位置確認をしたところ、

① 断続線を 11 段で表示することは、地理や諸外国との国境などの要素を慎重に検討した結果である。
② 11 段線の表示の仕方は、陸上の境界線を念頭に置いたものの、あえて実線にしなかった。
③ どの断続線も、中国に所属する小さな島嶼と、隣国に所属する大陸もしくは大きな島の中間的位置に引かれた。

このようないくつかの特徴を見出すことができた。すなわち、それはただ机上の空論で、勝手に引かれただけのものではなく、将来的な国境線を念頭に制定されたものである。[36]

---

[35] Zhiguo Gao and Bing Bing Jia, The Nine-Dash Line in the South China Sea: History, Status and Implications, The American Journal of International Law, Vol.107, No.1 (January 2013), p.103.

[36] 以下の記事を参照。單之薔「事関主権的重大地理学発現：南海"断続線"割分的依拠是地形」、『中国国家地理』誌 2016 年第 9 号。http://www.dili360.com/cng/article/p57cd25cbd39c442.htm
傅崐成「南海仲裁結果可能給菲律賓帶來麻煩」、BBC 中国語サイト、2016 年 7 月 18 日。http://www.bbc.com/zhongwen/simp/china/2016/07/160718_viewpoint_south_chinas_ea_philippines

1949年の中華人民共和国の樹立後、中国で出版された各種地図は基本的に、南海の断続線の引き方について1948年2月に公表された行政区域図を継承し、11段の断続線をもって南海の諸島嶼を中国の境域以内に標示して、その最南端は北緯4度付近に記した。
　1953年に中国政府の許可を得て、トンキン湾内の2本の断続線が取り消されて以降、11本の断続境界線は9本になり、「9段線」が確立されるに至った。
　1954年に公営の地図出版社が発行した「中華人民共和国行政区画図」は、海南島と北ベトナム海岸の間に引かれていた2本の断続線をなくし、南海を囲む9段線を正式に標示した。
　1962年、地図出版社が出版した「中華人民共和国地図」は、南海の9本の断続線を再確認し、この引き方は今日に至るまで使われている。
　南海の断続線が最初の連続線から発展し、その範囲も調整され続けたことは、時間の推移や認知の拡大と深化、および国際法に対する理解の前進に伴い、南海諸島嶼の範囲に対する中国の認識が深まり、全面的になっていく変化の過程をある程度反映した。

断続線をめぐる国際社会の姿勢変化

　1947年に中国政府が南海の断続線を盛り込んだ「南海諸島位置図」を公式に出版したのち、南海周辺諸国を含む国際社会は長期にわたって何ら異議も呈さず、中国に外交交渉を申し立てる周辺国もなく、この線の存在を黙認していた。
　多くの国で出版された地図の多くは、断続線内の南海の海域を中国領と標示した。だが、1970年代以降、南海海域での石油の発見、UNCLOS（国連海洋法条約）の採択、南海地域をめぐる国際政治情勢の変化に伴い、南海周辺諸国や国際社会はそれぞれの思惑により、南海の断続線に対する姿勢に修正が加えられた。

1、従来の立場を変えた沿岸諸国

　南海周辺諸国は利権と利益を獲得するため、1970年代以降、中国の南

海に関する主権に挑戦し、断続線の存在を否定するように変化した。

　ベトナムは、完全な承認から完全な否定へ立場を180度転換した。70年代以前、ベトナムは複数の公式の場で何度にもわたって中国の西沙諸島、南沙諸島に関する主権を承認すると声明し、ベトナムで公式出版された地図の上にも西沙と南沙は中国の領有だと明記していた。地図に断続線は標示されなかったものの、西沙と南沙の中国の主権に対する承認は実質的に断続線の存在を黙認したことになる。

　ところが1975年の全国統一後、ベトナムはそれまでの立場を一変させ、西沙と南沙に対して主権の要求を打ち出すようになった。

　今日、南沙諸島の島嶼と岩礁のうち、ベトナムが占拠した数が最も多く、29に上っている。ベトナムが公示した海域の主張線は西沙諸島と南沙諸島を含むだけでなく、中国の断続線以内の海域と重複する面積は100万平方キロメートル以上に達している。

　ベトナムはさらに中国が断続線の中で主権と管轄権を行使することを妨害し、南海の断続線の内側に対する中国の歴史的権利を認めていない。ベトナムは中国の南海断続線を否定する最も強硬な姿勢をとる国の一つである（第4章参照）。

　マレーシア・フィリピン・ブルネイは、1970年代より以前、断続線に対していかなる異議も提出せず、その存在を黙認してきた。しかし70年代に入ると、3カ国はUNCLOSを拡大解釈して中国の南海島嶼の一部に対して主権の要求を打ち出した。ブルネイは主権要求の声明を出したが軍隊を送っていない。フィリピンとマレーシアはいずれも派兵してそれぞれ九つと五つの島嶼と岩礁を占拠した。

　まさに東南アジアの関係諸国が中国の断続線に対して従来の立場を変え、承認と黙認から質疑と否定に転じたことから、今日の南海をめぐる紛争の局面が出現したのである。

2、国際社会の見解はかつて中国寄りだった

　1970年代より前、国際社会の大半は南海断続線の存在を認めていた。それを指し示すのは世界各国で出版された地図であり、断続線内の島嶼の主権

について多くは「中国」と標示していた。残りの地図も、断続線以内の島嶼を他国領と表示するものは一つもなかった。

ここで特に南海問題の起源と発展に深く関わった日本とフランスのあり方に言及しなければならない。両国とも中国の南沙諸島を占拠したことがあり、フランスはまたベトナムの宗主国だった。しかし南沙諸島から手を引いた後、フランス国内で出版された政府の立場を示す地図は、いずれも南沙諸島を中国の版図と明記していた。

日本政府が公認した、中国の南海諸島嶼に対する主権が表示された地図には以下のものがある。

全国教育図書株式会社が編纂・発行した『標準世界地図』(東京、全国教育図書、1957年8月)の第15図「東南アジア」の南海(SOUTH-EAST ASIA)地図に、「トンシャ／東沙群島／ Is. Tungsha」、「西沙群島／ Is. Hsisha」、「チュンシャ／中沙群島／ Is. Chungsha」、「ナンシャ／南沙群島／ Is. Nangsha」と中国語発音でこれらの地名をそれぞれ日本語、英語、漢字で表示し、さらにその真ん中に「チュンホアレンミンコンホクオ／中華人民共和国／ CHUNGHUAJENMINKUNGHOKUO」と大きく標示し、南海諸島が中国領であることを明示している。

同地図集の冒頭に、「昭和27年6月10日」の日付で作成された「外務大臣　岡崎勝男」の肉筆署名入りの「初版に寄せられた推せん文」が掲載されており、「今般全国教育図書株式会社がその困難を克服し、『標準世界地図』を企画刊行されたことは、時宜に適したものである。ここに敢えて江湖に推せんする」と記されている。

ほかに、1964年2月に初版発行の『NEW WORLD ATLAS』(監修　東京教育大学名誉教授田中啓爾、著作兼発行者：株式会社全国教育図書株式会社、国土地理院承認済み、承認番号　昭38.第2555番)の第19図も、「南沙／ Nansha (China)」と標示し、南沙諸島が中国領であることを明確に認めている(本書5頁参照)。

同地図はまた、フィリピンとの境界線を明示しており、南沙諸島に属し、現在はフィリピンの実効支配下にある Templer Bank (中国名：忠孝

灘)、Seahorse or Routh Bank（中国名：海馬灘)、Lord Auckland（中国名：莪蘭暗沙)、Fairie Queen（中国名：仙灘）などの島や沙州について、中国領であることを示している。

　この地図集の冒頭には「外務大臣　大平正芳」の肉筆署名入りの「推薦のことば」が掲載されており、「この度、全国教育図書株式会社が、非常なる努力を払って完成された NEW WORLD ATLAS は、その内容、表現、規模等、まさに世界の水準をゆくものであって、わが国の政治、経済、文化の各層に裨益するところ大であると信ずる。敢えて広く江湖に推薦する次第である」と書かれている（本書6頁を参照)。

　フランスについて、1956年に出版された政府公認の『世界政治と経済地図集（the Atlas international Larousse Politique et économique)』の第13 B「東南アジア」の地図には、「the Pratas Island（China)」(東沙諸島)、「the Paracel Islands（China)」(西沙諸島)、「the Spratly Islands（China)」(南沙諸島）についていずれも「中国領」と標示された。

　1969年、パリの Librairie Larousse 出版社が発行した『ラルス現代地図集（Atlas moderne Larousse)』の98〜99頁では、南沙諸島について海上の国境線を引いており、その引き方と方向は中国の断続線とほぼ一致した（次頁、上地図を参照)。

　1968年に「国家地理研究院（Institut Géographique National Français)」が発行した「世界普通地図（the General Map of the World)」も、「Nansha Islands」(南沙諸島）との地名を使い「中国領」と標示されていた。

　ほかに、西ドイツの政府公認1954年版『世界大地図』(WELTATLAS: Die Staaten der Erde und ihre Wirtschaft）は南沙諸島は「中国領」と標示し、1961年版『世界大地図』は更に「インドネシア・インドシナ・フィリピン」のページの南海部分に断続線を引いて、東沙・西沙・南沙の三群島を囲み、「中国領」と示した（次頁、下地図参照)。

　1954年、旧ソ連内務省の測量と地図管理総局が出版した『世界地図集（Атлас мира)』の3〜4頁「世界行政区」図は西沙と南沙をいずれも中国語発音で表記し、「中国領」と明記した。各地域や国の地図でもそのよ

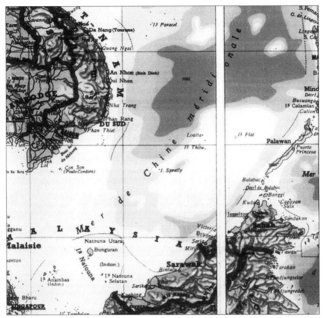

『ラルス現代地図集』（フランス、1969年）の南海部分に引かれた断続線

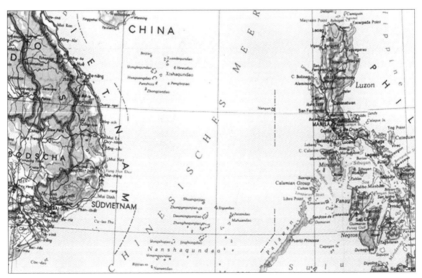

『世界大地図』（西ドイツ、1961年）の南海部分に断続線が引かれた上、その下部に「Nanshaqundao」（「南沙諸島」の中国語発音記号）の文字が見える。

うに標示された。

　東ドイツ（当時）政府の公認で 1968 年に発行された『ハーク世界大地図集』（Haack Grosser Weltatlas）の「アジア」「オーストラリアとオセアニア」「太平洋とインド」などの地図においてもみな南海の断続線が描かれている。その上で南沙諸島は中国所属と標示し、また「東南アジア」の地図にはもっときれいに南海の断続線を描き、断続線の中に中国の発音記号（Pinyin）で東沙諸島・西沙諸島・南沙諸島・黄岩島が記された（次頁地図参照）。

　なお、イギリスの 1968 年版『世界地図集』など欧米諸国で出版されたほかの十数種類の地図も南沙諸島は中国領であると明示している。

　だが 1970 年代以降、南沙をめぐる紛争が地域のホットスポットになり、一部の周辺諸国が南沙諸島の島嶼を占拠するにつれ、域外の多くの国の地図における南沙諸島の説明に変化が現れた。一部の地図は引き続き中国領と標示したが、より多くの地図は帰属について標識しない中立的な立場を取るようになった。

　各国学者の間では南沙諸島の主権の帰属について意見が分かれている。韓国の国際法学者で国際海洋法裁判所の判事でもある朴椿浩教授、米国の米国務省の国境問題担当分析官を務めたダニエル・ヅーリック（Daniel J. Dzurek）教授、米国インディアナ州ボール州立大学の張徳光教授などは、西沙諸島と南沙諸島に対する中国の主権の主張はベトナムのより歴史が長く、根拠が充実しているとの見解を貫いている。

　一方、カナダのブリティッシュ・コロンビア大学（University of British Columbia、略称：UBC）大学のイアン・タウンゼント＝ゴールト教授（Ian Townsend-Gault）などは中国の断続線の法的性格および歴史的権利に対して否定的な姿勢を取っている。

9段線に関するいくつかの解釈と分析

　今日に至るまで、断続線すなわち9段線の法律的説明について中国の学界ではいくつかの異なる主張と解釈が存在している。

　以下はそれについて逐一紹介し、個人的な見解も述べたい。

『ハーク世界大地図集』(東ドイツ、1968年)の南海部分に引かれた断続線と諸群島の中国語発音記号の表記

①海上境界線説[37]

　この説は、南海の断続線はすなわち国境線であり、中国の南海における領土の範囲を確定し、線内の島嶼・沙州・環礁・暗礁および海域はいずれも中国領に属し、中国はそれに対して主権を有するが、断続線以外の地域はその他の国の領海もしくは公海に属すると主張する。断続線を「国境線」と解釈した最も重要な根拠は、国境線の表示符号を使って地図の上で引いたからだとされている。

　しかし、以下の二つの理由で断続線を「国境線」と見なすことに無理があると思われる。

　1、南海の断続線は連続した破線の繋がったものであり、それを国境線と見なす場合、未確定の国境線であることを意味する。そこから推理すれば、断続線は確定された国境線ではないため、その中のすべての権利に関して関係諸国と交渉して協議する必要性が残されることになる。

　2、中国の民間出版の地図が断続線を引き、その上で中国政府が断続線の位置を正式に公表した20世紀前半以降、中国の歴代政権は一度も、断続線以内の全海域は中国の内水または領海であると宣言したことがなく、線内の海域に対してそれに相応する権利を行使したこともないため、線内の全海域に関して主権を有すると主張する証拠は不十分である。

②島嶼帰属線説[38]

　この説は、断続線以内の島嶼・沙州・環礁・暗礁は中国領土の構成部分であり、中国はそれに対して主権を有し、海洋法公約に基づいてその範囲

---

[37] この説を主張もしくは紹介した論文は以下の通り。許森安「南海断続国境線的内涵」、海南南海研究中心『「21世紀的南海問題与前瞻」研討会文選』、2000年、80—81頁。李国強「中国と周辺国家の海上国境問題」、『境界研究』No.1（2010年）、52頁。E.g., Zhiguo Gao, The South China Sea: From Conflict to Cooperation?, Ocean Development and International Law, Vol.25, No.3, 1994, p.346.

[38] 趙理海『海洋法問題研究』（北京大学出版社、1996年、38頁）はこの説を主張。

内で内水・領海・EEZなどの管轄海域を確定することができると主張する。

　この説は一定の合理性があるが、断続線の性格に関する認識は不完全であると指摘される。断続線はただの「島嶼帰属線」ではないからである。

　それについて、三つの側面から理由が挙げられる。

　1、「島嶼帰属線」説は断続線が生まれた歴史的背景を十分に考慮していない。

　1945年9月28日、米国のトルーマン大統領は米国の漁業保護区と大陸岩礁層の設置を宣言した。「公海の一定水域における沿岸漁業に関するアメリカ合衆国の政策」と題するこの「大統領宣言第2668号」は当時、世界的範囲で海洋権益の囲い込みを争う風潮を誘発した。

　中国政府はその流れの中で断続線の位置を確定し、正式に公表したので、決して断続線をただ一本の島嶼帰属線と見なしていなかったはずである。その中に断続線以内の海洋権益に対する主張が間違いなく含まれていたと考えられる。

　2、上に述べた「海上境界線説」が分析した通り、断続線は「未定線」であるため、断続線を単純に「島嶼帰属線」と解釈すれば、断続線以内の島嶼の主権は「未定」と解釈される恐れがある。

　したがって「島嶼帰属線」説は断続線以内の島嶼に対する中国の主権主張を弱める可能性がある。

　3、1982年のUNCLOS（国連海洋法条約）第121条3項によれば、「人間の居住又は独自の経済的生活を維持することのできない岩は、排他的経済水域又は大陸棚を有しない」との規定になっているが、南沙諸島の面積はいずれも狭いため、わずかの島しかEEZもしくは大陸棚を所有することができず、この主張は断続線以内の海域に対する管轄範囲の縮小を招きかねない。

③歴史的水域線説[39]

　この説は、中国は断続線以内の島嶼・沙州・環礁・暗礁に対して主権を有するだけでなく、線内の全海域はすべて中国の歴史的水域に属し、内水もしくは領海の制度を適用することができると主張する。

　台湾当局は1993年、断続線以内の水域にこのような歴史的水域の性格を付与した。その「南海政策綱領」は明確に「南海の歴史的水域の範囲内の海域は中国が管轄する海域であり、中国はすべての権益を有する」と声明し、断続線の法律的性格に関する台湾当局の公式の立場を表明した。もっとも、断続線以内の海域を「歴史的水域」と称するのには、以下のようないくつかの困難にも直面する。

　1、国際海洋法の実践上、個別の国が歴史的水域を主張し実施した試みは長い間、重大な論争を引き起こしており、今日に至るまで歴史的水域は、領海・EEZ・大陸棚などと同じような、国際社会が普遍的に承認する国際的な海洋法制度になっていない。

　2、「歴史的水域」の主張により、「線のなかの線」という自己矛盾の問題が生じる。ある学者がかつて指摘したように、「仮に南海が中国の『歴史的海域』であるなら、中国は実際に1996年に領海基線を公表する必要がなかったはずだ。これらの基線は歴史的海域に沿って、すなわち9段線に沿って引かれるべきだった」。

　3、歴史的海域は専属的なもので、主張国はそれを内水もしくは領海と見なすことができる。

　しかし南海の断続線を公表して以来、中国政府は断続線以内の海域で権利をめったに行使しておらず、ごくまれに行使した場合でも海域ではなく線内の島嶼に集中していた。各国の船舶は断続線以内の海域で変わらず航行の自由や漁業の自由を享受できた。断続線以内の海域を「歴史的水域」と主張することは、これまでの中国外交の実施方針と合致しない。

39　趙国材は以下の論文でこの説を取っている。「従現行海洋法分析南沙群島的主権争端」、『21世紀的南海問題与前瞻』研討会文選、2000年、20頁。

4、1982年、ベトナムは領海基線に関する声明の中で、トンキン湾のベトナム側に属する水域の部分を「歴史的水域」とし、ベトナムの内水に属すると主張したが、最終的に中国の反対に遭い、この主張を諦めた。

これにより、面積がトンキン湾より何倍も大きい南海の水域について「歴史的海域」と主張することはより一層困難が増すことになる。

④歴史的権利線説[40]

この説は、中国は断続線以内の島嶼・沙州・環礁・暗礁及び海域全体に対して歴史的権利を有すると主張する。

「歴史的権利」は本質的に言えば、ある種の優先権であり、中国が断続線以内の「歴史的権利」を有すると主張する時、島嶼と海域を区別すべきで混同してはならない。

断続線以内の島嶼に対して中国が所有するのは主権である。つまり専属的性格と排他性を有し、ただの優先権だけではないということだ。一方、断続線以内の海域（島嶼付近の海域や、今後の交渉の中でUNCLOSに基づいて領海を持つことのできる海域を除く）に対する中国の権利は、専属的性格と排他性をもたない。

この主張に近い説は「資源の帰属線」説である。この説は、歴史的証拠により、中国は断続線以内の資源に対して専属的権利を有すると主張するものである。この観点はEEZもしくは大陸棚の概念に由来するが、1940年代末の歴史条件下において当時の中国政府が、南海で南海の資源の帰属を表示する一本の線を引いたとは到底考えられない。その上、「資源」という表現の定義にも不明瞭さが残る。

以上の分析は、断続線に関する各種の主張と観点にはいずれも一定の合理性もあれば限界もあることを示しており、中国が南海の断続線に関する

40　この説を主張もしくは紹介した論文は以下の通り。潘石英『南沙群島　石油政治　国際法：万安北一21石油合同区位于中国管轄海域勿庸置疑』、香港：経済導報社、1996年、60—63頁。前出許森安論文、82頁。Zou Keyuan（シンガポール国立大学東アジア研究所）"Historic Rights in International Law and in China's Practice," Ocean Development and International Law Vol.32(No.2), 2001, p.160.

法律的地位を確立すると立証する際に参考の価値を持つものであろう。[41]

---

[41] 9段線の含意に関する諸解説を整理し、分析するのに際し、主に以下の研究論文を参考した。劉楠来「従国際海洋法看"U"形線的法律地位」、『国際法苑耕耘録』、中国社会科学出版社、2014 年、433 — 438 頁。

第3章　中国の主権：国際法的研究

　今日、南沙諸島のうち、東沙は中国台湾の支配下にあり、西沙は中国の完全支配を受けているが、南沙は関係諸国と地域により分割占領されている。

　そのうち、ベトナムは29、フィリピンは9、マレーシアは5つの島嶼をそれぞれ占拠し、ブルネイは南通礁（Louisa Reef）の領有を宣言したが、軍隊派遣による占領はしていない。南沙諸島の主権を有するはずの中国は台湾を含めて合わせて8つの島嶼を支配している。

　島嶼の占拠以外、関係諸国は UNCLOS（国連海洋法条約）の EEZ（排他的経済水域）に関する規定を立てて、一方的に南海の海域を分割している。

　フィリピンの領土主権と海域に関する要求は南沙諸島東部の礼楽灘（Reed Bank ／リード礁）、西月島（West York Island）の周辺、すなわちフィリピンが「カラヤン諸島」と呼ぶ海域に集中するが、フィリピンが宣言した200カイリの EEZ の範囲を計算すれば、それが分割する南海の海域の面積は65万平方キロメートルの広さに達する。

　マレーシア、ブルネイが主権の要求を提起した島嶼は南沙諸島の南部に位置している。

　マレーシアは安波沙洲（Amboyna Cay）から校尉暗沙（North East Shoal）に至るまでのライン以南の島嶼に対して領土主権の要求を出し、分割を図ろうとする海域の面積は27万平方キロメートルに上る。

　ブルネイは南通礁とそれに隣接する海域に対して主権要求を出しており、曽母暗沙（ジェームズ礁）の海域の4万平方キロメートルの分割を図っており、これはブルネイの陸上の国土面積の10倍に相当する。

　インドネシアは中国との間、島嶼をめぐる領土主権の争いは存在しない

が、ナトゥナ諸島（Kepulauan Natuna／納土納群島）周辺海域で主張するEEZと大陸棚の水域は、中国の断続線内の海域と一部重なっている。

南沙諸島及びその近くの海域に対して、全部もしくは一部の主権と権利の主張を打ち出した関係各国の掲げた法的根拠はそれぞれ異なる。ベトナムは主に「歴史的主権」を主張するが、フィリピン・マレーシア・ブルネイは主にUNCLOSにあるEEZ、大陸棚に関する規定を根拠にしている。

このほか、フィリピンは「隣接している」こと、「安全保障」にかかわること、「無主の地」であることなどの理由を掲げている。国際法の角度から見れば、これらの国の南沙諸島に対する主権要求はいずれも法的根拠を欠いており、一部の合理性があるものの、その国際法的地位は中国の主張に比べて明らかに弱い。

一、南沙諸島に対する中国の発見権

国際法における「先占」原則の確立

18世紀より前まで、「無主なるものは先占する者に帰する」という原則は国家が無主の地の主権を取得する基本的なルールであった。

そのため、イギリス出身の国際司法裁判所（ICJ）判事（所長も務めた）サー・ロバート・ジェニングス（Robert Y. Jennings）は「占領を加えない単なる発見は過去において権利が付与されていた」と振り返る。[1]

18世紀以降、国際法は新領土の発見ののち実効支配が必要だとして主権取得の新たな条件を加えたが、「先占」には四つの条件を揃う必要があると公認されるようになった。それはすなわち、

①先占の主体は国であること、
②先占の対象は「他国に占領されていない無人の島や土地、もしくは占領された後に放棄された土地」という「無主の地」であること、

---

[1] Jennings, Rand Watts, A,（eds）Oppenheim's International Law）, Oxford: Clarendon Press, 1992, p.687; Jennings, R. The Acquisition of Territory in International Law, Manchester: Manchester University Press, 1961, p.21-23.

③主観的に領有の意思表示が必要であること、

　④客観的に実効支配が行われ、適切に主権を行使し、それを表現すること、

である。もっとも、諸条件の中で「発見」はやはりある種の権利を主張する根拠になると一般的に理解されていた。

　「先占」という原則の定義は、歴史発展の段階の変化に伴って調整と修正が生じるため、南沙の主権帰属を検討する際、まず、どの時期の「先占」の基準を引用するかを確認する必要がある。これにはまた、時際法（intertemporal law）の原則[2]に関わってくる。

　時際法は、「法律の変更によって引き起こされる新旧法律の時期に関する適用範囲を確定すること、すなわちいつの法律を適用するかの問題」である。

　1928年、米国とオランダの間で争われたフィリピン東部沖のパルマス（Palmas）島を巡る常設仲裁裁判所の判決[3]で、仲裁判事であるスイス人のマックス・フーバー（Max Huber）は、国際法に初めて時際法の概念を導入した。

　彼は「時際法」の原則を解釈した中で、法律の事実が生まれた時の法律、当該事実をめぐって紛争が現れた時の法律、同紛争を解決する時の法律、という三つの時間の法律を区別すべきだと提起し、その上で次のように指摘した。

　　「つまり、法律の事実はそれと同時代の法律に基づいて判断されるべきであり、当該事実に関連する紛争が現れもしくは解決に付される時

---

[2] 『世界大百科事典』第２版の解説によれば、それは「二つの法または法秩序が時間的に先後関係にあるとき，ある法的事実がどちらの法に支配されるべきかを定める法則」である。『大辞林』第三版の解説は簡潔に「時間的に先後関係がある二つの法規の適用について定める法則」と定義する。

[3] パルマス島事件（Island of Palmas Case）とは、フィリピン以東の孤島パルマス島（別名ミアンガス島）の領有権を巡って、1906年から続いた米国とオランダの紛争である。最終的に、1928年に常設仲裁裁判所でオランダの領土であるとの判決が下された。

に有効な法律によって判断されるべきではない。ある特定の案件が異なる時期に存在する異なる法律制度にかかわる場合、どの法律制度を適用するかを確定する時、権利の創設と権利の存在の間で区別を加え、すなわち権利を創設する行為は権利が生まれたときに有効な法律に従わなければならないことである。」[4]

1975年に開かれた万国国際法学会（Institut de Droit International）のヴィースバーデン（Wiesbaden）年次総会ではこの原則はさらに決議の形式で確定された。

したがって、南海諸島の主権を判断する際には、南沙の主権をめぐる紛争が発生した後もしくは紛争を解決する時の法律ではなく、南海諸島の主権が形成された時点の法律に基づいて、その帰属が判断されなければならない。

前章で述べたとおり、中国人は早くも2000年前の漢王朝の時代に南海諸島を発見しており、これはベトナム側が主張する南海で活動を始めた時期（1630─1653年）より1500年余りも早かった。

たとえ中国人による南沙諸島発見の時期を、世界的に公認される中国の海軍と商船の船団が最も強大だった11世紀から14世紀[5]に遅らせるとしても、ベトナムより400年早い。羅針盤の使用や造船業などに代表される当時の中国が持っていた航海の技術と能力は当時の世界では圧倒的にリードする地位にあった。

よって、1876年6月16日付イギリス『タイムズ』紙の「スプラトリー諸島の争い」と題する社説は、「中国のこの種の主権は、西側世界で地図が現れた時より約1000年も前に打ち出されたものであり、今日中国と主権争いをしているかつての王国は一つも、今のような独立国的な地位を当

4　Reports of International Arbitral Awards 'The Island of Palmas Case（United States of America v. The Netherlands）', Reports of International Arbitral Awards, Vol. 2, 1928-04-04.

5　潘吉星・陳養正『李約瑟（Joseph Needham）文集』、中国遼寧科学技術出版社、1986年、258頁。

時は有していなかった」と述べている。

世界各国が認めていた中国の発見と先占

　中国海南島の漁民は大昔から南沙で漁業活動をし、諸島嶼には早くから中国漁民が居住し、活動の拠点としていた。

　外国の記録を見るだけでも、遅くとも1867年、イギリス船「ライフルマン（Rifleman）」号が密かにやってきた時、その記録に、南海の島々では至るところ海南の漁民の足跡が存在し、彼らはナマコや貝類の漁獲で生計を立て、少数の漁民は一年中そこに居住している。海南島から来る帆船は毎年、食糧やその他の必需品を載せて各島を回り、漁民とナマコや貝類と物々交換の貿易をしたと記されている（前出）。

　イギリス海軍部測量局が編纂した『中国海指南』（China Sea Pilot）の初版から重版まで、いずれも以下のような記録を掲載している。

> 「『流浪者』号（イギリス船）の報告によると、Amboyna（安波那島）で小屋の遺跡が発見されており、Tizard Bank（地薩爾島）の海南島漁民はナマコと貝類の漁撈で生計を立てていた。各島ともその足跡が残り、長く島や岩礁に居住する者もいる。海南から毎年、食糧や他の必需品を載せた小舟が島にやってくる。（中略）船は毎年12月もしくは1月に海南を立ち、最初に南西貿易風が吹くときに帰還する。North Danger（すなわち双子礁）の二つの岩礁とも蔓と草が覆い、その北東部に小さい木があり、沙州には海南島の漁民がよく立ち寄り、ナマコと貝類など漁獲した。北東側の岩の真ん中に湧水があり、漁民の飲料水はみなここから汲み取った」

　ドイツ海軍が1881年に作成した報告書も、西沙諸島の永興島やその他の島嶼で中国の漁民が恒常的な作業と居住をしていたことに触れている。

　それによると、1876年に建造されたドイツ海軍の蒸気艦「SMS

Freya」号が 1881 年 4 月 3 日、海南島経由で西沙諸島最北の暗礁に到着し、続いて樹木に覆われた永興島に停泊した。島では 7 人の中国人漁民に出会い、そのうちの一人はすでに 30 年以上現地に住んでいた、という。[6]

1930 年にフランス人がやってくる前、日本の複数の出版物にも中国漁民の南沙諸島での漁労と開発の活動が記録されている。

現在、広東省中山図書館所蔵の台湾総督府档案(公文書)抄本『新南群島沿革略記』によると、南沙諸島の北子島に、清朝時代の中国人の墓が二つあり、墓碑から、一つは同治 11 年(1872 年)に亡くなった翁文芹、もう一つは同治 13 年(1874 年)に亡くなった呉氏の墓であることが分かっている。

1918 年 12 月、日本ラサ島燐鉱会社は小倉卯之助海軍中佐が隊長を務める「探検」隊を南沙諸島に送った。後にその遺稿が『暴風の島』との書名で整理出版された(小倉中佐遺稿刊行会、1940 年)が、それによると、一行が最初の日に双子礁に到着し、そこに海南島から来た 3 人の漁師が住んでいるのを目撃した。

小倉は彼らに、いつから来て、どこに住んでいるかを尋ねたところ、「2 年前から来ており、3 人とも小屋に住んでいる」との答えを得た。なぜ来ているのかとの質問に対し、ナマコを採りに来ているのだとの答えだった。

3 人はまた、毎年の旧暦 12 月から 1 月にかけて、海南島から大船がやってきて、漁獲した水産物を中国に運び返し、3 月か 4 月頃、ほかの漁師が彼らに交代してやってくるとも説明した。

彼らは一枚の南沙諸島の概略を描いた地図と、12 の方位に分かれる羅針盤もその中の一人が持っていた。『暴風の島』に、漁民が書いたこの地図も収録され、それには南沙諸島の 10 の島嶼と岩礁、沙州の名称が書かれており、その名称は全部、海南島漁民が使う俗称であり、これらの名称はつい近年まで海南島漁民が虎の巻として大事に持っていた『更路簿』に盛り込まれ、使われていた。

---

[6] 「指中國船阻執法 印尼召見華大使」、香港『明報』新聞網、2016 年 3 月 21 日。

たとえば羅孔（今の馬歓島）、紅草峙（今の西鈅島）、上峙（今の北子島）、下峙（今の南子島）、鉄峙（今の中業島）、第三峙（今の南鈅島）、第鈅（今の景宏島）、黄山馬（今の太平島）、南乙峙（今の鴻庥島）、同章峙（今の火艾礁）である。

日本の信正社が1937年6月に出版した『世界の処女地を行く』（三好武二著）には、戦前の有名な「探検家」である三好武二が探検隊を率い、南沙諸島を旅した時の見聞が詳細に記録されている。

三好は1933年8月18日に探検隊を率い、当時日本に占領されていた台湾の高雄を出発し、「第三愛媛丸」に乗り同月25日に南沙諸島に勝手に立ち入り、偵察を行った。

三好は25日、まず南沙諸島の北双子島（北子島）に到着し、中国の漁師3人が漁業製品を加工しているのを目にし、また漁師が暮らしている家屋を目にした。漁師は主人としての姿勢で、島の樹木を含むさまざまな状況について、日本の探検隊に紹介した。

その後数日間にわたり、日本の探検隊は各島嶼で何度も中国の漁師に出会い、彼らが海南島から大挙移住してきたことを知った。漁師たちは数人一組に分かれ、各小島で暮らしていた。探検隊は中国の漁師の家屋と暮らしを近距離から観察し、漁師が島で耕作を行っていたこと、それから一部の家庭で子供が生まれたことなどを詳細に記録した。

さらに三好は南沙諸島で目にした、中国人の抗日スローガンを記録していた。1933年8月26日、日本の探検隊が南沙諸島の「三角島」（中業島）に上陸し、島の内部に足を踏み入れると、彼らは木に中国人が残した抗日スローガンを目にした。三好は不審と驚きを表した。[7]

発見という「初歩的権利」は今日も否定されない

フーゴー・グローティウス（Hugo Grotius、1583 ― 1645年）の時代以降、国際法はすでに、ローマ法及びその後の私法の原理に基づいて国際

---

[7] 『世界の処女地を行く』、三好武二著、信正社　1937年、341頁。国立国会図書館デジタルコレクションで全文を閲覧できる。http://dl.ndl.go.jp/info:ndljp/pid/1221095/3。

法の問題を解釈する、という伝統を確立した。

> 「その結果、国際制度における領土、領土の性格、領土の範囲、領土の取得と守る方法などに関する部分はみな純粋なローマ『財産法』だった」。[8]

「無主のものは先占する者に帰する」法則はそれで国が無主の土地を取得する基本的ルールになった。ローマ法体系の下で、多くの「無主のもの」に対して実際の占有ではなく、それを発見する行為自身から所有権が生まれた。[9]

早期の国際法は完全にこの法則に従っていた。そのため、イギリス学者ジェニングスは「16世紀より前、疑問をはさむ余地がなく、最終的に先占の意思をもった単なる発見は権利を十分に生み出すことができた」と述べた。[10]

15世紀から16世紀の各植民国家の行為はまさにこの点を証明した。米国学者ヒール（Norman Hill）も、「単なる発見は無主の地に対する主張の十分な根拠と見なされていたため、実際の占領もしくは占有と見なされる様々な象徴的な行動は活発に行われた」と指摘している。[11]

18世紀以降の国際法は、発見をした後、実際に占領する行為を必要だと強調するようになったが、発見は依然としてある種の権利を主張する根拠である。パルマス島事件の仲裁案ではそれがある種の「初歩的権利」と

8　Henry Sumner Maine, Ancient Law, Piscataway, NJ: Transaction Publishers, 1959, p.58.

9　Du Plessis, P.J., Textbook on Roman Law, 中国語版、北京：北京政法大学、1992年、200頁。

10　Ibid, Jennings, 1961, p.43.

11　原著名：Claims to Territory in International Law and Relations（1945年出版）。ここでは趙理梅『当代国際法問題』（北京：中国法制出版社、1993年）171頁から引用。

表現された。¹²

　この権利に関して、英国学者ホール（W. E. Hall）の次の名言は広く引用された。すなわち発見は「他の国が占領を加えることを暫時阻止する役割をもっている」ことである。¹³ ラサ・オッペンハイム（Lassa Francis Lawrence Oppenheim、1858 — 1919 年）はこれについてさらに詳しい論述があり、「発見は決して重要性のないものではない」と述べている。¹⁴

二、持続的な実効支配

唐時代に南海管轄の部署が設置

　中国の南海諸島に対して主権を行使した歴史は、漢王朝の時代に遡ることができる。漢武帝元封元年（BC110 年）、海南に初めて珠崖郡、儋耳郡が置かれ、海南島と南海諸島に対する中央政権の直接的統治が開始された。

　南北朝時代の南朝の宋王朝（420 — 479 年）の間、南海諸島は中国の水師（海軍）の巡視の範囲内に入り、同時期に謝霊運が書いた『武帝誄』に記載された「舟師漲海」は、宋の武帝（420 — 422 年）が水師を率いて、南海で盧循と戦ったことを記している。

　南海諸島に対する行政管理の部署が設置されたのは、唐王朝期である。貞元五年（789 年）に瓊州府が設けられた。宋代の趙汝適が書いた『諸蕃誌』によると、

> 「貞元五年，以瓊為督府，今因之。（中略）至吉陽，乃海之極，亡復陸涂。南対占城，西望真蠟，東則千里長沙，万里石塘。渺茫無際，天水一色，舟船來往，惟以指南針為則，昼夜守視唯謹，毫厘之差，生死繋焉。

12　L. Henkin, International Law: Cases and Materials, St Paul, MN: West Publishing, 1980, p.251.

13　W. E. Hall, A Treatise on International Law, Oxford: Clareendon Press, 1924, p.127.（日本語版『ホール氏国際公法』、立作太郎訳、東京法学院、1902 年）

14　フェルドロース（Alfred Verdross）『国際法』（中国語版）、北京：商務印書館、1981 年、上巻、77 — 78 頁から引用。

（中略）四郡凡四十一県，悉隷広南西路」。
（大意：貞元五年、瓊州に府庁が設けられ、今日まで続く。船で行ける海の極地は南にチャンパ王国（ベトナム中南部）に対し、西にカンボジアを望み、東は千里長沙と万里石塘である。見渡す限りは天水一色で、船の往来は羅針盤のみが頼りで、昼夜観察を怠らず、少しでも油断すれば、生死の分かれ目になる。併せて4郡の41の県はすべて広南西路の管轄下にある。）

ここで言う「千里長沙」と「万里石塘」はすなわち南海の各島嶼群を指している。唐王朝が南海諸島である「千里長沙」と「万里石塘」を中国の版図に入れ、瓊州府の管轄下に置いたことはこれで明らかである。

　北宋時代では南海において「巡海水師」の営塁が設置された。当時の軍事と国防を記録した『武経総要』の冒頭に掲載された仁宗皇帝が書いた序文に、水師が西沙諸島を巡視したことが詳しく記されている。

「王師に出戍を命じ、巡海水師の営塁を置く。（中略）屯門山より東風を用いて西南へ行くこと、七日にして九乳螺洲に至る」。

「九乳螺洲」は西沙諸島のことである。宋王朝の水師が「九乳螺洲」を巡視した事実は清朝の多くの著作、例えば『読史輿紀要』『防海輯要』『洋防輯要』などにも記されている。

　なお、『宋史紀事本末』に、至元十四年（1277年）12月丙子に、宋の皇帝瑞宗が「七洲洋」に行幸したとの記載がある。七洲洋も西沙群島の別名である。

　南宋時代では、南海諸島は広南西路瓊管（すなわち瓊管安撫都監）の管轄に属し、瓊管四州軍の一つである吉陽昌化軍の巡視の範囲に組み入れられた。南宋王朝が沿海地域で水師の建制を整えたのは、南海を含む沿海地域に対する主権の行使を保証するためだった。

　元王朝は海への発展に一段と力を入れた。西アジアとペルシャ湾の大部分の地域もモンゴルの藩属国になったため、元朝との往来の多くは海の

ルートを通った。フビライは「有市舶司的勾當，是国家大得済的勾當」（海運の重視は国家発展の柱の一つ）との詔書を下している。[15] 彼は渤海、黄海、東シナ海ないし南海を大元帝国の内海として扱った。元朝はまた、有名な天文学者であり同知太史院事を務めた郭守敬を南海に派遣して測量と天文観測所の設立に当たらせ、同時代の将軍・史弼が南海諸島をパトロールした記録も残っている。

鄭和の大航海は中国の「海のシルクロード」の発展を最高峰に押し上げ、明朝初期の南海に対する知識の蓄積と実効支配も、歴代王朝を超えた。これにより、明朝初期に海権を行使した範囲も元代よりも拡大し、南海諸島は万州の管轄に帰せられ、水師の巡視範囲にずっと入っていた。

明朝時代のすべての記録は、南海諸島を海防の門戸と見なし、それを元に中国と諸外国の境界線を引いた。各級行政府が編纂した『広東通志』、『瓊州府志』、『万州志』、『瓊台外記』、『正徳瓊台志』、『海語』などはいずれも「疆域」や「輿地山川」の項目の中に「万州に千里長沙、万里石塘有る」と記載した。

『広東通志』には「兵船を督発して出海防御す。（中略）東莞の南亭門より放洋し、烏瀦、独瀦、七洲の三洋に至る。星盤坤末の針、外羅に至る」との記録がある。更に『瓊山県志』によると、明代の海南衛は兵卒1万人以上を統帥し、海路数万里を巡邏した。

清朝以降の実効支配

清代に入ると、十数枚の政府作成の地図に、「石塘」（南沙諸島）の概略的位置が描かれた。清朝地方政府が編纂した『広東通志』、『泉州府志』、『同安県志』の記載によると、南沙諸島はそれまで通り、万州の管轄と管理となっていた。

1710年から1712年にかけて、康熙帝は広東水師の副将呉昇が水師を引率して海を巡視することを命じ、その巡視の過程は『泉州府志』に次のように記録されている。

15　彭徳清『中国古代航海史（古代冊）』、北京：人民交通出版社、1988年、231頁。

「呉陞……擢廣東副將，調瓊州。自瓊崖，歴銅鼓，經七洲洋，四更沙，周遭三千里，躬自巡視，地方寧謐。」
(呉昇……広東の副将に任命され、瓊州を担当。瓊崖より銅鼓、七洲洋〔西沙群島海域〕、四更沙を経て、一周して三千里〔約1500キロメートル（中国は1里＝0.5キロメートル）〕、自ら巡視し、地方は安定した)

清朝末期の1909年4月、両広総督・張人駿は、広東の水師提督・李準に、将兵百七十数人を率いて西沙の各島を調査巡視させた。李準一行は各島に島名を刻んだ石碑を立てるとともに、永興島（ウッディー島）では国旗を掲揚し大砲を打ち鳴らす主権確認の式典も行った。

1911年末、中国広東政府は南海諸島を海南の崖県（今の三亜市）の管轄と発表し、1921年、南方軍政府はこの政令を再公表した。

第二次大戦後、中国政府は「カイロ宣言」と「ポツダム宣言」に従い、西沙に軍を送り、島の上で接収儀式を行い、主権を示す石碑を改めて打ち立てた。南沙諸島の中の最も大きい島である太平島には軍隊を常駐させ、漁民サービスの施設も設けた。

1946年以降、中国政府は、日本が台湾の管轄としていた南沙諸島を含む南海の島嶼を広東省の管轄と新たに公布した。

1947年4月、中国内政部は「方字第0434号公函」を発布する形で広東省政府に対し、南沙の領土の最南端は曽母暗沙（ジェームズ礁）までとし、「この範囲は日中戦争より前から我が国政府の機関と学校および書局の出版物が基準としたもので、かつて内政部に報告し許可と記録を得ており、今も原案に従い、変更しない」と通知した。

同年12月、中華民国内政部方域局が作成し発行した「南海諸島位置図」に、11段線から成る「南海断続線」が標示され、線内には東沙・西沙・中沙・南沙の諸群島が明記され、更に曾母暗沙を含む大半の島嶼の名称も表記された。このほか、中国政府は、南海諸島やその周辺海域で漁撈活動をする本国の漁民や漁船に中国の国旗を配布し掲揚させ、同海域の島

と海の歴史や地理に対する調査と発掘を行い、政府の地図出版審査機関によって南海諸島の群島や個体の名称を改めて命名し確定するなどの主権を表示し、実効支配を強化する措置を取った。

1949年10月以後、中華人民共和国政府は引き続き南海の四つの群島のうち、台湾の実効支配下の東沙諸島を除く三群島（西沙・中沙・南沙）およびその海域に対して主権を行使した。

1959年3月、中国は西沙諸島の永興島に「西沙諸島、南沙諸島、中沙諸島管理事務所（弁事処）」を設置し、その開発と建設に取り組み、三つの群島の島やその付近海域に対する行政管轄を強化した。1969年3月、同事務所は「広東省西沙、中沙、南沙群島革命委員会」と改称された。

1966年4月から5月にかけて、台湾海軍の揚威特遣分隊が南沙を巡行し、中業島、北子礁、南子礁にそれぞれ中国領有を示す石碑を立てた（写真を参照）。

1981年10月、国務院の批准を経て永興島に「西沙諸島、南沙諸島、中沙諸島管理事務所」が再び設置され、広東省人民政府の県クラスの派出機

中業島國碑

北子礁國碑

南子礁國碑

写真：1966年4〜5月、台湾が中業島（Thitu Island、後に比支配）、北子礁（Northwest Cay、後に比支配）、南子礁（Southwest Cay、後にベトナム支配）にそれぞれ主権表示の石碑を立てた。

関とし、海南行政区公署の直接的管轄を受けた。

1983年4月、中国政府は南海の部分的標準地名287カ所を対外的に公表し、これは1905年、李準が南海を巡視し南海の島々を命名して以来、中央政府による南海の諸島嶼に対する4回目の命名だった。

1988年、海南島は省に昇格され、海南省の管轄範囲は海南島の中の19の市と県、及び西沙諸島、南沙諸島、中沙諸島の島嶼と南海の海域を含むと指定された。

1988年9月、「西沙諸島、南沙諸島、中沙諸島管理事務所」は「海南省西沙諸島、南沙諸島、中沙諸島管理事務所」に名称を改め、県クラスの派出機関に相当する行政体制を踏襲し、駐在事務所は依然、西沙の永興島に置かれた。

2012年6月、それが県クラスの行政単位から地区級の「三沙市」に昇格され、中国二番目の島嶼部の市として成立した。

積み重なる法律面の努力

南海の主権を守るため、中国は法律面でも努力を積み重ねた。中国人は早くから南海で活動し、歴代王朝も行政機関を設置し、南海を日常的強制管理下に置いた。

しかし、東西の歴史文化の相違や、東アジアないし全アジアにおいてかつて中国が突出した独特な存在であったこと〔訳注：周辺諸国とは平等な関係ではなく、文明の中心地と自負して華夷秩序を敷き、朝貢関係を作った〕、さらに明朝と清朝以降に実施された厳しい「海禁」政策（海に出ることや対外貿易を厳しく制限する政策）などにより、中国の歴代王朝は、海洋に関する意識と認識が極めて薄く、海洋に関する立法の行動を取ることはありえなかった。

近代に入ってからも、欧米列強による度重なる海からの侵略に対し、体制維持だけで精いっぱいの清朝政府は、相変わらず海洋政策を持たず、南海の島嶼の主権や海洋権益を十分に重視するに至らなかった。

清朝末期および中華民国の時期になり、中国は内外政策のすべての分野において、欧米主導の国際秩序・国際法に則った一連の近代的対外政策を

とる必要があると痛感させられた。そこでようやく南海の主権を重視し始め、関連の措置を取りはじめた。

例えば1931年、中国政府は初めて海洋政策を打ち出し、3カイリの領海の境界線と12カイリの密輸取り締まり特別区域の設置を公に宣言したが、南海の島嶼や海域に対する主権と権利の主張はまだ立法のレベルまで上がっていなかった。

中華人民共和国になってから、国際海洋法の発展の趨勢に従い、中国政府は南海諸島嶼及びその海域の主権を守るため、領海・接続水域・EZZ・大陸棚などに関しての立法作業に取り組み始めた。

1958年9月、中国政府は「領海に関する声明」を発表した。その中で、「中華人民共和国の領海の幅員は、十二海里とする。この規定は、中国大陸とその沿海島喚嶼、および同大陸とその沿海島嶼と公海を挟んで位する台湾およびその周辺の各島、澎湖列島、東沙群島、西沙群島、中沙群島、南沙群島その他中国に所属する島嶼を含む、中華人民共和国の一切の領土に適用する」と明確に宣言した。[16]

この声明の南海諸島嶼に対する意義は、東沙・西沙・中沙・南沙四群島の主権は中国に属すると明確に表明し、領海基線の引き方（すなわち直線基線の採用）を確定し、また南海各島嶼の領海幅は12カイリと宣言したことにある。この声明により、その後の南海をめぐる中国の立法の基礎が打ち固められた。

1992年2月、中国の立法機関である全国人民代表大会（全人代）で、「中華人民共和国領海および接続水域法」（以下、国名を省略）が採択され、この法の第2条は南海諸島嶼の主権は中国に属すると宣言し、南海諸島嶼の領海と接続水域の幅はそれぞれ12カイリと規定した。同時に、領海と接続水域内で中国が有する権利が明示された。

1996年5月、中国はUNCLOS（国連海洋法条約）を批准し、同条約の規定に従い、海をめぐる紛争を公平で公正に処理することを約束し、同時

16　この訳文は日本外務省アジア局中国課監修『日中関係基本資料集』（152－153頁から引用した。

に4項目にわたる声明を発表した。

その一つは1992年2月25日に公表された「領海および接続水域法」第2条が列挙した各群島と島嶼に対する主権を重ねて表明し、すなわち東沙諸島・西沙諸島・中沙諸島・南沙諸島の主権は中国に属することを再度宣言した内容であった。

それと同時に、「領海および接続水域法」に基づき、中国は「領海基線に関する声明」を発表して、西沙諸島の領海基線を公表した。また、中国政府はその他の領海基線も今後公示していく考えだとも声明した。

1998年6月、中国政府は「排他的経済水域及び大陸棚法」を公布し、その目的は本国のEEZと大陸棚に行使する主権の権利と管轄権を保障し、国の海洋権益を確保するためだった。

南海諸島嶼は中国の大陸棚の上に位置しないため、UNCLOSによる相応の権利を取得できない。そのため「排他的経済水域及び大陸棚法」第14条は「本法律による規定は、中国が有する歴史的権利に対し影響を与えるものではない」と言明した。

以上の検証から分かるように、古代から近代に至るまで、中国の歴代政権と民衆は南海の島々およびその海域を一番早く発見し、ずっと経営し管轄してきた。

種々の原因により海洋立法が行われず、1931年に初めての海洋政策が公表された。後の中国政府が海洋立法を行い、南海諸島及びその海域の主権を守るための基礎を作った。

続いて1990年代、中国政府は南海に関していくつかの重大な海洋法の立法と実際の行動を行った。「領海および接続水域法」の制定、「国連海洋法条約」の批准と4項目の声明、西沙諸島の基線の公表、「排他的経済水域及び大陸棚法」の採択などは、国内法の面から南海の島々およびその付近海域の主権が中国に属することを確認したものである。

これは中国が南海の島々やその付近海域に対し、1000年にわたる事実上の管理を行った後、初めて法律の形式でそれらに対する主権の主張を確認したということである。これらの立法は中国の南海諸島嶼およびその付近海域に主権を行使してきた事実に合致するとともに、現代の海洋法の発

展とも軌を一にしている。

　南海諸島嶼およびその付近海域の主権に対する立法を通じて、中国は南海の島々に対する主権を守るための法律的根拠を有するようになり、それらの島と海域で違法行動を取り締まることの法的な根拠ともなった。またそれが、主権管轄の強化にもつながった。

　一連の法制化は、南海諸島嶼およびその付近海域の主権に挑戦する諸外国をけん制する効果も持つ。さらにそれは、中国が関係諸国との間で南海の紛争をめぐって協議・交渉し、南海を共同開発することができるようにするための、国内法の根拠を提供したことでもある。

三、国際社会から認められた中国の島嶼主権

南沙主権にかかわる四つの国際条約

　中国の南沙諸島に対する主権は国際条約による承認を得ている。南沙諸島の主権にかかわる国際条約は、「カイロ宣言」、「ポツダム宣言」、「サンフランシスコ講和条約」と「日華条約」の四つある。

　1943年11月27日、米英中の3カ国首脳が発表した「カイロ宣言」（日本国ニ関スル英，米，華三国宣言）は、三大連合国がこの戦争を遂行する目的の一つは、

> 「日本国ヨリ千九百十四年ノ第一次世界戦争ノ開始以後ニ於テ日本国ガ奪取シ又ハ占領シタル太平洋ニ於ケル一切ノ島嶼ヲ剥奪スルコト並ニ満洲，台湾及膨湖島ノ如キ日本国ガ清国人ヨリ盗取シタル一切ノ地域ヲ中華民国ニ返還スルコトニ在リ」

と宣言した。[17]

　カイロ会議に参加しなかったソ連の指導者スターリンはこの宣言とその全部の内容に完全に賛同すると表明し、満州、台湾、澎湖列島を中国に返

---

[17] 『日本外交主要文書・年表（1）』55―56頁。『条約集』第26集第1巻、9―10頁。

還させるのは当然のことだと語った。
　1945年7月26日、中米英の3カ国首脳が発した「ポツダム宣言」は、

> 「カイロ宣言ノ條項ハ履行セラルベク又日本國ノ主權ハ本州、北海道、九州及四国並ニ吾等ノ決定スル諸小島ニ局限セラルベシ」

と明示し、[18] カイロ宣言に盛り込まれた日本降伏の条件は必ず実施されなければならないと再度強調したのである。
　日本が南沙諸島を占領した間（1939—45年）、南沙などの南海島嶼は日本政府によって「新南群島」と命名され、もともと中国領だが下関条約で日本に割譲された台湾の管轄になり、高雄県に隷属した。
　「カイロ宣言」と「ポツダム宣言」は、日本は奪取・占領した台湾、澎湖列島などを含む中国の領土を中国に返還しなければならないと規定したため、南沙と西沙などの島嶼も当然その中に含まれた。
　実際に第二次大戦後、中国政府はまさに「カイロ宣言」と「ポツダム宣言」の精神に基づき、1946年9月から47年3月にかけて南海の諸島嶼を接収し、一連の主権を宣告する法的手続きを完遂した。
　王毅外相はまた、「中国と米国は当時同盟国で、中国軍は米国の軍艦に乗って南沙諸島を接収したもので、米国の友人はこの点がはっきりわかっているはずだ」と国際会議で指摘した。[19] ここで言う米国の軍艦はすなわち「太平艦」などを指し、1946年、中国軍はこれに乗り、南沙を巡行し、最大の島の名前もこれにちなんで「太平島」と命名したのである。
　「サンフランシスコ対日講和条約」の調印より前、中国政府はすでに「カイロ宣言」と「ポツダム宣言」に従い、南沙諸島を接収する手続きを完了した。
　「サンフランシスコ講和条約」について、1951年8月15日に中国外交

18　ここでは日本外務省の訳を使う。

19　「王毅談南海：不断蠶食侵犯中國主權和權益現象不能継続」、『中国新聞網』2015年6月27日。http://www.chinanews.com/gn/2015/06-27/7370062.shtml

部長・周恩来は、米英が一方的に提出した対日講和条約の草案に対して声明を発表し、「草案は故意に」日本が南沙諸島と西沙諸島に対する「一切の権利を放棄すると規定し、その主権返還の問題について言及するところがない」が、西沙・南沙・中沙、東沙四群島は「これまでずっと中国領土であったし、日本帝国主義が侵略戦争を起こした際、一時手放されたが、日本が降伏してからは当時の中国政府によりすべて接収された」ため、中国のそれに対する主権は「対日平和条約米英草案における規定の有無にかかわらず、またどのように規定されていようが、なんら影響を受けるものではない」と強調した。[20]

「日台条約」の意義と米側の南沙測量

講和条約に続いて、1952年4月28日、日本と中国台湾当局の間で「日台条約」（日本国と中華民国との間の平和条約）が調印された。その関係内容は以下の通りである。

> 「第二条　日本国は、千九百五十一年九月八日にアメリカ合衆国のサンフランシスコ市で署名された日本国との平和条約（以下「サンフランシスコ条約」という。）第二条に基き、台湾及び澎湖諸島並びに新南群島及び西沙群島に対するすべての権利、権原及び請求権を放棄したことが承認される。
> 第四条　千九百四十一年十二月九日前に日本国と中国との間で締結されたすべての条約、協約及び協定は、戦争の結果として無効となったことが承認される。
> 第五条　日本国はサンフランシスコ条約第十条の規定に基き、千九百一年九月七日に北京で署名された最終議定書並びにこれを補足するすべての附属書、書簡及び文書の規定から生ずるすべての利得及び特権を含む中国におけるすべての特殊の権利及び利益を放棄し、且つ、前記の議定書、附属書、書簡及び文書を日本国に関して廃棄することに

20　前出、外務省アジア局中国課監修『日中関係基本資料集』、19 — 25頁から引用。

同意したことが承認される。²¹」

一部の日本人は「日華条約は西沙と南沙に言及したものの、中国に返還するとは書いていない」と反論する。しかし、台湾側資料に基づく最新の研究によれば、以下二つのことが言える。

①日台双方が各自に準備した条約草案を交換した際、日本側副代表・木村四郎七は、「この箇条で規定する内容は貴国と関係ある地域に限定されるべき」と提案した。それを受けて、台湾側は言及の対象を台湾・澎湖・西沙・南沙に限定し、日本側も最終的にそれを受け入れた。
②条約の第2条に台湾・澎湖・西沙・南沙が並列したことは、当時の日本と中国の双方とも、西沙と南沙は台湾・澎湖と同等な地位であり、同様に中国に属することを認識していた現れである。²²

一つ追加説明しなければならないのは、「日台条約」の締結後、米国をはじめとする西側諸国は、南沙諸島は中国領であるとの認識を前提に対応を慎重にしていたということである。それ以前の1949年4月、米軍チームは南海で行方不明になった飛行機と乗組員を捜査するため太平島に許可を得て上陸し、中国側の駐在軍人の接待と捜査協力を受けていた。²³
日台条約締結後の1955年9月、米国の台湾駐在一等秘書官ウェブスター（Mr.Webster）は台湾外交部亜東局を訪ね、南沙群島の中の20以

21　日華平和条約（日本国と中華民国との間の平和条約）、1952年4月28日署名、同年8月5日効力発生。日本外務省HPより。http://www.mofa.go.jp/mofaj/gaiko/treaty/pdfs/A-S38(1)-052_1.pdf

22　中華民国外交問題研究会編『中日外交史料叢編（九）：中華民国對日和約』、同会出版、1966年、第53頁。陳鴻瑜「舊金山和約下西沙和南沙群島之領土帰属問題」、台湾『遠景基金会季刊』第12巻第4号期（2011年10月）、第30頁。これらの観点は朱建栄「1952年『日華条約』与中国南海主権——重新認識其国際法上的重要意義及其運用」（武漢大学『2016年辺界与海洋研究国際学術研討会論文集』）から引用。

23　中国のマニラ駐在総領事沈祖徴による外交部への報告、1949年4月5日。（台湾）内政部編印『中華民国南疆史料選輯』（2015年7月）、126頁。

上の島嶼名リストを手渡し、中国領であるか否かの確認を求めたところ、「すべて中国領である」との回答を持ち帰った。[24]

1960年12月、米軍は南沙諸島での測量を企画し、事前に台湾側に許可を求めたが、それに対し台湾国防部は許可を与え、海軍司令部宛に米軍が我が国の北子礁、景宏島、南威島で測量を行うことを認めた旨を説明し、「太平島守備軍にその趣旨を伝えよ」と指示した。（写真は米側の許可願いと台湾国防部の許可書簡）

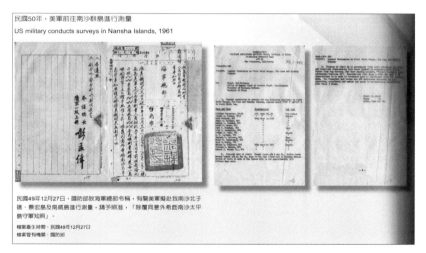

それ以外にも、中国の南沙に対する主権はかつて関係諸国や各国の地図、教科書などにおいても、広く認識され、承認が得られていた。以下は各国の地図集、年鑑、百科全書、新聞論評などにおける証拠を検証する。

日本の刊行物の記述

南沙諸島が中国に属することに関する日本側の立場は上述の諸条約、政府公認の地図（第2章参照）に見受けられるだけでなく、民間の年鑑や百科全書の記述や地図や新聞、雑誌の記事などの世論にも多く表れている。

平凡社の1973年版『中国地図集』は、南沙諸島は中国領と示しており、

24　同上『中華民国南疆史料選輯』、127頁。

同じ平凡社が 1978 年に初版発行した『国民百科事典』第 9 巻「中華人民共和国」の項目でも、中国の領土について「北端のアムール川（黒竜江）河畔の漠河から、南端の南沙群島の曽母暗沙（浅瀬）まで約 5500 キロある」と説明している。

小学館が 1987 年に初版発行した『日本大百科全書』第 15 巻の「中国」の項目でも「中国の国土の最北端は黒竜江省漠河県北部、黒竜江（アムール川）の主航路の中心線（北緯 53 度 34 分）であり、最南端は広東省に属する南沙群島のサンゴ礁曾母暗沙の南側（北緯 3 度 28 分）である」と記述されている。

また、共同通信社が発行した『世界年鑑 1972』は、中国の領土は「大陸の領土以外、海南島、台湾、澎湖列島および中国の南海にある東沙、西沙、中沙、南沙の各群島を含む」と記述している。

学習研究社が 1973 年に出版した『グランド現代百科事典』は中国の領土は「南は赤道付近の南沙諸島まで」と叙述している。

中国研究所（後に一般社団法人）が毎年発行する『中国年鑑』（一時『新中国年鑑』と改称）は、表現に執筆者による個人差があるが 1950 年代から 1990 年代までほぼ全て、中国の国土について「南は北緯 4 度の曽母礁から、北は北緯約 53 度の黒竜江省の漠河付近の薩彦嶺まで、南北約 5500km、（中略）世界第 3 の大国である」という表現で紹介された。[25]

1980 年版『新中国年鑑』も「南は北緯 3 度 52 分の曽母暗沙から北は北緯 53 度 31 度 10 分の黒竜江省漠河北の黒竜江の中心線に至り、（中略）海上では日本、フィリピン、マレーシア、インドネシア、ブルネイと相対している」と記述している。[26]

1981 年版では、中国の国土・自然に関する紹介でも「南沙群島のうち、曽母暗沙は中国最南端の比較的大きい島」と記している。[27]

1985 年版では「南の南海洋上には珊瑚礁からなる島嶼群がある。南沙

---

[25] ここは『新中国年鑑 1972 年版』（中国研究所編、大修館書店）99 頁から引用。
[26] ここは『新中国年鑑 1980 年版』68 頁から引用。
[27] 『新中国年鑑 1981 年版』30 頁と 31 頁。

諸島とよばれ、中国の領土の一部となっている」と記載されている。[28]

日本の主要新聞も、かつて南沙諸島の帰属に関して明確な定義を述べていた。

1974年1月、中国と南ベトナム（当時）の間で、西沙の領有権をめぐって衝突が起きたことについて、同月20日付『朝日新聞』の国際面に掲載された「南沙、西沙両群島の領有権紛争」と題する解説は次のように述べた。

> 「南沙諸島の「歴史」をみると、数世紀にわたって、「中国領土」であったとみられ、世界各国の地図にも中国領と記載されていた。（中略）
> 　敗戦後、日本は五一年のサンフランシスコ条約で、同群島への請求権を放棄した。当時の中国の周恩来首相兼外相は同年八月、米英の対日平和条約草案、およびサンフランシスコ会議についての声明のなかで、「南沙群島は、東沙、西沙、中沙群島と同じく、ずっと中国の領土であり、日本帝国主義の手に一度はおちたが、日本の投降後、中国政府によって全部接収された」と指摘、正式に中国領であることを宣言した。」

同じ1月20日付『産経新聞』に掲載された「火を噴いた国盗り合戦　南シナ海」と題する記事（外信部記者　青山保）は西沙、南沙の両群島について次のように解説した。

> 「歴史上の主張となると中国はもっと古い。漢の時代までさかのぼり、十五世紀にも中国人の旅行者が訪れ、清朝時代の地図にもちゃんと清領として組み入れられているというから、観測筋の間では中国側の主張に軍配をあげる意見がつよい。」

28　『中国年鑑1985年別冊』9頁。

同日の『読売新聞』の国際面に掲載された「西沙群島の交戦　資源ナショナリズム激突」と題する解説も次のように書いている。

「西沙群島は周知のように、中国南方の海に散らばる英語名パラセル群島で、南ベトナムのほかにフィリピンなども領有を主張しており、いわば国際係争下にあるサンゴ礁だが、中国はもっとも早くからその領有権を主張している。（中略）
　いずれにしてもこれらの群島に対する中国の領有権主張はその他の国より一段久しい歴史を持っており、今回の事件に中国が激しい怒りを表明することは明らかだ。
　南沙群島はすでに一八六〇年代に中国漁民が居住していたことが史実として記録され、一九五一年のサンフランシスコ平和条約会議当時、中国の周恩来外相（当時）が主権回復の声明を行っており、その後五六年、フィリピンの同島侵犯に対しても主権の確認を行う声明が発表されている。」

9段線に関する日本の紹介

　一部の日本人研究者は「中国以外の国（台湾を除く）で発行された地図においては、そもそも9段線の記載がない」と主張しているが事実ではない。[29] 日本の複数の百科事典と年鑑にも9段線が明記されていた。

　たとえば小学館1987年版『日本大百科全書』第15巻には、「中国」の項目の付録地図に、中国南海の9段線がはっきりと描かれている（次頁写真左）。

　前出の『中国年鑑』も、1990年代中期まで、中国地図を掲載した場合はほぼ全部、9段線を標示したものを使用していた。1988年、中国は海南省の設置を発表したが、翌89年版『中国年鑑』は扉ページ全体に9段

---

[29] 吉田靖之「南シナ海における中国の「九段線」と国際法 ——歴史的水域及び歴史的権利を中心に」、『海幹校戦略研究』2015年6月号、5頁。http://www.mod.go.jp/msdf/navcol/SSG/review/5-1/5-1-1.pdf

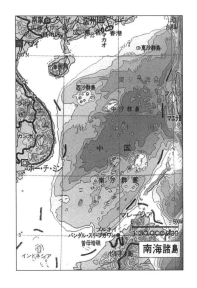 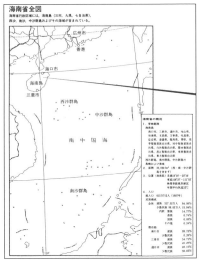

線を含む海南省の管轄範囲の地図を掲載した（写真右）。[30]

　日本の南海問題に関する学術研究書のうち、資料の収集が最も完全で、今日に至ってその右を出ないものは浦野起央著『南海諸島国際紛争史　研究・資料・年表』であろう。同氏が数年かけて書き上げた1000ページ以上の巨著『南海諸島国際紛争史』（刀水書房、1997年初版）はその前書きの冒頭で次のように論じている。

　「この南海諸島の地域は、古くから中国人が居住し、その往来が確認されてきているが、中国大陸の南端、海南島楡林港からは南沙群島までは一一〇〇キロメートル（香港からは一四〇〇キロメートル）の距離にある。『中国の海』であった南海の諸島も、現在は、その自然征服と資源開発をめぐって、世界の発火点の一つとなっている。この地は、古く、中国人の世界であり、ベトナム人も往来していた。一九〇〇年以来、日本人が進出して資源開発を進めた。そして、台湾を支配していた日本はここを新南群島と呼んで支配し、インドシナを植民地

30　前出朱建栄論文、北京『人民中国』2016年9月号から引用。

としたフランスとの間で、一九三〇年代を通じ領有権の抗争となった。第二次世界大戦期は、日本の潜水艦基地であった（シンガポールから南沙群島までは一五〇〇キロメートルの距離にある）が、もともと永住できる島は少なく、大半が珊瑚礁か海面に見え隠れする岩礁、砂礁である。一九五一年の対日平和条約で、日本は、正式に権原と請求権を放棄し、中国が、すでに接収していた東沙群島、西沙群島、中沙群島、南沙群島の南海諸島全域の領有権を引き継いだ。」[31]

フランスにおける認知

南沙諸島に対する中国の主権に関するフランスの認知と承認は二つの形で示された。一種類はフランスで公式に出版された地図（第2章参照）であり、もう一種類は1930年代にフランスが南沙の九小島を占拠した際に残した記録である。これらの記録は、フランス人が来る前、中国海南島の漁民はすでに南沙諸島で漁撈活動を行っていたことを証明している。

1930年代では、フランスの新聞や雑誌は、中国の漁民が太平島・南威島（スプラトリー島）・中業島（パグアサ島）・南鑰島（ロアイタ島）・双子礁・安波沙洲で活動していたことについてレポートし、家屋・農地・井戸・祠（小さな神をまつる場所）の所在、ないし祠の中の様子を詳しく説明している。

たとえば1933年にフランスで出版された『植民地世界（Colonizing World）』という雑誌には、フランス砲艦「マリシウス（Malicieuse）」号が南威島を測量した際、島に3人の中国人住民がいたこと、1933年4月にフランスが南沙の九小島を占拠した時、それぞれ「Southwest Cay」（南子礁）に7人、「Thitu Island」（中業島）に5人、「Spratly Island」（南威島）に4人の中国人がいたのを目撃し、「Loaita Island」（南鑰島）には中国人が残した小屋、井戸、祠があったとの記述が載っている。

1933年8月28日付香港『サウスチャイナ・モーニングポスト』紙はフランス人が執筆した「フランスの新しい島」と題する記事を転載し、その

---

31 前出浦野起央『南海諸島国際紛争史』、はしがき、i頁。

中で、

> 「Thitu Island、(すなわち中業島) と North Danger Reefs (すなわち双子礁) には少なからぬ数の中国人居住者がいて、彼らはいずれも海南島からやって来た者である。毎年、帆船が彼らに食糧や生活必需品を運んできて供給し、ウミガメの肉や乾燥したナマコを持ち帰っていく」

と書かれている。

また、イズアバ島(太平島)については、以下のような記述がある。

> 「木の葉を被せた一軒の小屋、サツマイモが植えられた整備された農地、一つの小さい祠があった。祠の中に仏を拝む時に使う急須、竹の箸を入れる瓶、さらに中国漁民の先祖を祀る位牌があった。藁ぶきの小屋に一枚の木札が掛けており、中国語で『余は船主・徳茂(Ti Mung)であり、3月中旬、食糧を携えてここに来たが、誰も見当たらなかったため、米を残して石の下に隠し、余は今、帰路に就く』との内容が書かれていた」。

この記事には3枚の写真がついており、2枚は島の景色だが、もう1枚は1人の中国の漁民が胡琴を手にし、ヤシの木の前に立つものだった。

写真にうつっている漁民の名前は彭正楷といい、海南島瓊海県潭門鎮潭門村の人間であることが確認されている。

ベトナム首相は中国の立場を公式支持

ベトナムが中国の南沙諸島に対する主権を承認した事実は、その政府の声明・照会・新聞雑誌・地図及び教科書において広く示された。

1956年6月初め、南ベトナムのゴ・ディン・ジエム政権が立て続けに声明を発表し、西沙と南沙に対して南ベトナムが「伝統的主権」を有すると主張したのに対し、同年6月15日、北ベトナム外務次官ウン・バン・

キエムは、ベトナム駐在中国臨時代理大使・李志民と会見し「ベトナム側の資料によると、歴史的に見て西沙群島・南沙群島は中国の領土に属すべきである」と鄭重に言明した。

同席していたベトナム外務省アジア局長代理イ・ロクは、具体的にベトナム側の資料を紹介し、「歴史的に見て、西沙群島と南沙群島は、宋代から既に中国に属している」と述べた。ウン・バン・キエム外務次官はさらに、ベトナム政府は「ベトナム側が集めた関係の資料を報道機関に公表し、中国の闘いに呼応する考えだ」とも表明した。

1958年9月4日、中国政府は領海に関する声明を発表し、中国の領海幅を12カイリと宣言し、声明の第1・第4条で、中華人民共和国の12カイリ及び直線基線に関する規定は「西沙群島・南沙諸島・その他の島嶼を含めた中華人民共和国のすべての領土に適用する」と明確に指摘した。

2日後の9月6日、ベトナム労働党中央機関紙『ニャンザン（Nhân Dân）』は一面トップで、この中国政府による声明の詳しい内容を報道し、それに関する解説文では、「中国大陸および沿岸の島嶼、台湾およびその周辺の各島、澎湖、東沙、西沙、中沙、南沙の各群島、並びに中国大陸を遠く離れているもの、かつ中国沿岸にある島嶼の中国島嶼を含む、中華人民共和国の一切の領土に適用される」と伝えている。

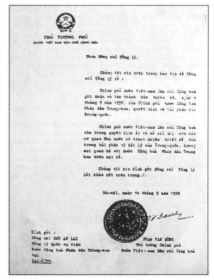

翌9月7日の同紙はさらに中国政府の立場を支持する社説を掲載し、「中国の領海を侵犯する者はすなわち侵略者である」と表明した。

同日の新聞に掲載された評論員論文も中国政府の声明は「完全に正当」、「ベトナム人民はまったく賛成」と表明した。

9月14日、北ベトナムのファン・バン・ドン首相は、周恩来総理に外交文書（写真）を送り、「ベトナム

103

民主共和国政府は、中華人民共和国政府の1958年9月4日の領海決定に関する声明を承認する」、「ベトナム民主共和国政府は、この決定を尊重する」と丁重に表明している。

1965年5月9日、ベトナム民主共和国政府は、米国政府がベトナムにおける米軍の「作戦区域」を発表した問題について声明を出し、「ジョンソン米大統領は、全ベトナムおよびベトナムの海岸から約100カイリの周辺海域並びに中華人民共和国の西沙群島の一部の領海を米武装勢力の作戦区域と指定した」が、これは「ベトナム民主共和国およびその隣国の安全に対する直接の脅威である」と強調し、北ベトナムは、このなかで西沙群島が中国の領土であることを、再び明瞭に認めた。

ベトナム側は、西沙群島に対する外国の侵犯行為を報道する際に、「中国の」という修飾語を常につけていた。

たとえば、1969年5月13日付『ニャンザン』紙は、「5月10日、米軍機一機が中国広東省西沙群島の永興島と東島の領空を侵犯した」と報じた。他のベトナム紙も、似たような報道をしばしば行った。

1975年より前、ベトナムで出版された書籍や公式地図と教科書も、西沙群島と南沙群島は中国の版図に属すると記していた。

1960年にベトナム人民軍総司令部地図部が作製した「世界地図」は中国の呼称に基づいて「西沙群島（中国）」「南沙群島（中国）」と標示した。

ベトナム首相府測量・地図局が1972年5月に作製した『世界地図集』19頁の「フィリピン、マレーシア、インドネシア、シンガポール」を紹介する地図でも、中国の呼び方に基づき西沙群島を Quần đảo Tay-sa、南沙群島を Quần đảo Nam-sa と表示した。後にベトナム当局は西沙諸島を「ホアンサ諸島（Quần đảo Hoàng Sa）」と称し、南沙諸島を「チュオンサ諸島（Quần đảo Trường Sa）」と称したが、1975年前まで、そのような表示は一度も出ていなかった。[32]

さらに、1974年にベトナム教育出版社が出版した普通学校九年生用教科書『地理（Địa lý）』は「中華人民共和国」を取り扱った章のなかで、

---

[32] 前掲、韓振華『我国南海諸島史料滙編』、634頁。

「南沙、西沙各島から海南島、台湾島、澎湖列島、舟山群島へと、(中略)これらの島嶼は弓状になって中国大陸を防衛する『長城』を形成している」と書いている。

　ベトナムで出版された自国の地図も、1970年代前半まで南沙諸島を国内の版図に入れていなかった。1958年に出版された「ベトナム行政地図」は南沙諸島をベトナムの国外領域と標示した。1964年にベトナム首相府測量作成局が出版した『ベトナム地図集』は、中国の名称で東沙、西沙、南沙諸島を綴り、Quần đào Dông Sa, Quần đào Tay-sa, Quần đào Nam-saと表記しただけでなく、西沙と南沙諸島を示す地図上の色も中国を示す色と一致し、ベトナム本国領を示す色と異なっていた。

　1966年に国家地理局が出版した「ベトナムの地形と道路地図」と1968年にベトナム教育出版社が発行した「ベトナム行政区域図」は、いずれも南沙諸島をその国土範囲内に列挙していなかった。

　1970年にベトナム教育出版社が出した『ベトナム自然地理』とベトナム科学技術出版社が出した『ベトナム領土自然地理分区』は両方とも、ベトナム領土の最東端は東経109度21分とはっきりと記した。

　遡って1957年に黎春芳が編纂した『ベトナム地理』がベトナムの地理的範囲を定義した際も、「およそ北緯8度35分から23度24分、東経102度8分から109度30分」と明記していた。[33] しかし南沙諸島の一番南西方向に位置する万安灘(ヴァンガード堆／Vanguard Bank)は東経109度55分にある。南沙諸島をベトナム領と解釈するのは無理である。

東南アジア諸国の記録
1、フィリピン
　1956年5月、フィリピン外相カルロス・ガルシア(Carlos P. Garcia)は、南海の太平島と南威島を含む一部の島嶼はフィリピンの所有に帰するべきだと記者会見で発言し、直ちに中国外交部と台湾当局の抗議を受けた。

33　新華社記者「西沙群島和南沙群島争端的由来」、『人民日報』1979年5月15日。日本語抄訳は浦野著書603 — 604頁を参照。

それを受けて同年7月7日付『マニラ日報（Manila Daily)』に掲載された記事は、南沙諸島はずっと中国領であるとの見解を述べている。「クロマ事件」が発生した後、フィリピンでは南沙諸島が中国領だと認める資料はあまり見受けられなくなったが、フィリピン政府自身は南沙諸島に対する主権要求を何度も否定していた。[34]

２、インドネシア
　1974年初め、南ベトナム当局が西沙諸島で一連の武力行動を起こし、中国との衝突に至ったが、それについてインドネシア外相アダム・マリク（Adam Malik）は記者会見で、「現在発行されている地図を見れば、パラセル諸島とスプラトリー諸島はいずれも中国に属することは明らかだ。しかもこれまでそれについて誰からも異議が提起されなかった」と語っている。[35]
　なお、1974年2月6日付バンコクの新聞『毎日ニュース（the Everyday News）』に、「インドネシアの見方」と題する記事が掲載された。記事はマリク外相の見解を紹介した上で、次のように評した。

　「インドネシア外相のこの発言は南ベトナムの急所を強く衝いた。南ベトナムが西沙諸島と南沙諸島に対して主権を有するという主張は、少なくとも東南アジアの最大の国の一つであるインドネシアから公式の場で反対された」。[36]

３、マレーシア
　マレーシアは一貫して、南沙諸島はマレーシアに属さないとの立場で、南沙の海域で起きた様々な事件に対し当局による公式な反応を出さなかった。ただ、マスコミ世論においては、西沙と南沙は中国に属するとの見解

34　前出（台湾）「外交部南海諸島档案資料滙編」、Ⅲ（4）；Ⅲ（5）.
35　AFP通信、1974年2月4日、ジャカルタ発電。
36　新華社通信、1974年2月6日、香港発電。

がほとんど示されていた。

1974年1月21日付ペナン『光華日報』は、「西沙諸島における中越の衝突」という題の社説を掲載し、次のように論じた。

> 「歴史からも地理的条件からも否定できないように、南海のこの四つの群島は、いずれも中国領土の一部に属することはまぎれもない事実である。これまで中国は様々な内憂外患の対処に忙殺され、強大な海軍力も持たなかったため、経済的価値も評価されていなかったこれらの島には、中国の手が及ばなくなり放任されていた。もっとも政府の文書や民衆の生活および地図においては、これらの島嶼はずっと中国の版図内にあると確定されていた」。

1974年1月28日付『光明日報（Guang Ming Daily）』は「中国の南沙諸島」と題する記事を掲載し、次のように述べている。

> 「南沙諸島とその他三つの群島〔東沙・中沙・西沙諸島〕は、はるか昔から中国の領土に編入されている。数百年前から、海南島の漁民はしばしばここで魚を取り、ときに少数の人は島に居住した。1883年、ドイツ政府は勝手に人員を派遣し南沙諸島の測量を行ったが、中国政府の抗議を受けて撤収した。（中略）第二次世界大戦中、南沙諸島は一時的に陥落したが、1945年の日本降伏を受けて、当時の中国政府はそれを接収し、石碑も建てた。1951年、中国政府は声明を発表し、南威島と西沙諸島の主権に対する侵犯は許さないと表明した」

1974年2月5日付『光明日報（Guang Ming Daily）』は、「南ベトナムは情勢の複雑化を狙っている」と題する社説を掲載し、次のように述べた。

> 「南海の西沙・東沙・中沙・南沙など数組の群島は、歴史的に見ても地理的に見ても中国の領土に属する十分な証拠がある。もっともこれまでの数百年間、中国は弱体化し、西洋の列強のたび重なる侵略を受

け、大陸本土すら分割される脅威にさらされていたため、これらの島を構う余裕がなかった。(中略)

　第二次大戦後、中国政府は海軍を派遣して西沙諸島を接収したが、当時のフランスもベトナム当局も異議を呈しなかった。これは両国が、中国のこれらの島に対する主権を黙認したことを物語っている。(南)ベトナムは、サンフランシスコ講和会議で初めて島々に対する主権の主張を表明したが、明らかにこれは中国の政権交代という困難な局面につけ込んで食指を動かしたためである。

　ただ、法律的に北京政府はこの講和条約を一度も認めなかっただけでなく、理屈から見てもベトナムの立場は前後して矛盾し、人々を納得させることができない」。

米国の地図と政治家発言

　米国は「カイロ宣言」と「ポツダム宣言」の調印国として、日本に強奪された南沙諸島は中国に返還されるべきだとの原則に同意していた。それだけでなく、米国内で出版された多くの書籍や地図などでも、南沙諸島は中国領の一部であることを認めていた。

　1962年に出版された『コロンビア・リピンコット世界地名辞典 (the Columbia Lippincott Gazetteer of the World states)』[37]は南沙諸島について、「スプラトリー島、すなわち中国の南威島は、南海における中国の所属地であり、広東省の一部である」と説明されている。

　1963年にWorldmark Press出版社が発行した『各国百科全書 (the Worldmark Encyclopedia of the Nations)』は中国の領土に南沙諸島は含まれるとして次のようにはっきりと説明された。「中華人民共和国はほかに一部の島嶼を領有しており、たとえば北緯4度まで伸びる南海の暗礁と島嶼であり、これらの島嶼と暗礁には東沙、西沙、中沙、南沙の群島が含まれる」。

　1971年に発行された『世界各国区画百科全書』(the Encyclopedia of

37　NY, Seltzer, 1962.

World Administrative Division) は「中華人民共和国」の項目の中で、

> 「人民共和国はいくつかの群島を有し、そのうち、最も大きいのは海南島であり、南海岸の近くに位置している。ほかの群島は南海の一部の岩礁と群島を含み、一番遠くは北緯4度にまで及ぶ。これらの岩礁と群島には東沙諸島、西沙諸島、中沙諸島と南沙諸島が含まれる」

と叙述している。

1974年2月10日にニューヨークで発行された週刊紙『The Guardian』(同名の英国紙とは別、元 The National Guardian) に、「中国の西沙諸島が侵入された」と題する記事が掲載された。

> 「西沙諸島と南沙諸島に対するサイゴンの要求は国際法律界の大多数の世論にとって説得力を欠くものであり、地図集の制作者はまさにこのような世論に基づいて境界線を引くものだ。標準的な参考書と地図集(米国のも含めて)は一貫してこの二つの群島は中国領と書いている。(中略)西沙、南沙、中沙と東沙は、古来より中国領土の一部である。(中略)これらの島嶼に対する中国の主権は国際的な参考書の中で普遍的な認知を受けている。」[38]

1974年、米国上院議員マイケル・マンスフィールド(Michael Joseph Mansfield、後の駐日大使)は中華人民共和国に「最恵国待遇」を与えるべきだと提案する声明の中で、中国の南沙諸島と西沙諸島に対する主権の要求は「理に適っている」と言及している。[39]

米国 Rand McNally & Company 出版社が1992年に初版発行し、1994年に改訂版を出した『世界イラスト地図集』(Illustrated Atlas of the

---

[38] 新華社通信，国連発，1974年2月16日。2月19日付中国『参考消息(Can Kao Xiao Xi)』に転載。

[39] AP通信、ワシントン発、1974年4月2日電。

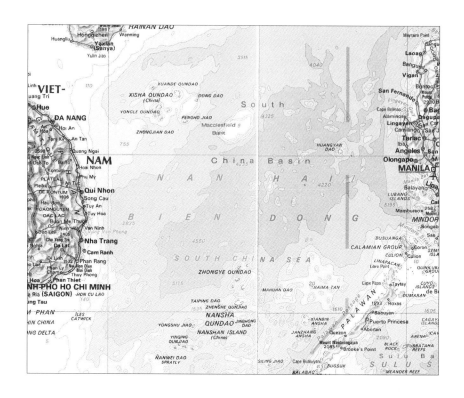

World）の「東南アジア」地図は、中国語の発音で西沙諸島と南沙諸島を表記し、また、それぞれ括弧を付けて「China」と付け、中国領と示した（地図を参照）。

他国と国際機関による認知

1930年4月、香港で極東気象会議が開催された。フランス人安南気象長官だったE・ブルゾーらは中国代表に対して西沙諸島での気象台建設を勧告したが、どこの国からも異議が出ず、中国政府はそれを受諾し、同年8月9日、西沙諸島と中沙諸島での気象台建設を指示した。[40]

1971年、イギリスのシンガポール駐在高官は、南沙諸島は中国領と認

---

40 前掲『我国南海諸島史料滙編』、533頁。

める次のような発言をした。

> 「スプラトリー群島〔南沙諸島〕は中国に帰属しており、広東省の一部だ。（中略）戦後、中国に返還された。それが他の国に占有されたいかなる痕跡も見つかっていない。したがって、それは今日も共産中国の所有と結論付ける以外にない」。[41]

1955年2月、インドのニューデリーで開かれた「第一回アジア地域気象会議（the first conference of the World Meteorological Organization's Regional Association for Asia)」で、香港代表は国際航空輸送の必要を満たすために、台湾当局が東沙・西沙・南沙の諸群島で気象施設を回復し、高空探測を行うよう提案した。

それを受けて、同年10月27日にフィリピン首都マニラで開かれた国際民間航空機関（ICAO）の第一回太平洋地域航空会議において、台湾当局が南沙諸島で気象観測ステーションを設置し、南沙諸島で毎日4回の高空気象観測を追加で実施するよう求める第24号議案が採択された。[42]

この会議には台湾以外にも、南ベトナム・フィリピン・日本を含む太平洋沿岸の十数カ国とイギリス・フランス・米国などが参加して投票した。第24号議案の採択は、会議参加国と地域はいずれも南沙諸島は中国領だと認めたことを意味する。

1958年9月4日、中国政府は南沙諸島などの島嶼は中国領と明言した領海に関する声明を発表したが、同月、ベトナム・ソ連・ブルガリア・ハンガリー・チェコスロバキア・東ドイツ・モンゴル・ルーマニアなどの社会主義諸国の政府や公的報道機関は相次いで声明や評論を発し、中国政府の領海に関する決定を「完全に支持する」と表明した。[43]

41　香港経済週刊誌「ファーイースト・エコノミック・レビュー」1973年12月31日号。
42　（台湾）「外交部南海諸島档案資料滙編」Ⅲ（8）:026.
43　前掲『我国南海諸島史料滙編』、554―557頁。

禁反言（エストゥペル、estoppel）の法則

以上で明らかなように、南沙諸島が中国領であることは幅広い国際的承認を得ていた。

国際法に従えば、承認は国際関係において法律的義務が伴う行為である。そのため黙認と承認は、領土紛争にとって極めて重要な判断材料になる。

ある特定の領土紛争に関して、当事国の片方がある時期に係争する領土に対する相手側の主権の主張を黙認・承認したならば、その後になって係争地に対して相手側が有する領土主権を否定してはならず、国際法の上で相手側の権利を尊重する義務を負う、という効力が生まれる。

これは国際法では「禁反言（エストゥペル、estoppel）の法理」といい、言動の前後不一致と自己矛盾によって他人の権利が損なわれることを禁止する原則を指す。日本の法律界では一般的に「一方の自己の言動（または表示）により他方がその事実を信用し、その事実を前提として行動（地位、利害関係を変更）した他方に対し、それと矛盾した事実を主張することを禁ぜられる、という法である」と解釈されている。

この観点は多くの国際法関係の著名学者から支持されている。前出のジェニングス国際司法裁判所判事（所長も務めた）、アーノルド・マクネアー（Arnold McNair）判事などは、それぞれ国際関係における「禁反言」の定義と意義について語り、オックスフォード大学出版の『国際公法の原理』にも収録されている。[44]

多くの国際司法裁判所の判例で、「禁反語」の法理は確認されている。1930年代初め、「東グリーンランドの法律地位」をめぐる訴訟に対する判決で、国際司法裁判所は、1917年7月22日当時ノルウェー外相が、デンマークの主権要求に対して口頭の声明を発表し、ノルウェー政府はデンマークがグリーンランドに対する主権を求めることに「障害を作るつもりはない」と明言した点を重視した。

ノルウェー政府が約束を行ったと判断した司法裁判所は、ノルウェーは

---

[44] Ian Brownlie, Principles of Public International Law, Oxford University Press, 1979, p.164-165.

「デンマークのグリーンランド全体に対する主権に異議を提起しない義務をもち、グリーンランドの一部を占有することはなおさら認められない」との判決を出した。国際司法裁判所は、ノルウェー外相の声明について「一国の外相がその職権の範囲内で政府の名義において外国の外交代表に対して行った回答は、その代表する国にとって拘束力を有するものだ」との見解を示した。[45]

ある事実（特に領土問題）に関して、一国の政府首脳や外交責任者が本国政府を代表して明確で弁解の余地がない意思表示（声明や外交文書など）を行えば、その国にとって拘束力を持つのは当たり前である。

それを、戦争環境だったから必要だったなどの口実を挙げて弁解しても、承諾した責任と義務から言い逃れることはできない。したがって、国際法における「禁反語」の法理に従い、ベトナムのような、南沙をめぐる紛争と直接的にかかわる当事国は、中国の南沙諸島に対する主権を公式に承認した以上、事後になって食言して、当該群島に対していかなる主権の要求も出してはならないはずである。

南沙をめぐる紛争の直接的当事国ではない国々にとっても、中国の南沙諸島に対する主権を認めている以上、この種の承認は南沙の紛争において第三国の立場を示したもので、紛争の解決にとっても極めて重要な意義をもつ。前出したジェニングスが指摘した通り、「二つの国の国家間の問題を提起した限定的なケースにおいても、第三国の態度は直接に関係するものである」「ある主権者の長い歴史を持つ占有を証明するのに、様々な証拠、特に第三国の姿勢は極めて密接な関係をもつものになる」。

著名なタイ出身の国際法学者で国連国際法委員会委員（2012 — 16年）を務めるクリアンサック・キッチャイサレー（Kriangsak Kittichaisaree）も、「第三国の承認または黙認は、権力の根源ではないが、この種の権力を実際に有する国を支持する有力な証拠になる」と指摘している。[46]

45　ICJ「東グリーンランド案件判決書」、ICJ刊行物、A/B（53）: pp.71-73.

46　Kriangsak Kittichaisaree, The law of the sea and maritime boundary delimitation in South-East Asia, Oxford University Press, Singapore, 1987, p.14.

したがって、非当事者国である米国や日本なども、南沙諸島が中国領であることをいったん承認したからには、国際法の原則に従って、南沙をめぐる紛争の問題においてこれまでの約束を遵守しなければならない。

四、他国に対する中国の抗議と制止行動

　中国は長年にわたって南沙に対する主権を守り続けてきた。南沙諸島が周辺の数カ国の蚕食、拡張の目標になったとき、中国政府はそのつど南沙に対する主権を強調する声明を発した。

　近代以来、西洋列強は何度も南沙とその近くの海域に侵入し、不法な活動を行った。最も早く南沙に足を踏み入れたのはイギリスで、1867年、イギリスの水路調査船ライフルマン号は南沙の海域で調査活動と地図の測定作業を行った。1883年、ドイツからの探検隊が西沙諸島と南沙諸島に到着し、「探検」と調査測量作業を行ったが、それに対し、清朝政府はドイツ政府に対し、南沙諸島は中国領だとして抗議を行い、ドイツ側は「探検活動」を中止せざるをえなかった。

　1907年、日本は東沙諸島の資源開発に乗り出そうとしたが、清朝政府はこれを警戒し、東沙の主権をめぐって日本と外交交渉を重ね、日本に中国の主権を認めさせた。[47]

　それ以後、清朝政府は南海の主権問題を重視し始め、直ちに水師（海軍）を西沙の巡視に派遣し、西沙諸島で主権を示す石碑を立てる儀式を行った。1930年代、フランスが南沙の九小島を占拠した時も、中国政府は直ちに外交交渉を申し入れた。同時に、中国の漁民はフランス軍の侵入に対し組織的な抵抗を行った。

　1939年以降、日本は日中戦争の延長線上で南沙と西沙を占領した。第二次世界大戦の敗戦後、日本は「カイロ宣言」と「ポツダム宣言」に基づ

---

[47] 以下の資料を参照。前掲『南海諸島国際紛争史』第10章第1節「南海諸島問題の契機としての西澤島『東沙島』問題」。村田忠禧『日中領土問題の起源』（花伝社）225－228頁。平岡昭利著『アホウドリと「帝国」日本の拡大』（明石書店）221頁以下。

いて、強奪した中国の領土を中国に返還すべきだったが、中国の国共内戦と中華人民共和国の誕生、冷戦と二大陣営の対立の激化を背景に、特に朝鮮戦争の勃発後、米国をはじめとする西側陣営は南海諸島嶼に対する中国の主権の行使を意図的に阻止しようとした。

米英など西側諸国が中国を除外して一方的に「サンフランシスコ対日講和条約」の締結を図ろうとしたことに対し、1951年8月15日、中国政府は南沙諸島を広東省に編入する決定を発表し、当日、周恩来外交部長の名義で抗議の声明を発表した（前出）。

1950年5月17日、フィリピンのキリノ大統領は記者会見で、「国際法に基づき、この群島は最も近い国により管轄されるべきであり、団沙群島〔すなわち南沙諸島〕に最も近い国家はフィリピンなのだ」と語った。

それに対し5月19日、中国政府の報道官は、「中華人民共和国は、団沙群島及び南海にある中国所属の他のすべての諸島がいかなる外国からも侵犯されることは絶対に許さない」と表明した。[48]

1956年5月19日、フィリピンのガルシア外務大臣は記者会見で、南海の太平島や南威島を含む一連の島嶼はフィリピンに一番近接しており、どこの国にも所属しておらず、かつ住民もいないので、フィリピンは発見者として占領する権利を有していると発言した。

5月29日、中国外交部報道官は、「南沙群島をはじめとする南海諸島に対する中国の合法的主権は、いかなる国がいかなる口実を使っていかなる形の侵犯を試みようとしても絶対に容認することはできない」と声明した。[49]

1956年8月30日付『人民日報』は「観察家」名義で「ゴ・ディン・ジエム政権に警告する」と題する評論を掲載し、南ベトナム当局が南沙諸島でいわゆる主権の標識を打ち立てたことに厳重な警告を行った。

1958年9月4日、中国政府の「領海に関する声明」は、南沙諸島は中国の領土に属すると宣言した。

48　前掲『南海諸島国際紛争史』、398 ― 399 頁。

49　同上、415 ― 416 頁。

1958 年から 71 年にかけて、中国政府は米国が中国の西沙諸島の領空と領海の主権を侵害したことに対し 200 回以上の「厳重警告」を発したが、その中で再三にわたって、「南沙諸島を含む南海の島々に対する外国の侵犯を容認しない」と表明した。[50]

　1971 年 7 月 11 日、フィリピンのマルコス大統領はマニラでの記者会見で、南沙諸島は「係争中」の島だと言明して、南沙のいくつかの主要な島嶼に派兵して占拠したことを発表した。

　7 月 16 日、中国人民解放軍総参謀長・黄永勝は北朝鮮の駐中大使・玄峻極が催したレセプションで挨拶する中、南沙など南海の島々に対して中国は争いのない合法的主権を有すると再度表明し、フィリピン政府は直ちに中国の領土に対する侵犯をやめ、南沙諸島からそのすべての人員を撤収するように求めた。[51]

　1973 年 9 月、サイゴン当局は南沙諸島をそのフックトゥイ省（Phước Tuy 省）に編入すると発表し、3 カ月後、更に数百名の兵士を南威島（Spratly Island）など五つの島嶼に送り、占拠した。

　1974 年 1 月 11 日、中国外交部報道官はこれについて声明を発表し、南ベトナムの侵略行為に憤慨を表し、中国の南沙諸島など南海の領土に対する主権を重ねて表明した。[52]

　1974 年初旬、サイゴン当局は海軍と空軍を出動して西沙諸島に侵入し、中国軍と衝突した。1 月 20 日、中国外交部は南海諸島嶼の主権問題に関する声明を発した。[53]

　同年 2 月 1 日、サイゴン当局は軍艦を出動し、南沙諸島所属の南子島（Southwest Cay）などの島に侵入し、いわゆる「主権の碑」を打ち立てた。3 日後の 2 月 4 日、中国外交部報道官はこれに対して強烈な非難と抗議を

50　前掲『我国南海諸島史料滙編』、484 — 492 頁。
51　『人民日報』1971 年 7 月 17 日。
52　『人民日報』1974 年 1 月 12 日。
53　『人民日報』1974 年 1 月 21 日。

表明した。[54]

1974年3月30日、国連アジア太平洋経済社会委員会（ESCAP）第30回会議の全体会議で、中国代表団副代表の季龍は声明を発表し、南沙諸島に関するサイゴン当局代表の主張に反論した。

さらに会議の事務局に対し、全体会議の第4号アジェンダの配布文書にある過ち（中国の西沙諸島と南沙諸島を南ベトナム当局の近海島嶼区域として列挙し、南ベトナムによる「南海の30カ所の地域に対する探査と開発の協定を結んだ」ことに言及したことを指す）を是正し、中国の南沙諸島に対する主権を再度強調した。

国連アジアと極東地域地図作成会議が採択した決議の中で、いわゆる「南海海路測量委員会」の設立が提案され、南沙諸島およびその付近海域も同委員会の測量計画の範囲に組み入れられた。

それに対し、中国代表・王子川は1974年5月6日、ESCAP第56回会議の経済委員会会合で声明を発表し、中国の南沙諸島および南海海域に対する主権を再度表明した上で、関係当局はいわゆる「南海海路測量委員会」による南海での海路測量計画を直ちに停止し、二度と同じことが起きないように確約せよと求めた。[55]

1974年7月2日、中国代表団団長・柴樹藩は第3次国連海洋法会議で中国の南沙諸島に対する主権を重ねて表明した。

1976年6月14日、中国外交部は、フィリピンが南沙海域で石油を探査することを発表したことに対し主権表明の声明を発表した。

1978年12月19日、中国外交部報道官は南沙の主権問題について、南沙諸島は従来中国領土の一部であり、いかなる外国が南沙諸島の島嶼に主権の要求を出しても不法であり、無効であると声明した。

1979年4月26日、中国政府代表団団長・韓念龍はベトナムとの二国間外務次官級交渉の第2回会議で次のように発言した。

---

54 『人民日報』1974年2月5日。
55 『人民日報』1974年5月8日。

「西沙諸島と南沙諸島は従来、中国領土の分割できない一部である。ベトナム側はこの事実を承認した元の立場に戻り、中国のこの二つの群島に対する主権を尊重し、その占拠した南沙諸島の島からすべての人員を撤収すべきである」。

1979年9月26日、中国外交部は南沙の主権に関する声明を発表した。

1980年1月30日、中国外交部は、「西沙諸島と南沙諸島に対する中国の主権は疑問を挟む余地がない」と題する文書を発表し、この二つの群島の主権に関する歴史、法的根拠を詳しく紹介し、ベトナムが1979年9月28日に発表した白書（『ベトナムのホアンサとチュオンサ両群島に対する主権』）に反論し、ベトナム当局が前の約束を覆した悪質な行為を非難し、この両群島に対する中国の主権は疑問を挟む余地がないことを表明した。[56]

1980年7月21日、中国外交部報道官は、ソ連とベトナムが「ベトナム南部の大陸棚」で石油と天然ガスを共同で探査開発する協定を結んだことに対して声明を発表し、「いかなる国も中国の許可なく中国の南海海域で探査、開発及びその他の活動を行うことは全て不法であり、いかなる国と国の間で上に述べた地域内で探査、開発などの活動を行うために調印した協定と契約はすべて無効である」と指摘した。

1988年4月初め、ベトナムは南沙諸島の三つの島を占拠し、軍事施設を造ったが、それに対し中国外交部長は5月中旬に声明を発表し、ベトナムは直ちにすべての不法に占拠した中国の島嶼から撤収するよう厳正に要求した。

1994年6月16日、中国外交部報道官・沈国放は、ベトナムが船を派遣して中国の南沙海域の万安灘（ヴァンガード堆）地域に侵入し地球物理探査作業を行ったことについて談話を発表し、中国の南沙諸島およびその付近海域に対する主権は争いようのないものであり、万安灘は南沙諸島の一部であると指摘した。

以上で分かるように、近隣諸国が南沙諸島に対して一方的な領土の主張

---

56 前出、日本語抄訳は浦野著を参照。

を出したその度、中国政府は迅速に抗議の声明を発し、中国の主権を表明し続けてきた。

五、「決定的期日」（Critical Date）

各国の領土形成はいずれも漸進的な過程をたどったものである。国際法運用の中で、領土の形成に関して大昔まで遡ることにより、いわゆる「決定的期日（Critical Date）」がより一層重視される。

「決定的期日」について国際法専門家ディクソン（Martin Dixon）は、「ある紛争当事国間に存在する法的状態を決定する基準となる期日であり、争われている権利義務関係は、この期日をもって凍結される。この期日以降に生じた事実は国際裁判などの紛争解決の審理の場では証拠能力を否定され影響を受けない」と定義した。[57]

「決定的期日」の原則と関連する20世紀の有名な国際的判例は、主に二つある。すなわち「パルマス島仲裁案」と「東グリーンランドの法律地位をめぐる訴訟案」である。

米国とオランダの間の、パルマス（Palmas）島の帰属をめぐる訴訟では、紛争当事国の片方が割譲によって第三国から取得したと主張する地域が係争になった場合、常設仲裁裁判所は割譲の時点が「決定的期日」であるとの判断を示した。

つまり、1898年のパリ条約締結時点で実効的支配をしていた当事国に領有権があるとした。[58] マックス・フーバー判事は仲裁判決の中で、次のように述べた。

>「オランダが直接的もしくは間接的に示したパルマス島に対する主権の行為は、特に18世紀と19世紀の初頭において多いとは言えない。

---

57 Dixon,Textbook on International Law, Hong Kong: Oxford University Press, 2007, p.158.
58 国際法学会編『国際関係法辞典』、三省堂、1995年初版、2005年版、192頁。

持続的に主権を行使した証拠を見れば、複数回の中断も存在している。しかし、このはるか遠い原住民しか住んでいない小さい島に関して、それに対する主権を経常的に示すことは不可能ということを考慮する以外、この種の主権表明をはるか昔まで遡って追跡する必要もない」

「主権表明の始まりについて正確な時期を確定する必要はなく、1898年という『決定的期日』より前に主権の行使はすでに存在したことさえ証明できれば十分である。明らかに、主権の確立は緩やかな漸進的なプロセスであり、国の支配が次第に増強された結果である」。[59]

「東グリーンランドの法律地位」をめぐる訴訟案の判決でも、国際司法裁判所は先占の対象となる無主地であったという観点により、片方の当事国による先占宣言の時点を決定的期日とし、次のような判断を示した。

「記憶に入れておく必要があるのは、1931年7月10日が『決定的期日』であることだ。グリーンランド島の主権に関し、デンマーク政府が主張する主権を有する全期間に存在する必要はない。たとえ裁判所に提出された資料が早期にすでにこの種の主権を確立したことを認定するのに不十分だとしても、〔ノルウェーが〕占領する以前のある段階において、〔デンマークが〕その有効な権利を十分に確立した、という結論を否定することはできない」。[60]

なお、21世紀に入ってからの例として、インドネシアとマレーシアの間で争われた、ボルネオ島北東の無人島リギタン島とシパダン島の主権をめぐる国際司法裁判所の判決（2002年12月17日）が挙げられる。そこでは、「当事国間の紛争が結晶化された日」が決定的期日であり、裁判所は「その日以降に行われた行為を考慮することはできない」との見解が示

59　Goldie, 1963, p.1257.
60　同上、p.1259.

された。[61]

　以上の案例から見て、実際に国際裁判は、主権的管轄が始まった正確な日時をはっきりさせる必要性を求めず、代わりに、紛争が始まる前（すなわち「決定的期日」の前）の一定の合理的期間（およそ200年）に、どちら側がより一層、効果的に権利を行使していたかを非常に重視する。

　「東グリーンランドの法律地位」をめぐる訴訟案で、裁判所が1931年7月10日を「決定的期日」と認定したのは、その日にノルウェーが同地域の占領を宣言したためで、それより前は、デンマークを除いていかなる国も東グリーンランドに対する主権を主張していなかった。

　したがって、東グリーンランドをめぐる領土紛争はこの日に始まったと認定された。国際司法裁判所は、デンマークはそれより前の段階で東グリーンランドに対して既により効果的な権利を確立したという事実に基づいて、同地域はデンマークの領有に属するとの判決を下したのである。

　それと同様に、「パルマス島」仲裁案の審理で、フーバー判事は1898年12月10日を「決定的期日」と認定した。この日に、スペインは米国とパリ条約に調印し、フィリピンは米国の植民地になると承認したからである。

　論争の焦点は、同条約の調印前にパルマス島に対してより一層十分な権利を行使したのはスペインなのかオランダなのか、であった。そのため判事は、同島は「決定的期日」より前にすでにオランダの領有に属していたと判断し、パリ条約の調印によりスペインがそれを米国に割譲することは認定されなかったのである。

　これらの国際司法の判例から見て、南沙問題をめぐる「決定的期日」は1933年7月25日（フランスが「無主の地」を口実に中国の南沙九小島の占領を公表した日）と、1939年4月9日（日本が南沙諸島を占領し、「新南群島」に改名したのを公表した日）と見なされるべきである。

　この二つの国が中国の持つ南沙諸島の主権に対する挑戦は不法であり無効であることが証明されれば、法律の角度から中国の南沙に対する主権は

61　I. C. J. Reports 2002, p. 682, par. 135

争う余地がないことは立証されることになる。

「先占」の場合、その客体（対象）は所有者がなく、主権を新たに行使できる土地でなければならない。しかし南沙の九小島は国際法における「無主の地」とは全く共通点はない。

南沙の九小島のように、長年にわたって中国からの定期的居住者がおり、また中国が主権を行使した記録が残る土地は、どうして「無主の地」といえるのだろうか。いかなる外国とも、持続的利用者がいたこれらの島々を「先占」の客体にすることはできない。

第二次世界大戦の終結に伴い中国は、南沙諸島に駐在していた日本軍が海南島の楡林港に駐屯した中国軍に対し降伏するよう命じた。それに従い、日本軍が楡林港に集結し帰還の命令を待っていた最中に、中国軍の南海諸島嶼への進駐より前に、フランスはいくつかの南沙の島嶼を占拠した。

1946年7月27日、国籍不明の船舶が南沙の島嶼に侵入したとの報道を受け、中国国営通信社「中央社」はさっそく、「我が国の海軍総部は軍艦を派遣して南海を接収した後の2回目の巡視を行うことを決定した」と報じた。

中国政府の決定を知った国籍不明の船は、数日後自主的に同海域を離れた。10月5日、フランス軍艦「シェブリード（Chevreud）」号が南沙の南威島と太平島に侵入し、太平島で石碑を立てた（直後に退去）。

中国政府はフランス政府に交渉を申し入れ、同10月と翌47年1月の2回にわたって交渉が行われた。

フランス側の主張に反論した中国側の文書に対してフランス政府から回答がなかったため、交渉を中止し、同年後半、中国の政府代表が軍艦に乗って南沙諸島に到着し、主権表示の一連の活動を行った（前述）。

この過程からも、フランスが1933年、中国の南沙九小島を占拠した行為は不法であり無効であることが立証された。フランス語の言い方にあるように、「不正な行動から権利は生まれない（Ex injuria jus non oritur）」。

日本が戦後、西沙諸島と南沙諸島を中国に返還したことも、日本のこの両群島に対する不法の占拠から権利が生まれないことを示している。

六、UNCLOS の影響と中国の南海主権の法的根拠

UNCLOS が付与する海域の管轄権

　国連海洋法条約（UNCLOS）の第121条第2項は「島の領海、接続水域、排他的経済水域及び大陸棚は、他の領土に適用されるこの条約の規定に従って決定される」と規定している。

　それによれば、中沙諸島は全て水面下に没するサンゴ礁であり、同第1項が規定した島嶼に関する条件（「島とは、自然に形成された陸地であって、水に囲まれ、満潮時においても水面上にあるものをいう」）を満たせず、相応の管轄海域を取得できないが、西沙・南沙・東沙の3群島は条約の関係の規定に基づき、それぞれ領海、接続水域、排他的経済水域（EEZ）及び大陸棚を持つことができる。その権利の具体的定義は以下の通りである。

1、領海（territorial sea）

条約第2条によれば、領海の法的地位は以下の通りである。
① 沿岸国の主権は、その領土若しくは内水又は群島国の場合にはその群島水域に接続する水域で領海といわれるものに及ぶ。
② 沿岸国の主権は、領海の上空並びに領海の海底及びその下に及ぶ。
③ 領海に対する主権は、この条約及び国際法の他の規則に従って行使される。

2、接続水域（contiguous zone）

条約第33条の規定によれば、接続水域の法的地位は以下の通りである。
① 治岸国は、自国の領海に接続する水域、接続水域といわれるものにおいて、次のことに必要な規制を行うことができる。
a. 自国の領土又は領海内における通関上、財政上、出入国管理上又は衛生上の法令の違反を防止すること。
b. 自国の領土又は領海内で行われた（a）の法令の違反を処罰すること。
② 接続水域は、領海の幅を測定するための基線から24海里を超えて

拡張することができない。

3、排他的経済水域（Exclusive Economic Zone、略称：EEZ）

条約第56条の規定によれば、

① 沿岸国は、排他的経済水域において、次のものを有する。
a. 海底の上部水域並びに海底及びその下の天然資源（生物資源であるか非生物資源であるかを問わない。）の探査、開発、保存及び管理のための主権的権利並びに排他的経済水域における経済的な目的で行われる探査及び開発のためのその他の活動（海水、海流及び風からのエネルギーの生産等）に関する主権的権利
b. この条約の関連する規定に基づく次の事項に関する管轄権
  i. 人工島、施設及び構築物の設置及び利用
  ii. 海洋の科学的調査
  iii. 海洋環境の保護及び保全

なお、第57条によれば、「排他的経済水域は、領海の幅を測定するための基線から200海里を超えて拡張してはならない」

4、大陸棚（a continental shelf）

条約第76条第1項によれば、

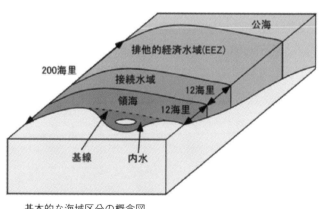

基本的な海域区分の概念図

124

「沿岸国の大陸棚とは、当該沿岸国の領海を越える海面下の区域の海底及びその下であってその領土の自然の延長をたどって大陸縁辺部の外縁に至るまでのもの又は、大陸縁辺部の外縁が領海の幅を測定するための基線から 200 海里の距離まで延びていない場合には、当該沿岸国の領海を越える海面下の区域の海底及びその下であって当該基線から 200 海里の距離までのものをいう。」

沿岸国の大陸棚に対する権利について第 77 条は以下のように規定している。
①沿岸国は、大陸棚を探査し及びその天然資源を開発するため、大陸棚に対して主権的権利を行使する。
②①の権利は、沿岸国が大陸棚を探査せず又はその天然資源を開発しない場合においても、当該沿岸国の明示の同意なしにそのような活動を行うことができないという意味において、排他的である。
③大陸棚に対する沿岸国の権利は、実効的な若しくは名目上の先占又は明示の宣言に依存するものではない。
④この部に規定する天然資源は、海底及びその下の鉱物その他の非生物資源並びに定着性の種族に属する生物、すなわち、採捕に適した段階において海底若しくはその下で静止しており又は絶えず海底若しくはその下に接触していなければ動くことのできない生物から成る。

断続線以内の水域に対する歴史的権利
歴史的権利という概念についても、中国の国内法で言及されている。
例えば 1998 年に公布された「排他的経済水域及び大陸棚法」の第 14 条は、「本法の規定は中華人民共和国が有する歴史的権利を妨げるものではない」と規定している。ほかに、前述の通り UNCLOS や国際司法裁判所の判例および習慣法の原理などから、歴史的権利の合法性と正当性を見出すことができる。
中国が断続線以内で持つ権利の定義について、前章では中国国内の四つ

の解釈を紹介した。

　2016年7月12日、フィリピン南海仲裁裁判所が法的効力も持たないいわゆる「最終裁定」を下したのに対し、新華社は、フィリピン共和国アキノ政権の申し立てた南海仲裁裁判が国際法に違反し、仲裁裁判所が管轄権を持たないこと、裁定は受け入れず、また認めないという立場を中国が繰り返し表明してきたと第一報で伝えた。続いて「南中国海の領土主権と海洋権益に関する中華人民共和国政府の声明」が発表され、その中で断続線内で中国が持つ権利について次のように初めて系統的に説明された。

> 「中国人と中国政府の長期的な歴史的実践及び歴代中国政権の一貫した立場に基づき、中国の国内法及び国連海洋法条約を含む国際法に基づき、南中国海における中国の領土主権と海洋権益は以下を含む。
> （一）中国は東沙諸島、西沙諸島、中沙諸島、南沙諸島を含む南中国海諸島に対して主権を有する。
> （二）中国の南中国海諸島は内水、領海、接続水域を有する。
> （三）中国の南中国海諸島は排他的経済水域と大陸棚を有する。
> （四）中国は南中国海において歴史的権利を有する。
> 　中国の上述の立場は関係する国際法と国際的慣行に合致する。[62]」

　ここで触れた「歴史的権利」について、20世紀以来の実践や国際法の判例と判断に基づいて、以下のように解釈することができる。
　それは専属的な完全な主権ではないが、単なる非専属的権利でもない。たとえば歴史的な漁業権がそうである。本質的に言えば、断続線以内の中国の歴史的権利はある種の、優先的性格を有する主権的権利であり、権利の内容はEEZの定義に類推して適用されるべきである。
　歴史的根拠と結び付けて、「歴史的権利」について具体的に以下のよう

---

[62] 「南中国海の領土主権と海洋権益に関する中華人民共和国政府の声明」、『人民網日本語版』、2016年7月13日
　http://j.people.com.cn/n3/2016/0713/c94474-9085365.html

第 3 章　中国の主権：国際法的研究

に定義することができる。それはすなわち、海洋資源の擁護と利用の権利、人工的島嶼・施設と構造物の建設と管理の権利、海上の科学研究を行う権利、警察の法律執行権（特に海賊の取り締まりなど）、軍事的利用の権利、航路画定の権利、部分的水域の汚染に対する制御の権利、など多方面の権利である。

七、中国の主権と権利の主張が直面する挑戦

日仏による「放棄」を理由とする「主権継承」の主張

　ベトナムとフィリピンはいずれも 1951 年の「サンフランシスコ対日講和条約」を理由に、南海の島々に対する「主権」の「継承」を要求した。ベトナムは、講和条約は日本が南沙諸島の「放棄」を規定したが、誰に返還するかを規定していないため、フランスの権利を「継承」したベトナムが日本の「放棄」を継承するものだと主張した。

　フィリピン政府は 1956 年 3 月、フィリピン海洋研究所所長トマス・クレマが 40 人からなる遠征隊を組織して、フィリピン沖で「無主の島嶼を発見した」と発表し、当局に「先占による合法的な領有権」の取得を求めた。

　5 月 19 日、ガルシア外相はクレマへの回答で、南沙諸島について二つの部分に分割する考えを示し、（クロマが「発見した」と称する）一部の島は「無主の地」であるとし、南沙諸島の主要な七つの島嶼については「信託統治」によって生まれた権利を有すると主張した。

　後者の 7 島についてフィリピン政府は、1951 年の「サンフランシスコ講和条約」により日本がそれらの島に対する権利を「放棄」したが、帰属問題が解決されないまま、連合国の「事実上」の「信託統治」下に置かれていたために、フィリピンの国民はこの七つの島々において社会・経済・ビジネスの機会と待遇の平等の基礎の上で、経済開発と定住を進めることができるとの論理を立てた。

　しかし実際には連合国はこの地域に対していかなる「信託統治」を行ったためしがなかった。フィリピンは架空の「信託統治」を前提に、フィリ

ピンは「連合国のメンバーの一員」としての地位に基づいて、自国民はこの七つの島で経済開発と定住を行うことができるとの主張につながった。これによってフィリピンは、七つの島に対する主権を「継承」する目的を達成しようとした。

「無主の地」を理由とする「先占」の主張

　ベトナムは何度も国際社会に向かって、ホアンサ（西沙諸島）とチュオンサ（南沙諸島）に対して昔から主権をもつことを主張し、それに関するいわゆる「歴史資料」を作り上げた。

　例えばベトナム北方の人杜伯（Do Ba）が書いた『籌集天南四至路図』（1630―1653年）、黎貴東（Lê Quý Dông　レ・クイ・ドン）が1776年に編纂した『扶辺雑録』と1834年の『皇越地輿志』である。

　しかし、中国の歴史文献と比較すれば、ベトナム側の文献は作成の年代にせよ内容の信憑性にせよ、いずれもはるかに劣るものである。

　もう一つの、「無主の地」を理由に南海の島々に対する主権を要求した国はフィリピンである。前述の通り、フィリピン人クロマは1947年以降、何度も南沙群島地域に入り、一連の無人島を発見したと称した。彼はこれらのいわゆる無人島を「フリーダム・ランド」と呼んで、「発見と先占の権利」に基づいて同地域の領有を主張し、フィリピン政府に承認を求めた。

　フィリピン政府は、クロマの「発見」したこれらの島嶼を「無主の地」と認め（前出の、「信託統治」の七つの島と区別される）、これらのどの国にも占領されていない無人島で、法律に則って行動すれば、国民が経済開発と定住を行うことに関心を寄せないわけにはいかないとフィリピン政府は主張した。

時効を取得の理由とする主張

　オッペンハイムの国際法によれば、ある土地に対し、相当長い期間にわたって（たとえそれが不当に、もしくは不法に占有したとしても）連続的に妨害を受けずに主権を行使し続け、歴史の推移の中でその現状が国際秩序に一般的に認められれば、この土地の主権を取得することができると

なっている。

　東南アジアの一部の国はこの「時効」の制度を拠りどころに、中国の領土主権と海洋権益を侵害する法的根拠を作ろうとした。

　例えば「第1596号フィリピン大統領令」（1978年、フェルディナンド・マルコス大統領）は、

> 「国際法で確立された有効的占領と実効支配に従えば、同海域〔フィリピンが公表した「カラヤン群島」の海域を指す〕は現在、フィリピンの主権範囲に属すると見なされるべきだ」

と主張した。

　ベトナムも「占領」の方式で南海の一部の島嶼を占拠し、実効支配の事実を通じて、島嶼に対する相応の主権の取得を図っている。

　「時効」が領土主権を取得する方法になりうるか否かについて、国際法学者の間でも以前から論争が存在し、国際司法裁判所の判例においても時効の効力を否定したケースがある。

　例えば1959年6月、国際司法裁判所はオランダとベルギーの両国国境地帯の土地をめぐる訴訟案の判決で時効の効力を否定した。

　仮に時効による主権の取得が国際法に符合するとしても、周辺諸国はこれによって南海の島々に対する主権を手に入れることはできない。なぜなら、周辺諸国が島々を占拠・支配した手段は「実効支配」と「平和的」という二つの要件を満たしていないからだ。

　南海の島々に対する中国の主権の主張は一度も放棄されたことがないし、周辺諸国の南海の島々に対する占拠と資源の略奪を中国は黙認したこともない。反対に、いかなる外国による南海諸島嶼に対する主権侵害の行為に対しても、中国はそのつど厳正な声明と抗議を行っている。したがって他の国は「時効」に基づいて南海の島々に対する主権を取得することができない。

地理的な「隣接」と「安全保障」を理由とする主張

　フィリピンなどの国は地理的に隣接していることを理由に、黄岩島（ス

カボロー礁）および南沙諸島の一部の島嶼に対する主権を要求している。

　国際社会で確かに一部の国は「隣接優先」の原則を主張している。たとえば1947年6月と8月、チリとペルーはそれぞれ、水深と関係なく、国家主権は「隣接」する島嶼とすべての大陸棚に及ぶと宣言した。

　しかし「隣接」の主張はいかなる領土取得の方法としても確立されていない。それは「領有」に対して地理的利便性を与えるにすぎず、権利主張の根拠としては早くから国際司法裁判所で否定されている。

　1969年、国際司法裁判所は「西独、デンマーク、オランダ3カ国間の北海地域の主権をめぐる訴訟案」を審議した際、「隣接の原則を自然延長の原則と混合することはある国の領土の自然延長した地域が他の国に領有されることにつながりかねない」と指摘し、「隣接の原則」は国家間同士の領土紛争を解決する実践の中で採用することができず、現在の世界各国の領土現状の形成は複雑な歴史的経緯をたどった結果であるとの認識を示した。

　もし「隣接の原則」を用いて領土の紛争を審議するならば、一連の問題が連鎖反応的に引き起こされる恐れがある。

　「隣接の原則」を強調して領土の主権を主張するフィリピンも、同様の問題を抱えている。フィリピンのスールー諸島（Sulu Archipelago）のなかの大部分を占める孤立した小島は、マレーシアのボルネオ島からわずか3カイリから5カイリしか離れておらず、フィリピンの主要島嶼までの距離はその10倍以上ある。

　もしマレーシアも「隣接の原則」によってこれらの島に対する主権を主張するなら、フィリピンも当然認めないだろう。フィリピン政府が南海の問題で主張する「隣接の原則」は、理論面において現行の国際法の原理に明らかに反するものであり、実践の面でもダブルスタンダードとなり、通用しないものである。

　「安全保障の原則」について、フィリピンは主に1970年以前までの冷戦期において、中国がその国防と安全保障に脅威を与えたとの主張を繰り返していた。また、70年代以降も、南海海域のエネルギーなどの経済利益を押さえた上で、「中国脅威論」を経済利益の確保の主張を結合させた。

フィリピンが、一部の南海の島々に対する主権を「安全保障」を理由に主張する狙いは、国家安全保障の概念を国家主権の概念にすり替え、既得権益を守ることにある。「安全保障の原則」は、領土の主権を取得する根拠としてはいかなる国際法による裏付けや支持も得られない。

恣意的な海洋法解釈

マレーシア、ブルネイなどの国は現代海洋法の一部の制度を根拠に、中国の南沙諸島の一部の島嶼に主権の要求を出した。

1979年12月、マレーシア政府は大陸棚の地図を公表し、南沙諸島の南部に位置する島々（安波沙洲／Amboyna Cay、弾丸礁／スワロー礁、南通礁／Louisa Reef など）をその大陸棚の外部限界の中に書き入れた。

同様にブルネイは、1954年にイギリスによって初めて設定された大陸棚の限界（100海尋（旧単位、1海尋は1.852メートル相当）の水深線まで）を根拠に、南沙諸島南部の南通礁に対して権利の要求を出した。1988年にブルネイで出版された地図では、南薇灘（Rifleman Bank）を超える海域まで大陸棚が及ぶと主張されている。

1982年、ブルネイは200カイリの漁業地域条例を公布し、同時に200カイリのEEZの設置を宣言したが、その主張する海域は南沙諸島最南端の一部と重なっている。フィリピンも200カイリのEEZの規定によって南海海域の分割を図っている。

島嶼の主権帰属は、海域の管轄を確定する前提と基礎になる。法律でも、島嶼の主権帰属には国際法の領土取得に関する一般的法規、例えば先占・割譲・付属・時効などが適用される。

海域の区分には第二次大戦後の海洋法で確立された原則、例えば公平・中間線・大陸棚の自然延長などの原則が適用される。

両者の間で衝突が生じる場合、海洋法条約の前提、すなわち「陸地が海を統治する」原則に基づいて、陸地の主権に基づいて海域の権利が決定される。海洋法条約自身は領土と島嶼の主権に対する認定に関与せず、一つの国が持つ島に対する固有の主権が現行の海洋法の規定した権利と衝突したからといって、挑戦ないし否定を受けるものではない。

第4章　中国とベトナムとの紛争

　1950―60年代以降、特に70年代から今日まで、南沙諸島のうち、水面から姿を現した自然構造物は相次いで周辺諸国によって占拠され、海域が分割され、大量に資源が開発されている。
　ここでいう周辺諸国は、すなわちベトナム・フィリピン・マレーシア・ブルネイなどである。この数カ国は相前後して、それぞれ違う理由で各自の領有する海域と鉱区の範囲を宣言した。
　ベトナム・フィリピン・マレーシアの3カ国はまたそれぞれ占有した南沙の島嶼に対して軍事的占領を行っている。そのうち、ベトナムは唯一に南沙諸島に対して「全主権」を主張する国であり、また南沙の主権に関して「歴史的根拠」を有すると称するただひとつの国である。

一、中越間の南沙紛争の由来と発展

　関係諸国の中で、ベトナムは中国との南沙争奪戦を最も長く闘った国であり、フランス植民地主義の支配時代から争いが始まっていた。
　フランスによる西沙と南沙両群島の占領は、後の中越間の南海をめぐる紛争につながった主要な背景的要因だった。1930年代から今日に至るまで、中越両国間の南沙をめぐる紛争は、主に以下のいくつかの時期を経験した。

フランス植民地当局による侵犯
　1932年6月15日、フランスは西沙諸島で行政管理代行事務所を設置し、それをベトナムのトゥアティエン＝フエ省（承天省）の管轄と公表した。同じ時期、中国広東政府は民間企業家が入札を通じて西沙諸島を開発

することを許可したため、フランスは中国に異議を申し立て、この群島はベトナム領と主張した。中国側が反論したが、それに対してフランス側は再度反論した。

　1937年、フランスは中国に対し、西沙の紛争を国際仲裁に提訴するよう提案したが、中国側は応じなかった。翌年、フランスは少人数のベトナム憲兵を西沙諸島に進駐させた。日中戦争に追われた中国はこれに対して軍事的な対応処置をとる余裕がなかったが、パリ駐在大使館を通じてフランス外務省に覚書を送り、この群島に対する中国の主権を重ねて表明した。フランスは西沙諸島を侵犯すると同時に、南沙諸島にもたえず触角を伸ばした。

　1933年7月、フランスは占拠した南沙の九小島は仏領と宣言し、関係諸国に通告したが、中国から抗議を受けた。日本も異議を提起し、日仏双方の間で何度も覚書を交して交渉したが、結論は出なかった。

　日中戦争中、日本は直接に出兵して西沙諸島と南沙諸島を占領した。フランスは閣僚会議で南沙の問題を協議し、同時に英米両国の意見も打診し、両国の力を借りてその西沙と南沙に対する領土の要求への支持を取り付けようとしたが、果たせなかった。

　敗戦降伏後の1945年8月26日、日本は両群島から撤収した。中国政府は1946年、両群島は広東省の管轄とすると発令し、続いて「永興」号軍艦などを派遣して接収を行った。

　1947年1月13日、フランス側は再び中国外交部に覚書を手渡し、フランスが「安南王」の名義を用いて西沙諸島と南沙諸島で行使した主権への留意を促し、中国軍が両群島を占領することによって生じる結果に対して態度を留保すると表明した。数日後、一隻のフランス軍艦が西沙諸島の永興島（ウッディー島）に到着し、上陸の気配を見せたが、中国側は直ちに仏側に厳重な抗議を行った。それでフランス軍艦は代わって珊瑚島（Pattle Island）に移動して上陸した。中国側は再度抗議し、仏軍の撤退を求めた。フランス側は、中国はこの紛争を仲裁に託すことに同意さえすれば、先に軍隊を撤収しても良いと表明した。中国側は、すべての話し合いは軍の撤収が先決条件だと譲らず、間もなく仏軍は公に発表しない形で

西沙諸島から撤収した。

1950年、内戦に敗れた国民党軍は西沙と南沙から軍を相次いで撤収した。これはフランス軍が再度この両群島を占拠するのに機会を与えた。1951年、フランスの極東海軍司令部は海軍の測量メンバーを西沙と南沙に派遣して「測量」を試みたが、悪天候のため、一行は西沙諸島に到着したが南沙諸島に至らなかった。[1]

南ベトナム当局による拡張

1954年の「ジュネーブ協定」の調印後、フランス植民地当局はインドシナから軍隊を撤収した。協定によれば、ベトナムは1956年に全国で自由選挙を実施し、統一した新政権を作ることになっていたが、米国は冷戦構造を維持するため、ホーチミンをはじめとするベトナムの共産主義勢力の封じ込めに優先順位をつけた。米国の介入により、ベトナムでは南と北の二つの政権が並列する分裂の局面になった。南ベトナムのサイゴン当局（「ベトナム共和国」の名義）はフランス領ベトナムの権利を継承するとして、中越間の南沙紛争の当事者と自認し、中国との間に西沙と南沙の主権をめぐる争いを続けた。

1956年、フィリピン人トマス・クロマが南沙諸島でフリーダム・ランドを設けることを宣言した事件が明るみに出ると、中国政府は5月29日、西沙諸島と南沙諸島に対する主権を表明する声明を発表した。南ベトナム外務省も6月1日、公報を発表し、この両群島に対する主権を主張した。南ベトナム外相ヴー・ヴァン・マウ（Vũ Văn Mâu／武文牡）は、この二つの群島に対するフランスの管轄権は異議を申し込まれたことがなく、ベトナムの独立後、その管轄権を継承していると発言した。

1956年8月22日、南ベトナム政権は海軍大尉チャン・ヴァン・ファン（Trân Văn Phân／陳文芬）が護衛艦を率いて南沙の南威島（Spratly Island）に上陸し、旗を上げてから南ベトナムに引き返したが、これに対して台湾当局は9月7日、南ベトナムに抗議を行った。9月8日、南ベ

---

[1] 前出（台湾）「外交部南海諸島档案資料滙編」Ⅲ（10）、3頁。

トナムは、「いかなる国の南沙諸島に対する要求に反対する」旨の覚書を送り、台湾側が 1956 年に太平島での軍駐在を再開したのは武力の侵攻であり、国際法に違反するものだと非難した。[2]

同年 10 月 22 日、南ベトナム政権は「NV 字第 143 号大統領令」の形で、南沙諸島をフオックトゥイ（福綏）省（現在のバリア＝ブンタウ省）の管轄とすることを発表した。これに対して台湾当局は再度南ベトナム当局に覚書を送り、同群島は中国領だと表明したが、南ベトナム当局は、この決定は主権を行使しているものだと取り合わなかった。

1958 年 4 月、台湾の前外交部長葉公超はベトナム訪問の帰途にわざわざ南沙諸島に飛んで視察を行った。台湾と南ベトナムの各新聞はこの件をいずれも報じた。

南ベトナム当局は 5 月 9 日、南沙に対するその「歴史的権利」を主張し、台湾軍が同群島を占領することによりもたらされるあらゆる結果に明確な留保を表明する覚書を送った。1959 年 2 月、南ベトナムはまた台湾当局に覚書を送り、「中国人が西沙諸島の琛航島（Duncan Island）に不法に上陸し、中共の旗を掲揚したため、ベトナム軍に拘束された件を受けて、同群島はベトナム領であることを再度表明する」とした。

台湾外交部は 2 月 26 日、その南ベトナム駐在大使館が南ベトナム外務省に覚書を手渡し、中国の同群島に対する主権を強調するよう指令したとの短い談話を発表した。3 月、南ベトナムの台湾駐在大使館が発行する『ベトナム新聞』にその西沙と南沙に対する主権を主張する記事が掲載されたが、台湾当局はそれを無視する姿勢を取った。

4 月、南ベトナムの台湾駐在公使は、台湾が南沙諸島の開発計画を制定中であることに抗議を行った。台湾外交部は 4 月 28 日に、中国の南沙に対する主権を重ねて表明する声明を発した。

1960 年に入り、南ベトナムの郵政当局が南沙諸島と西沙諸島の記念切手を発行しようとしたのに対し、台湾当局の交渉で中止になった。[3] 続い

---

2 同上Ⅲ（10）、8 － 15 頁。

3 同上Ⅲ（10）、21 － 23 頁、IV001-006。

て、南ベトナム当局は投資を誘致するため、『ベトナムに投資を』と題する英語のパンフレットを発行し、西沙と南沙の両群島をその版図に入れ、また西沙諸島の燐肥をベトナムの資源として紹介したが、台湾当局は12月19日、南ベトナムに抗議した。ベトナム側も慣例的に、その立場を重ねて表明する回答を行ったが、双方ともこの件を対外的に公表しなかった。

1961年6月13日、南ベトナム海軍の2隻の巡視艇が南沙の太平島沖に接近した。島に駐屯する台湾軍が船に立ち入り調査を行ったところ、ベトナム軍は、遠洋訓練でこの島を通りかかった際に太平島がベトナム側の島と誤認し接近したが、中国の旗を見て中国の領域に入ったことに初めて気づいたと釈明した。

台湾の守備軍はこれ以上追及せず、ベトナム巡視艇の退去を命じた。同年7月13日、南ベトナム当局は西沙諸島を「ディンハイ村（Dinh Hai／定海村）」と命名し、トゥアティエン＝フエ省の管轄からクアンナム省（広南省）の管轄に変更させると発表した。

台湾外交部は7月26日に抗議と主権主張の声明を発表し、覚書も送りつけた。それに対し、南ベトナム当局は、これは純粋に国内の行政措置であると釈明する回答を行った。

1971年7月15日、南ベトナム外務省は両群島に対する主権を重ねて表明する声明を発表した。声明の中で、数百年来、ベトナムは歴史と法的根拠の両面から両群島の完全な主権を有するとし、いかなる外国の両群島に対する主権の要求とも否定すると表明した。8月4日、南ベトナムの台湾駐在大使館は台湾外交部にその外務省の声明を再度説明した覚書を送った、台湾外交部は8月12日、領土の主権を守る立場は決して変わることはないと表明する回答を送った。

ベトナム民主共和国の背信

1975年の全国統一後、西沙諸島と南沙諸島の主権が中国に属するというそれまで一貫していた立場を変え、ベトナム民主共和国は南沙の一部の島嶼を更に占拠し、西沙と南沙の全域に対して領土主権の要求を出すようになった。1974年から78年までの間、西沙と南沙の両群島をめぐる中越

間の紛争は四つの段階を経た。

第一段階：対立の潜行期

　1974年1月、中国軍と南ベトナム軍が西沙諸島をめぐって交戦した後、統一前の北ベトナム政府はそれまでの一貫した「西沙と南沙は中国領」とする立場（第3章参照）を修正し始めたが、西沙と南沙の両群島に対する主権要求を公式には出していなかった。

　西沙の戦いが終わった直後、AFP通信が北ベトナムの「権威人士」の話を引用して次のように伝えた。

> 「領土の主権を守ることはどの民族にとっても『神聖なる事業』であり、領土の紛争は慎重に処理されるべきだ」。

　「権威人士」はさらに、領土の紛争は平等、相互尊重、友情と善隣友好の精神に基づいて話し合いで解決されるべきだと話した、という。[4]

　この談話は西沙と南沙に対する主権要求を出さなかったものの、ベトナム側が初めて公の場で、中国の西沙諸島と南沙諸島に対する主権を支持する立場を見直したことを暗示し、南北統一後の中越間の南海をめぐる紛争の幕開けを象徴したものである。

　数日後、南ベトナム解放民族戦線（National Liberation Front for South Vietnam）の北京駐在代表トラン・ビン（Trần Binh）は「パリ平和協定」の調印一周年を記念して行った記者会見で、「領土主権の問題はどの民族にとっても神聖なる事業である。歴史から残った領土紛争などの複雑な問題は慎重に扱われるべきだ。パラセル〔西沙〕の問題は相互平等、相互尊重と友好の基礎の上で協議を通じて平和的に解決されるべきだ」と発言した。[5]

　1974年10月、ベトナム労働党中央委員会委員、党機関紙『ニャンザ

---

[4] Eugene K. Lawson. The Sino-Vietnamese Conflict, New York: Praeger Publishers, 1984, p.278.

[5] British Broadcasting Corporation, Summary of Word Broadcasts. Far East（BBC, SWB, FE）：4517/A3/1.

ン』の編集長ホアン・トゥン（Hoàng Tùng／黄松）はタイ人記者と会見した際、「中国はこの地域〔東南アジアのこと〕の国ではないので、中国が主張するような大きな海域を持つべきではない」と語った。[6]

サイゴンを攻略する直前の1975年4月、北ベトナム軍はそれまで南ベトナム政権が支配していた六つの南沙の島嶼を占領した。国営ベトナム通信社（NVA）は、ベトナム軍は「祖国の六つの宝島」を解放したと報じた。[7] 5月15日、ハノイの軍発行の新聞『人民軍隊（Quân Dôi Nhân Dân)』は初めて、南沙諸島をベトナム領と標示した。

第二段階：紛争の表面化

ベトナム戦争が終了して間もない1975年9月、ベトナム共産党（労働党から改名）書記長レ・ジュアンがベトナムの党と政府代表団を率いて訪中し、初めて中国に西沙と南沙に対する主権要求を正式に打ち出し、両群島をめぐる両国間の紛争はこれで表面化した。

鄧小平は訪中したレ・ジュアンに対し次のように語った。

> 「西沙諸島と南沙諸島の問題において我々の間に食い違いが存在する。この問題に関する両党の立場もはっきりしている。我々の立場は、我々は十分な証拠をもって西沙諸島と南沙諸島が昔から中国に属することを証明できるというものだ。（中略）この問題は将来の話し合いに任せることにしよう」。[8]

1975年11月25日付北京『光明日報』に、「南海諸島は古代から中国の領土である」と題する論文が掲載された。翌26日、『人民日報』なども同論文を転載した。

6　[Unknown Author]．Vietnam's Hegemonistic Logic, Beijing Review．1979-05-18, pp.14-17.

7　British Broadcasting Corporation, Summary of Word Broadcasts, Far East（BBC．SWB，FE）：4897/A3/3.

8　On China's Sovereignty over Xisha and Nansha Islands, Beijing Review, 1979-08-24.

それまでの西沙の主権に関する論評と違って、この論文は南海諸島の主権に関する初めての全面的で系統的な論述であり、中国がそれまで20年間で初めて、関係資料と歴史文献を体系的に列挙して南海諸島に対する自らの歴史的権利を論証したものだった。

同論文は最後に、「中国人民は台湾の解放を決意しており、すべての中国に属する島嶼は必ず祖国の懐に戻ってくるに違いない」との表現で締めくくられている。ここで南沙諸島の名前を挙げなかったものの、ベトナム当局に対し、中越関係に現れた新しい問題の本質はベトナムが中国の南沙諸島の一部の島を占拠したことにあるとのメッセージを発したのである。

レ・ジュアンが北京に到着する数日前、中国の新聞には西沙諸島に関する記事が再度現れた。9月18日付『人民日報』にはこの群島に関する6枚の写真が大きく載り、レ・ジュアンが北京を離れた翌日の9月29日の『人民日報』は再度、西沙に駐屯する中国軍の一枚の写真を掲載した。1975年秋、中国はまた西沙諸島で軍事演習を行った。[9] ただ、当時のベトナム当局にとって、全面的な対中決裂に踏み切るにはまだ一定の環境準備が必要だった。指導部の再編・反対者の排除・世論の誘導などはまだ徹底されていなかったため、領土問題に関してベトナム当局の対応はしばらくの間、慎重で非公開のレベルに留まった。

1976年12月に開かれたベトナム共産党第4回全国代表大会で、インドシナ共産党の創設者の一人で、ホーチミンの右腕だったホアン・ヴァン・ホアン（Hoàng Văn Hoan／黄文歓）が党中央政治局から排除された。ほかの数名の中央委員会委員も指導部から一掃された。彼らが失脚した主な原因は中国寄りという政治的傾向によるものだった。この人事変動はレ・ジュアン指導部が中国と全面的に対抗し、地域の覇権主義を推進する障害を排除することになった。

1977年5月12日、「ベトナム社会主義共和国の領海、接続水域、排他的経済水域と大陸棚に関する声明」が発表され、南海の海域に対する広範な領有の要求が出された。声明は特に、西沙諸島と南沙諸島はベトナムの

9　Fox Butterfield, Spratly Islands Causing Concern, New York Times, 1976-01-25.

領土であり、その領海、接続水域、EEZと大陸棚を領有すべきだと明言した。この声明によって西沙と南沙をめぐる中越の紛争は完全に表面化した。

　1977年6月、ベトナム国防大臣ヴォー・グエン・ザップが訪中する前日、ベトナム軍の29隻の軍艦が西沙諸島付近の海域で海空の合同軍事演習を行った。6月9日付『人民軍隊』紙は社説を掲載し、「司令部から中隊までの各クラスの武装力はみな戦闘の準備を整えよ。（中略）戦闘は国境か、海の島か、一部の都市のいずれで起こる可能性がある」と述べた。

　中国側は両国関係の緊張した情勢を緩和するため、ベトナムの挑発に対して依然抑制的な姿勢をとった。1977年7月10日、中国の副総理・李先念は訪中したベトナム首相ファン・バンドンと会見した際、ベトナム側が両国間の緊張情勢に関して、西沙と南沙の紛争を含めて、緩和する措置をとるよう促した。

　李先念は、「これらの島々は昔から中国の領土であり、多くの歴史の文献によって裏付けられている」というのは中国政府の一貫した立場であり、「これまでベトナムの同志もこれらの島は中国領だとずっと認めてきた」「ベトナム側の方針転換により、もともと存在しなかった西沙と南沙の問題が今や両国関係の発展を阻害する主要な障害物になった」と話した。

　1977年11月に行われた中越間の国境交渉で、両群島の問題は再度国境交渉の主な争点になった。それでも、中国は、緊張度が日増しに高まったベトナムとカンボジアの間の対立の緩和を仲介し、両国の間で調停者の役を演じた。1977年10月と11月、中国は相次いでベトナムとカンボジアの高級代表団を迎え入れた。レ・ジュアンが11月に北京に到着した時、中国側は相変わらず友好が最優先という原則に基づき、ベトナムとカンボジアの衝突に対して公平な姿勢を保つように努めた。

　しかしベトナムはその拡張するステップをむしろ速め、カンボジアの国境で大規模な武力衝突が生じ、特に1978年4月以降、ベトナム政府は国内の華僑に対して大規模な迫害と追放の政策をとるようになり、それ以降、中越関係は急速に悪化した。

第三段階：紛争の先鋭化

　1978年から90年にかけて、ベトナムは地域覇権主義の政策を推進し、中越両国関係を極端に悪化させた。西沙と南沙をめぐる両国の紛争もこの時期の全般的政治関係の制約を受けて一段と先鋭化した。

　この時期における中越関係の悪化をもたらした最も重要な要因は次の三つと挙げられる。

1、ベトナム国内で反中国キャンペーンが行われたこと。1978年4月以降、華僑に対する大規模な排斥、迫害、追放が断行され、中越国境地域での紛争事件も意図的に起こされ、1978年の中越国境衝突事件の回数は1977年より三分の一増えることになった。

　1978年夏に開かれたベトナム共産党中央委員会第4回総会（中央委4中総）4中全会では中国は「主敵」と規定された。同年7月、中国はベトナムに対する経済技術援助を中止した。

2、ベトナムは地域覇権主義の政策をかたくなに取り、1978年12月末、カンボジアに全面侵攻した。

3、ソ連に急速に接近した。ベトナムは戦争終了後に急速に膨張した軍事力を頼りに、米国がアジアから一時的に離れ、ソ連が南下してその空白を埋めるそのタイミングを利用し、外交政策を大幅に修正した。ソ連との関係を密接化し、ソ連覇権主義とともに中国を包囲する態勢を作ることで、中国の安全保障に重大な脅威を与えた。

　したがって中越間の緊張は、ベトナムとソ連との関係の親密の度合いに連動した。ベトナムがカンボジアに対する全面侵攻に踏み切ったのも、その背後に超大国ソ連の支持と支援があったからだ。当然、ベトナムが拡張政策をとることはソ連の世界的覇権を求める戦略とも一致した。

　1975年10月末、レ・ジュアン書記長がソ連を訪問してブレジネフ書記長と会談し、「ベトナム・ソ連共同宣言」に調印した。これで両国と両党が「全面的に連携」し、国際分野で「緊密な協力」を行うという基本方針が確立され、両国関係に「全面的に発展する」「重要な新しい段階」に

入ったと宣言された。ソ越の間で一連の経済協力協定も結ばれた。まさにこの首脳会談で、ブレジネフは、ベトナムは「社会主義国家の東南アジアにおける強固な橋頭保である」と手放しの称賛を送った。

　それ以後、ソ越両国の外交政策に関する歩調の一致が加速化した。1976年1月、ソ連海運省代表団がハノイを訪れ、1976年の海運と海運物資の受け入れに関する合意文書に調印した。同年12月中旬、ソ連共産党中央政治局委員、中央書記スースロフはハノイで開かれたベトナム共産党第4回代表大会に出席した。

　1976年度末、『ニャンザン』紙編集長ホアン・トゥンはスウェーデン人記者に対し、「今日においてソ連との緊密な関係はベトナムにとって極めて重要な意味を持つ。ソ連は、世界のこの地域における中国の影響力の弱体化を強く望んでおり、この点はちょうどベトナムの利益と合致する。（中略）まさにこれらの問題によって、我々は一段とソ連側に傾斜するようになった」と語った。[10]

　1978年6月、ベトナムは経済相互援助会議（コメコン）[11]に加盟し、同年11月3日、「ベトナムとソ連の友好協力条約」が結ばれた。1979年2月、中越国境戦争のさなか、ソ連艦隊が南海に現れた。海南島と西沙諸島の間で警備を担当する中国の海軍部隊をけん制する目的だった。強大なソ連艦隊が南海に入りベトナムとカンボジアの海軍基地を利用することは、中国の南部国境にとって重大な脅威となった。

　中越関係の悪化に伴い、西沙諸島と南沙諸島の主権をめぐる両国間の紛争もエスカレートした。1974年から77年までは、両国は意見が異なる問題について主に間接的表現を使い、外交レベルで交渉するのが特徴だったが、1978年になると、両群島の紛争への対処方法について公の場でも世論を揺さぶる心理戦（世論戦）の応酬を交わすことになり、小規模な軍事衝突にも発展した。

10　Chi-Kin Lo, China's Policy towards Territorial Disputes, London and New York：Routledge, 1989.

11　1949年にソ連の主導のもとで東欧諸国などとの経済協力機構として結成、通称コメコン（COMECON）。

中越間の大論戦

　1978年12月29日、中国は、「南沙諸島はずっと中国の一部であり、いかなる外国ともこの地域で島嶼を占拠し、又はその他の活動を行うことはみな中国の領土完全と主権に対する侵害であり、容認されるものではない」と重ねて表明する公の声明を発表した。

　翌12月30日、ベトナム側も声明を発表し、中国政府の声明は「強引な詭弁」だと非難し、「スプラトリー群島〔南沙諸島〕とパラセル群島〔西沙諸島〕に対するベトナムの主権に対する侵害は絶対容認しない」と強調した。両群島の主権をめぐる両国間の論戦はここから幕を開けた。

　ベトナムは12月30日の声明に続き、『ニャンザン』紙に、中国が1974年1月に西沙諸島を完全支配下に置いた行動は「海賊行為」だと非難する記事を掲載した。

　翌1979年1月9日付『人民日報』は「評論員」の名義の論文を載せて反撃し、1950年代から60年代にかけてベトナムが中国の南海諸島に対する主権を承認していたことを裏付ける様々な発言や外交文書を暴いた。翌2月の中越国境戦争以後、4月下旬から両国は一連の問題に関する交渉を始めた。双方は初めて西沙と南沙をめぐる紛争を交渉のテーブルに乗せた。

　中国政府代表団団長の韓念龍・外交部副部長はベトナム側に対し、事実を尊重し、両群島に対する中国の主権を認めていたかつての立場に戻り、占拠した南沙の島々にいるすべての人員を撤収するよう求めた。[12]

　間もなくベトナムは南海問題に関する交渉に応じなくなり、両群島の主権問題に関して協議する余地がないと表明した。1979年5月、ベトナム政府は、西沙と南沙の両群島に対して主権を持つことを証明する文献資料のリストを公表した。新華社は直ちに論評の形で反論し、1975年以前に北ベトナム政権は一貫して中国の西沙と南沙に対する主権を承認していたことを再度強調し、ベトナム当局の背信行為を非難した。

　1979年7月末、中国外交部は関係する史料と文献をまとめて公表し、

12　Han Nianlong's Speech, Beijing Review, 1979-5-25.

新華社の論評をサポートした。その中には、以前ベトナム政府が西沙と南沙に関する中国の主権を承認していたことを証明する一部の書簡と政府声明も含まれていた。ベトナムはこれに対し再度声明を発表し、両群島に対する主権を強調した。

　世論戦はますます白熱化し、1979年9月、ベトナム政府が「ベトナムのホアンサ〔西沙諸島〕とチュオンサ〔南沙諸島〕に対する主権」と題する初の白書を発表した時点で緊張はピークに達した。

　白書は19の資料を列挙し、両群島に対してベトナムが主権を有することを訴えた。そのうち5種類は17世紀から19世紀までベトナムで出版された地図と歴史文献であり、13種類はフランス植民地当局及び南ベトナム政権が発布した法令、行政決定と声明である。最後の1点は1975年4月にベトナム人民軍が南沙の一部の島嶼を占領した行動に関するものだった。

　この白書には、1975年より前のハノイ当局と南ベトナムの共産党パートナーに関連する資料が抜けていた。この点はまさに、ベトナム政府がフランス植民地当局とサイゴン政権の立場に根拠を求めざるを得ない苦境を露呈しており、現政権の変節を浮き彫りにするものだった。

　ベトナムの最初の白書の公表を受けて、中国外交部は1980年1月30日、「中国の西沙諸島と南沙諸島に対する主権は言い争いようがない」と題する白書を発表し、三つの角度から中国の両群島に対する主権を訴えた。

　第一に、中国人は最も早く西沙諸島と南沙諸島を発見・開発・管理し、両群島に対する歴史的権利を持っていること。第二に、1974年より以前は、ベトナム当局は中国の両群島に対する主権を長年にわたって認めていたこと。第三に、ベトナム側が引用した歴史文書の中で言及した「ホアンサ」と「チュオンサ」は中国の西沙諸島と南沙諸島には当たらず、ベトナム沿海の沖に分布する一部の小島であるとの反論、などである。

　世論戦が繰り広げられたのと同時に、ベトナムは絶えず主権の主張を強化しつづけた。大規模にカンボジアへ侵入した後、ベトナムは南沙の島々に対する占拠を引き続き拡大した。1975年から76年にかけて七つの島嶼を占拠したのに続き、1987年4月に柏礁（Barque Canada Reef）を、

1988年1月と2月に四つの岩礁を、1988年4月初めに三つの岩礁を占領した。さらに1989年6月から9月にかけて三つの島嶼を、さらに1990年以降も、三つの島嶼を立て続けに占拠した。

またベトナムは、中国艦船による正当な調査活動やパトロールを妨害し、1988年の武力衝突事件を招き、南沙諸島をめぐる中越紛争で当時もっとも激しい戦いになった。

1988年の南沙武力衝突

　グローバルな海洋観測システムにおいて南海は空白地帯となっていたため、1987年3月、パリで開かれたユネスコ政府間海洋学委員会（UNESCO/IOC）第14回会議で「全球海洋観測システム」の計画が合意され、その中に、中国が南沙諸島で二つの永久的海洋観測ステーション（同システムの国際ナンバー74と76）を建設する計画も盛り込まれた。

　南沙諸島における海洋観測ステーションの設立は、全球海洋観測システムの一環として、世界的な海洋環境・気候変動・台風形成メカニズムの観測に詳しいデータを提供することになる。

　ベトナム代表もこの会議に出席したが、中国に南沙諸島における海洋観測ステーションの設立が委託された合意文書に異議を呈しなかった。

　ところが中国の艦船が南沙海域でユネスコ小委員会の委任に基づく調査活動とパトロールを行うと、ベトナム外務省報道官は1988年2月20日に声明を発表し、中国の調査活動を非難し、艦船の撤収を求め、中国がそれによって「引き起こされる結果に責任を取るべきだ」との警告を送った。同時にベトナムは、南沙の海域に軍艦を集結し、南沙をめぐる情勢はにわかに緊張を高めた。

　2日後、中国外交部報道官は声明を発表し、中国側が艦船を南沙の一部の島嶼およびその付近の海域に派遣して調査作業と通常のパトロールを行うことは中国の主権行使範囲内のことであり、ベトナム当局は介入する権利はないと主張した。外交部報道官はさらに声明の中で、ベトナムは不法に占拠した南沙の島嶼から撤収すべきであり、もしベトナム側が中国政府による南沙海域での合法的行動に妨害を加えるなら、それによって引き起

こされるすべての結果に全責任を負うべきだと警告を送った。

3月13日、中国海軍の艦船は南沙諸島の九章環礁（Union Banks／ユニオン堆）海域に到着し、一部の島嶼に対する調査活動を行った。午後2時25分、中国の艦船は赤瓜礁（Johnson South Reef／ジョンソン南礁）沖の海域に停泊し、一部の人員は環礁に上陸して調査作業と観測ステーションの建設に携わった。

翌14日6時25分、ベトナム海軍の604号と605号輸送船と505号揚陸艦が突然赤瓜礁近くに出現し、43人のベトナム武装人員が軽機関銃、自動小銃を携帯して強引に赤瓜礁に上陸した。中国の調査チームは直ちにベトナム軍に対し、ここは中国領であり、ベトナムの武装人員は速やかに離れるよう呼びかけた。ベトナム武装人員は撤収せず、逆に8時47分、まず自動小銃を使って環礁にいる中国側人員に発砲し、調査隊員・楊志亮を負傷させた。同じ時間に、ベトナム海軍604号輸送船から複数の軽機関銃が環礁にいる中国側人員と中国の艦船に向かって射撃し、その他のベトナム艦船も近くに停泊中の中国海軍艦船に砲撃した。中国海軍は直ちに自衛的な反撃を行った。

戦闘は28分間続き、ベトナム側604号輸送船と505号揚陸艦は深刻なダメージを受けた。中国側艦船は撤収するベトナム艦船を追撃しなかった。事件後、中国海軍の艦船はベトナム側の落水した人員を救助し、またベトナムの船が赤十字の旗を掲げて救助に来るのを許可した。[13]

赤瓜礁での武力衝突は本質的には、中国が領土の主権と海洋権益を守るためベトナム側の侵入行為に対する反撃だったが、事件の発生に関して言えば一定の偶然性があった。

3月16日、フランス訪問中の中国外交部長・呉学謙はAFPのインタビューで、海岸から400キロも離れた中国の海域でベトナム政府が艦船との衝突を引き起こしたが、重大な戦いではなかったと語った。[14] それに対してベトナム側は、南海での軍事行動は、中国が「東南アジアを支配

---

13 『人民日報』1988年4月1日。
14 香港『大公報』、1988年3月17日。

する前触れ」だと非難した。[15]

　同年4月25日、中国の国連常駐代表・李鹿野は国連事務総長に対し、中国の南沙諸島の主権に関する声明を手渡し、その中でベトナムが南沙諸島に侵入したことを非難し、中国は適切な時期に、奪われた領土を取り戻す権利を留保すると表明した。[16]

　ベトナム外務省は4月25日、「ホアンサ群島とチュオンサ群島と国際法」と題する文書を発表し、その中でベトナム当局の西沙と南沙の両群島に対する長期的占有を狙う観点と立場を全面的に表明した。

　これらのベトナム当局の文書に対し、中国外交部は1988年5月12日、「西沙諸島と南沙諸島問題に関する備忘録」を発表してベトナム当局の立場に反論し、歴史的事実と国際法に基づいて両群島に対する中国の主権を強調した。

　南沙海域での中越衝突が起こった後、国際社会の反応は様々だった。ソ連は国内情勢の変化および中ソ関係の改善に伴い、中越の衝突に対して慎重で不介入の姿勢をとるようになった。ソ連当局は原則的な意思表示をするだけで、ベトナムの「交渉による紛争解決」と「武力不使用」の立場への支持に触れたものの、ベトナムの西沙と南沙に対する主権要求を支持しなかった。

　ソ連外務省報道官は3月17日、「ベトナムは中国とスプラトリー群島の問題を含む国境紛争を解決する協議を準備しており、ベトナムと中国はそれぞれ代表団を派遣し、交渉のレベル、時間と場所を決めるよう提案する。それより前に武力によって紛争を解決しないことを守るよう期待する」と述べた。

　3月25日、フィリピン訪問中のソ連外務次官ロガチョフ（Igor Alekseevich Rogachev）は記者会見で、中越両国は「速やかに交渉を始めるように」との期待を述べ、「武力による解決をしてはならない。この

15　米国『クリスチャン・サイエンス・モニター』、1988年4月8日。
16　前出（台湾）「外交部南海諸島档案資料滙編」Ⅲ（11）、2頁。

意味において我々は我々のベトナム友人を支持する」と話した。[17]

　4月1日、ソ連のフィリピン駐在大使館の公使級参事官アレクサンドル・ロシュコフ（Alexandr prohorovich Losyukov）は、ソ連は南沙諸島が「新たな、重大な国際紛争の中心になる」ことを懸念しており、「目下のカンボジア問題だけでも頭を悩ませるのに十分である」とした。加えて、南沙諸島の紛争はソ連と関係がなく、米国と同じように、ソ連は直接の斡旋をする理由はないと考えると話した。

　6月6日、ロシュコフは再び記者会見で、モスクワはこの紛争に「重大な関心」を持つが、この問題の解決に参加するいかなる正当な理由はないとし、ソ越間に存在する同盟関係にかかわらず、紛争が国際的な危機につながらないよう切望している、と語った。

　ソ連のマスメディアは主にベトナム側の報道を引用して衝突を伝えた。3月16日、タス通信はベトナム外務省声明の主な内容を報じ、当日夜のソビエト中央テレビ局のニュース番組および翌日の『プラウダ』と『イズベスチヤ』紙は同じ内容を報道した。タス通信はベトナム外務省の声明を引用して次のように伝えた。

> 「スプラトリー群島の付近で定期的航行をするベトナムの二隻の輸送船が不法にこの海域に進入した中国軍艦の射撃を受けた」「中国政府関係者はベトナムの船が故意に中国の軍艦を攻撃したと非難しているが、その説に何ら根拠がない」「中国側はベトナムの領土完全と安全保障を脅かす新しい乱暴な挑発行動をとった」。

　一方の米国では、一部のマスメディアは中越の南沙衝突について誇張的な報道をし、「フォークランド戦争が再現する」恐れがあるとの表現も使われた。[18] ただ、米国政府は基本的に、どちら側も支持しないという中立的立場を取った。

17　AFP通信、マニラ発、1988年3月25日電。
18　前出 Vietnam's Hegemonistic Logic, Beijing Review 1979-05-18, pp.14-17.

極東問題担当の国務次官補ストーン・シーグルは1988年4月1日の記者会見で、「米国はこのような紛争にコメントするつもりはしない。ある意味では我々はどちら側も支持しない」と話し、係争中の南海の島々において「平和的な雰囲気」が戻るようにとの期待を述べた。[19]

米国太平洋軍司令官ロナルド・ヘイズ（Ronald J. Hays）海軍大将は4月29日、マニラで米比安全防衛合同委員会の会議に出席した時も、中越間の南沙諸島をめぐる衝突は「深刻な事態」だが、米国軍艦は介入しないと発言した。ソ連記者は、米海軍はこの係争中の海域に軍艦を派遣するかと質問したのに対し、司令官はきっぱりと、「いいえ、これは目下、米国がすべきことではない」と答え、「当面の対立は解決されるべきである」とし、「流血や戦争を招かない解決方法」が見つかるようにとの期待も述べた。

南沙の海域で1988年に中越間の武力衝突が起きた後、ベトナム軍は南沙諸島の占拠に一段と加速した。今日、その実効支配下にある過半数の島は1988年以後占領したものである（第2節の一覧表を参照）。もっとも、両国間の全面的に対抗する緊張情勢は80年代末以降徐々に弱まり、中越関係は次第に正常化に向かった。

第4段階：関係正常化以後の南沙をめぐる紛争

1986年末に開かれたベトナム共産党第6回代表大会は、同年夏に死去したレ・ジュアン書記長の路線を軌道修正し、「ドイモイ」という改革路線を打ち出した。

外交面でも新書記長グエン・ヴァン・リンの主導で調整が始まり、中国を「危険で直接的で長期的な敵」と名指しして攻撃するそれまでのやり方を改め、中国との関係改善を探り始めた。

1989年9月より、ベトナム軍はカンボジアから撤収し始めた。東欧情勢の激変とソ連の社会的混乱や外交政策の調整は、もともと困窮していたベトナムの経済に追い打ちをかけることにもなった。

19　Fox Butterfield, Spratly Islands Causing Concern, New York Times, 1976-01-25.

1989年上半期以降、それまでベトナムへの主要な経済援助国だったソ連と東欧諸国はベトナムへの援助を大幅に減らし、ソ連は一部の実施途中の援助プロジェクトを中止し、化学肥料と石油の供給を減少させた。

　ベトナムに対する援助も通常の国際貿易の形に変わり、1991年からこれらの貿易はすべて国際市場価格に基づく国際決算通貨で決算されるようになった。このほか、労務輸出の計画が停止もしくは圧縮され、ソ連や東ヨーロッパに「労務輸出」されていた18万人のベトナム労働者は帰国を余儀なくされた。

　それを背景にグエン・ヴァン・リン書記長は、ドー・ムオイ首相、ファム・ヴァン・ドン元首相とともに1990年9月3日、秘密裏に中国の四川省の成都市を訪問し、江沢民総書記と会談して、関係の緩和に道筋をつけた。

　1991年6月に開かれたベトナム共産党第7回代表大会は、「ベトナムは国際社会のすべての国の友人になることを希望している」と宣言した。ソ連との関係では、かつての「ソ連との団結と全面的協力は一貫して我々の党と国家の対外政策の基軸である」との表現を変え、「終始一貫してソ連との団結と協力を強化し、ソ連との協力は革新的な方法を取り、効果を高め、それぞれの利益を満たしていく必要がある」との表現になった。

　ラオスやカンボジアとの関係では、それまでインドシナ3カ国をまとめて「特殊な関係」を構築するとの表現をつかっていたが、それを取り下げ、代わってベトナムとラオス、ベトナムとカンボジアの間の「特殊な団結友好関係」を発展すると強調し、政策面でもインドシナ3カ国の「特殊関係」の色合いを薄めるようになった。

　中国との関係では、党大会では「中国との関係正常化のプロセスを促進し、中国との協力を次第に拡大し、交渉を通じて二国間に存在する問題を解決していく」という方向転換が明示された。続いて1991年11月5日より、ドー・ムオイ共産党新書記長、とボー・バン・キエト首相が公式訪中し、中国の江沢民総書記、李鵬首相と会談し、両国関係の正常化が実現した。

　ソ連の解体後、中国とベトナムは全世界にわずか残る二つの社会主義体

制の国であり、米国と資本主義世界からの政治的揺さぶりに対抗する上でより多くの共通利益をもつようになった。二国間の領土紛争は両国の政治関係の協調の必要性に比べ、むしろ二の次になりウェートが低下した。そのため関係正常化以後、中越両国は領土紛争の処理において互いに武力を使わず、武力で威嚇せず、平和的に話し合う方式をとるようになった。

南沙諸島をめぐる問題において「海上問題の専門家チーム」を中心とする対話のメカニズムも設置された。もっとも、関係正常化後の最初の数年間、両国の間では「万安北-21（英語名、WAB-21、以下同）契約」をめぐる紛争が発生し、ベトナムは更に南沙でいくつかの島嶼を占拠した。

クレストン・エナジーと中国の共同開発

事の経緯はこうだ。米国のクレストン・エナジー社（Crestone Energy Co.、現：Harvest Natural Resources）社は 1988 年から南海の石油開発の活動に関わってきたが、同会社は隣接する海底盆地に対する科学技術のデータに基づき、南沙諸島で最も西にある浅堆の海底盆地である万安灘（バンガード堆）に豊富な石油資源があると判断した。

クリストン・エナジー社は当初、この海域をベトナム所属と認識していたが、時間をかけてマニラ、シンガポール、クアラルンプール、コロンボ、米国のハワイ大学、ホノルルのイースト・ウエスト・センター、中国の広州およびその他の地域の図書館と研究機関を回って多くの出版物を検索し、大量の研究調査を行った上で、同海域の主権と管轄権は中国に属するとの結論に至った。

そこでクレストン・エナジー社は中国海洋石油総公司（略称「中海油」、英語名 China National Offshore Oil Corporation、略称：CNOOC、以下同）と接触し、中国の「領海および隣接水域法」に従って 1992 年 5 月 8 日、CNOOC と「万安北-21 石油開発契約（すなわち「WAB-21」）」を結んだ。

5 月 22 日に中国政府は契約を批准し、6 月 1 日から実施が始まった。これは南沙海域における中国の最初の石油探査契約となった。それまでの 20 年間近く、関係諸国は南沙海域において数多くの石油探査や開発の契

約を結んだが、中国だけはこの海域での石油探査と掘削の契約がなかった。

　しかし「WAB-21契約」が公表されると、ベトナム当局の強烈な反対と強引な妨害活動に遭った。1992年5月17日、ベトナム外務省は声明を発し、「WAB-21契約」の対象地域はベトナムのバリア＝ブンタウ省（頭頓―巴迪省）のスィエンモック県に属し、ベトナムの大陸棚に位置するため、ベトナムはこの地域に対して主権を有するとし、米中両国が「不法な」探査と掘削の活動を停止するよう求めた。

　3日後、中国外交部はベトナム外務省に覚書を送り、「WAB-21契約」は中国の主権範囲内で調印した石油の探査契約で、契約が及ぶ地域は完全に中国の南沙群島の付近海域に位置しており、中国政府は同海域で対外協力を行い、経済開発する権利があると主張した。逆にハノイの見解に対して、ベトナムが主張する領海や接続水域・EEZ・大陸棚を、中国の南沙諸島及びその付近海域に延ばし、行政区を設置することは、中国の主権を著しく損なう行為で受け入れられないと反論した。

　ベトナムは世論工作をフル展開し、中国と全面論争する構えで、国内外のメディアに対し、ベトナムはバンガード堆海域と南沙諸島全体に対して主権を有すると宣伝した。さらに一方的に、西沙・中沙・南沙の三群島を含む「ベトナム鉱区入札地域図」を公表した。

　ベトナムの国連大使は米国務省を訪れ、クリストン・エナジー社の社長との面会を申し入れ、続いて7月10日、コロラド州デンバーにある本社を訪れ、同社に対し、「WAB-21契約」の対象地域は中越間の係争地であり、その開発はクリストン・エナジー社にとってリスクが高いと警告し、契約を進んで取り下げるよう強く求めた。同時にベトナム側は、クリストン・エナジー社が開発計画を中止すれば、補償として別の石油開発契約を結ぶ用意があると働きかけた。

　一週間後、ベトナム大使は再びクリストン・エナジー社に書簡を送り、「WAB-21契約」は無効であるとし、同会社は契約を中止するよう求め、必要に応じてベトナムは適切な措置をとり、その領土の主権と合法的権益を守ると露骨に圧力を加えた。同時に利益の誘惑もかけ、ベトナムはクリストン・エナジー社を含むすべての多国籍企業と、その主権範囲内のあら

ゆる地域で協力を行う用意があると強調した。ベトナム国家石油会社の代表取締役もクリストン・エナジー社に書簡を送り、「WAB-21契約」の所在海域はその支配下にあるとし、中国と調印したばかりの契約を取り消すよう再度求めた。

　これらの妨害が功を奏しなかったため、ベトナム側は中国の探査船に対して直接の武力妨害と威嚇を行うことになった。1994年2月、クリストン・エナジー社がCNOOCとの契約に従い、中国の探査船「実験2号」をチャーターして初めて「WAB-21契約」区域に入って探査作業を開始した。

　中国の船舶が到着した当日の4月13日、ベトナム側は5隻の武装船を出動して「実験2号」に対する監視活動を行った。翌日昼、2隻のベトナム武装船が中国の探査船に接近し、最初は500メートル離れたところに停泊して監視し、続いて中国船の周辺を猛スピードで周回し、30メートルの至近距離まで威嚇と妨害を行い、深夜まで持続した。15日午前、ベトナム武装船は再度出動し、同じ行為を繰り返した。事態の悪化と衝突のエスカレートを避けるため、中国の探査船は作業を行うまでに至らず、4月16日早朝、作業地域を離れた。

　「WAB-21契約」事件の紛争は外交上の論戦に大きく発展することはなかった。中国側の抑制的な対応により、現場の緊迫情勢も衝突と対抗の局面に拡大しなかった。ところが、ベトナム側はバンガード堆地域を永久的に独占するため、外国の石油会社と頻繁に接触し、極めて優遇の条件でその開発参加を巻き込み、同一海域で開発の契約が重複するという既成事実を作ろうとした。

　1994年、ベトナムとロシアの石油会社は50：50の出資比率で「WAB-21契約」と同じ地域で石油探査契約を交わした。1996年4月、ベトナムはまた米国デュポン（Du Pont）社の子会社「コンチネンタル・オイル社（コノコ）」との間で、面積は1万2100平方キロメートルに及ぶ地域の探査と掘削の契約を結び、そのカバーする範囲も「WAB-21契約」の対象地域と重なった。

　これらの動きが示すように、ベトナムは中越関係の大局を重視すると表

明しつつ、中国側に矛盾の激化を招く行動をとらず、「現状維持」を求め、その手足を縛る反面、ベトナム自身はたえず一方的な行動を取り、実利を着々と取得していった。

二、ベトナムの南沙に対する拡張の手法

ベトナムの南沙諸島および付近海域に対する拡張は、1975年に始まった。そのやり方は多岐にわたる。たとえば、軍事的占領と「主権の顕彰」、資源採掘の加速、南沙問題の国際化を煽ること、海上軍事力の整備の加速などであり、さらに軍事力を後ろ盾に南海諸島嶼に対する支配権の拡大を狙っている。

軍事的占領と「主権の顕彰」

1、軍事的占領

1975年4月の1カ月間、北ベトナムはサイゴンを含む全南ベトナムを解放するとともに、やはり「解放」の名義で南威島など南沙の六つの島嶼を占拠した。その後も特に1988年以降、ベトナムは蚕食する方式で、南沙のその他の島嶼を次々と奪取した。これまでベトナムが占領した南沙諸島は29で、以下の一覧表の通りである。

中国語名	英語名（カッコ内は日本語の通称）	ベトナム名	備 注
敦謙沙洲（旧名：北子島）	Sand Cay（サンド礁）	Đảo Sơn Ca	中国名は1946年に南沙を接収した中国海軍中業艦艦長李敦謙から命名。1974年、台湾軍が台風により撤退後、南ベトナム軍が占拠。2011年から15年まで2.1万m^{2}の埋め立て。
鴻庥島（旧名：南乙、南子島）	Namyit Island	Đảo Nam Yết	1973年より、南ベトナム軍が駐留。
南威島	Spratly Island（西鳥島）	Đảo Trường Sa（チュオンサ島）	埋め立て中。1000M以上の滑走路あり（2016年）
景宏島（旧名：秤鈎）	Sin Cowe Island	Đảo Sinh Tồn	中国名は鄭和の西洋下りの副使王景宏から命名
南子礁	Southwest Cay	Song Tử Tây	1918年、小倉卯之助が島で中国漁民を目撃。1975年、ベトナム軍がフィリピン軍を排除して占領。簡易の滑走路あり。2009年、南沙最初の港が整備。

第4章 中国とベトナムとの紛争

安波沙洲	Amboyna Cay	Đảo An Bang（アンバン島）	1984年に仮設滑走路建設。
奈羅礁	South Reef（南礁）	Đá Nam	1988年にベトナムが占拠。
大現礁	Discovery Great Reef	Đá Lớn	1988年にベトナムが占拠。埋め立て中。
鬼喊礁	Collins Reef	Đảo Cô Lin	中国支配下の赤瓜礁（ジョンソン南礁）に近接、1988年に占拠。
畢生礁	Pearson Reef	Đảo Phan Vinh（ファンビン島）	1978年からベトナムが実効支配。
無乜礁	Tennent Reef／Pigeon Reef	Đá Tiên Nữ	1988年にベトナムが占拠。
六門礁	Alison Reef	Bãi Tốc Tan	1988年にベトナムが占拠。
南華礁	Cornwallis South Reef	Đá Núi Le	1988年にベトナムが占拠。
中礁	Central Reef	Đảo Trường Sa Đông（チュオンサドン島）	1978年からベトナムが実効支配。
西礁	West London Reef/West Reef	Đá Tây	1988年にベトナムが占拠。2010年から15年、約6.5万m²を埋め立て、建造物を建設
東礁	East Reef／East London Reef	Đá Đông	1988年にベトナムが占拠。
日積礁（旧名：乙辛）	Ladd Reef（ラッド礁）	Đá Lát	1988年にベトナムが占拠。2016年に埋め立て確認。
柏礁	Barque Canada Reef	Bãi Thuyền Chài	1987年、ベトナムがマレーシアに取って代って占拠。
広雅灘	Prince of Wales Bank	Bãi Phúc Tần	1990年にベトナムが占拠。
人駿灘	Alexandra Bank	Bãi Huyền Trân	1993年にベトナムが占拠。
李準灘	Grainger Bank	Bãi Quế Đường	中国名は、1909年の清朝水師提督李準による西沙巡視を記念して命名。1993年からベトナムが実効支配。
西衛灘	Prince Consort Bank	Bãi Phúc Nguyên	1991年にベトナムが占拠。
万安灘	Vanguard Bank（バンガード堆）	Bãi Tư Chính	1992年、中国と米国クレストン・エナジー社がこの海域で石油の探査をし、ベトナムの妨害に遭い撤収。以後、ベトナムの実効支配下に入る。
蓬勃堡礁	Bombay Castle	Bãi Ba Kè	1989年、ベトナムが占拠。
舶蘭礁	Petley Reef	Đá Núi Thị	1988年、ベトナムが占拠。
染青沙洲（旧名：東景宏島）	Grierson Reef	Đảo Sinh Tồn Đông	1978年からベトナムが実効支配。
瓊礁	Lansdowne Reef	Đá Len Đao	1988年、ベトナムが占拠。
奥南暗沙	Orleana Shoal	Bãi Đất	1998年、ベトナムが占拠。
金盾暗沙	Kingston Shoal	Bãi Đinh	1998年、ベトナムが占領。

155

これらの島嶼と砂州、環礁のうち、21個の32カ所に、ベトナムの常駐する人員がいて、約2000人の軍人も配備している。1990年代以来、特に近年、これらの島嶼と環礁で大規模な埋め立てと工事が行われ、滑走路・永久的建築物・交通壕・トーチカ・戦車と火砲の隠れ家などの施設、海に対する警戒レーダーなどが建設された。

　2016年5月、米国の戦略国際問題研究所（CSIS）運営のウェブサイト、アジア海洋透明性イニシアチブ（AMTI）は、ベトナムが南沙諸島で10の島・岩礁で埋め立てを進めていると公表し、それを撮影した衛星画像を公開した。

　ベトナムは占拠当初からその南沙諸島での軍事的存在を絶えず強化し続けてきた。1977年4月8日、ベトナムはチュオンサ島（南威島）に小型飛行機の離着陸ができる約500メートルの滑走路を修築した。1977年6月、ベトナムの24隻の軍艦は南沙諸島海域で軍事演習を行った。

　1985年5月16日、ベトナム国防相ヴァン・ティエン・ズンは南沙諸島に飛んで現地の軍施設を視察した。1988年3月の赤瓜礁をめぐる武力衝突事件の後、ベトナム国防相は再度南沙を視察した。1989年3月末、ベトナム海軍各系統の指揮官会議が招集され、チュオンサ諸島の軍事施設の建設問題が協議された。

　1989年4月末、ベトナム軍総参謀長ドアン・クエと海軍司令官ザップ・ヴァン・クオンはその支配下の鴻麻島（Namyit Island）で行われた「チュオンサ諸島解放14周年」記念行事に参加した。1989年12月、ベトナム国防省は、南沙諸島駐在軍人の生活手当基準の引き上げに関する316号命令を発した。

　1990年代に入ってから、南沙をめぐる争奪戦の激化に伴い、ベトナムはその軍事的プレゼンスの強化を軍の主要任務の一つに掲げた。1991年11月中旬と12月、ベトナム海軍副司令官マイ・スァン・ヴィンは二度にわたって万安灘（バンガード堆）・西衛灘（Prince Consort Bank）・李準灘（Grainger Bank）・人駿灘（Alexandra Bank）に到着し、現地の軍備を視察した。

　1992年4月、ベトナム軍総政治部主任レ・カ・フュー、国防省次官兼

総参謀長ダオ・ディン・ルエンはそれぞれ南沙の島嶼を訪れ、南沙諸島の島嶼解放記念活動に参加した。

同年5月、ベトナム海軍司令官ホアン・フー・ターイが戦闘準備を検査するため南沙を訪れた。1992年7月19日、ベトナムはチュオンサ島（南威島）で小型漁港の建設を完了し、同海域で漁撈するベトナム漁船のために停泊施設、ガソリン備蓄とその他の支援を提供し始めた。1992年10月23日付『読売新聞』の記事によると、ベトナムはカムラン湾のロシア軍事基地の通信監視施設を利用して中国軍の南沙諸島における動向を監視しているという。

ベトナムはまた国内の様々な団体を組織して南沙の駐在軍を声援し、慰問した。ベトナム共産党と政府の代表団、各兵種、青年団、婦女連合会、新聞やラジオ局、文化芸術機構を含む様々な団体は相次いで南沙の島嶼を訪れ、軍人を慰問した。1992年の1年だけでチュオンサ島に来た大型の代表団は七つに上った。1993年元日と旧正月の間、当局は大衆を動員して南沙島嶼の占拠を支援するキャンペーンを起こし、共産党中央書記長ド・ムオイら指導者はそれぞれ南沙駐在の軍人に電話をかけ、激励した。このような慰問と声援の活動はその後も毎年行われている。

1993年6月6日から15日まで、ベトナム副首相チャン・ドゥック・ルオンは自ら代表団を率いて南沙を視察し、守備軍に対して、「チュオンサ諸島はベトナムの経済と国防において重要な戦略的位置を占めており、確実に守れ」と激励した。

中国共産党の江沢民総書記がベトナムを訪問中の1994年11月下旬、ベトナム政府発行の『首都の治安（An Ninh Thủ Đô）』誌に、「国家の安全と海の島嶼の領土完全を守れ」と題する記事が掲載され、「チュオンサに対する全面的占有」を鼓吹し、そのために国家の主権と領土完全を守る観念をすべての国民の意識に植え付けるべきだとした。加えて国民が警戒心を高め、関係部門が絶えず南海での軍事力を増強するように呼びかけた。同文章はまた、第二次大戦中に米国は2000隻の漁船を護衛艦、機雷敷設艦、輸送艦に改造したこと、1982年のフォークランド戦争で英国は70隻以上の民間船舶を徴用して9000人が参加した上陸作戦に参加したなどの

例を挙げ、参考に学ぶべきだと提言した。

　1995年の「ミスチーフ事件」以後、2月21日にはド・ムオイ書記長の主催でベトナム共産党の政治局拡大会議が開かれ、今後の南海問題をめぐる対応措置に関して、国防省がベトナム支配下の島嶼における防御工事の建設を加速させ、同地域の軍事力を増強し有力な措置を取り、偵察・早期警戒・攻撃・防衛の作戦能力を一段と高めることなどを通じて、既得の利益を確保せよ。さらに、情報部門は領土、領海問題をめぐって確実に情報の収集を強化し、ASEANと軍事情報協力を行うようにせよ、と方針が決定された。会議では同年7月にASEANに加盟した後、ベトナム海軍を中心とする「共同艦隊」を設置し、ASEAN諸国が南沙の問題で中国に共同対処する体制を整えることも要求した。

　ベトナム空軍も、南沙を主戦場とする作戦の指導思想を確立し、総兵力の53%を中南部地域に次第に移し、Su-22型戦闘機を含むすべての軍用機210機を現地に配備することを決定した。その目的は、将来起こりうる局地戦争で、ベトナム南部の海軍が完全な海域制空権を確保し、ベトナム北部の空軍が防空軍と協力して全面的な防空作戦に当たること、そして、中部地域の兵力が南北両方向に対して機動的呼応作戦を実施することであると提示された。この戦略は「北部は防空、南部は呼応、南部は制空、少を以て多に打ち勝ち、弱を以て強を制し、主導権を常に握る」という表現に概括された。

　ベトナムは全体的軍事戦略において、南沙諸島の軍事力を持続的に強化し、防御地域の配備を調整し、未来の南海をめぐる戦争に本格的に備えるという、南海を主戦場とする構想を制定した。

　ベトナムはまた「陸は守り、海は進撃」「島を以て海を制す」という海上戦略を練り、南沙の島嶼に対する占拠および関連海域に対する支配を強化することにより、南西の国境と沿海部の重要な経済目標の安全を確保する構想を固めた。

　今日のベトナム軍事力は1990年代に比べ、格段に強化され、ハイテク化、近代化した。その戦略構想は20〜30年前に制定されたものを踏襲し、一貫したものである。

２、「主権の顕彰」

　ベトナムはまた様々な方法を通じて南海の島々に対する主権を内外にPRした。

　2005年初め、中国の漁船はベトナム武装船の襲撃を受けた。10月、西沙諸島の盤石嶼（Passu Keah）に停泊中の中国軍の艦船の鋼板が切り取られ、持ち去られた。

　2006年以降、ベトナムは「南海における関係国の行動宣言（DOC）」の精神に反して南沙での活動を活発化した。4月、ベトナムのVinaphone移動通信会社は海軍とともにナムイエット島（鴻庥島）で携帯電話の衛星通信サービスを可能とする地上施設を作った。同時に石油と天然ガスの資源開発に力を入れ、南沙から西沙に推進する趨勢を見せた。その一連の行動からも、島嶼の占領を確実化し、伝統的安全保障のパワーを強化しつつ戦略的な空間を広げていくというベトナムの戦略的意図が、外部の情勢に影響されることなく堅実に推進されていることが窺える。

　ベトナムは南沙諸島の全地域に対して主権の要求を主張した国であり、南沙紛争における最大の既得権益者でもある。南沙の西部においてベトナム軍は一個大隊の600人が駐屯し、チュオンサ島（南威島）に指揮部を置いた。ベトナムが南沙で占拠した地域は、南子礁から安波沙洲まで約230カイリの長さにわたる鈴状の列島防御線を形成した。

　2008年4月、ベトナム政府は南沙海域の石油・天然ガス開発入札区域を一段と画定し、支配下の南沙諸島でいわゆる人民評議会議員（地方議員）の選挙も実施した。

　さらに、ベトナム政府当局による「チュオンサのすべての島嶼に対する主権を持っている」とする主張が日増しに強硬になっている。『サイゴン解放（Sài Gòn Giai Phóng)』紙には、「一寸とも土地を手放さず」、「中国と一戦を交えても辞さず」といった激烈な論調が掲載された。

　8月、ベトナムは南沙の係争海域で米国エクソンモービル（Exxon Mobil Corporation）との間で石油・天然ガスの開発協力合意文書を交わしたが、それは「北京五輪の間もしくは今後の相当長い期間において、中

国は南海の問題で強硬な行動を取れない」との判断に基づいて踏み出した一歩だったと指摘された。[20]

また、ベトナムは西沙と南沙を強引に自国の版図に書き入れるように変わった。1975年5月15日、ベトナムの共産党機関紙、人民軍機関紙は一面を使ってベトナムの全国地図を掲載し、南沙諸島を「チュオンサ諸島」と標示して自国の版図に組み入れた。

1976年3月8日、南沙諸島をドンナイ省（同奈省）の管轄下に置くと発表された。同年4月25日、西沙諸島と南沙諸島は再度ベトナムの行政区画地図に書き入れられた。7月25日、ベトナムで発行された郵便切手にも南沙と西沙がその版図に属すると標示された。

翌77年5月20日、ベトナムは200カイリのEEZと大陸棚の主権を宣言し、これを南沙に対する支配の法的根拠にしようとした。

1989年、ベトナム国会で、南沙をカインホア省（慶和省）の管轄とする決議が採択された。1992年ベトナム共産党中央で、南沙問題を担当する最高位の常設機関として「東海とチュオンサ問題指導委員会」が設立され、党中央政治局と書記局の指導を受け、中央委員会に対して責任を負うものとなった。

1994年6月23日、ベトナム第9回国会でUNCLOSへの加盟を批准する決議が採択され、西沙と南沙の両群島に対する主権が重ねて表明された。6月30日以降、ベトナムは南沙のチュオンサ島（南威島）、ラッド礁（Ladd Reef／日積礁）、サウスウエスト島（Southwest Cay／南子礁）、ウエスト・ロンドン礁（West London Reef／西礁）など10カ所で灯台を建築し、その主権の顕彰を図った。

南沙がベトナムの古来の領土だったことを証明するため、ベトナムは南沙の文化遺産、遺跡およびインドネシアと通商した証拠を探すことに力を入れた。1994年5月25日、ベトナム人民軍の新聞に掲載された署名入りの記事は、写真付きでチュオンサ島など三つの島嶼で「考古の発見」があり、ベトナムは昔から同地域に主権を行使していたことが裏付けられたとした。

20　海韜「越南為南沙不惜一戦底気何来」、北京『国際先駆導報』、2008年8月1日。

支配下の南沙の島々に移民を送ることも、ベトナムが主権をアピールする方法の一つである。1980年代末以降、ベトナム政府は組織的に南沙への移民を開始した。移民の対象は主に漁民だった。彼らが長期的に安定して居住し生計を立てることができるように、生存条件が比較的に良い島嶼が移民する場所として選ばれた。政府と水産部門はそのために優遇措置を次々と打ち出し、島で建物を造成し、診療所・埠頭・桟橋や学校を作り、島に駐屯する軍人が住民の生産を支援し、その生活の面倒を見るなど一連の措置をとった。

1989年7月5日、ベトナム政府はブンタウ—コンソン島（頭頓—崑崙島、英語名：vung tau con dao）特区に帰属するとされた大陸棚の環礁地域（北緯7度から8度30分、東経109度14分から112度30分）に、水上の家屋群の建設を決定した。

1993年、ベトナム副首相チャン・ドゥック・ルオンが南沙諸島を視察したのち、国内から南沙への移民を奨励するため、同年8月には南沙での海産物の採取と輸出に関する税収優遇政策を発表した。

1995年、ベトナムの月刊誌『全民国防（Quôc Phòng Toàn Dân）』3月号にベトナム共産党中央思想文化委員長ハー・ダン（Hà Đăng／何登）の署名論文が掲載された。そこでハー・ダンは、近年ベトナムが力を結集して南沙で「経済と国防」が結合するプロジェクトを推進しており、民衆を島に移住して自立させ、漁民を南沙と大陸棚に送り漁業活動と海産物の生産開発をするなどの措置を通じ、南沙における実効支配の事実を強化していると認めた。ベトナム副首相チャン・ドゥック・ルオンもその時点で、南沙の5島嶼に移民計画を実施したことを公表した。

2012年6月、ベトナム国会は「ベトナム海洋法」を審議・採択し、西沙諸島と南沙諸島をベトナムの主権と管轄の範囲内に含めると明示し、「主権を顕彰する」重要な手段とした。同時にそれは21世紀のベトナムの海洋戦略を推し進めていく里程標にもなった。

資源開発の加速

1976年5月から、ベトナムは南沙諸島で採掘した燐肥（鳥のフン）を

本国に運び、南沙資源の開発を始めた。南沙での資源開発は主に海産物と石油の2項目に分かれる。

1、海産物

　ベトナムの沿海部および南沙で漁業活動に携わる船は約6万8000隻であり、そのうち、エンジンをもつ動力船は5万4000隻である。漁労生産に従事する人数は30万人、ほかに漁業加工と関連作業に関わる労働力は50万人以上に達している。南沙海域で作業するベトナムの漁船は、南部の沿海地域から出航したもの以外に、日本・香港・ニュージーランドなどと共同運営する船舶やベトナム海軍の船がある。

　ベトナムの南沙での海産物採取は主にその支配下にある西礁（West London Reef）、大現礁（Discovery Great Reef）を拠点とし、南沙の中部海域に相対的に集中していたが、その後次第に南西部に拡大し、西衛灘（Prince Consort Bank）、李準灘（Grainger Bank）、万安灘（バンガード堆）などの海域に及んでいる。

　南沙の海域におけるベトナムの漁業生産には主として次のような特徴がある。

① 捕獲量が大きい。南沙の海域での漁業の捕獲量は沿海部漁場の2～3倍であり、30隻前後からなる船団は1シーズンで20億ドン（ベトナム通貨、日本円で約1000万円）の水揚を得られる。
② 海産物の商品価値が高い。捕獲できる海産物の中には、魚類ではハタ、ベラ、ホウボウ、サワラなどがあり、貝類にはアワビ、ハマグリ、イガイ、ミルクイなどがある。ほかにイカ、ウミガメ、タイマイ、ロブスター、各種のカニなどが獲れる。これらの海産物は加工を経て、ベトナムの主力輸出品となる。実際に海産物の輸出は石油に次いでベトナムの第二の輸出品目と外貨収入源となっている。
③ 政治的思惑が込められている。ベトナムが大規模な人力と物力を注ぎこんで海産物の捕獲と加工にかかわるのは、海洋戦略の一環と位置付けられ、南海におけるベトナムの主権をPRする重要な手段にもなっているか

らだ。

　ベトナム政府は沿海部の各級地方政府と関係部門に対し、「全民の国防」と「海上の人民戦争」という国防戦略を貫き、「祖国の領海の主権を守ることと緊密に結びつける」という認識に基づいて海産資源の開発に取り組むよう要求している。

④　明らかに政府主導の行為であることは、ベトナムの南沙での漁業生産のもっとも突出した特徴である。その表れとして以下の4点が挙げられる。

1、政府は毎年、大型の調査団を派遣して南沙の水文、気象、自然条件、資源の分布などについて研究を行い、海産資源の開発を指導している。
2、ベトナム海軍は地方の漁船に便宜を図り、軍用埠頭に漁船の停泊を認め、軍事用通信システムを使って漁船の連絡に協力し、また漁船に対する保護を行っている。
3、優遇政策を制定し漁民が南沙で生産活動に従事することを奨励している。1993年8月、ベトナム政府は南沙で輸出用の海産物開発に関する税収政策を発布し、「政府が規定する地域から海産物を捕獲・輸出する場合、資源税、営業税と個人所得税を3年間免除する」と規定した。

　　当局の規定した地域的範囲は主に南沙海域である。ベトナム沿海部のビントゥアン省は深海漁業を行う底引き漁船の製造に対して免税を適用し、政府の水産省と沿海の各級地方政府は漁民が船舶や遠洋漁業設備を購入するのに長期（10年）、中期（5年）および短期（1～2年）の低金利の融資を供与している。

　　政府はまた南沙での漁業活動に情報提供、漁獲品の全額買い付け、海産物加工・船舶の保守・海産物貿易などの企業設立などに対して積極的な支援を行っている。
4、海上の「民兵自衛隊」を大規模に組織し、海上で経済活動をするかたわら、軍事訓練と活動を行い、特に海上の監視・追跡・通信連絡などの分野における訓練内容が重視されている。

⑤　外国のかかわりを意図的に引き入れること。日本、香港、ニュージーランドなどと共同経営の形で南沙での漁業生産を行っており、政府の水産省はまた海外の低金利もしくは優遇金利の融資を利用して遠洋漁業用の大型漁船を購入している。

２、石油

　ベトナムは、東南アジアの中でも経済発展が遅れた国の一つだが、その貧困脱出のカギとなる手段として石油開発が重視されている。30 年に及ぶ戦争の破壊から経済を立て直すため、特に旧ソ連からの石油支援が断ち切られてから、ベトナム政府は陸上と近海の石油およびその他のエネルギー資源の開発に力を入れ、一躍 ASEAN 諸国の中でも石油と天然ガスの生産量が最も伸びた国の一つになった。

　石油開発にあたり資金や技術・設備が欠乏するため、ベトナムは主に優遇政策を通じて西側諸国の大手石油会社を南海でのエネルギー資源の共同開発に引き入れる戦略を取っている。この戦略を通じて大国勢力の介入を深め、南沙問題を一段と国際化し、多方面から中国を牽制する狙いもある。

　1978 年 7 月 6 日、ベトナムと日本の両政府の間で、南海の海底石油開発に関して協力合意が交わされた。1980 年 7 月 3 日、ベトナムと旧ソ連もモスクワで、中国と係争中のベトナム南部沖の大陸棚における石油と天然ガス関連の地質調査と掘削に関する協力協定に調印した。

　それまでベトナムは、主に最大企業で国営エネルギー会社のペトロベトナム（Petrovietnam、略称：PVN）を主体に、南海の石油開発に関して 50 社以上の外国の石油会社と共同開発の協定を結んでいる。そのうち、有名な企業だけでも以下の 20 社以上がある。

日本：三菱石油、JX ホールディングス、出光興産、三井石油開発、ペトロサミット石油開発株式会社（元住友石油）、国際石油開発帝石株式会社（INPEX）、など
米国：オクシデンタル・ペトロリウム（Occidental Petroleum Corporation、略称：OXY）、アトランティック・リッチフィールド

社（Atlantic Richfield Company、略称：ARCO）、エクソンモービル（Exxon Mobil Corporation）、フォーラムエネルギーテクノロジー社（Forum Energy）、コノコフィリップス（ConocoPhillips）
オーストラリア：BHPビリトン（BHP Billiton）
ロシア：ガスプロム（Gazprom）
フランス：トタル（Total S.A.、後に撤退）
英国：BP
ノルウェー：ジオフィジカル（TGS-NOPEC）
アルゼンチン：ヤシミエントス・ペトロリフェロス・フィスカレス（略称：YPF Sociedad Anónima）
インド：インド石油ガス公社（ONGC）
イタリア：ENI（Ente Nazionale ldrocarburi）
カナダ：タリスマン社（Talisman）
韓国：韓国石油公社（Korea National Oil Corporation、略称：KNOC）
マレーシア：ペトロナス（Petronas）、など。

　1986年、ベトナムは南沙海域で初めて石油の掘削に成功し、同海域での産出量は1987年は34万トン、1990年は250万トン、そして2012年には800万トンに達し、ベトナムの石油年間総生産3000万トンのうち、大きなウェートを占めている。
　その間、特に1992年に石油と天然ガス開発の国際開放・協力政策を実施して以来、大きな伸びを見せ、石油はその最大の輸出商品になった。中国海南大学「政治と公共管理学院」院長・安応民の統計によると、2008年まで、ベトナムは南沙海域で合わせて1億トン以上の石油と1兆5000億立方メートルの天然ガスを産出し、250億ドル以上の収益を得た。ベトナムは一躍して石油の輸出国になり、石油産業はGDP総額の30％を占め、それがベトナムの7％の年間成長率を支える最有力要因となっている。[21]

21　「越南猖獗盗采中國石油 大賺外匯」、北京『国際金融報』、2014年6月30日。

「981」石油掘削プラットホーム事件

 2011年5月末から6月初めにかけて、南海での石油開発をめぐって中越間で摩擦が生じた。ベトナム政府は5月27日、「中国の監視船3隻が南海でベトナムの調査船1隻を妨害し、調査船の設備を破壊した」と発表した。これに対し、中国外交部の姜瑜報道官は翌28日、「ベトナムは中国が管轄する海域で資源調査を行い、中国の権益と管轄権を損ね、両国の南海問題における合意に背いた。中国側はこれに反対の意を表する」と反論した。

 緊張が高まる中、ベトナム指導部の特使としてホー・スアン・ソン外務次官が訪中し、6月25日、戴秉国・国務委員（外交担当）と会談し、双方は「南海の領有権問題について交渉を通じ平和的に解決すべきだとの認識で一致した」と発表した。

 2014年5月2日中国海洋石油総公司（CNOOC）は、西沙諸島付近海域における石油掘削の実施と、それに伴い周囲3カイリ内への外国船の進入を禁止する旨を発表し、大型の石油掘削装置（リグ）「海洋石油981」を同海域に搬入し設置した。

 作業海域は中国の西沙諸島中建島及び西沙諸島の領海基線から17カイリ離れ、ベトナムの大陸海岸から約133ないし156カイリ離れているにもかかわらず、ベトナムは当該海域は自国のEEZ内にあると主張し、5月7日になって、同リグ警護のために派遣された約80隻の中国海軍と海警の艦船と、約30隻のベトナムの海洋警察の警備船及び漁業監視船が現場で衝突する事態が発生した。現場にいるベトナム側の船は最も多い時で63隻に達し、中国側の警戒水域に突っ込み、中国側の公務船に体当たりした船は延べ1416隻に達した。このほか、ベトナム側は同海域に「フロッグマン」（潜水夫）などの水中特殊作業員を送って、漁網、浮遊物など大量の障害物を設置した。

 ベトナム側のこれらの行為は、中国の主権、主権的権利と管轄権を著しく侵害し、中国側要員と「981」プラットホームの安全を著しく脅かした。また「国連憲章」、1982年の「国連海洋法条約」、1988年の「海洋航行の安全に対する不法な行為の防止に関する条約」（SUA条約）と「大陸棚に所在する固定プラットホームの安全に対する不法な行為の防止に関する議

定書」を含む関連国際法に著しく違反し、同海域の航行の自由と安全を破壊し、地域の平和・安定を損なった。

5月6日、ベトナムのファム・ビン・ミン副首相兼外相は中国の楊潔篪国務委員に電話し、「5月1日以降、ベトナムの大陸棚上に位置する143石油ガス鉱区に、中国が一方的に軍艦を含む多数の船を出していることは不法であり、国際法に違反する。ホアンサ（西沙）諸島と我が国のEEZに対する主権を侵害するものである」と述べ、掘削リグと護衛の船艇の撤収、そして意見相違に関する話し合いを要求した。

5月11日に開催された ASEAN 首脳会議では、「全当事者に自制と武力不行使、緊張をエスカレートさせる行為を自制することを求める」首脳宣言が採択された。5月中旬、ベトナムの22の省で大規模な反中暴動が発生し、中国を含む複数の国の企業を焼き討ちし、台湾の企業家を含め、現地に進出した中国企業の関係者4人を殺害し、300人余りにけがをさせるほか、大きな物的損害を与えた。

5月19日に開かれた ASEAN と中国の非公式国防相会議の席で、中国の常万全国防部長はベトナムのフン・クアン・タイン国防相と会談し、「正常で合法的な中国の探査をベトナム側が妨害し、ベトナム国内で中国企業と公民に対する重大な暴力事件が発生した。断固として譴責する。ベトナムは歴史を尊重し現実を正視せよ。中越友好の大局から出発し、大きな過ちを醸成するような過ちを繰り返すべきでない」と抗議した。

これに対し、タイン国防相は「見解の相違があった」として、「問題を平和的に解決しなければならない」と答えた。7月1日、ベトナム共産党中央委員会のグエン・フー・チョン書記長は、「戦争を含む全てのシナリオへの準備をしなければならない」と公の演説で述べた。中国政府は7月16日、5月から行われていた「海洋石油981」による資源探査活動を15日までに終えたと明らかにした。[22]

22　日本語の参考資料として「ベトナムの挑発と中国の立場 外交部が石油プラットホーム事件で論文」（中国駐日大使館HP、2014年6月10日）http://www.china-embassy.or.jp/jpn/zgyw/t1164809.htm なども参照。

中国から見れば中越間のこれらの衝突の原因は、本質的には、ベトナムが南海の海域で石油・天然ガスの開発を独占し、それまで南海から一滴も石油を産出していなかった中国の開発を阻止しようとしたことにある。

3、観光活動

21世紀に入ってから、ベトナムおよびその他の南海紛争関係国は、自国の漁民を南沙海域に送ると同時に、日本・タイ・韓国などの漁業関連企業に積極的に働きかけ、協力契約を交わし、共同で船を繰り出して南沙海域で漁業の調査と捕獲作業を行っている。その間、中国の漁業生産の監視や妨害が行われ、中国の漁民を射殺する事件も起きた。

ベトナムはより多くの域外勢力を南海に引き入れるため、米国・ロシア・イギリス・オーストラリアなどの国と相次いで、地質調査・地球物理・海洋生物・海洋環境保護・海洋気象観測などの科学研究プロジェクトに関する協定を結び、実施に移している。

ベトナムはまたその支配下の南沙の島嶼を観光地として、国内外の観光客を誘致し、現地にクルーズ船を派遣し、南沙に対して有効に主権を行使していることをPRし、国際的影響の拡大を図っている。

2004年4月19日、ベトナムは中国とフィリピンの抗議を無視して、60人のベトナム人観光客と40人の「特別招待」の政府役人を組織して南沙諸島への旅行を企画した。中国外交部はそれについて声明を発表し、ベトナム側のこれらの活動は中国の領土主権を侵害し、双方が南海の問題について達成した合意に違反し、中国とASEANが調印した「南海行動宣言（DOC）」が確立した原則を破っており、南海が一段と複雑化する情勢をもたらし、紛争の最終的解決にとってマイナスであると批判した。

その後も、ベトナム政府は何度も南沙諸島へのツアーを企画し、実施した。2015年6月発行の『ニューズウィーク』誌日本版は次のような記事を掲載した。

「南沙諸島（スプラトリー諸島）は殺風景な場所だ。しゃれたリゾートや海辺のバーはもちろん、トイレすらない。

それでもベトナム政府は、こんな僻地に豪華クルーズ船を送り出し続けている。乗客たちは800ドル払って遠く離れた岩礁の島に赴く。見えるのは、だだっ広い海に点在する退屈な岩だけ。いわば「無」へのクルーズだ。
　ツアーの売りは、旅行ついでに中国の神経を逆撫でできること。主たる顧客は、1）美しい岩礁ときらめく海が好きで、2）近海の支配権を確立しようと画策する中国を嫌うベトナム人だ。
　南海に位置し、ターコイズブルーの海が広がる南沙諸島は、アジアでもっとも熾烈な縄張り争いの舞台になっている。（中略）
　とはいえ、これらの島々に人が定住するのはとても無理。だからこそベトナム政府は、実効支配のしるしとして、観光客を乗せた豪華クルーズ船でぐるぐると島々を巡っているわけだ。」[23]

　2015年6月初め、ベトナムのホーチミン市はさらに海外向けに南沙諸島への刊行ツアーの募集を開始すると発表した。それに対し、中国外務省の洪磊・副報道局長は6月5日の記者会見で「ベトナムは事態を複雑化、拡大させる行動を取らず、南海の平和安定に努力するよう要求する」とツアーに反対する姿勢を表明した。中国の圧力でベトナム側はその実施を遅らせると発表した。

南沙問題国際化の思惑
　1970年代以降、ベトナムは様々な機会と手段を使って南沙に対する主権をピーアールし、自らが被害者だと訴えて国際社会からの同情と支持を取り付けようとした。
　南沙の問題に関して、ベトナム政府は1978年から1982年まで合わせて4回にわたって声明と白書を発表している（前述）。1992年2月28日、

23　パトリック・ウィン「南シナ海の中国を牽制するベトナム豪華クルーズの旅」、『ニューズウィーク』日本版、2015年6月16日。http://www.newsweekjapan.jp/stories/world/2015/06/post-3700.php

ベトナム外務省はまた、中国の全人代で「中華人民共和国領海と接続水域法」が採択されたことについて談話を発表し、その主権要求を繰り返した。

ベトナム共産党中央思想文化部が発行する『思想文化工作（Công Tác Tư Tưởng Văn Hoá）』誌の 1994 年 6 月号に、H. L. との署名による文章が掲載され、「トゥーチン（Tư Chính ／四政）とタインロン（Thanh Long ／青龍）地域（すなわち南沙海域の万安灘（バンガード堆）と西衛灘（Prince Consort Bank）一帯）は完全にベトナムの大陸棚に属する」と強調した。

1994 年 8 月 20 日、ベトナム外務次官ヴー・コアンは『産経新聞』記者とのインタビューで、中国が南沙諸島に「拡張」を行っていると非難した。1994 年 10 月 17 日、江沢民総書記のベトナム訪問の直前、ベトナム当局はまた中国によるその EEZ と領海への侵害を非難した。ベトナム政府系の新聞はほとんど毎日のように、南沙諸島に関する記事を掲載し、国民の脳裏にベトナムが南沙の主権を持つことに関するイメージを刷りこもうとしていた。

ベトナムは軍事面で中国に対抗できないことを知っており、そのために全方位の新外交を通じて南沙問題の国際化を図り、外部の圧力を引き入れて中国が南沙の主権を守る行動を牽制しようとした。

1982 年 5 月に発行のベトナムの『海軍（Hai Quân）』誌に掲載された「東海の紛争」と題する署名入りの記事は、南海紛争の複雑化をもたらした主要な原因は「北京反動当局が海から南に向かって拡張し、東海（すなわち南海）の独占を図り、各国の当該地域における利益を脅かすその野望とたくらみによって引き起こされた紛争」であり、「地域各国は問題の本質を見極め、一致団結して、中国の政治陰謀を挫かせ、自国の主権を守るべきだ」と論じた。

1983 年 12 月、ベトナムは西沙諸島と南沙諸島の「帰属問題」を国際司法裁判所の判決に委ねる考えを初めてほのめかした。

冷戦体制が崩壊した後、米国は次第に東南アジアでの軍事的プレゼンスを減らし、ベトナムはそれによって「中国がその空白を埋める」ことに関する懸念を募らせた。

南沙主権の帰属問題において、フィリピン・マレーシアなどの国も、中

国が「地域の覇権」を図り「空白を埋める」ことへの警戒という点で、共通する立場にある。ベトナムはこの懸念を利用して、ASEAN 諸国に対し一連の外交攻勢をかけた。

1992 年上半期、ベトナム首相ヴォー・ヴァン・キエットは ASEAN 6 カ国を訪問し、ASEAN への加盟の希望を伝えた。同年 7 月、ASEAN 外相第 25 回年次会議でマレーシアは、ベトナムの ASEAN 加盟を提案し、理由の一つに、南海問題で中国に対抗するための力を強化することを挙げた。この提案はその他の加盟国から支持された。

1994 年 5 月 18 日、ベトナム首相ヴォー・ヴァン・キエットはシンガポールで行われた経済シンポジウムで南沙問題について発言し、「国際会議を開いて問題の解決を図るべきだ」と主張した。

同年、バンコクで開かれた ASEAN 首脳会議で、ベトナムが新しい加盟国になることは全員一致で決定された。1995 年 7 月、ベトナムは ASEAN の正式加盟国になった。それ以後 ASEAN の中で、ベトナムは、南海問題をめぐって中国に対し常に強硬姿勢を示す「タカ派」の代表格になった。

米日両国への急接近
対米関係

ASEAN との関係以外、ベトナムは米国との関係改善と修復を外交の優先事項に掲げ、米国からの投資を誘致し、特に南海問題において中国を牽制するカードにしようとした。

米国も次第にベトナムのインドシナ半島および東南アジア地域における役割を見直し、ベトナムを通じて日増しに強大化する中国を牽制する政策に転換した。すなわち、米国も中国を牽制するための「ベトナムカード」を切っており、双方の思惑が一致したということである。

1994 年 2 月、米国はベトナムに対する（貿易面の）禁輸を解除し、1995 年 4 月末には米国・ベトナム間で民間航空路線が回復し、同年、両国間の外交関係も正常化した。

2009 年以降、米国とベトナムの関係は一段と緊密化し、2010 年は一つの転換点になった。同年 7 月、ヒラリー・クリントン国務長官はハノイ

で開催された ASEAN 地域フォーラム（ARF）に参加し、米国が南海問題へ関与していくことを明言した。

2008 年より、米国務省・越外務省間の次官級定期会合「米越政治・安全保障・国防対話（U.S.-Vietnam Political, Security, and Defense Dialogue）」はほぼ毎年開催されている。2015 年 1 月にハノイで行われた第 7 回会合では、海上安全保障、人道支援・災害救援、大量破壊兵器の拡散など幅広い分野における協力が協議された。[24]

これとは別に、2010 年 8 月より、次官級の年次国防政策対話（U.S.-Vietnam Defense Policy Dialogue）も開始され、ベトナムは 2014 年 10 月に行われた年次国防政策対話で米国のアジア太平洋への「リバランス」戦略を支持すると表明した[25]。

2010 年 8 月、米海軍空母「ジョージ・ワシントン」号が初めてベトナムに立ち寄り、中部のダナン沖に停泊し、ベトナムの軍関係者と交流した（同艦は 2011 年 8 月と 2012 年 10 月にも同様の寄港と交流を行っている）。米越間の共同軍事演習もこの年から定期的に始められた。

かつて極東地域における米軍の最大軍港であったカムラン湾の重要性が注目される中で、ベトナムは同軍港を対米軍事交流の目玉として最大限に利用しており、カムラン湾への米国の復帰と軍事利用は実際に南海問題の国際化を図る重要なカードにもなっている。

2010 年 10 月にズン首相が、同軍港をあらゆる国の海軍に開放し、艦艇の後方支援サービスを提供することを宣言したのを受けて、米海軍は 2011 年 8 月から 2012 年 6 月までだけでも、のべ 4 回にわたり艦艇のカムラン湾での整備補修を委託した[26]。

---

[24] Bo Ngoai giao," Doi thoai Chinh tri, An ninh, Quoc phong Viet-My lan thu 7," http://www.mofa.gov.vn/vi/nr040807104143/nr040807105039/ns150123171141

[25] Quan doi Nhan dan, ngay, 2014-10-21.

[26] Carlyle Thayer, "Vietnam and the United States: Convergence but Not Congruence of Strategic Interests in the South China Sea," Paper to the 4th Engaging with Vietnam Interdisciplinary Dialogue Conference, Honolulu, November 8-9, 2012.

2012年6月、レオン・パネッタ（Leon Panetta）米国防長官がベトナムを訪問し、ズン首相やフン・クアン・タイン国防相ら要人と会談したほか、カムラン湾も訪れ、寄港中の米艦の上で演説し、南海問題での米越協力への期待を表明した。さらに米国のアジア太平洋戦略においてベトナムとの関係が「次の段階」に入ったと宣言した[27]。

　もちろん、米越間の軍事協力に限界もあり、人権や政治体制をめぐる相違以外、ベトナムは米国のアジア戦略、対中戦略に過度に利用されたくないのが本音だ。ヴィン国防次官は2012年6月、人民軍機関紙『クアンドイ・ニャンザン（人民の軍隊）』のインタビューにおいて、米海軍艦艇の訪越は米側の提案によるものであり、ベトナムはその提案を受け入れたに過ぎないため、訪問はベトナムの「対米接近」を意味しないことをわざわざ説明した[28]。2016年6月初め、シンガポールで開かれたシャングリラ会議の際、ベトナム国防次官グエン・チー・ビンは中国軍の代表に対し、中国艦もカムラン湾に帰港するようとの要請を出し、「対米接近によって中国を怒らせたくない」と解説した[29]。

　2015年7月、ベトナム共産党書記長グエン・フー・チョンが同国の最高指導者としてベトナム戦争終結後初めて訪米し、オバマ大統領との会談を通じて協力を強化すると合意した。

　2016年5月後半、今度はオバマ大統領が、ベトナム戦争終結から41年目に米国政府首脳として初めてハノイを訪れた。1984年に導入された武器禁輸措置は2014年に部分的に解除されたが、5月23日、ベトナム訪問中にオバマ米大統領はベトナムへの武器禁輸を完全解除すると発表した。オバマは、武器禁輸解除は米国の対中政策とは無関係だと述べ、「ベトナムとの関係正常化に向けた長いプロセスを終わらせたいという気持ちから来るものだ」と話した。しかし、CNNは米国当局の中国を念頭に置いた

27　U.S. Department of Defense, Panetta's Cam Ranh Bay Visit Symbolizes Growing U.S.-Vietnam Ties, http://www.defense.gov/news/newsarticle.aspx?id=116597

28　Quan doi Nhan dan, ngay 2010-08-14.

29　「越邀中国軍艦訪金蘭湾 外媒：越没法擺脱中国」、北京『環球時報』、2016年6月10日。

思惑について以下のように暴露した。

> 「今回のオバマ大統領のベトナム訪問には、東アジア地域で影響力を強める中国を戦略的に牽制する狙いがあるとみられる。ベトナムと中国は国境を接し、共産主義のイデオロギーを共有するが、近年は南海の領有権をめぐって関係が緊迫化している。
> 　米国によるベトナム向け武器禁輸の完全な解除は、同国内の人権状況などを理由にこれまで実現が見送られてきた。ただ反体制派の投獄や政治改革の遅れといった従来からの懸念の多くは、現在もなお改善されていないのが実情だ。」[30]

モスクワの「ストラテジック・カルチャー・ファンデーション（Strategic Culture Foundation）」電子版に掲載されたフィニアン・カニンガム（Finian CUNNINGHAM）の署名による記事「オバマのベトナム訪問——米国の「戦争機械」が戻る（Obama in Vietnam… US War Machine Returns）」（2016年6月4日）は次のような鋭い分析を行った。

> 「ベトナムというアメリカ兵器新市場は、経済が衰退しているアメリカ軍需産業にとって天恵だ。オバマの訪越は、ベトナムへの最大の兵器輸出国ロシアに取って代わることを目指している。
> 　北京の戦略的ライバルを支援するべく、アメリカは南海における軍事的存在を増強しているという合図も中国に送っている。ベトナムは、フィリピンとともに資源豊富な海の島を巡って、中国と長年の領土紛争を抱えている。ベトナムを武装させるというタブーをなくして、アメリカは中国に対するこの紛争への介入をエスカレートしている。
> 　アメリカ政府は今週、ベトナムとの軍事協定は中国を巡る戦略的懸念が動機ではないと否定した。だが過去5年間、アメリカの好戦的

---

[30] 「オバマ米大統領、ベトナムへの武器禁輸解除を表明」、CNN、2016年5月23日。http://www.cnn.co.jp/world/35083070.html

『アジア基軸』を考えれば、そんなたわごとを真に受ける人間はほとんどいない。

　ニューヨーク・タイムズは『ベトナムのオバマは、過去ではなく、将来に焦点を当てる』という見出しの記事で、大統領のベトナム訪問について予想した。

　将来に焦点を当てるというのは、アメリカ兵器をベトナムに輸出し、ベトナムを甘言でだまして、中国に対する戦略的最前線にし、究極的に中国の経済力を妨げることを狙った、アジア‐太平洋における貿易・投資連携協定（TIP）によって、アメリカ政府の貿易上の狙いを推進するのにベトナムを利用することに対する控えめな表現であろう。」[31]

対日関係

　ベトナムは対日関係をもその外交政策の重点の一つと捉えている。1992年のヴォー・ヴァン・キエット首相の訪日に続き、1994年8月、村山富市首相がベトナムを訪問し、ドー・ムオイ党書記長はさらに1995年4月に日本を訪問した。

　エネルギー資源が乏しい日本は9割近くの石油を南海経由で輸入しており、近年はさらに南海周辺諸国が産出した天然ガスの75％を輸入している。日本は戦前から南海を東南アジア、中近東ないし欧州とつなぐ戦略的要所と捉え、戦後は一貫してそれを日本の対外貿易の重要通路と見なしてきた。

　ただ、1990年末まで、日本とベトナムとの関わりは主に経済貿易、石油と天然ガスの掘削の参加など限定的なものだった。ベトナムがすでに開発に着手しているバクホー（白虎）油田、タンロン（青龍）油田、ダイフン（大熊）油田、フンドン（東方）油田の調査と開発において、いずれも日本の石油企業の影が見られる。

　21世紀に入ってから、日越関係は両国政府の外交戦略ないし安全保障

---

[31] http://www.strategic-culture.org/news/2016/06/04/obama-in-vietnam-us-war-machine-returns.html

戦略の見地から一段と重視されるようになった。2010年末に発表された日本の防衛白書は、南西方面の防衛を重要な戦略指針として位置づけたが、中国の学者や日本は、南海と東シナ海の両方をリンクさせ、南海問題における影響力の拡大を通じて中国の東シナ海政策に圧力を加え、少なくとも東シナ海問題をめぐる中国の対処を牽制する狙いがあると分析している。[32]

そのような背景の中で、日本とベトナムとの関係強化は双方にとって、急速に台頭する中国を警戒し牽制する思惑を共有する、主要な選択肢となり、近年、双方の関係は一段と拡大・強化されている。

安倍晋三首相は2013年1月に就任後初の外遊先としてベトナムを選び、ハノイで行われた首脳会談や記者会見で、南海情勢について国際法など法の支配が重要であると述べ、ベトナム側との認識が一致していると強調した。同9月、ベトナム海軍要員に対する潜水医学分野の研修活動が海上自衛隊の関連部隊・施設で実施された。同月中旬に小野寺五典防衛大臣がベトナムを訪問した際、カムラン湾にあるベトナム海軍第4海軍区司令部を訪問し、同国海軍の南沙諸島の防衛体制を視察した。2013年12月、日・ASEAN特別首脳会談の際、安倍首相はベトナムに対し警備艇の供与を表明した。[33]

2014年3月、ベトナムのチュオン・タン・サン国家主席は国賓として訪日し、東京で両国関係を「広範な戦略的パートナーシップ」に格上げすることに合意した。

2015年9月15日から18日まで、ベトナムのグエン・フー・チョン共産党記長は公賓として6年ぶりに訪日し、副首相兼外相を含む閣僚級以上の党中央委員12名が同行した。安倍首相との会談を経て発表された共同声明において、ベトナム側は「日本が地域と世界の安全保障と発展に積極的に貢献することへの支持を表明」し、南海問題に関しては「大規模な埋立てや拠点構築等，現状を変更し緊張を高める一方的行為の継続に対する

---

[32] 唐寧「日本：全面介入南海事務」、北京『世界知識』、2011年21号、27頁。

[33] 庄司智孝「ベトナムの全方位『軍事』外交──南シナ海問題への対応を中心に」、防衛研究所紀要第18巻第1号（2015年11月）、119頁。

深刻な懸念を共有した」との表現が盛り込まれた。「安倍首相はベトナムの要請を踏まえ、中古船の追加供与の決定を伝えるとともに、新造巡視船の供与について、早期実現に向けて双方で協議を続けていく旨を確認した」との内容も明記された。

　チョン書記長は訪日中の9月17日、帝国ホテルで「アジアの平和と繁栄を目指して──越日関係の発展ビジョン」と題する講演を行い、その中で「日本がその潜在性とこれまでの貢献を踏まえ、アジア太平洋地域及び世界において相応しい役割を発揮することを期待している」、「日本とベトナムは相互に利益を有する関係であり、ベトナムは日本を長期的且つ最重要のパートナーであることを確認している。それは、ベトナムの対外政策において一貫し、戦略的選択を行った方針である。引き続き両国間の潜在性のある分野の協力拡大を期待している」と表明した。[34]

　ベトナム共産党書記長の訪日に対する日本側の最高レベルのもてなしについて、モスクワ国際関係大学・軍事政治研究センターのアレクセイ・ポドベレスキン所長は、次のように語っている。

> 「ベトナムとの関係における日本のアプローチは十分に実利的だ。ベトナムは軍事的な点においても急速に発展している国だ。日本は中国とベトナムの摩擦が維持され、さらに大きくなることに非常に大きな関心を持っている。ベトナムが中国と対立する独立した力の中心地になったら、日本にとっては理想的だろう。だから日本は今、米国のように、反中国政策を基盤にして、親ベトナム政策を実施しているのだ。」[35]

---

[34]　「グエン・フー・チョン・ベトナム共産党中央執行委員会書記長の訪日（結果）」、日本外務省HP、2015年9月24日。http://www.mofa.go.jp/mofaj/s_sa/sea1/vn/page3_001381.html

[35]　「ベトナムを中国との対立に向かわせる日本」、「スプートニク」日本語版、2015年9月17日。http://jp.sputniknews.com/asia/20150917/909940.html

海上軍事力の整備と占拠拡大の狙い

　南海での既得利益を守り、その支配地域の更なる拡大を図るため、ベトナムは軍事力、とりわけ海上の軍備の整備を着々と進めており、そのために長年にわたって巨額の資金をハイテク兵器の輸入に注ぎこんだ。

　2005年、ベトナムはポーランドから飛行機・軍事用電子機器・戦車・弾薬及び部品を含む1億5000万ドルの軍事物資を購入し、3260キロに及ぶ海岸線監視と防衛のシステムが一気に更新された。

　さらにベトナムでは、2006年から2010年までの国の全般的発展目標の中で、国防建設が特に重要項目として挙げられた。ベトナム共産党第10回代表大会では「強大な海上武装力を整備し、海上の主権と海上の安全をしっかりと確保せよ」との目標が提示された。

　ベトナムは国際入札を通じて本国最初の通信衛星を打ち上げたが、それまでは主にロシアから高速艇・超音速の対艦攻撃砲・護衛艦・潜水艦・新型戦闘機などを大量に購入していた。

　2009年12月、ロシア製キロ級潜水艦6隻を18億ドルで購入する契約が締結され、サンクトペテルブルクで建造されたこれらのハイテク潜水艦は2015年6月までに4隻が導入された。また、2009年から11年にかけ、ロシア製Su-30戦闘機24機を購入する契約を交わしたのに続き、2013年までに同機12機を追加購入する契約を締結した。

　ほかにベトナムがロシアから購入したゲパルト級フリゲート警備艦のうち、2隻は2011年に就役したが、2011年末に購入契約を締結した2隻は2017年に引き渡されることになっている。[36]

　近年、ベトナムはさらに欧州・日本・米国などから武器や防衛設備を購入するなど、武器輸入源の多角化を進めている。フリゲート艦7隻を所有しているほか、2013年にはオランダ製シグマ級コルベット2隻の購入契約を締結した。

　ベトナムは更に米国との関係を修復して、世界最強の米国製兵器を導入しようとしており、日本からは漁業監視船6隻と、1500トン級新型巡視

---

[36]　Jane's Defence Weekly, 2014-04-07.

船 10 隻を供与されることになっている。

　2007 年以降、ベトナムの軍事用港湾施設の建設が大掛かりに進められた。北部の重鎮ハイフォンにある大型軍港は、4 万トンの大型戦艦と 40 〜 60 隻の艦船や潜水艦とが停泊できる能力の確保を目指して拡張され、カムラン湾に次ぐベトナム第 2 の大型海軍基地になった。

　2012 年 7 月、ベトナム国家主席・チュオン・タン・サンがロシアを訪問し、軍事的要衝のカムラン湾で双方の「軍事協力」を可能とする船舶補修基地の建設を要請した。その後、ベトナムはカムラン湾をロシアが利用することを認め、「キロ級」潜水艦 3 隻もカムラン湾に配備された。[37]

　2008 年のベトナム共産党第 9 回代表大会以後、軍事戦略は「陸で防衛、海で前進」と修正され、「海上防御の厚みをもって、陸の防御の地理的狭さをカバーする」新しい安全保障の思想が確立された。それに従い、ベトナム海軍は「21 世紀の海軍整備計画」を制定し、それまでの軽量型装備を主体とする沿岸型の海上軍事力を、遠洋の航行護衛能力と海上の作戦能力を備え付けた現代化された海軍に脱皮させる目標を打ち立てた。

　ベトナムの海上警察は 1988 年に海軍の一部局として設立されたが、2013 年 8 月に制定された海上警察法によると、海上警察は国防省の直接の管理下から、国防相が直接管理するが、政府と国会に対し責任を負う体制となり、中国の解放軍と武装警察が両立する仕組みになった。[38]

　また 2013 年 1 月、農業農村開発省水産総局の下で漁業監視部隊が発足し、「ベトナムの領海内で法律に反して操業する外国の漁船団の取り締まりと摘発を目的」とし、実際は南海における関係諸国との漁業主導権の争いに使われている。その装備は最初は 4 隻の監視艇だったが、急速に拡張

---

[37] 以下の資料も参照。Thanh nien, ngay 1-8-2015, Thanh nien News, 2015-08-01.『平成 28 年版防衛白書』、第 2 章「諸外国の防衛政策など」。「中国の近隣諸国、軍事力強化にまい進──対中衝突に備え」（署名：TREFOR MOSS）、WSJ 日本語サイト、2015 年 2 月 27 日。http://jp.wsj.com/articles/SB12081608772373954249104580487393533704352

[38] Canh sat bien Viet Nam, "Ngay 12/10/2013, Nghi Dinh 96/2013/ND-CP chinh thuc co hieu luoc," http://canhsatbien.vn/wps/portal

され、2014年7月、オランダ・ダーメン社から技術供与を受け、ハロン造船所が製造した最新鋭の監視艇 KN-781 が就役した[39]。

軍事分析会社グローバル・ファイヤーパワー（Global Firepower）は2016年3月、「世界の軍事力ランキング2016年版」（Countries Ranked by Military Strength 2016）を発表したが、世界の主要126カ国を対象として、軍人数や陸海空の兵力装備、財政、地理的条件、天然資源への依存度などが含まれる50個に及ぶ指標をもとに軍事力を順位付けしたものだ。

ベトナムは2014年より2ランク上昇し、126カ国・地域中21位で、スペイン（38位）、北朝鮮（36位）、マレーシア（35位）、サウジアラビア（28位）、イラン（23位）、ブラジル（22位）より前に列挙されている。それによると、ベトナムの軍事力は2015年末の時点で、現役軍人数41万5000人、航空機の数は289、戦車数は1470となっている。[40]

ベトナムの海上軍事力の整備は、「南沙の島嶼の奪取と占拠」をその目標として公然と掲げている。2010年より以前の作戦は、ベトナム南部のS字型海岸線と近海の島、さらに実効支配下の南沙の島嶼をベースに、比較的に完成された防御システムを構築し、海軍は、地理的優位を生かして軽量級の艦艇の戦闘力を最大限にし、「点（拠点）をもって面（周辺海域）を制す」発想で地域内のほかの国の海軍と対抗するという構想であった。

近年、南海問題の国際化、米日など域外大国の介入を背景に、ベトナム軍の活動は一段と活発化し、能力も更に高められ、軍事戦略はより明確に中国を念頭に置いている。

それに関連して、2015年末に発行された『ニューズウィーク日本版』に掲載されたベトナムの軍備増強に関する記事は次のように分析した。

---

[39] 以下の資料を参照。Ly tuong Nguoi Viet, ngay 5-12-2012. Tong cuc Thuy san, "Ban giao tau kiem ngu KN-781 cho luc luong kiem ngu Viet Nam," ngay 3-7-2014, http://www.fistenet.gov.vn/d-khai-thac-bao-ve/kiem-ngu/ban-giao-tau-kiem-ngu-kn-781-cho-luc-luong-kiemngu-viet-nam/

[40] 「越南海軍称到2015年具備強大遠洋作戦能力」、香港『鳳凰網』サイト、2008年1月19日。

「軍の近代化を加速させるベトナムは、南海の領有権問題をめぐり中国との武力衝突を覚悟しているようだ。10年にわたる軍の近代化は、ベトナム戦争が最も激しかった時代以降で最大規模の軍備増強となっている。

（中略）もし衝突が勃発すれば、ベトナム政府は南海を通過する中国のコンテナ船や石油輸送船を攻撃目標にする可能性があると、オーストラリア国防大学のセイヤー教授はベトナムの軍事戦略家の話として語った。

ベトナムの目的は自国に勝る中国軍に勝利することではなく、『中国に十分な損害と心理的不安を与えて、保険料率を跳ね上がらせ、外国人投資家をパニックに陥らせること』だと、セイヤー教授は先月にシンガポールで開催された会議で示した論文のなかで指摘している。

この記事に関してベトナム外務省にコメントを求めたが、回答は得られなかった。」[41]

三、ベトナムの権利主張に対する分析

ベトナムは南沙諸島と西沙諸島のいずれに対しても主権の要求を出している。南沙に絞っていえば、ベトナム側の主権要求のいわゆる「根拠」はベトナム外務省が1979年8月7日に出した声明と、1979年9月28日と1982年1月18日に発表した二つの白書、およびその他の関連の文章に収録されている。主権要求の「根拠」は5項目に要約できるが、以下でその論調を紹介し、その上で分析を行いたい。

---

41 Greg Torode 記者「軍備増強するベトナム、南シナ海で中国との衝突も視野」、『ニューズウィーク』日本版、2015年12月18日。元記事はロイター12月17日配信。http://www.newsweekjapan.jp/headlines/world/2015/12/161509.php

(1) ベトナムのいう「チュオンサ」は南沙諸島ではない

　ベトナム政府の声明や白書は、中国のいう南沙諸島はすなわち、ベトナムの歴史文献に再三現れた「長沙」（今は「チュオンサ」と表記されるが、かつて漢字を書面言語に使用したベトナムでは「長沙」という二つの漢字が使われていた）であると主張する。

　その論拠は、ベトナムではかなり昔から「チュオンサ」という固有名詞が使われており、ベトナム人が早くから「チュオンサ」すなわち南沙諸島を発見したことを物語っていること、ベトナムには十分な歴史と法律の文書の裏付けによって「チュオンサ」に対して疑いのない主権を持っていること、ベトナムの『大南一統全図』にすでに「大長沙」が表示されたこと、などとなっている。

　しかし、ベトナム政府がいう「チュオンサ」は決して中国の南沙諸島ではなく、ベトナム沿海の一部の島嶼と沙州を指していたのはすべての歴史文書から明らかである。以下はベトナムと中国の相関する古文書を引用してそれを説明する。

　まずベトナムの正史から見る。

① 黎朝皇帝黎聖宗（1470 — 89 年）の洪徳 21 年 4 月 6 日（西暦 1490 年 4 月 25 日）に作成された『洪徳版図』の地図に、ベトナムの陸地から「チュオンサ」まで行くのに一日かかる（「長沙一日程」）と記されている。1930 〜 40 年代、ベトナムの船はほとんど、竹編みで、外に馬の油や牛糞を塗った小舟であり、遠海に出られるようなものではなく、一日のうちに南沙諸島まで到着するのはなおさら不可能であった。
② 1479 年頃、呉士蓮（ゴー・シー・リエン）が編纂した『大越史記全書』[42] の第 2 巻に、李太宗が 1044 年に占城を進攻したことについて次のように記述されている。

42　1479 年、ベトナムの黎朝時代に、呉士蓮（ゴー・シー・リエン）によって編纂された。1272 年に陳朝の黎文休（レ・ヴァン・フー）が編纂した『大越史記』、1455 年に潘孚先（ファン・フー・ティエン）が編修した『史記続編』を元にしたといわれる。

「甲辰，発京師；乙巳，次大悪海口，……抵麻姑山……，過河脳湾……，一日過大，小二長沙，抵思容海口[43]……」。
（甲辰の日に都を出て、翌日、大悪海口に着く。……麻姑山に至り……河脳湾を過ぎ……一日で大・小二つの長沙（チュオンサ）を渡り、思容海口に到着）

以下、「海口」はよく出てくるが、「河口」「入り江」の意味である。ここでも、一日の航海で長沙を経由して前の出発地と後の到着地に行けるように書かれている。

③ 1856〜59年に潘清簡（ファン・タイン・ザン）が中心で編纂した『越史通鑑綱目』[44]の第3巻も、李太宗が占城を進攻したことに関する記載で、「越大，小二長沙，直抵烏龍海口」（大・小二つの長沙を越え、烏龍海口に到達）となっている。

④ 『越史略』[45]の第2巻（阮志）では、「聖武元年（1044年）春二月……乙丑，使大獠班黄犍攻日麗海口，克之，乙巳，渡大長沙。庚午，次思容海口」（聖武元年春二月……乙丑の日、黄犍に日麗海口を攻めさせ、攻略し、乙巳の日、大長沙を渡る。庚午の日、思容海口に到着）と記されている。

　これで分かるように、常識的に考えれば、ある軍隊が日麗海口から思容海口に行くのに、数百カイリ彼方の真の南沙諸島をわざわざ遠回りす

43　中国の著名な歴史学者岑仲勉の考証によれば、「思容海口」はすなわち今日の順化小湾南口である。

44　グエン（阮）朝トゥドゥック（嗣徳）帝の勅命によって1856年より59年の間に潘清簡（ファン・タイン・ザン）を総裁とする国史館によって編纂され，71—84年の検閲を経てキエンフク（建福）帝の元年（1884年）に進呈，版刻された編年体のベトナム通史。ベトナム人によって漢文で書かれた最も重要な通史の一つ。正称は『欽定越史通鑑綱目』。

45　中国『四庫全書』に収録されたベトナムの編年体の史書（本国では散逸）、元の書名は『大越史略』。趙佗（チェウ・ダー）から李朝末（13〜14世紀）の時代に編纂され、選者不明。

るはずはない。まして一日で（「乙巳」から「庚午」まで）南沙諸島を経由して両者の間を移動することも不可能である。

⑤ 1833年に出版された潘輝が注釈した『皇越地輿志』（第1巻）にも、「自越海門至思容門乃大長沙，北海門為小長沙」（越海門より思容門までは大長沙であり、北海門は小長沙だ）の記載がある。

⑥ 1910年、ベトナム国史館が編纂した『大南一統志』（第7巻）にある広治省の「形勢」のくだりに、「………更有大長沙，遵海而南，儼然沙城擁護，実畿輔形勝之地也」（更に大長沙があり、海に沿って南に延び、あたかも沙城に囲まれる形で、まことに景観地である）との記載があり、「長沙」に関する注釈は「自越安汛口，遵海而南，古号大長沙，延袤百余里，東接海浜，西連林木，民居重峒疊阜皆白沙，与承天府同為沙城延亘」（越安汛口より海に沿って南に行くと、大長沙と古来呼ばれるところがあり、百里（約50キロ）余りに延び、東に海浜に接し、西に森とつながり、民居が重なり、皆白い沙で、承天府と同じように、砂浜の連続だ）となっており、ベトナム沿岸の沖の「数百里」にわたる沙州が「長沙」だと説明している。

次に、中国側の歴史文献を見てみよう。「長沙」に関する定義はベトナムの文献よりもっと明確になっている。

⑦『宋史』489巻：「舟師停界海口，進占日麗海口，復占大小長沙，至尸唎列奈登陸」（海軍は南界海口に泊まり、次に日麗海口を攻略し、更に大小長沙を占領し、尸唎列奈で登陸する）。中国軍水師の進軍路線を述べたもので、大長沙、小長沙はその経由の途中にあった。

⑧ 明朝の茅元儀著『武備志』の「安南図」では、ベトナム中部の順化（フエ）府付近の海岸に関して二つの河口地が描かれ、それぞれ「小長沙海口」と「大長沙海口」と明記されている。

⑨ 明朝万暦年間（1573～1619年）、広東瓊崖副總兵の鄧鐘明が描いた『明安南図』は、きれいに「大長沙海口」を「広南承政海口」の北の河口付近に描き、また「小長沙海口」を「順天承政」の北の各付近に標示している。

⑩『越南地輿図説』第 1 巻の 1「広治省」の項目の下に、「越海門，在登昌県，其江乃果江、圓橋二源所注。自越海門至思容乃大長沙，北海門為小長沙」（越海門は登昌県にあり、その川は果江、圓橋という二つの源流から来る。越海門から思容までの間はすなわち大長沙で、北海門は小長沙だ）と説明されている。同書の付録地図「四牌第三」は、承天省の富栄海口（河口）のところに、「大長沙海口」の 5 文字を標示している。

以上の一連の歴史文献から、「大長沙」は明らかに中国の南沙諸島ではなく、ベトナム海岸のフエからフーヴィン（富栄）の河口地帯、すなわち今日のダナン（峴港）辺りの沿岸の島嶼と沙州を指すことに疑問をはさむ余地がない。

ベトナム側がいつも「チュオンサ」は「南沙諸島」だと証拠に挙げる『大南一統全図』でも、「万里長沙」は南沙諸島とまったく異なる位置に描かれている。[46]

（2）「カイロ宣言」と「サンフランシスコ講和条約」をめぐる解釈

ベトナムは、「カイロ宣言」が言及した、日本が窃取した返還すべき中国領土の中に、南沙諸島が含まれていないとも主張している。

周知の通り、第二次大戦以前から、日本はずっと南沙諸島を中国領土の一部を見なし、1939 年に南沙を占領したのち、南沙諸島と西沙諸島など

---

[46] 『大南一統全図』に関する日本人学者の考証を紹介する。「この地図では、ベトナム中部沖合に 30 前後の島々が描かれ枠で囲まれており（ヨーロッパの想像のパラセルの図とも若干似ている）、「黄沙」「萬里長沙」と明記されている。ベトナムの諸文献にパラセル諸島・スプラトリー諸島が古来ベトナムの領土であったことの証拠としてしばしば引用される地図であるが、資料に関する詳細は不明である。ベトナム外務省によれば、1838 年成立の資料であるとのことであるが、筆写年は不明であり、写本も一つしかないように見受けられる。『大南一統輿図』の描き方とあまりにも異なっていることや 19 世紀段階のベトナム資料ではあまり見かけない「萬里長沙」の語が使われていることなどからして、取り扱いには慎重を期すべき資料である」。嶋尾稔（慶應義塾大学言語文化研究所）「中国・ベトナムの漢文文献の中の南シナ海方面の記述について 補遺」、2014 年 7 月 14 日。http://user.keio.ac.jp/~shimao/SCS%20supplement%20shimao.pdf

を合せて「新南群島」と命名した。「新南群島」は、もともとの中国領から不平等条約によって日本に割譲された台湾の管轄下に置かれ、高雄県の隷属とされた。

1943年12月1日に発表されたカイロ宣言は、

> 「同盟国の目的は、1914年の第一次世界大戦の開始以後に日本国が奪取し又は占領した太平洋におけるすべての島を日本国からはく奪すること、並びに満洲、台湾及び澎湖島のような日本国が中国人から盗取したすべての地域を中華民国に返還することにある。」

と日本に求めている。

南沙諸島は日本政府から台湾の行政管轄下に置かれ、中国は日本に対し「中国人から盗取したすべての地域を中華民国に返還すること」を要求した以上、その中に（台湾に帰属する）南沙諸島は当然含まれた。この点は第二次大戦後の世界で誰からも疑問や異議を提起されることはなかった。

ベトナムはまた、「サンフランシスコ講和条約」では日本が南沙諸島と西沙諸島に関する一切の権利を放棄したと規定したが、中国に主権を返還したことに言及していないと主張している。

前述の通り、中国外交部長・周恩来は1951年8月15日の声明で、これに関する中国の立場を表明しており、当時の日本も、中国を代表する台湾政権（国民政府）との間で半年後に調印した「日華条約」の中で、台湾、澎湖列島と並んで、西沙諸島と南沙諸島の中国に対する放棄を認めている。

これらの事実に基づいて見れば、「フランスの保護下だったベトナム代表団がサンフランシスコ会議で発表した声明はいかなる反対も留保も受けていない」というベトナム側の言い分は間違いである。冷戦の中で中国は対日講和会議に出席できず、中国政府の発表した声明にあるように、講和条約そのものは中国に対する拘束力はない。

同時に条約の準備過程から見て、講和条約第二項目の、日本の権利放棄を明記するが権利の帰属に対して規定を行わない、という提案は、当時ベトナムの宗主国であったフランスが提案したもので、フランスが講和条約

の中で南沙諸島の帰属に関する明確な規定を要求しなかったことは事実上その保護下のベトナム当局の主張を否定したことになる。

旧ソ連などの国が出した「南沙諸島が中国領であることの確認を求める」提案は、講和会議の主旨に合わないとの理由で審議が認められなかった。このことは、中国が講和会議に参加できなかったのと同じで、冷戦構造によるものだった。議題の問題をめぐる動向は本質的な問題と関係がないし、中国の主権を損なうものでもない。

(3) ベトナムの「国家継承」説は根拠があるか

1956年、フィリピン政府は、クロマが「南沙諸島を発見し、占有した」と称した後に南沙諸島に対する主権の主張を打ち出した。同年6月9日、フランスのマニラ駐在臨時代理大使はガルシア副大統領に覚書を送り、その中で、フランスは南沙諸島をベトナム共和国に移譲したことはなく、フランスが1954年の『ジュネーブ協定』に基づいて南沙諸島をベトナムに移譲した説は「根拠がない」と表明している。

ここからも、フランスが南沙諸島をベトナムの領土と見なしていないことが示されている。1977年3月22日、フランスの香港駐在総領事館の領事シスネル（Gerard Chesnel）は中国紙の記者に、南沙諸島の主権問題に関する彼自身の見解を次のように述べた。

> 「南沙諸島は今、中国（台湾）、フィリピン、ベトナムの三者によって占拠されているが、南沙諸島は最初からベトナムに所属するものではない。かつてフランス軍が南沙を占領した際、その群島に配備したのは一部のフランスの軍隊であり、（中略）ベトナム人は入っていなかった。1954年、フランスは『ジュネーブ協定』に調印し、ベトナムの独立を承認したが、そこで規定されたベトナムの境域にも、南沙諸島の主権問題が言及されていなかった。すなわち、フランスは南沙諸島の主権をベトナムに引き渡していないことである。」[47]

47　前掲、韓振華『我国南海諸島史料滙編』、542頁。

かつての宗主国であったフランスの外交官ですら、南沙諸島のベトナム領有を否定していることから、ベトナムが主張した「フランス植民政府とサイゴン政権はいずれもベトナムの名義でチュオンサ諸島に対して主権の管理を実施した」ことは立脚できないことがはっきりと示された。
　1954年の「ジュネーブ協定」を通じてフランスから南沙諸島の主権を継承したというベトナム側の主張には、何ら裏付けがないことを意味する。

　もう一点触れておくべきことは、ベトナムの大陸棚やEEZに関する主張も、中国の南沙諸島とその海域に対する歴史的権利を変えることはできないし、すべきではないということである。
　2009年5月、ベトナムは国連の大陸棚限界委員会に「大陸棚境界分割案」を提出した。それによると、ベトナムは2007年と2008年の連続2年間の専門調査を通じて得たデータに基づいて、ベトナム側が希望する大陸棚の外部の延長地点を明記し、すでに完成した45の固定基点がベトナムの大陸棚の外部限界を構成していると主張した。
　同案は西沙と南沙のいずれもベトナムの領土とし、ベトナムが両群島の主権をもつと記している。この案は実際に国連で認知、採用されないことをベトナム政府はよく認識しているにもかかわらず、その提出を強行したのは、南海をめぐる紛争の国際化と拡大を狙っているとしか解釈できない。
　他国の領土主権を犠牲にして、1カ国もしくは数カ国の大陸棚およびEEZに関する主張を満足させることは国連海洋法条約（UNCLOS）の主旨に符合せず、衡平の原則に反するものである。
　南沙諸島は中国領土の不可分の一部であり、海岸の隣接国や向かい合う国が存在する条件の下では、大陸棚やEEZに関する主張は一方通行的なもの、偏ったものであってはならない。

第5章　中国とフィリピンとの紛争

一　海洋管轄権に関するフィリピンの主張

　フィリピンはアジア諸国の中で、本国の海洋管轄権を領海以外の海域への延長をもっとも早く主張した国の一つである。1949年6月18日、フィリピン政府は共和国法第387号として「石油法」を公布し、その第3項目で、領海と大陸棚にある石油と天然ガスの資源はフィリピンの国家所有に属すると規定した。[1]

　1955年3月7日、フィリピン政府は国連国際法委員会（International Law Commission、略称：ILC）が提出した海洋法条項案について国連事務総長に覚書を送り、フィリピンの群島国家としての地位を宣言し、フィリピン群島の最外側の各ポイントをつなぐ直線基線以内の水域はフィリピンの内水であることを主張した。

　これにより、米国とスペインの間で1898年に調印された「パリ条約」、1900年に調印された「ワシントン補足条約」、及び米英間で1930年に調印された条約で規定されたフィリピン群島の範囲線以内の広い海域はフィリピンの領海と宣言されたのである。[2]

　続いて1961年6月17日、フィリピン政府は共和国法第3046号の形で「フィリピンの領海基線の確定に関する法案」を公布し、一連の主張に関する立法の手続きを進めた。さらに1968年9月18日の共和国法第5446号をもって修正を行い、フィリピンの領海基線と基点の座標が正式に公表

1　国連立法シリーズ、ST/LEG/SER.B/1 &B/6、p.19, 40.
2　ILC年刊、第2冊、1956年70号。『国連立法シリーズ』、1957年、pp.39-40.

されるに至った。[3] その間の 1968 年 3 月 20 日に出された大統領令第 370 号は、大陸棚に対する管轄権を宣言し、その範囲を領海以外の開発可能な深さまでと定義した。

さらに、1978 年 6 月 11 日に発布された大統領令第 1596 号では、南沙諸島の主要部分はフィリピンの「カラヤン群島」であると宣言し、主権要求を打ち出し、同時に南沙海域の 6 万 4976 平方カイリの面積に対する管轄権の主張を表明した。同日に発布された大統領令第 1599 号では、200 カイリの EEZ（排他的経済水域）の設置が宣言され、それまでの内水、領海および大陸棚に関する主張も重ねて表明された。1982 年 12 月 8 日、フィリピンは UNCLOS に調印し、84 年 5 月 8 日には条約を批准し、最も早くそれを批准した国の一つとなった。

1961 年の共和国法第 3046 号と 1968 年の共和国法第 5446 号によれば、フィリピンの領海基線は 81 の点とそれをつなぐ直線からなり、フィリピン群島全体は領土基線以内に含まれ、領海基線の陸向けの水域はその内水と規定された。同時に、1898 年の「パリ条約」で定義されたフィリピン群島の範囲線はフィリピン領海の外部境界線と確定された。

「パリ条約」の第 3 項はフィリピンの領土について次のように規定している。

> 「スペインは今、フィリピン列島と呼ばれる群島について、以下の各線以内の諸島嶼を米国に割譲することを認める。東経 118 度から東経 127 度までの北緯 20 度線に沿うか若しくは近接する形で一本の直線で西から東へバシー海峡の航路中間線を通り抜け、続いて東経 127 度に沿って北緯 4 度 45 分に至り、また北緯 4 度 45 分から東経 119 度 35 分の交差点に至り、更に北緯 7 度 40 分に至り、続いて北緯 7 度 40 分に沿って東経 116 度の交差点に到着し、それからさらに一本の直線で北緯 10 度と東経 118 度の交差点に至り、そして東経 118 度に沿って起点に達する。」

3　国連立法シリーズ、ST/LEG/SER.B/15、pp.105-121.

フィリピン群島のこの範囲線は7段の線から引かれたが、そのうちの一段は経度の子午線または緯度の平行線に沿って引かれておらず、問題に気付いた米国は直ちにスペインと再交渉し、最終的に1900年の「ワシントン補足条約」に調印し、その範囲を画定させた。

　群島国家としてのフィリピンは直線基線の方式を採用し、群島の原則に基づいて本国の群島基線（すなわち領海基線）を画定した。南沙群島とその付近の海域がフィリピン群島の基線以内に引かれていなかったのは明らかである。

　しかし1961年と68年の共和国法により、フィリピンは1898年の「パリ条約」が規定したフィリピン群島の範囲線をその領海の外部境界線に置き換え、その主張する領海の範囲は、北緯4度24分から21度25分まで、東経116度から127度までの、23万平方カイリになった。

　これにより、フィリピンが南海で主張する領海の幅は陸地から147～284カイリまでに及び、中国の9段線に深く食い入ることになった。[4]

　1978年の大統領令第1599号によって、フィリピンは更に200カイリのEEZの設置を宣言し、26万2000平方カイリの海域に対する管轄権を主張した。これにより中国の黄岩島（スカボロー礁）と南沙諸島の大半の島嶼は、フィリピンが主張するEEZの範囲内に組み入れられた。これによって、フィリピンが主張する領海、EEZおよび大陸棚を含む海洋管轄権の区域は総計、65万3000平方カイリに上る。

　2009年2月、フィリピンの議会で「領海基線法」が採択され、一部の南沙の島嶼と黄岩島はフィリピンの領土であると明示された。

　フィリピン政府が行ったこれらの一方的な海洋立法により、南沙の広域の海域はフィリピンのEEZとされた。フィリピンが中国の南沙海域の権益に対して主張した権利の範囲はベトナムに次ぐ大きさである。

---

[4] DP O'Connell, Mid-Ocean Archipelagos in International Law, 1971 (45), British Yearbook of International Law, p.26. The Law of the Sea and Maritime Boundary Delimitation in South-East Asia, Singapore: Oxford University Press, 1987, p.154.

二、南沙諸島とその付近海域への拡張

フィリピンは主に 1970 年、1971 年、1978 年、1980 年および 1999 年の 5 回の軍事行動を起こし、南沙諸島の以下の九つの島嶼を占拠した。

中国語名	英語名 （日本語の通称名）	フィリピン（タガログ語）名	備 注
馬歓島	Nanshan Island	Lawak （ラワック島）	中国名は、鄭和の西洋下りに同行した馬歓の名に由来。1970 年、フィリピンが占拠。
中業島	Thitu Island （パグアサ島）	Pag-asa Island （パグアサ島）	1971 年からフィリピンが実効支配。軍人以外、100 人以上の民間人が移住。1500 メートル級滑走路あり
西月島	West York Island	Likas （リカス島）	1971 年からフィリピンが実効支配。
北子島	Northwest Cay （ノースイースト島）	Parola （パローラ島）	1971 年からフィリピンが実効支配。
南鑰島	Loaita Island （ロアイタ島）	Kota （コタ島）	1971 年からフィリピンが実効支配。
費信島	Flat Island （フラット島）	Patag （パタグ島）	中国名は鄭和の西洋下りに同行した役人・費信にちなむ。1971 年、フィリピンが占拠。
楊信沙洲	Lankiam Cay （ランキアム礁）	Panata （パナタ島）	1978 年、フィリピンが占拠。
司令礁	Commodore Reef	Rizal （リサール礁）	1980 年、フィリピンが占拠。
仁愛礁	Second Thomas Shoal （セカンド・トーマス礁）	Ayungin （アユンギン礁）	1999 年からフィリピンが占拠。

フィリピンは現在、占拠した島嶼の上に多数の軍事基地を造り、軍隊を常駐させており、南沙の島嶼に駐在する軍人の総数は 1000 人以上に上っている。

近年、中国の島埋め立て工事が始まるまで、南沙諸島においてフィリピンは最も長い滑走路とベトナムに次ぐ軍事的施設を保有した。フィリピンは、1970 年代前半から比較的面積の広いパグアサ島（中業島）に 1500 メートル以上の滑走路を敷いた以外にも、長年にわたって海軍が実効支配している島嶼に民間用の住宅・灯台・レーダー基地を建設した。滑走路の拡張により大型輸送機の離着陸が可能になり、増援部隊は 2 時間以内に島

嶼へ急派する能力を確保した。

2002年4月9日から17日まで、フィリピン当局は政府関係者と新聞記者など合わせて260数人が南沙諸島に赴いた。いわゆる「カラヤンの発見の旅」を企画し、その間、一行は各島の守備軍に対して取材と慰問を行い、そこで撮影した島嶼の記録映画はフィリピンの海軍記念日に上映された。このほかフィリピンは、占拠した島嶼にすでに数百人単位のフィリピン人を「開拓者」として移住させ、また少数の役人も常駐させ、実効支配を進めている。

フィリピンの南沙諸島およびその付近海域に対する拡張の歴史は、主に三つの段階に分けられる。

(1) 手探りの初期段階

フィリピン政府が南沙諸島に対して初めて公式に主権要求を打ち出したのは1971年だったが、それよりかなり前から、南沙諸島への進出に意欲を見せていた。

1933年、フランスが南沙の九小島を占拠した時、フィリピンの参議院議員レーイェス（Isabelo de Los Reyes）は米国のフィリピン総督フランク・マーフィー（Frank Murphy）に対して、南沙をその版図に組み入れるよう提案したが認められなかった。

1938年、フィリピン大統領ケソン（Manuel I. Quezon）は日本政府に共同で南沙諸島を占領するよう働きかけたが、断られた。第二次世界大戦中、南沙の一部の島嶼には日本海軍によって戦争の拠点が造営された。

フィリピンは1946年7月4日に独立を宣言したが、敵対国家がフィリピンに侵入するための基地として再度南沙諸島を利用する懸念から、南沙に対して主権要求を打ち出すようになった。

同年7月23日、フィリピン副大統領兼外相キリノ（Elpidio Quirino、後の大統領）は法的根拠を示さないまま、「新南群島」をフィリピンが受け継ぎ、国防の範囲に含むべきだと発言した。

1948年、マニラの航海学校校長クロマ（Tomas Cloma）が探検隊を組んで、太平島に上陸した。1949年、フィリピン政府の閣僚会議は海軍副

少将アンドラダ（Jose V. Andrada）を南沙の太平島への「視察」に派遣し、島への移民と併合を図ろうとした。一部の閣僚は、フィリピン住民の太平島定住を奨励することも提案した。[5]

しかしこれらの動きが明るみになると、中国のフィリピン駐在公使・陳質平は 1949 年 4 月 13 日、フィリピン外務省に第 2973 号外交文書を送り、異議を申し入れ、太平島は中国領であることを強調した。これに対してフィリピン外務次官ネリ（Felino Neri）は返信の中で、「内閣は、報告された太平島付近の海域で漁業等の活動に従事するフィリピンの漁民に対して、より多くの保護を与えることについて検討したに過ぎない」と弁明し、太平島に対する主権要求を自ら否定した。それ以後、南沙諸島に対するフィリピンの行動は一時的に下火になった。

1950 年 5 月 17 日、フィリピン国防省と外務省は南沙諸島を占拠する可能性を検討した。直後、大統領に就任したキリノは記者会見で、もし本当に国民政府軍（台湾軍）が南沙諸島を占領しているのならフィリピンは占領要求を出す必要がないが、南沙が「敵対勢力」に占領されればフィリピンの安全が脅かされると発言した。[6]

これに対し、中華人民共和国政府関係者は直ちに、中国領土に対するフィリピン政府の誤謬に満ちた宣伝は明らかに米国政府の指図によるものであり、フィリピンにおける挑発者と米国支持者は、この種の冒険的計画を諦めなければ重大な結果を招くとして、中華人民共和国は南沙諸島及び南海の中国に属する島々が外国に侵害されることを決して容認しないとの声明を発した。[7]

キリノ大統領の発言が批判された後、フィリピン政府は、政府の名義で南沙諸島に対して正式の主権要求を出すことは多くの反発を招くと認識し、代わって民間と個人の活動への支持を通じて南沙への浸透を図り、最終的

---

5 前出（台湾）「外交部南海諸島档案資料滙編」Ⅲ（2）：5 頁。「菲圖謀太平島等地」、駐菲公使館（民國 38 年 4 月 13 日、來電專號第 635）。

6 BBC, SWB, FE/2057, 1950-05-28, p.26.

7 『人民日報』1950 年 5 月 20 日、一面。

に南沙諸島を占拠する目的を実現する方針へと転換した。

「人道王国」事件

1954年から55年にかけて、フィリピン政府は「人道王国」(the Kingdom of Humanity) 事件を利用して南沙諸島への拡張を図ろうとした。

1954年6月5日、台湾当局は自称「人道王国」政府外相アンデルソン（Victor L. Anderson）からの書簡を受け取った。

書簡には、「人道王国」は東インド諸島およびベトナム付近の一連の小島を国土として新たに建国したもので、国王は元米国民（冒険家モートン・F・ミード＝Morton F. Meeds）であると紹介された上で、「人道王国」は領土が狭く資金もないため、台湾当局が「人道王国」に対して外交承認を行い、さらに「共同で共産主義に反対する目的を達成するため、西沙諸島と海南島をそれに譲渡し、経済援助も行うように」とする要求が書かれていた。[8]

あきれた台湾当局は、このいわゆる王国は国際的承認を得ておらず、その主張も荒唐無稽と判断して取り合わなかった。

一方、アンデルソンが主張した領土のうち、中国領が含まれることを懸念し、台湾外交部は同年7月14日、国防部に書簡を送り、中国に所属する南沙諸島のうち、いわゆる「人道王国」の組織の存在や活動の有無を調べるよう要請した。[9]

7月27日、自称「人道王国」の秘書ウィリアード（P. A. Williard）は再度台湾総統に書簡を送り、海南島を買い付けたいと求めた。[10]

人道王国の神話が公になると、フィリピン政府はこれを積極的に利用し、マグサイサイ大統領は直ちにフィリピン空軍に対しこのいわゆる「人道王国」の所在を突き止めるよう指示した。フィリピン空軍の飛行機は南沙の上空を周回したが、その存在を発見できず、太平島にのみ人が居住する気

---

8 前出（台湾）「外交部南海諸島档案資料滙編」、Ⅲ（3）、1頁。
9 同上Ⅲ（3）、2、18頁。
10 同上Ⅲ（3）、5頁。

配があると報告した。

フィリピン側は台湾当局に対し、これはおそらく密輸かもしくは共産勢力の活動拠点であることをほのめかし、台湾当局の共産主義への警戒心に付け込んで、フィリピンによる南沙島嶼への占拠に対する黙認を引き出そうとした。

一部のフィリピン人が南沙諸島を直ちに占有せよと気勢を上げる中で、副大統領兼外相ガルシアは大統領に、南沙に対する領土要求を公にするよう提案した。

1954年10月21日と55年5月27日、フィリピンの船舶は二度にわたって太平島に到着した。ところが、1956年6月、自称「1945年に南海で人道王国を発見した」米国人冒険家ミードは詐欺の疑いでフィリピンで拘束された。[11] 彼が取り調べを受けた際に描いた「人道王国」の地図には、南沙諸島もその範囲内に含まれた。それに対し、台湾外交部は7月4日、フィリピン駐在大使館宛に、フィリピン当局に対し、中国の南沙に対する主権への侵害を認めず、すでに調査に着手しており、フィリピン側との衝突を避けるため、これで通報する旨を連絡させた。[12]

台湾外交部は同時に国防部に電報を送り、飛行機と艦船を派遣して南沙諸島に「人道王国」の不法な存在を調査し、警戒態勢を敷くよう提案した。[13] 南沙海域で現れた危機に直面し、台湾外交部は太平島での軍隊駐屯の回復を検討すべきだとして、以下3点の理由を挙げた。

> 1、共産勢力は東南アジアに拡張しており、北ベトナムで共産党政権ができたため、太平島の地位は一段と重要になり、太平島での軍隊駐在を再開すれば、西と北の両方向では中国共産党政権のベトナムや

---

11 ミードの真実な身分について、米軍マニラ駐在部隊の退役軍人か、フィリピン在住米人ビジネスマン、との複数の説がある。その関連活動について、以下の研究を参照。Hartendorp AVH., History of Industry and Trade of the Philippines: The Magsaysay administration, Manila: Philippine Education Co., 1961, pp.209-211.

12 同「外交部南海諸島档案資料滙編」Ⅲ（3）、7―8頁。

13 同上Ⅲ（3）、8―9頁。

海南島での活動を監視でき、また東と南の両方向ではフィリピンとボルネオ島の防備に役立つ。

　２、経済面において太平島は燐鉱の資源が豊富であり、肥料として活用することができる。

　３、フィリピンが一方的に領海線を引いた結果、台湾の遠洋漁業は不便になったため、仮に太平島を拠点にすることができれば海洋漁業の発展に大いに有利になる。[14]

　台湾国防部はこれを受けて甲乙という二つの案を作成して蒋介石総統に提出し、判断を仰いだ。

　1949年以降、中国共産党側との内戦に敗れた国民党政権は台湾に退避し、兵力不足のため、太平島駐在の軍隊を引き上げていた。さらに1954年から55年にかけて、金門・馬祖諸島をめぐって人民解放軍と緊張的な対峙状態に至ると、蒋介石は乙の案、すなわち、南沙諸島は「軍事面では台湾と澎湖列島の防衛作戦にほとんど価値が見られず、かつ国軍の能力に限界があり、それ（太平島）に対する支援と補給も困難なため、当面は常駐する軍隊を派遣しない。しかし一方で、外交部はフィリピン側に対して外交的手段を通じて領土主権を守る目的を達成すべきだ」という内容の案を採用した。[15]

　その方針を受けて、台湾のマニラ駐在公使・周書楷が「人道王国」事件に関連し、南沙諸島は中国領であると申し立てた。一方のフィリピン側も、いわゆる「人道王国」の張本人ミーズがその事実捏造行為を認めたため、これ以上、同事件を利用して騒ぐことはしなくなった。

「フリーランド」事件

　続いてフィリピンの南沙諸島に対する関心は別の事件によって再び高まった。ある漁船会社のオーナーであり、フィリピン海洋研究所の所長

14　同上Ⅲ（3）、9頁。
15　同上Ⅲ（3）、10頁。

を務めたトマス・クロマは 1956 年 3 月より、その弟と 40 人の船員を率いて南沙諸島を「遠征」し、5 月 11 日、一行は、中国政府がすでに主権回復の標識を立てた太平島を含む南沙諸島でフィリピンの国旗を掲揚し、「カラヤン群島」と命名し、「フリーランド」として正式に領有することを宣言した。

5 月 15 日、クロマはフィリピン副大統領兼外相ガルシアに書簡を送り、南海のパラワン島以西の約 400 キロのところで複数の島を「発見」し、その面積は 6 万 4976 平方マイルだと伝えた。

書簡に付属した地図によると、彼が言う「カラヤン諸島」は南沙諸島のいくつかの重要な島嶼、例えば Spratly Island（南威島）、Itu Aba Island（太平島）、Thitu Island（中業島）、Namyit Island（鴻庥島）、Mariveles Reef（南海礁）、Investigator Northeast Shoal（海口暗沙）、Investigator Shoal（楡亜暗沙）などを含んでいた。

クロマは、これらの島嶼はフィリピン海域より外にあり、いかなる国の管轄に属さないとして、「先占による合法的領有権」を彼に認めるよう要請した。[16]

5 月 21 日、クロマは 2 回目の書簡を送り、この申し入れはフィリピンの一国民が出したもので、フィリピン政府を代表せず、フィリピン政府からの権利委譲も受けていないと断った。その上で、自分の主張は同群島がフィリピン領土の一部になることにつながると強調し、そのためにフィリピン政府からも「フリーランド」群島の主張への支持と保護をすべきだと要請した。

ただ、クロマはこれらの島に別の権利請求者が存在していることを念頭に、フィリピン政府に対し書簡の末尾で「他の国の反対を招く恐れがあるため、わざわざ国連に主権の要求を出さない方が良い」とも提言した。[17]

既成事実を作るため、7 月 6 日、クロマは「フリーハンド」（全称は

---

16 同上Ⅲ（3）、5 頁。
17 Government States Position on Imbroglio over Isles, New Philippines, February 1974, pp.6-11.

「Free Territory of Freedomland」）の政府の設立を宣言し、その首都はパグサ島（中業島）に置き、自ら国家最高委員会主席に就任すると公表した。

この事件に最初からフィリピン政府が絡んでいたことは、のちに明らかになっている。クロマ一行の遠征隊の歓送会には、ガルシア副大統領兼外相も出席した。[18] ただ、「人道王国」事件の失敗という教訓があったため、フィリピン政府はクロマの申し立てに対して公の支持を表明せず、南沙に対する領土主権の要求も公式に打ち出さず、代わりに台湾当局と接触して、これらの島嶼の問題を協議するよう持ち掛けた。[19]

北京の抗議と台湾による3度の艦隊派遣

中華人民共和国外交部報道官はその間、5月29日にこのクロマたちの動きに対して直ちに抗議し、いかなる国がいかなる口実で、またいかなる方式で中国の合法的領土主権に対して侵害することも絶対に容認しないとの立場を表明した。[20]

1956年6月、中国の新聞ではフィリピンの南沙諸島に関する立場を批判する記事が立て続けに掲載され、北京大学歴史学部教授・邵循正の論文は中国の南海諸島に対する主権を検証し、その防衛を呼び掛けた。[21]

『人民日報』の別の記事は、クロマの南沙諸島に対するいわゆる「発見」を反駁し、「フィリピンが発見されることよりはるか前から、南沙諸島はすでに中国領土の一部だった」と指摘した。[22]『人民日報』に掲載された「オブザーバー」論文は、フィリピン政府が南沙諸島に対して示した

18　前出『我国南海諸島史料滙編』、683頁。
19　Marwyn S. Samuels, Contest for the South China Sea, p.91.
20　外交部『中華人民共和国対外関係文件集』第4巻、北京：世界知識出版社、1958年、61－62頁。
21　Shao Hsun-cheng, Chinese islands in the South China Sea, People's China, 1956, No.7, pp.25-27.
22　『人民日報』1956年6月5日。

興味は「米国政府の策動を受けたものだ」と批判した。[23]

　台湾当局も５月末にフィリピンに抗議を申し入れ、６月１日、周書楷・外交部次官と各部署責任者との緊急協議を経て、南沙守備区の設立、軍の常駐の復活を決定した。実際の行動として翌月２日、主権防衛と国威発揚を目的とした「立威部隊」を急きょ編成し、直ちに南沙諸島に向かって出航した。

　海軍艦隊には、外交部専員（特別代表）林新民、軍の新聞記者らが同行し、５日に太平島へ到着した。翌６日から８日は島で測量・国旗掲揚・石碑建立などの作業を行った。続いてほかの諸島もパトロールして同様な作業を行い、侵入者クロマが各島に残した石碑などの痕跡も除去した。「立威部隊」は合わせて南沙諸島の23カ所の島や沙州、環礁を巡視し、14日、台湾に帰港した。

　その直後、クロマ一行は再び、南沙諸島で旗を立てるなどの活動を行い、９日と20日の２回にわたって在マニラの台湾大使館へ口上書を送り、権利と実効支配を主張するとともに「中華民国の主権的立場も尊重している」と述べた。

　そこで台湾当局は６月29日、再度「威遠部隊」を組織し、南沙守備区部隊と物資を護送して南沙諸島に進駐することを決定した。同部隊は７月６日に出航し、11日に300人の陸戦隊が太平島に上陸し、砲台・兵営・通信施設などを構築した。これで台湾の軍隊は太平島での常駐を回復し、60年代末まで、南沙地域における唯一の駐在軍隊であり続けた。

　「威遠部隊」は各軍艦をそれぞれ、中業島（Thitu Island）、敦謙沙洲（Sand Cay）、西鈅島（West York Island）、鴻庥島に派遣して兵員を上陸させ、さらに南威島（Spratly Island）、南鈅島（Loaita Island）、南子礁（Southwest Cay）、北子礁（Northwest Cay）にも巡視させた。

　台湾側の行動に対抗し、南ベトナム側は西沙諸島のフーニャット島（甘泉島）を占領し、南沙諸島の南威島にも上陸して国旗を掲げた。台湾側は更に主権の主張を周知させる必要があるとして、９月24日、再度「寧遠

---

23 『人民日報』1956年６月28日。

部隊」を組織して、南沙諸島の巡視とともに太平島駐留部隊への補給物資の輸送を行った。艦隊は 28 日に太平島へ到着し、続いて鴻庥島・敦謙沙洲・南鈅島・中業島を巡視した。

艦隊の太和号・永順号の両艦が中業島で合流し、双子礁に向かう途中の 10 月 2 日、クロマの弟が率いるフィリピン海洋研究所の訓練船 P.M.I-IV 号を発見し、船への立ち入り検査を行った。船にあった兵器が没収され、船長と機関長は事情聴取を受けて「中国の領海を侵犯した」と認める文書に署名し、以後、南沙諸島を往来しないと約束した上で釈放された。[24]

「寧遠部隊」は 10 月 5 日に帰港したが、それ以降、台湾海軍は 3 〜 4 カ月に一回のペースで定期的に南沙諸島の巡視と太平島南沙守備区部隊への補給を行うようになり、それは今日まで続いている。

フィリピン当局は事件の拡大を受けて、台湾側との対立を避ける方針を取った。7 月 10 日、台湾のフィリピン駐在大使陳之邁はガルシア副大統領兼外相と会談し、クロマの行動は完全に個人の責任との釈明を受け入れ、南沙諸島の問題について話し合いによる解決の方針を確認しあった。[25]

北京と台湾の抗議以外にも、「フリーランド」事件に対しては他の数カ国が反応を示した。1956 年 6 月 9 日、フランスのマニラ駐在臨時代理大使はガルシア副大統領に覚え書きを送り、フランスは南沙諸島をベトナム共和国（すなわち南ベトナム）に移譲した事実はなく、南沙は今もなおフランス領に属すると主張した。南ベトナム当局は直ちにフランスの主張に反論し、海軍を南沙のいくつかの島に派遣し旗を立て、主権の標識を打ち立てた。[26] イギリスとオランダ両国もどさくさに紛れてそれぞれのマニラ駐在大使館を通じてフィリピン政府に、これらの「係争中の島」に対する主権の要求を提起した。

24　前出『海軍巡弋南沙海疆経過』、163 — 173 頁。

25　Marwyn S. Samuels, Contest for the South China Sea, New York and London: Methuen, 1982, pp.81-86. 日本語の文献は浦野起央『南沙諸島国際紛争史』第 15 章 2 節「南沙群島のフリーダム・ランド事件」を参照。

26　Government States Position on Imbroglio over Isles, New Philippines, February 1974, pp.6-11.

中華人民共和国と台湾当局の厳正な抗議に面して、フィリピン政府は表面上クロマに対する支持を口にしなくなった。しかし1956年12月になると、ガルシア副大統領はクロマへの正式回答の中で表現をすり替える手法を使い、再度権利の主張を打ち出した。

　ガルシアの書簡の内容は翌57年2月に明るみに出たが、それによると、クロマがフィリピン当局に手渡した地図は南沙諸島を「フリーランド」の中に含んでいるにもかかわらず、フィリピン政府は南沙諸島といわゆる「フリーランド」を故意に区分して次のように主張を展開した。

　「外務省が関心を持つのは、国際社会で一般的に知られる南沙諸島の七つの島嶼群以外の、貴殿が『フリーランド』と呼ぶ地域内の島、小島、サンゴ礁、沙州などは無主の地である点である。一部の島嶼は新たに出現したものであり、一部は国際地図に表示されておらず、その存在が疑問視されていた。これらの島の大半はかつて占有されたことがなく、人が居住した気配もなかった。言い換えれば、それらの島嶼はフィリピン人の経済開発と定住にとってオープンな存在であり、これらの島に対するいかなる国も専属的主権が一般的に認められる国際法の原則もしくは国際社会が承認する習わしに基づいて樹立されていなければ、フィリピン人は国際法のもとで他の国の公民と同様に一連の活動に従事する権利を持つ」。

　ガルシア副大統領の最後の結論はこうだった。

　「フリーランドに含まれる群島と小島の地理的位置から見て、サンゴ・海産物・燐肥などの経済的資源を有する以外にも、フィリピンの西国境に近接しており、フィリピン群島と歴史的、地理的な関係を有し、我が国の国防と安全にとって重大な戦略的価値を持っている。そのため、フィリピンの国民は法律に則って行動をするならば、フィリピン政府は彼らがこれらの無人で占有されていない島嶼群で経済活動を行

い、移住を行う問題について関心を寄せないわけにはいかない」[27]

これらの言動から、フィリピン当局が南沙諸島に対して「関心」を示したことは明らかだった。ただ、中国大陸と台湾およびサイゴン当局の抗議に対して反論できず、公に南沙に対する領土主権を打ち出すに至らなかった。クロマの関係者が台湾軍によって南沙諸島から追放された時も、フィリピン政府はそれに対する「支持」「懸念」「保護」といったクロマへの約束を果たすことはなかった。

公式な主権要求と島嶼占拠

1971年7月10日、フィリピン政府は、台湾当局の軍艦が南沙海域で一隻の非武装のフィリピン海軍の船舶に発砲したと非難した。マルコス大統領は直ちに国家安全保障会議を招集し、南沙の地位の問題を協議するよう指示した。また声明を発表し、初めて公に南沙に対する主権の主張を打ち出した。

この声明はフィリピン政府の南沙問題に関する次のような新しい公式立場を示した。

1、太平島（「Ligaw」と呼ばれた）はフィリピンに近接するため、台湾もしくはその他のいかなる国の軍隊が現地に存在することは、みなフィリピンの「国家安全」に対する「深刻な脅威」である。

2、スプラトリー群島は連合国の事実上の信託統治の状態下にあることを再確認し、よって、いかなる国も連合国の認可と批准がなければ、当該群島に軍隊を派遣・駐屯することができない。

3、（一旦取り下げた、1956年に主張した）南沙諸島以外の「フリーハンド」に属する53の島嶼はフィリピンに属するとし、これらの島嶼はフィリピンの公民クロマが1947年から1959年までの間に発見したもの

27　Government States Position on Imbroglio over Isles, New Philippines, February 1974, pp.6-11.

である。

　マルコス大統領は、「これらの島嶼は無主の地と認められており、国際法が認める領土取得の方法、例えば占有と実効支配を通じてこれらの島嶼を領有することができる」と表明し、南沙諸島は「見捨てられた無主の地であり、係争地である」として、フィリピンがそれに対して占有と実効支配を通じて、その主権を取得することは十分な理由がある」と主張した。[28]
　その主張に新味がないが、1950年代に比べ、二つの違いが見受けられる。

　１、これはフィリピン政府が初めて南沙諸島に対する主権の要求を公式に打ち出したことである。
　２、この時点で公に主権の要求を打ち出したのは、フィリピンはすでに南沙の一部の島嶼に対して「占領と実効支配」を行ったからである。

　1970年代に入って、フィリピン政府は公然と派兵して南沙の島嶼を相次いで占拠した。1970年8月23日、フィリピン海軍は馬歓島（Nanshan Island）に上陸して、ラワック（Lawak）島に改名して常駐した。
　1971年4月14日、フィリピン軍は南鑰島（Loaita Island）を占拠し、コタ（Kota）島に改名した。続いて4月18日、中業島を占拠し、パグアサ（Pag-asa）島に改名した。同じ期間、フィリピンは台湾軍が太平島から撤収するよう要求するようになった。
　中国政府は直ちにマルコス大統領の声明に反応した。1971年7月16日、中国人民解放軍総参謀長・黄永勝が北朝鮮の駐中国大使が催したレセプションで行ったスピーチの中で、フィリピンの侵略行為をわざわざ取り上げて抗議の意思を示した。中国に所属する南沙諸島に対する侵犯は「米国帝国主義がアジアで侵略の政策を遂行する必要に沿ったもの」とし、中国の主権を重ねて強調し、フィリピン政府は直ちに南沙諸島からすべての人

---

[28] Government States Position on Imbroglio over Isles, New Philippines, February 1974, pp.6-11.

員を撤収するよう求めた。[29]

　台湾当局も7月12日に抗議声明を発し、太平島からの撤退を拒否し、フィリピンの船舶に発砲したことを否定した。中国側の抗議が行われた直後の7月30日、フィリピンはまた西月島（West York Island。リカス（Likas）島に改名）と北子島（Northwest Cay。パローラ（Parola）島に改名）を相次いで占拠した。

　その月のフィリピンの英字紙『マニラ・クロニクル』（Manila Chronicle）の報道によると、ある大手の米国石油会社はすでにクロマとの間で、石油の産出が見込まれる南沙海域での探査と開発をめぐって交渉に入っており、双方の間で契約が交わされれば、この地域は米国の軍事基地になる可能性が大きいという。

　米国政府は公の立場として、本国の石油会社がこの係争海域で探査活動を実施することを支持しないと表明したものの、この報道やフィリピン当局の南沙諸島に対する武力占拠のタイミングを合わせて見れば、フィリピンが南沙に本格的に拡張し始めた真の狙いは、この海域の石油資源の確保であると見られる。

　1960年代後半、ECAFE（アジア極東経済委員会）の調査レポートは、南海の海域における石油の貯蔵量が豊富であるとの明るい見通しを示しており、フィリピン当局がその魅力を見逃すはずはなかった。その間、フィリピン衆議院の野党リーダー、ミトラ（Ramon V. Mitra）も政府に対して南沙問題の注意を促すとともに、「これらの島は石油の貯蔵量が豊富な地域に位置する」ことにわざわざ言及した。[30]

　1970年代を通して、フィリピンは海の石油資源探査活動を大規模に展開した。1970年、パラワン島周辺海域の地震調査が行われた。1971年、フィリピンの石油会社 OPMC（Oriental Petroleum and Mining Company）はパラワン島北西約50マイルの海域で「Pagasa 1-A」と称するボーリング調査を行った。

29　『人民日報』1971年7月17日、第2面。
30　Marwyn S. Samuels, Contest for the South China Sea, p.91.

1972年、フィリピンと欧米諸国の石油会社との間で11の契約が結ばれたが、そのうち、9カ所はパラワンの西海岸に位置し、「シェブロン・テキサコ（Chevron-Texaco）」、「フィリップス（Philips）」、「キャンプリン（Camplin）」、「シットゴー（CITGO。元はCities Service）」などの外国メジャーが請け負った探査区域は中国が主張する9段線以内の海域に食い込んだ。

　1972年3月、フィリピンの外務次官イングリス（Jose D. Ingles）は国連の海底平和利用委員会（Committee on the Peaceful Uses of the Seabed and the Ocean Floor）の会議で次のように発言した。

> 「我々は中国共産党側が打ち出している領土の主張に賛同しない。特に馬歓島、我々フィリピン人は「Lawak」島と呼ぶが、それがフリーランド諸島の一部を構成している。フリーランド諸島は53の島からなり、南威島（Spratly Island）は含まれていない。これらの島は過去も現在もフィリピン政府の占有と実効支配下にある。ここで占有と言ったのはすなわち他の国による主権の主張に反対するからである」。

　4月に入って、フィリピンはこれらの島々をパラワン市に編入し、「カラヤン」と呼び、地域（población）レベルの行政機関を設置した。フィリピン政府はまた特別顧問委員会を設置して「カラヤン」に対する行政事務の管理を担当させ、その委員会はパラワン市で選出される11人の委員から構成され、クロマは当委員会の主席に任命された。

　1974年2月初め、フィリピン政府は、すでに南沙諸島の五つの島嶼を実効支配していると発表した。同月5日、かつてその探検の行動は政府から委託されたものではないとし、フリーランド諸島はフィリピン領の一部ではないと主張していたクロマはここで、南威島（スプラトリー島）を除いて、フィリピンは「カラヤン諸島」の主権を有していると語った。

　フィリピン外相ロムロ（Carlos P. Romulo）も同日、同じ主張を述べた。フィリピン当局はまた同時に、サイゴン当局と台湾当局に抗議文を送りつけた。サイゴンへの抗議文の中で、フィリピンは「占有の原則」に基づい

て「カラヤン諸島」の主権を取得したとし、次のように理由を説明した。

> 「ベトナム軍がカラヤン地域に上陸している情報に接し、フィリピン政府は深い関心を持っている。フィリピン政府は過去に、占有によってこの島嶼群を取得したと宣言したからである。フィリピンが支配している Lawak（馬歓島／Nanshan Island）、Patag（費信島／Flat Island）、Likas（西月島／West York Island）、Parola（北子島／Northwest Cay）、Pag-asa Island（パグアサ島／中業島／Thitu Island）は南沙諸島の一部を成しておらず、事実上、それらの島は北南沙群島より北東部にあり、両者の間に200マイルも離れている。それは東側のフィリピンパラワン市の首都プエルト・プリンセサ（Puerto Princesa）まで250マイルだが、中華民国までの直線距離は950マイルであり、ベトナムの海岸線までも350マイル離れている。カラヤン諸島がフィリピンにとってもつ戦略的重要性は明らかである。我々がこれらの島嶼を占有したのは、それは無主の地であり、いかなる国にも属さないためである。よって、占有によってこれらの島嶼の主権を取得したのである」。

一方、台湾への抗議文は同内容に続いて次のようなくだりが付け加えられた。

> 「カラヤン諸島はフィリピンの安全保障にとって戦略的な重要性があり、事実上、第二次次世界大戦の際、これらの島嶼は日本軍によってフィリピンを侵略する前進基地として利用された。これに鑑み、フィリピンはこの地域を獲得して安全を確保する必要性に基づくすべての権利を有する」。

実効支配と開発強化

1975年6月7日、フィリピンのマルコス大統領が訪中し、中国と国交を樹立した。マルコス大統領と周恩来総理の間に調印された、国交樹立に

関する声明書は以下のようなものである。

> 「両国政府は、中華人民共和国とフィリピン共和国の間の経済・政治・社会制度の相違は、両国政府と人民が互いに主権尊重・領土完全・相互不可侵・内政不干渉・平等互恵の原則のもとで達成される平和共存と友好関係の樹立と発展を妨げるものではないと考える。両国政府は上に述べた諸原則に基づき、武力を使わず、武力で威嚇せず、あらゆる紛争を平和的に解決することに同意する」。

マルコス・周恩来会談は、両国の首脳レベルで南沙の紛争をめぐって話し合われた会談でもある。ただ、協議した内容は共同声明の中に示されなかった。

数年後、一部の協議内容はフィリピン側によって段階的に公にされた。1976年、フィリピンが礼楽灘（リード堆／Reed Bank）で着手した石油開発の活動をめぐって両国間で新しい紛争が生じたとき、フィリピン外相ロムロは、マルコス大統領の訪中の際、双方は南沙の紛争を話し合ったことを確認した。どのような合意が交わされたのかについて明らかにしなかったが、ロムロ外相は、自分の見解として「スプラトリーの問題に関して中華人民共和国との間に問題は存在しない」と自信ありげに語った。[31]

1978年3月、中国の李先念副首相がマニラを訪問する直前、フィリピンは南沙諸島の七つ目の島「パナタ（Panata）」島（楊信沙洲／Lankiam Cay）を占拠したと外国メディアによってスクープされた。[32] この報道はフィリピン側をいら立たせ、李先念の訪問終了後に行われた記者会見で、マルコス大統領は、「歪曲された」報道はフィリピン政府を苦しい立場に追い込んだと非難した。

その発言の中でマルコス大統領は、1975年に訪中し鄧小平と会見した際、両国の南沙群島の問題をめぐるいかなる係争も「真の外交——正式な外交

---

31 BBC, SWB, FE/5238/A3/1, 1976-06-19.
32 BBC, SWB, FE/5761/A3/11, 1978-03-01.

のルートを通じて解決されること、すなわち話し合いの場を通じて、平和、友好、協力の雰囲気の中で問題を解決すること」で両首脳とも一致したと言及した。[33]

しかしそのような合意があったならば、フィリピンが中国との国交樹立後に見せた言動はこの原則に著しく違反したことを意味する。

その間、フィリピン側は紛争の平和解決に関する中国政府の政策主張と誠意を逆手にとって、南沙の島嶼に対する占拠を強化し、南沙地区におけるその軍事的プレゼンスを高めていった。

1976年3月、マルコス大統領はフィリピン西部軍区の設立を命じ、パラワン島西海岸のウルガン（Ulugan）で海軍基地を設置し、あらゆる代価を払っても「カラヤン」を守るよう指示した。

フィリピンはまたパグアサ島（中業島）で軍事基地の建設に力を入れた。この島はパラワンの首都プエルト・プリンセサから約277マイル離れ、ベトナムのカムラン湾と311マイルの距離があるが、島に小型の飛行場が作られ、旧式のT-28戦闘機とC-47輸送機の離着陸が可能になった。

1978年7月、飛行場の滑走路は6000フィートに延長された。1979年、フィリピンは島にF-8海軍戦闘機を配備した。週に2便のパグアサ島とパラワン島の定期便の開設も計画された。

1978年上半期の時点で、南沙諸島におけるフィリピンの駐在軍人は1000人近くに上り、当時では南沙に軍隊を駐屯するほかのすべての国の規模を上回った。1980年、フィリピンはさらに司令礁（Commodore Reef）を占拠した。

1988年3月、南沙諸島で中国とベトナムの間で交戦したが、直後からフィリピンは南沙諸島における実効支配を強化し、5月、フィリピンが所有すると称する60の島嶼に対して視察を行い、特に実効支配した六つの島嶼の経済資源について綿密な調査を行った。

5月末、調査団がマニラに帰ってから明らかにしたところによると、これらの島にはフィリピンの軍人が常駐しているだけでなく、海軍陸戦隊と

33　BBC, SWB, FE/5767/A3/4, 1978-03-18.

火砲も配備されているという。8月末、フィリピン軍はその支配下の南沙の海域に「不法侵入」した4隻の台湾漁船を拘束した。

その後もフィリピンは南沙諸島での拡張を続けるとともに、一連の法律手段を行使してその南沙に対する主権要求に法的根拠を強めようとした。1978年6月11日、マルコス大統領が署名した大統領令第1596号は、南沙諸島の主要部分をフィリピンの「カラヤン群島」だと宣言し、また南沙の6万4976平方マイル以上の海域に対して主権要求を打ち出した。[34] 続いて同年7月15日に発布された大統領令1599号は、200カイリのEEZの設置を宣言し、「カラヤン群島」はその中に含まれるとした。[35]

1987年11月末、フィリピン議会は新たに法案を審議して採択し、フィリピンの海域の再画定を行い、南沙諸島の約60の島嶼はフィリピンに属すると規定した。

ミスチーフ礁問題

1990年代中期以降、南沙群島をめぐって、中国とフィリピンの間で数回にわたって、摩擦が生じた。一つ目はミスチーフ礁をめぐる紛争だった。

ミスチーフ礁（Mischief Reef、中国語名：美済礁）は南沙諸島の中の一つのサンゴ環礁であり、中国の漁民はかつてそれを「双門」もしくは「双沙」と呼んでいた。1947年、当時の中国政府はそれを正式に「美済礁」と命名し、中華人民共和国もその名称を継承した。1987年、中国の南沙総合科学調査チームが南沙諸島に対して広範囲の総合調査を行い、ミスチーフ礁を含む10の環礁に上陸した。

1994年8月初め、中国農業部南海区漁政局局長・劉国鈞が引率する船団が漁船避難施設を建設するため、ミスチーフ礁に到着して調査に当たり、同年12月29日、十数隻の中国の公船からなる船団が広州より到着し、建設作業を始めた。

---

[34] Yorac Haydee B., The Philippine Claim to the Spratly Island Group, Philippine Law Journal, 1983.58（2）, pp.42-68.

[35] Ibid, pp.42-68.

1995年1月17日午前、一隻のフィリピン漁船がミスチーフ礁で中国の施工船団に遭遇し、2月2日、フィリピン政府は、中国がミスチーフ礁で建造物を構築したことを公表した。フィリピンは巡視艇一隻と「CSZ11」号偵察機一機を現地に派遣し、その後約2カ月間、中国側と対峙した。

3月初め、フィリピン軍は五方礁（ジャクソン礁）・半月礁（ハーフムーン礁）・仙俄礁（Alicia Annie Reef）・信義礁（First Thomas Shoal）・仁愛礁（セカンド・トーマス礁）などの島嶼にあった中国が立てた測量の標識を爆破した。同月25日、さらに軍艦を派遣して、半月礁沖で4隻の中国漁船と62人の漁民を拘束した。

5月13日、フィリピン政府は38人の内外記者を集めて船とヘリコプターに乗って現地取材を試みたが、中国の漁政部門は、建造物は「自国の漁民を守るためのもの」としてその接近と上陸を阻止した。この紛争に対し、米国側は、南沙諸島はフィリピンとの共同防衛条約の適用対象に当たらないと表明し、それを受けてフィリピン側は中国の漁船と漁民を釈放した。

1995年8月11日、フィリピン外務次官セビリノ（Rodolfo Severino）と中国外交部の部長助理・王英凡とマニラで会談し、領土紛争は通常の両国関係に影響してはならないこと、紛争は平和的に交渉解決すること、国際法に則って漸進的に紛争の最終的解決を求めること、南海における各分野の協力を拡大することなど、8項目の合意に達し、ミスチーフ礁をめぐり緊張が緩和された。[36]

1997年、中国が香港の返還と中国共産党第15回党大会の開催に集中したタイミングに合わせて、フィリピンは南沙諸島での活動を再度活発化した。4月下旬、中国海軍の測量船が南沙海域で測量作業をしたのに対し、フィリピン当局は、中国の軍艦がフィリピンの「カラヤン諸島」付近数カイリのところを航行し、岩礁の上で建築物を作ったとして、中国側に抗議を行った。さらに守備軍の交替を理由に、その占領下の「カラヤン諸島」

---

[36] 林正義「十年来南海島嶼声索国実際作法」、台湾『亜太研究論壇』、2003年全19号、4頁。

の兵力を増派した。

　フィリピンのマスコミは連日、事態の推移を大きく報道し、「中国の侵入を防止せよ」、「フィリピンの主権を守れ」との声が上がった。同年 5 月、ラモス大統領は米国を非公式訪問した際、中国が国際問題、特に南沙の問題で独断的な行動をしており、アジア地域で覇権を求めていると批判し、米国が引き続きアジアで軍事的プレゼンスを維持するよう要請した。中国の海軍艦船が引き返した後、この騒ぎはようやく一段落した。

　1998 年下半期から 99 年初めにかけて中国はミスチーフ礁で、鉄筋コンクリート製の 3 階建ての建築物を 4 カ所で建設した。それに対して、フィリピンは中国がミスチーフ礁で「軍事建築物」を拡張していると批判した。1999 年以降、中国南海漁政局、南海水産研究所と海南省漁業公司が協力してミスチーフ環礁内で高級魚の養殖を実験的に始めたが、2000 年、資金不足で一時中止した。2007 年、いけす養殖のプロジェクトを再開した。

　2012 年 12 月 5 日、「三沙市南沙区美済村村民委員会」が正式に設立され、全村には漁民 53 人いると公表された。2013 年 2 月 18 日、ミスチーフ礁の守備人員は漁政部門から人民解放軍に交代した。2015 年夏までに礁の西環沿いで大規模な埋め立てが行われ、埋め立て面積は約 5.58 km^2 となっており、3000 メートルの滑走路も作られている。現在、ミスチーフ礁は南沙諸島の中で面積が一番大きい島になっている。

仁愛礁座礁事件

　仁愛礁（英語名：Second Thomas Shoal、フィリピンではアユギン礁「Ayungin」と呼ばれる）は南沙諸島の中一つの環礁で、ミスチーフ礁の南東約 14 カイリに位置し、長さは約 15 キロ、幅は約 5.6 キロで、引き潮時はその大半が水面から露出しており、南に環礁の内水に入る出入り口があり、30 万トンの船舶が入ることができる。

　1935 年、中国水陸地図審査委員会が公表した南沙諸島の地名は、英語名に沿って「湯姆斯第二灘」と表記された。1947 年、中国内政部方域司が南沙諸島を正式に命名した時には「仁愛暗沙」と呼ばれた。1983 年、中国の「中国地名委員会」はその正式な名称として「仁愛礁」と命名した

が、中国漁民の間では「断節」との俗称で呼ばれている。1987年、中国の南沙総合科学調査チームが南沙諸島を調査した際、仁愛礁に上陸し、そこで中国領を示す石碑を建て、測量用の標識物なども残した。

1999年5月9日、すなわち米軍のミサイルが中国のユーゴ駐在大使館を破壊した翌日、中国政府が全力で米国との交渉を行った隙に合わせて、フィリピン当局はかつて南ベトナムから譲り受けたおんぼろの戦車揚陸艦「シエラマドレ号」（BRP Sierra Madre (LT-57)、略称「57号艦」）を仁愛礁で座礁させ、難破船という名目で実効支配の拠点とした。

中国側の厳正な抗議に対し、フィリピン政府は「船の底が漏水したため、やむをえず座礁させた」と弁明し、その行動は仁愛礁に対するフィリピン政府の立場を変えるものではないとし、引き上げにも同意した。しかしその後、「57号艦」を一向撤収せず、交替する形で今日まで兵士を駐在している。

2013年になって、フィリピンの仁愛礁駐在軍指揮官を務めた元軍人は、5月23日、AFP通信の取材を受け「1999年に上陸艦を座礁させたのは『故意』の行動であり、フィリピン軍がそこを軍隊を駐屯させる『基地』にするためだった」と認めている。[37]

今日でもフィリピン海軍陸戦隊が「57号艦」に駐在しているが、2013年以降、中国海軍の軍艦と海警局の船も仁愛礁周辺を定期的にパトロールし、中国漁船がその内水に自由に出入りすることを支援した。同時に、フィリピン軍による座礁した軍艦への補給を監視し、2014年3月、建設資材を満載したフィリピン軍艦が仁愛礁に向かうのを阻止した。

2015年7月15日、中国外交部報道官・華春瑩は記者会見で、

> 「フィリピンは何度も不法に『座礁』した軍艦の引き上げを約束しながら、軍艦の内部に対する増強工事を行い、仁愛礁の永久的占拠を図ろうとしている。フィリピン側の食言の行為は国際社会に対する背信

---

[37]「中國對菲艦坐灘仁愛礁忍讓14年」、香港『文匯報』、2013年5月25日。http://news.wenweipo.com/2013/05/25/IN1305250008.htm

である。中国側は再度、フィリピン側が不法行為を停止し、約束を守って軍艦を撤去するよう求める」

と語った。

　王毅外相は、2016年8月6日の中国・ASEAN外相会議で中国の南海政策を語る中で、仁愛礁問題について次のように説明した。

　「中国の南沙諸島の一部である仁愛礁に関しては、フィリピンは1999年に1艘の古い軍艦を不法に『座礁』させた。中国が抗議すると、フィリピンは『部品がない』のでしばらく動かせないと答えた。その後フィリピンは、フィリピンは南海行動宣言に違反する最初の国家にはならないとまで中国側に述べた。しかし15年が過ぎ、この軍艦はさびまみれになったが、フィリピンは運び出すという約束を履行しないばかりか、セメントその他の建築資材を持ちこみ、強化する工事を行ったと公然と言う始末だ。

　フィリピン外交部は3月14日、当時『座礁』させた目的は仁愛礁を占領するためだったと宣言した。フィリピンは自ら15年にわたってウソをでっちあげたことを明らかにし、自分の約束を破っている。一体どこに国際信義があるというのか。」[38]

黄岩島事件

　フィリピンの領土の範囲を確定した1898年のパリ条約、1900年のワシントン条約、1930年の英米条約によると、フィリピンの領土の西限は東経118度である。黄岩島（スカボロー礁）は東経118度以西に位置し、フィリピンの領土ではない。

　1935年1月、中国政府の水陸地図審査委員会が南海の132の島嶼名を発表した際、黄岩島を「斯卡巴洛礁」と名付け、中沙諸島の一部として中

---

[38] 「ASEAN外相会議と南シナ海をめぐる中国・ASEAN関係」、「21世紀の日本と国際社会」HP　http://www.ne.jp/asahi/nd4m-asi/jiwen/thoughts/2015/725.html

国の版図に明確に標示した。

　1947年10月、中国政府が公表した南海諸島の新旧名称対照表の中で黄岩島を「民主礁」と命名した。1983年、中国地名委員会が「我が国南海諸島の部分的地名」を公表した際には、正式名を「黄岩島」、副名を「民主礁」とした。歴代中国政府が発行した地図はいずれも黄岩島を中国領と標示している。

　黄岩島海域は中国漁民の伝統的漁場であり、中国政府は何度も科学調査チームを派遣して黄岩島を調査している。

　中国科学院南海海洋研究所の科学者は1977年10月と1978年6月、黄岩島に上陸している。また、1985年4月には国家海洋局南海分局の企画総合調査チームが、1994年には中国の南海科学考察隊が現地調査を行っている。ほかに1994年、95年、97年の3回にわたって、中国政府は無線通信愛好者が黄岩島に上陸し活動することを許可している。

　1997年より以前、フィリピンは中国の黄岩島に対する主権の行使と開発利用に何ら異議を呈したことがなく、1990年2月、フィリピンのドイツ駐在大使ビアンフニドはドイツ無線通信愛好者あての書簡の中で、「フィリピンの国家地図と資源情報省に確認したところ、スカボロー礁（黄岩島）はフィリピンの領土主権の範囲内に入っていない」と明確に表明した。

　1994年10月にフィリピン国家地図と資源情報省が米国のアマチュア無線通信協会に送った文書にも、「フィリピン領の国境と主権は1898年12月10日のパリ条約第3条によって規定されており、スカボロー礁はそれより外に位置する」と記されている。

　フィリピンは、黄岩島はかつて米軍の射爆場だったことを理由に管轄権を主張しているが、中国の許可を得ずに中国の領土を射爆場として使ったことは不法なことであり、不法行為から権利が生まれないことは国際法の基本原則である。[39]

　ところが、1997年4月末、フィリピン海軍が黄岩島に上陸して、中国の主権を示す石碑を爆破し、フィリピンの国旗を打ち立て、駆けつけてき

39　鐘声「中国對黄岩島的領土主權擁有充分法理依據」、『人民日報』2012年5月9日。

た中国の海監公船と一時対峙してこれまでにない緊張的な局面に至った。

その後の数年間、フィリピン当局は黄岩島海域で漁業活動を行ない、もしくは通りかかる中国漁民を何度も排除し、ないし逮捕・銃撃を加えた。

中国はフィリピンやASEANとの関係の大局を守るために外交努力を続け、1999年3月、両国間の南海における信頼醸成の初回の作業会合がマニラで開かれた。その後も協議を重ね、事態の拡大を防ぐ行動を互いにとらないことにいったん合意した。

2009年以降、オバマ政権が南海問題への介入を深めて以来、一部の国に対し、中国の主権と海洋権益に挑戦しても良い、という誤ったシグナルが伝わった。

同年、フィリピンの衆参両院は「領海基線法案」を採択し、国内法の形で黄岩島や他の中国の南沙島嶼を自国の領土に組み入れた。2011年、アキノ大統領は「南シナ海（South China Sea）」という国際的な通用地名に代わって、「西フィリピン海（West Philippine Sea）」の名称使用を命じた。緊張が続く中で2012年4月に発生した「黄岩島事件」はついに、中国が重ねてきた我慢の限界を超えた。

4月10日、12隻の中国漁船が黄岩島の湾内で通常の作業をしたところ、フィリピン軍艦が突如やってきて、中国漁民に対し強引な捜査を行い、暴行を加えた。フィリピン軍人に上着を剥がされた中国漁民が、熱帯の日差しの下で長時間放置された写真が伝わると、瞬く間に中国の新聞、テレビ、ネットなどすべてのメディアのトップニュースになり、中国全土で反発と非難が湧き起こった。

フィリピン側の横暴な挑発と、中国国内世論の強烈な反応を受けて、中国政府は対処の行動を取らざるを得ず、フィリピン側に緊急な外交交渉を申し込むとともに、海監（国家海洋局海監総隊）と漁政（漁業局）の公船を現場に急派した。

両国間の激しい対立はしばらく続いたが、6月3日になって、フィリピン側の船はようやく全て黄岩島の湾内から撤収した。フィリピン側の挑発行為が再び行われることを警戒し、それ以後中国の公船は黄岩島付近の海域に留まり、実質的な管理とコントロールを実施し始めた。

同じ時期に、ベトナムの国会で「ベトナム海洋法」が採択される（6月21日）などの動きがあったが、中国は地区級の「三沙市」の設立を発表した。

　2013年1月22日、フィリピンは中国に対する仲裁裁判を起こしたが、理由の一つとして、中国との協議・交渉がこう着状態に陥ったためと述べられている。しかし「黄岩島事件」以後、フィリピン側はこの問題をめぐって中国との真剣な対話すら拒否し、交渉のテーブルに載ろうとせず、ほかの「南シナ海における関係国の行動宣言」（DOC）加盟国とも協議を行っていなかった[40]（第8章で検証）。

三、フィリピンの南沙拡張の五つの戦略

　歴史的経緯を振り返れば、フィリピンの南沙諸島に対する占拠と支配は、ASEAN内部ならびに域外大国への外交、軍事戦略の調整、石油利権の拡大、「主権」の誇示という五つの分野で、並行して重層的に進められたことを見て取れる。

1．ASEAN内部での連携強化

　第一に挙げられるのは、ASEAN全体を中国との対抗に引き込む戦略である。フィリピンは特に「9.11事件」以降、その他のASEAN諸国やいわゆる「中間に立つ国」であるオーストラリア、ニュージーランドとの連携を緊密化し、「地域の安全保障、関係各方面の相互尊重と公平な競争、各自の権利に対する自己制限」などの主張を大義名分に、中国に圧力を加える戦略を取ってきた。

　フィリピンは関係諸国と相次いで反テロリズムの協力協定を結び、頻繁に共同軍事演習を行い、それを通じて軍の作戦能力と協同能力の向上に力

40　傅瑩・呉士存「南海局勢及南沙群島争議：歴史回顧與現実思考」、『中国新聞周刊』2016年5月12日号。http://news.xinhuanet.com/world/2016-05/12/c_128977813.htm

を入れた。その後、オーストラリア海軍とフィリピンの軍事演習は定期的に行われるようになっている。

2004年2月、南沙諸島に駐在するフィリピンとベトナムの軍人は「双方関係の促進のため」としてスポーツ大会を開催した。それには両国の外相がともに出席し、それ以後もそれぞれの支配した島嶼で交替で行うことに合意し、第三国の参加も歓迎すると表明した。

2006年、フィリピンとマレーシア両国の空軍はフィリピン南部で救助と災害対策に関する共同演習を実施し、2008年4月、両国海軍の共同軍事演習も行われた。

2011年10月、ベトナム国家主席チュオン・タンサンがフィリピンを訪問した時に発表された共同声明は、南海問題は「マルチの対話メカニズム」による解決が必要だと表明した。

2．域外大国を巻き込む戦略

第二に挙げられるのは、米日など域外大国の勢力を巻き込んで中国に対抗する戦略を進めてきたことである。

フィリピンは政治・歴史・文化の各方面で長年米国の強い影響を受け、政権内で親米派は常に一大勢力をなしてきた。ウェストポイント士官学校を卒業したラモス元大統領は親米派の代表的人物である。経済面でもフィリピンは米国に深く依存しており、米国を最大の輸出相手とするASEAN諸国唯一の国である。

米国にとってフィリピンは経済面で取るに足らない存在ではあるが、1946年までその植民地であったフィリピンの戦略的位置——北には海峡を挟んで台湾に隣接し、東はハワイと呼応し、太平洋上の戦略的要所を締める——をずっと重視し続けてきた。

朝鮮戦争が勃発した後の1951年8月、米国は、中国と社会主義陣営を封じ込めるため、フィリピンと無期限な相互防衛条約を結んだ。1954年から1977年まで、米国が作った、反共主義を公然と掲げた東南アジア条約機構の本部もマニラに設置されていた。

しかし、フィリピン社会では旧宗主国に対する批判と反発も強く、

1986年、マルコス独裁政権が革命によって倒された後、民主化したフィリピンは米国に対する不満を爆発させた。1987年に制定された新憲法では、外国軍による基地の使用や駐留を認める条約に対して今後、上院による批准などが必要と定められた。

基地協定により、フィリピン国内の米軍基地の駐留期限は1991年までとなっていたが、上院は基地の使用期限の延長を否決したため、1992年、米軍の駐留は終了となり、93年間にわたるフィリピンでの軍隊駐在の歴史にいったん終止符が打たれた。両国関係もその後どん底に滑り落ち、フィリピンに対する米国の軍事と経済の援助は大幅に減り、かつて年間数億ドル規模の援助額から数千万ドルのレベルに急減し、1995年を最後に米比の共同軍事演習も中断した。

一方、1990年代に入って、ASEANは東アジア全体に影響力ある地域協力組織として迅速に台頭し、多くの国際問題をめぐって米国と異なる立場を取り、例えばミャンマーのASEAN加盟の問題をめぐって双方の間に大きな対立が生じた。

米国は東南アジアでの影響力回復と向上を狙って、フィリピン重視の戦略を諦めなかった。その後も、米国はフィリピンをASEANとの関係改善・強化の梃子と位置づけ、東アジア・東南アジアにおける米国の影響力の拡大、中国に対する抑止力の形成という戦略における一本の柱と考えた。

他方、フィリピン側は米軍の撤収後、経済面で大きな打撃を受け、安全保障面においても自らの防衛力不足を痛感した。双方の思惑が一致したため、両国関係はその後迅速に修復に向かった。

1996年に着任した米国のフィリピン駐在大使は、米国のアジア太平洋戦略においてフィリピンは他のいかなる東南アジア諸国も取って代われない位置にあり、今後も米国の戦略において重要な役割を担っていくだろうと評価した。さらにフィリピン国内の基地に対する反発を意識して「必ずしも公にされる必要のない安全保障」の関係を再建し、安全保障の協力を通じて外交と軍事面におけるフィリピンのパワーアップを支援し、共にアジア太平洋地域の平和と安全を維持することを期待していると述べた。

1992年6月に就任したラモス大統領はいち早く対米関係の修復に力を

入れたが、国民の反米・反基地の感情を念頭に、経済関係の発展を米国との新しい外交関係の主軸に掲げた。1995年、中国の間で「ミスチーフ礁事件」が発生した直後に訪米したラモス大統領は中国脅威論を強調し、それを米国との関係改善・米軍の復帰を図る大義名分にも用いた。その延長で、1998年に「訪問米軍に関する地位協定」が締結され、翌99年、共同軍事演習が再開された。

米国との軍事協力の推進

「9.11事件」以降、ブッシュ政権はASEAN諸国との戦略的協力関係の強化を一段と重視し、反テロ戦争は米国がASEAN諸国との新しい経済軍事協力を推進する契機となった。この過程でもフィリピンは米国が優先的に重視する対象となった。両国は2002年1月と10月に相次いで大規模な軍事演習を行い、同時に米国は1億5500万ドルの援助を供与した。それと引き換えに、クラーク空軍基地とスービック海軍基地にある空港と港および各種の後方支援の施設とサービスを米軍が再使用することを取り付けた。

その後フィリピン側は、米国の軍事的プレゼンスの拡大を南海での拡張戦略に利用した。2002年4月末、フィリピン当局は公の場で、米国との「肩を並べる」共同軍事演習を利用して南海地域の漁船の不法操業問題を解決していく考えを表明した。2003年以降、米国とフィリピンの共同軍事演習はほぼ毎年行われ、規模も拡大された。2009年上半期、中国の漁業管理の公船が南沙海域をパトロールしたことに対し、フィリピンの政治家は米国との相互防衛条約を利用して対処すべきだと発言した。

2010年6月に就任したアキノ大統領は米国の勢力に頼って中国と対抗する戦略を全面的に打ち出した。2011年10月、米比両国は南海に近い地域で共同軍事演習を行い、2012年4月、双方は「島嶼の奪還」を内容とする海上の軍事演習を行い、南沙をめぐる紛争を念頭に置いたことが明らかになった。

同年、米比両国の外務・防衛担当閣僚による「2プラス2」安全保障協議のメカニズムが設置された。2014年4月、「2プラス2」安全保障協議

が再度行われ、米軍の事実上の再駐留を可能にする「米比防衛協力強化協定」が結ばれた。アキノ大統領の報道官は、「米比防衛協力強化協定」によってフィリピンの防衛力は「世代交代的な躍進」が可能になるだろう、と語った。米国側もこの協定の調印を重視し、カーター米国防長官は、米国がアジア太平洋地域でのプレゼンスを強化するつもりでいる現在、フィリピンは決定的に重要な同盟国になったと評した。[41]

ただ同時に中国に対して、フィリピン政府との連携は、海洋安全保障・フィリピン軍の能力向上・災害救援などでの協力強化を目的とするもので、中国に対立するためのものではないと説明した。

フィリピン側は米国との軍事協力関係の拡大を通じ、自国軍の強化にも活用した。当時、フィリピン軍は使えるジェット戦闘機が2機しかなく、所有する艦船で最大のものも米沿岸警備隊が使っていた沿岸警備船の中古品だった。しかし2015年の一年だけで、米国によるフィリピンへの軍事援助は約8000万ドルに上り、東南アジアでの最大の軍事支援受け入れ国となった。

2016年に入って、米比間の軍事協力関係はピークを迎えた。南沙海域での中国による島の埋め立て工事に対抗するとして、両国は2016年3月、米軍がフィリピン国内の5基地を利用する協定を結んだ。パラワン島のアントニオ・バウティスタ空軍基地、ルソン島のバサ基地やフォート・マグサイサイ基地などが対象である。その後、両軍による海上のパトロールや演習という形での軍事協力が拡大され、5月と6月、両国陸軍と海軍は南海やそれに面するフィリピン本土で二度にわたって合同軍事演習を行い、米軍兵士5000人、フィリピン軍兵士4000人が参加した。

しかし、2016年6月に就任した新しい大統領ロドリゴ・ドゥテルテは従来の対米一辺倒の外交と軍事政策を修正し、米国との南海での共同パトロールを中止すると公言した。

41　以下の資料を参照。フィリピン外務省ホームページ。http://www.gov.ph/2014/04/28/qna-on-the-enhanced-defense-cooperation-agreement/
　　日本・海洋政策研究財団『海洋情報季報』第6号（2014年4月—6月）、13—15頁。

日本も積極的に支援

　その間、日本もフィリピンとの安保面の協力を大幅に強化した。2011年9月、両国首脳は相互関係を「戦略的パートナーシップ」の関係と定義したが、2015年6月、それが「強化された戦略的パートナーシップ」に格上げされた。

　2013年12月、日本の国際協力機構（JICA）はフィリピン政府と「フィリピン沿岸警備隊海上安全対応能力強化事業」（フェーズ1）を対象として、187億3200万円を限度とする円借款貸付契約に調印し、フィリピン沿岸警備隊が使用する40メートル級の多目的船10隻を、政府開発援助（ODA）を通じて提供することで合意した。日本で建造された一番艇は警備艇として2016年8月にフィリピン側に引き渡された。10隻の警備艇はフィリピンの沿岸警備隊の12の管区に区分・配置されることになっている。

　2015年6月、日本を訪れたアキノ大統領は安倍晋三首相との会談で、日本から防衛装備を移転するための交渉開始など、協力を拡大することで一致した。2016年2月29日、ASEAN加盟国の中では日本は初めてフィリピンと、防衛装備品・技術の移転に関する協定を締結した。

　日本外務省は協定の締結について発した声明の中で、これにより、「日・フィリピン間のより緊密な防衛装備品及び技術協力並びに我が国の防衛産業の生産・技術基盤の維持・高度化に寄与することとなり、ひいては我が国の安全保障に資することが期待される」と表明し[42]、中国牽制という安全保障面の役割を期待したことを隠さなかった。

　近年、日比間の軍事協力も大幅に前進している。2015年5月上旬、南海で他国艦船との予期せぬ衝突を防ぐ「海上衝突回避規範（CUES）」を確認するためとして、初の両軍の共同訓練を実施した。続いて6月、海上自衛隊とフィリピン海軍は南沙諸島付近で、「災害時の海上での捜索救難」を目的とする共同訓練を行った。両国政府関係者によると、日本の自

---

[42]　外務省報道発表「日・フィリピン防衛装備品・技術移転協定の署名」（2016年2月29日）。

衛隊が訓練などでフィリピンを訪れる際の手続きを簡素化する「訪問部隊地位協定」の締結に向けた協議も行われている。

　2016年4月に南海で行われた、米国とフィリピンによるコード名「バリカタン」の合同軍事演習にはオーストラリア軍も参加し、日本はオブザーバーとして加わった。中国はこれを、日本の自衛隊が事実上南海問題に介入した重要な一歩だと見なした。

　『環球時報』の記事は、軍事演習直前の4月3日、海上自衛隊の護衛艦2隻と練習潜水艦「おやしお」などがフィリピン・スービック湾に寄港したこと、海自潜水艦のフィリピン寄港は15年ぶりであることなどを詳しく紹介し、「海上の脅威に直面する中、フィリピンと日本の軍事的な協力は近年、密接になっている」と指摘した。フィリピン軍西部方面軍のロペス指揮官が「自衛隊の参加は、我々のパートナーシップの結び付きの強さを示すもの。恐れるものなどない」と語ったことも引用した。[43]

　一方、中国国営の新華社通信は、「日本が『空母級』護衛艦をフィリピンでの軍事演習に派遣へ　軍事的野心拡大」とのタイトルで自衛隊の「オブザーバー参加」に警戒感を示す解説を発信した。[44]　解説では、派遣された「いせ」は日本最大のヘリコプター護衛艦「ひゅうが」の二番艦であり、2009年8月に進水し、全長197メートルで、基準排水量は1万3950トンであることに加え、外形が空母に酷似しているために日本メディアは「空母型」護衛艦と呼んでいると紹介した上で、

> 「自衛隊艦艇が最近フィリピンに相次いで停泊し、米比合同軍事演習に参加しようとしていることは南中国海問題への介入、南中国海での軍事的浸透の強化という野心をはっきりと示すものであり、国民の危機感を煽り、軍拡・憲法改正の世論をつくる『軍事的拡張』傾向を示すものでもあり、警戒に値する」

43　『環球時報』2016年4月5日。

44　『人民網』日本語版、2016年4月7日。http://j.people.com.cn/n3/2016/0407/c94474-9041339.html

と述べた。

　米国は日本が南海問題に介入し、フィリピンなどへの支援を強化することを促し、歓迎している。シーライト国防副次官補（南アジア、東南アジア担当）は、日本が「バリカタン」への定期参加を希望し、フィリピン側と交渉していることを明らかにした。

　2016 年 9 月 6 日、安倍首相は東アジアサミットが開かれたラオスの首都ビエンチャンでフィリピンの新大統領ドゥテルテと会談し、フィリピンの沿岸警備強化に向け、全長 90 メートルの大型巡視船 2 隻の建造費（約 165 億円）を円借款供与する考えを伝えた。

　この会談では、期限付きで海上自衛隊の中古練習機 TC90 を有償貸与することも正式に決定された。『朝日新聞』の記事は「中国をけん制する狙いがある」と解説した。[45]

3．軍事戦略のシフト

　三つ目の動向として、フィリピン軍の主要任務を国内の反乱対策から対外防御にシフトし、確実で有効な空と海の防御能力の構築に力を入れていることが挙げられる。

　1995 年、ラモス政権は「ミスチーフ礁事件」を利用して、2 年も議論が続いた「武装力の近代化プログラム」を採択させた。当時より、21 世紀初頭に護衛艦 3 隻と比較的大きい巡視艇 2 隻を購入すること、2010 年までに各種艦艇を 94 隻新規導入し、海軍の装備近代化をほぼ実現するとの目標が打ち出された。海空軍の近代化を加速的に推進する最大の理由は、南沙諸島と近海の防衛強化とされた。

　1999 年 10 月、フィリピン国防省と米国国防総省は、共同防衛評価（JDA）計画に着手した。2003 年に発表された報告書（2003 JDA）は、政策立案・人事管理とリーダーシップ・防衛予算・装備の取得・補給と整備・既存装備の保守・後方支援など、フィリピン軍の各領域での問題点を

---

[45]「大型巡視船 2 隻　日本、比に供与へ」、『朝日新聞』2016 年 9 月 7 日朝刊。

指摘した。同年 10 月、アロヨ大統領は、JDA が指摘した問題点に関する解決施策を発表し、翌 04 年、フィリピン軍は、フィリピン国防改革プログラム（Philippine Defense Reform、略称：PDR）の実施を発表した。

　国防改革プログラムは、フェーズ 1 （下地作り、2004 〜 5 年）、フェーズ 2 （防衛体制の確立、2005 〜 7 年）、フェーズ 3 （改革の遂行と制度化、2007 〜 10 年）の 3 段階で進められた。一時期、予算不足などの原因により、計画の実施が遅れ気味だったが、2010 年以降、米国と日本などによる強力な支援を受けて、計画以上に進展している。

　フィリピン海軍の新戦略は「海洋権益の争奪と確保」である。南沙海域において最大限の持続的「主権 PR」のためのパトロールを維持するため、航空部隊・艦艇部隊・情報部隊からなる専門機関を設置し、同時に、海軍陸戦隊の特殊作戦大隊と西部海軍部隊が海軍の工事部隊に代わって南沙諸島に駐在するようになった。

　海軍の新戦略を実現するカギとなるハイテクの軍事装備の導入のため、2005 年、フィリピンは英国のキネティック（QINETIQ）軍需設備会社との間で 1740 万ドルの契約を交わし、3 隻の近海巡視船の増強を行った。

　2006 年、フィリピンは軍事装備調達に 4 億ドルの予算を組んだ。2007 年の軍需品調達総額も 2 億ドルに上ったと、フィリピン軍側は認めている。2008 年、空軍の装備を更新するため、1 億ドルを拠出して、24 機のヘリコプターなどを購入した。同年、米国とオーストラリアが「寄贈」した「海上国境コントロールシステム」が運用し始めた。

　アキノ政権の時代に入ると、フィリピンによる近代的軍事設備調達に一段と拍車がかかった。2011 年 8 月、米国から購入した中古の「ハミルトン」旧巡視艇が引き渡しを受け、翌 12 年 5 月、第 2 隻も海軍が接収した。前述の通り、その間、米国や日本などは「贈与」、「貸与」、円借款による供与など様々な名目で軍事設備を提供した。2020 年までには、潜水艦の導入と運用も企画されている。

　2015 年 7 月中旬、フィリピン国防省のピーター・ガルベス報道官は、スービック湾にフィリピン軍の戦闘機と艦艇を配備すると発表した。米国外で最大級だった米海軍基地が 1992 年に返還されて以来、初となる基地

利用の再開である。[46]

　国防改革プログラムに従えば、今後フィリピンはさらに軍事装備の近代化を進め、洋上哨戒と偵察能力を重視した領海監視海軍機を導入することになっている。戦略面では自国の国防体制と軍事同盟による集団的安全保障体制を両輪とし、共同演習も含む ASEAN 諸国海軍との交流強化とフィリピンが占拠した南沙諸島への国防体制を最優先としている。さらに輸送部隊やフィリピン海兵隊用基地の新設も検討しており、「2020 年代まで強靭な体制を確保し、発展させる」としている。

４．石油開発など経済利益を重視

　四番目に指摘できるのは、外国の石油資本を導入して石油の探査と開発を行い、南沙海域での経済利益の拡大を目指す点である。

　1976 年から 79 年にかけて、米国の都市サービス石油会社[47]はパラワン島の大陸棚で計 9 カ所の海底油田を発見し、これらの海域でフィリピン全国の石油使用量の 15％に当たる年産 910 万バレルの石油を採掘できるとの見通しを出した。

　1976 年 6 月、フィリピンの石油会社はスウェーデンのサレン（Salen）石油会社と、南沙のリード堆（礼楽灘）で最初の石油採掘ボーリング（「Sampaguita No.1」と命名）を行った。

　1977 年、米国アモコ（Amoco）石油会社とタスマン（Glomar Tasman）会社の共同で、リード堆海域で A-1 と A-2 の 2 カ所のボーリング試掘が行われた。1978 年まで合わせて 5 カ所で試掘が試みられたが、いずれも石油を採掘するに至らなかった。

　しかし 21 世紀に入って、フィリピンと石油メジャーとの石油共同開発が相次いで成功し、南沙海域で 7 カ所の油田を開発し、国内の 20％の

46　プラシャント・パラメスワラン「フィリピン、中国との領有権争いの切り札は」、『ニューズウィーク』日本版、2015 年 7 月 31 日。http://www.newsweekjapan.jp/stories/world/2015/07/post-3809.php

47　1982 年、米国石油メジャー「オクシデンタル・ペトロリウム（略称：オクシー、OXY）」に吸収合併された。

需要を満たすようになっている。米国エネルギー省情報局（U.S. Energy Information Administration, 略称：EIA）が 2002 年 5 月に公表した統計データによると、その時点でフィリピンは毎日、南沙海域で 9460 バレルの石油を採掘し、年間の天然ガス生産量は 10 億立方フィートに上る。マニラの新聞報道によると、南海での石油資源をより多く確保するため、フィリピン政府は大陸棚を現在の 200 カイリから 350 カイリに拡張することを検討しているという。

　2011 年 7 月、フィリピン政府は南海での石油開発入札計画を発表し、フィリピン西部の南海海域を 15 のブロックに分け、各国の石油会社に石油と天然ガスの探査権の入札を呼び掛けた。15 ブロックのうち、3 カ所は中国の管轄海域と重なるため、中国から抗議を受けた。

5．既得権益の確保に全力

　五番目の手法として、占拠した島嶼に対する「主権の顕彰」を行い、既得権益の確保と拡大を図ることが挙げられる。

　中国の漁民に対する拿捕はフィリピンが「主権」を主張する手法の一つとしてよく使われた。

　2002 年 2 月 10 日、完全武装したフィリピンの軍人と警官計 9 人が黄岩島（スカボロー礁）沖で中国漁船の漁業作業を妨害し、漁船に強引に乗り上げ、フィリピンの文書を突きつけて中身を説明しないまま中国の漁民に署名を強要した。署名を拒否されると暴行を加え、漁船を取り押さえた。

　同年 8 月 31 日、フィリピン海軍は黄岩島海域で作業する中国の 4 隻の小型漁船と 14 人の漁民を拘束したが、中国側が交渉を申し入れると、フィリピン側は、南沙海域で行方不明になった香港の漁民を救助するための行動で誤解を招いたと弁解した。

　ほとんどのケースにおいて、中国の漁民や漁船を拘束すると、フィリピン側はいち早く国内の裁判にかけ、その後は司法独立を理由に中国からの外交交渉の申し入れを拒否した。フィリピン海軍の創設 104 年記念式典の際、アロヨ大統領は中国大使の目の前で、中国の漁船を拘束したことに対し海軍の表彰を行った。

中国のマスコミが集計した中国漁民がフィリピンの海軍や海岸警備隊、警察により拿捕・拘束・監禁された事件は次頁の一覧表を参照のこと。[48]

　2013年に起きたフィリピン海軍による台湾漁船への発砲・漁民銃殺は、外交事件にも発展した。

　同年5月9日、台湾漁船「広大興28号」が係争海域で漁業活動中、フィリピンの公船から1時間にわたって追跡され、連続の発砲を受け、1人の船員が死亡し、漁船はオイル漏れを起こし、エンジンが止まった。その緊急救援信号を受け、台湾「海巡署」（海保）の「台南艦」が救援に向かった。その後の調査で、漁船に少なくとも52カ所の弾丸が貫通した痕跡が残った。船員・洪石成は漁船後方の部屋に隠れていたが、重火器で射殺された。

　中国国務院台湾弁公室報道官・楊毅は5月9日、台湾漁民射殺という野蛮な行為を非難し、フィリピン政府に徹底調査と釈明を求める声明を発表した。

　同月11日、台湾の馬英九総統はハイレベル会議を招集し、謝罪・賠償・処罰・交渉の四要求をフィリピン側に提出し、72時間以内に回答がなければ制裁措置をとると発表した。

　フィリピン側は要求された時間内に回答をしなかったため、台湾当局は、フィリピン労務関係者の受け入れの凍結、マニラ駐在代表の召喚、フィリピン側の台湾駐在代表が案件処理のために帰国するよう求める、という3項目の対抗措置をとった。

　同月16日、台湾の海軍と海保部門は銃撃事件が起きた海域で大規模な漁民保護の共同演習を実施した。5月15日、フィリピン大統領の代表はこの「意外な死亡事件」に「深い遺憾の意とお詫び」を表明したが、翌16日から行われた交渉において、フィリピン側が再三、言い逃れと責任回避の弁解を繰り返したため、一部の経済交流活動の停止など11項目の

48　下記の報道記事を総合した。「中国漁民PK菲律賓，被殺、被関、被罰款，十多年了你知道多少？」、中国『留園』網、2016年7月22日。「12名中国漁民在菲被判刑最長12年 菲律師：他們無辜」、北京『新京報』2014年8月6日。

第 5 章　中国とフィリピンとの紛争

事件発生の期間	事件の経緯	結　果
1989 年 4 月 13 日	「瓊瓊海 00224」号中国漁船が中業島沖で作業した際、比軍は黄昌標、郁業友、郁業軒という三人の漁民を拘束。	
1995 年 3 月	4 隻の海南島潭門の漁船が南沙の仙娥礁沖で比海上警察に拘束される。	62 人の漁民はパラワン島の刑務所に監禁、「不法進入」罪で起訴。
1996 年 4 月	中国の貨物船が海賊船と「誤認」され、比軍艦からの発砲を受け、2 人が死亡。	
1997 年 5 月	黄岩島沖で比海上警察は漁労した中国漁民 25 人を拿捕。	漁民は 52 日間拘束された。
1998 年 1 月 11 日	黄岩島沖で比警察は漁労した 20 数人の中国漁民を拿捕。	スービック湾海上警察署に連行、5 月 6 日まで監禁。
1999 年 5 月	海南島潭門の漁船一隻が黄岩島沖で比軍艦に衝突され沈没し、11 人の漁民が落水。	陳則波他 3 人の漁民は救助後、拘束され、7 月に解放。
2000 年 5 月 26 日	「瓊瓊海 01068」号中国漁船が比海岸警備隊の機関銃による射撃を受け、船長符功武が死亡。	他の 7 人の漁民はパラワンの刑務所に連行・監禁。
2001 年 5 月 1 日	比海軍は南沙海域で中国漁船に発砲。	
2001 年 6 月 14 日	12 人の中国漁民が比警察に拿捕される。	
2001 年 9 月 25 日	48 人の中国漁民は「不法の越境漁労」として比警察に拿捕される。	
2002 年 1 月末から 5 月	中国漁船は計 5 回、9 隻以上が「不法漁労」「密漁」などの罪名で比軍と海岸警備隊に拿捕・拘束される。	
2002 年 8 月 31 日	4 隻の中国漁船と 14 人の漁民が黄岩島沖で拘束される。	中国政府の抗議を受けて、誤解と弁解し、解放。
2002 年 9 月 12 日	中国広東省台山の 2 隻の漁船の 38 人の漁民はフィリピン海域に不法侵入したとして拘束される。	比の裁判所で起訴。
2004 年 1 月	中国海南省の 17 人の漁民が比海域でウミガメを捕獲したとして拘束される。	起訴され、有罪判決を言い渡された。
2009 年 4 月 26 日	4 人の中国漁民は比バタネス省（Batanes Province）海域で不法に漁労したとして比警察に拿捕された。	比の漁業法違反との罪で刑事起訴と行政起訴を受けた。
2010 年 5 月 20 日	9 人の中国漁民はパラワン省沖でウミガメを「不法に捕獲」したとして比海岸警備隊に拘束される。	「不法進入」「密漁」などの罪名で起訴。
2011 年 10 月 18 日	25 隻の小舟を曳航した中国の大型漁船が黄岩島沖で比砲艦に衝突される。	比当局は漁船を調査した際、砲艦の故障で起こした「不測事件」と釈明。
2011 年 12 月 3 日	5 人の中国漁民はパラワン島南端海域での「不法漁労」の罪で比海軍に拿捕される。	
2013 年 4 月	12 人の中国漁民は比海域での「不法漁撈」の罪で拿捕される。	2014 年 8 月、比裁判所でそれぞれ 6 年から 12 年の監禁が言い渡された。
2014 年 5 月	9 人の中国漁民は南沙の半月礁沖で「不法漁労」の罪で比海岸警備隊に拿捕される。	中国外交部は比政府に説明と釈放を要求。

制裁措置を発表した。

　漁民拿捕以外にも、フィリピン当局は「主権顕彰」の活動を活発に行った。2003年4月、南沙の「パグアサ島」（中業島）で行われた「カラヤン市設立25周年」行事に、フィリピン海軍は地方の役人を派遣し参加させた。11月、南沙のいくつかの島嶼に中国が設置していた主権を表示する中国語の構造物は、フィリピン海軍によって相次いで一方的に撤去された。

　2004年4月、フィリピンの新しい国家安全保障補佐官ゴレスは、中国の南沙諸島における支配的プレゼンスは地域の最大の安全保障上の問題だとして、南海の係争中の島に中国が造った永久建築物を撤去させるために圧力を加えていくと表明した。

　2002年に中国とASEAN諸国の間で南海における関係国の行動宣言（DOC）を調印したが、フィリピン国防省はそれ以後、新しい島嶼の占拠をしなくなった代わりに、すでに占拠した島嶼での施設の強化と改善に力を入れていった。2006年6月、フィリピン軍側は中業島（パカサ島）における軍事施設の改善に着手し、滑走路の拡張・軍艦停泊用の埠頭の増設を行うと発表した。

　2008年3月、フィリピン軍参謀総長エスペロン（Hermogenes Esperon）は中業島を視察した。翌4月、海軍副司令官は、海軍と陸戦隊は南沙諸島を守るために「最後の一人まで戦う」と表明した。2009年5月、海軍司令官は、支配下の南沙諸島の九つの島嶼の施設拡張のために5000万ペソ以上（約1000万ドル）を拠出すると発表した。2012年6月、中業島で初めての幼稚園が開設されるなど、実効支配が着々と進められた。

　2015年5月11日、フィリピン軍参謀総長カターパンが新聞記者を率い、空軍輸送機C-130で中業島に上陸し、「同島がフィリピンの領土の一部であることを明確に示すため」訪問したと述べた。

　同行した記者によると、フィリピンは同島に行政施設と1.2キロメートル長の滑走路を建設し、40ミリ高射砲2基も配備している。カターパン参謀総長は「滑走路が短く、航空機の離着陸の難度が高いため、拡張する必要がある」と述べ、また、同島の観光地化を図る地元自治体の施策を国

軍として支援することを明らかにした。[49]

四、フィリピン側の権利主張に対する分析

　現在、フィリピンは南沙諸島において、九つの島嶼を占拠し実効支配している。それに関してフィリピン側が打ち出した主な法律的根拠は以下である。

　1、サンフランシスコ講和条約では日本が南沙と西沙に対する領有を放棄することだけが規定されたが、今日に至るまで、連合国軍はこれらの島嶼群の帰属問題を解決していない。そのため、これらの島嶼群は今もなお連合国軍の「事実上」の信託統治下に置かれている。
　これらの島嶼群の現状が変わらない限り、それはフィリピンの国民もしくは戦勝国メンバー各国に平等に開放されたものであり、社会経済とビジネスチャンス及び待遇の平等といった原則に基づいて、フィリピンは経済開発と定住を進めることができる。
　2、フィリピンが南沙で占拠したのは「無主の地」であり、いかなる国にも属していない。そのため、占有を通じてこれらの島嶼に対する主権を取得することができる。
　3、200カイリのEEZと大陸棚に関するUNCLOS（国連海洋法条約）の規定による根拠。フィリピンは群島国家であり、その国境は群島の最も外側の各島嶼の適切な点と点の間を繋いだ直線であり、またこの群島周辺の海域も含まれる。1976年、フィリピン政府はリード堆（礼楽灘）で石油探査活動をしたとき、その行動は大陸棚に対して有する権利に基づくものだと主張した。[50]
　4、地理的に近接している。南沙の「カラヤン諸島」は地理的にフィリ

49　北京『環球時報』（電子版）、2015年5月12日。
50　Corazón Morales Siddayao, The Off-Shore Petroleum Resources of South-East Asia: Potential Conflict situations and related economic considerations, Kuala Lumpur: Oxford University Press, 1978, p.89.

ピンに最も近く、ほかの国とは離れているため、フィリピンの所有に帰されるべきである。

5、国家の安全保障の必要性によるもの。1974年、フィリピンのロムロ外相は南沙諸島の主権主張に言及した際、次のように話した。

> 「国家の安全保障は主権の要求を打ち出した主な根拠である。南海は事実上、フィリピン全体を囲む南部、西部、北部の緩衝地帯である。フィリピンは海を挟んで台湾、ベトナム、中国、マレーシアと向き合っており、かつてこれらの国と地域は軍事、経済、もしくは不法移民の形でフィリピンに脅威を成した。第二次大戦中、日本は南沙を利用してフィリピンに侵攻する前進基地とした。そのため、国家の安全保障を考慮して、フィリピンは南海に対する主権の要求を放棄することができない」。

フィリピン政府が挙げた上述のいわゆる法的根拠は、どれ一つ、堅実で疑いのない事実と法律の基礎の上に立てられておらず、厳格な推敲と反論に耐えない。

第一に、フィリピンの領土範囲に南沙諸島が含まれないのは明らかだ。1933年、フランスが南沙の九小島を占領した際、中国・フランス・日本の三者の間で激しい外交的応酬が交わされた。米領フィリピン当局は「この群島をフィリピンの領海と見なしておらず、この問題はフィリピンの利益に関係がないため、フィリピン総督府はこの事件に口を挟む考えがない」と明言した。

また、1955年3月7日、フィリピン政府代表は同年2月3日の国連事務総長の電報に対する回答として、同事務総長宛に口上書を送り、その中でフィリピンの領海範囲について以下のように正式に表明した。

> 「フィリピン群島に属する相異なる諸島間および諸島を結ぶすべての水域は、その幅員もしくは範囲の如何にかかわらず、フィリピンの排他的主権に従うフィリピン陸地領土の必要な付属物であって、フィリ

ピンの国家水域または内水としての不可分の一部を構成するものである。その外の水城はすべて、1898 年 12 月 10 日のパリ条約および 1900 年 11 月 7 日ワシントンにおいて米国とスペイン間で締結された条約、1930 年 1 月 2 日の英米条約、並びに 1932 年 7 月 6 日の英米条約に定められ、かつフィリピン連邦法第六節において再確認された線内に含まれる。」[51]

ここで言及されたすべての条約の内容から見て、南沙諸島はいずれもフィリピン領の外にあるとの結論しか見出されない。

さらに、フィリピンが 1961 年 6 月 17 日に発布した共和国法第 3046 号令(フィリピンの領海基線法——An Act to Define the Baselines of the Territorial Sea of the Philippines)の規定から見ても、南沙諸島はその領土内に含まれていない。1968 年 9 月 18 日、フィリピンの衆参両院が採択した第 5446 号法は第 3046 号法第一節の印刷上の誤りを修正したが、それに示されたフィリピンの領海基線でも、南沙諸島がフィリピンに所属するとは表示されなかった。

第二に、フィリピンは「無主の地」に対する発見と占有の原則に基づいて南沙諸島の主権を取得したと主張をしているが、すでに紹介した通り、1946 年 12 月、中国政府は敗戦国日本から南沙諸島を取り戻し、南沙諸島はその後、中国の管轄下に置かれた。1952 年に調印された日台条約の序文に、日本が中国側に対して台湾、澎湖列島と同様に西沙と南沙を放棄することが明記された。

南沙諸島は古来中国の領土であり、決して「見捨てられた無主の地」ではなく「信託統治」された土地でもない。日本の委任統治下にあった諸島嶼を国連の信託統治領とする 1947 年 4 月 2 日の国際連合安全保障理事会決議でもその他のいかなる条約でも、南沙を「信託統治」する内容が見当たらない。フィリピン政府は歴史事実と、中国の南沙諸島に対して有する歴史的権利を無視・否定することができない。

---

51 浦野著書の訳文を引用。同書 1054 頁。

第三に、フィリピンは隣接性の原則や国家の安全保障上の理由を挙げて南沙諸島に対する主権を主張するが、これは国際法に違反するだけでなく、国際的な正義と平和にも反するものである。

　国際法上、領土の主権紛争の問題を解決するに当たり、地質構造・地形の状況・距離の遠近などの地理的要素は参考するファクターになっても、領土の主権を確定する根拠にならないとなっている。国際法に関する歴史的経緯からも、多くの実例が立証した通り、地理的要素は領土主権を確定する根拠にすることができない。

　1928年のハーグ常設仲裁裁判所は米国とオランダの間のパルマス島（Island of Palmas）をめぐる領土主権の紛争に対して判断を示したが、その判例では、地理的に隣接することでそれを領土主権の根拠と見なすことは国際法の中で根拠が見当たらないと明示された。日本の国際法学者もこの判例に基づいて「隣接性の原則を領域主権の問題を決定するための法的方法として許容することはできない」との見解を示している。[52]

　チャネル諸島はフランスの沿岸から20カイリのところにあり、イギリスから85カイリ離れているが、イギリス領土である。デンマークのフェロー諸島は本国から650カイリ離れるが、スコットランドからは240カイリ、アイスランドからは300カイリしか離れていない。スル諸島の中の多くの孤立した小島はマレーシアのサバ州からわずか3カイリから5カイリしか離れていないが、その領有国フィリピンとの間はその10倍以上の距離がある。

　現行の国際法の中で、ある国の領海の外に位置し、その国に隣接しているから当然のようにその国の領土になるという論理は認められていない。クリッパートン島（Clipperton Island）の紛争に関する仲裁案でも、太平洋にあるこの無主の島嶼はメキシコからわずか500カイリに位置しており、フランスから1万カイリ離れているにもかかわらず、国際仲裁委員会は島の主権がフランスに属するという判断を示した。フランスが最も早くこの島で主権を行使したのが理由である。

---

[52]　松井芳郎・香西茂・薬師寺公夫他編集『判例国際法』、東信堂、2006年、126－130頁。

第四に、フィリピンのいわゆる大陸棚の権利主張も、立場が弱いと言わざるを得ない。陸地が海の権利を規定することは国際法の基本的原則であり、特に海洋法の基本的な法律原則である。

　ある国が、UNCLOS条文に基づいてEEZと大陸棚の権利を主張する際、他の国の領土主権と海洋権益を侵害してはならず、自国の権利の主張によって他の国の領土を占拠することはなおさら認められない。

　第五に、フィリピンは以前に何度も外交の場で南沙諸島は自国の領土ではないと表明したことがあり、国際法の「禁反語」原則（第3章参照）に従えば、フィリピンがその後になって主権を主張し出すこと自体、国際法違反である。

　前述の通り、1933年にフランスが南沙の九小島を占拠した際、当時のフィリピン当局は自分たちと関係がないと明言した。

　米国のフィリピン駐在の海岸測量部門の責任者も、フランスが占領した九小島は「パリ条約」が規定したフィリピンの領海境界線より200マイル外れた位置にあり、フィリピンの領土範囲に属さないとはっきりと表明していた。

　1949年4月、フィリピンは一時的に中国の太平島の占領を図ろうとしたが、中国公使・陳質平が歴史の経緯を説明して抗議すると、フィリピン側はすぐ太平島に対する主権要求を自ら否定した。

　1956年5月、ガルシア外相は記者会見で、南海の太平島・南威島を含む一部の島嶼はフィリピンに所属すべきだと発言したが、中国外交部と台湾側の抗議を受けると、7月7日付『マニラ日報』に自ら記事を掲載し、「南沙諸島は一貫して中国の所有に属する」ことを認めた。これら一連の歴史的経緯を無視・忘却して、南沙諸島の主権を後になって言い出すこと自体、国際法と一般的な国際慣行に反するものである。

第6章　マレーシア・ブルネイとの紛争

一、マレーシアの南沙諸島進出の経緯

　マレーシアの南沙諸島に対する拡張のきっかけは資源の争奪であったが、間もなく、島の実効支配に及んだ。
　1968年、マレーシア政府は初めて南沙海域の8万平方キロ以上の面積を「鉱区」と設定し、南康暗沙（South Luconia Shoals／南ルコニア礁）、北康暗沙（North Luconia Shoals／北ルコニア礁）、曾母暗沙（James Shoal／ジェームズ礁）及びそれに含まれる環礁・沙州はみな、鉱区に組み入れられ、石油メジャー「ロイヤル・ダッチ・シェル（Royal Dutch Shell plc）」の子会社「サラワク・シェル」に探査権を委任した。
　1970年から、2隻のマレーシア探査船は南康暗沙と北康暗沙に入ってボーリング調査を行ったが、1971年3月、南康暗沙の中の海寧礁（Herald Reef）と潭門礁（Richmond Reef）でボーリング調査をし、続いて1972年、北康暗沙に所属する康西暗沙（Moody Reef）で資源調査を行った。1973年、さらに北康暗沙の北端に位置する盟誼暗沙（Friendship Shoal）でボーリング調査が始まった。
　1974年10月から1975年10月までの1年間、マレーシアは南沙海域の11カ所で掘削に着手し、曾母暗沙（ジェームズ礁）海域で複数のガス田を発見し、そのうち、最も大きいガス田は曾母暗沙以北の海域に位置し、貯蔵量は5000億立方メートル、年産出量は100億平方メートルと見込まれた。それは世界でも有数の大型ガス田であり、マレーシアはそれを「ミンドロ（Mindoro）ガス田」と命名した。
　1977年、マレーシアは現地で年産520万トンの液化ガスの加工施設を

建設し、主に日本に輸出した。マレーシアの南沙海域でのエネルギー探査と開発活動は今も行われている。

1979年12月21日、マレーシア政府が発表した『マレーシアの大陸棚』という名の地図は、南楽暗沙（Glasgow Shoal）・校尉暗沙（North East Shoal）・司令礁（Commodore Reef）・破浪礁（Gloucester Breakers）・南海礁（Mariveles Reef）・安波沙洲（Amboyna Cay）を結ぶ線より南に位置する南沙海域（12の小さな岩礁と環礁を含む）をその国内版図に書き入れ、南沙諸島に対する領土の要求を公式に打ち出した。

この地図が出版される前まで、マレーシア政府は少なくとも公式の立場として南沙の領土紛争に大きな興味や関心を見せていなかった。諸外国のメディアの報道によると、マレーシア当局は1975年、マレーシアのサラワク州とサバ（Sabah）州の沿岸にまで中国の政府地図が国境線（9段線）を引いていることに抗議を行ったが、南沙の島嶼に対しては主権の要求を一切出さなかった。

1979年発表のマレーシアの地図により主権が主張された安波沙洲に関しても、それが1975年初めに南ベトナム軍に占拠され、1977年、統一後のベトナムに実効支配された時にも、いずれもマレーシアは抗議をしなかった。その地図が出版される数カ月前、フィリピンのマルコス大統領は大統領令第1596号を発布し、「カラヤン諸島」（南沙諸島の一部）に対する主権を表明したが、これに関してもマレーシア政府は公の場で異議を呈しなかった。したがって、主権要求を示したマレーシアの政府地図の出版は多くの国に驚きを与え、周辺諸国から相次いで抗議と申し入れを受けた。

フィリピン外務次官イングリスは抗議の覚書を送り、フィリピンの領土に属する「カラヤン諸島」とサバ南東部地域をマレーシアの版図に標示したのはフィリピンに対する主権侵害だと非難した。

インドネシア政府はカリマンタン以東のシバダン島（Pulau Sipadan）とリギタン島（Pulau Ligitan）に対する主権を有しているとマレーシア政府に申し入れた。

シンガポールは、マレーシア・ジョホール州の南東に位置しているが、東方向の出口にあたる自国領のペドラ・ブランカ島（Pedra Branca）が、

「Patu Puteh」島と改名され、マレーシア領と標示されていることに抗議した。

ベトナムは、自国が所有する安波沙洲と弾丸礁（Swallow Reef／スワロー礁）がマレーシアの版図に標示されたのは、主権侵害であるとして抗議を行った。

1970年代末、中国の東南アジアにおける外交の最優先課題は、カンボジアに侵攻したベトナムの膨張を抑止することであったため、マレーシアの地図に対して穏便で水面下の対処方法を取った。ベトナムとフィリピンがそれぞれ公に抗議を行ったのに比べ、中国は非公開に抗議を申し入れた。1980年6月、マレーシア外相は議会の質疑に対し、中国からも抗議を受けたことを認めたが、どのような内容だったのかは明らかにしていない。[1]

南海の広い海域を本国の版図に標示して以降、マレーシア政府は南沙の島々に対する上陸・占拠などの実行手段を取り、実効支配を図った。

1981年から82年にかけて、弾丸礁に対する占拠計画が練られた。マレーシア外務次官ファゼール（Abdul Kadir Sheikh Fadzir）は「弾丸礁は一貫して今日に至るまでマレーシア領の一部であり、これはマレーシアの排他的経済水域に関する主張と関係がない」と語った。

マレーシア軍参謀総長セス（Ghazali Seth）将軍は、弾丸礁を占領するため、軍側は半年にわたる上陸の準備を行ったと披露した。

1983年、マレーシア国防省は、5ヵ国防衛取極（Five Power Defence Arrangements、略称FPDA）は南海で1週間にわたる、コード名「ヒトデ」（Starfish）の海軍演習を行うことに関する声明を発表し、オーストラリア・イギリス・マレーシア・シンガポール・ニュージーランドとともに、18隻の艦船、16機の軍用機、3000人の軍人が演習に参加した。

この演習が6月12日に終わったのち、マレーシア海軍陸戦軍隊は8月22日に弾丸礁へ上陸し、22人の兵士を常駐させ始めた。9月4日、マレーシアは弾丸礁を占拠したニュースを公に報じた。

ベトナムは直ちに抗議を行ったが、マレーシア外務省は9月9日、「弾

---

[1] Foreign Affairs Malaysia, June 1980, p.212.

丸礁は昔からマレーシア領の一部である」との声明を発表し、その中で、ベトナム政府が安波沙洲を占拠したことはマレーシアの領土主権に対する侵害であるとし、マレーシアはスプラトリー群島のいかなる島嶼にいかなる権利の要求を持たないが、安波沙洲は「一貫して今もなおマレーシア領の一部である」と強調した。[2] これらの声明は、マレーシアの領土要求は歴史的権利に基づくもので、大陸棚に位置するという理由によるものではないとの立場を取ったが、その歴史的権利を証明できる根拠は何も示さなかった。

中国の領土主権を侵害したこの事件に対し、中国はそれまでと同様に低姿勢の対処方式を取り、1983年9月14日、「某国の軍隊」が南沙の弾丸礁を不法占領したことを抗議する声明を発表し、「南沙諸島、西沙諸島、中沙諸島および東沙諸島など南海のあらゆる群島は昔から中国領の一部であり、中国の南沙諸島に対する合法的主権はいかなる国がいかなる口実を使っていかなる方式でそれを侵害することは容認できない」と表明した。[3]

マレーシアはベトナムからの抗議に答える声明の中で、弾丸礁を占領するだけでなく、安波沙洲に対しても占有する考えを示唆した。1977年からベトナムはすでに安波沙洲を占領し軍人を常駐させており、マレーシア外務省は安波沙洲及びその付近の小さいサンゴ礁群は自国の大陸棚に位置するとして地図を提示し交渉を申し入れたが、ベトナムとフィリピンの双方から反対を受けた。

当時、国際世論はベトナムが大量の難民を追い出す問題に注目しており、安波沙洲をめぐる紛争をあまり取り上げなかった。1980年、ベトナムのグエン・コ・タク外相がマレーシアを訪問した際、安波沙洲の問題を取り上げたが、各国のメディアは、それはベトナムがカンボジア問題に対する国際世論の注目をそらすための行動と受け止めた。

同年、マレーシア外相リタウディン（Tunku Ahmad Rithaodeen）がベトナムを訪問した時も、安波沙洲問題に関する打開策を見出せなかった。

---

2 Statement of the Malaysian Foreign Ministry, 1983-09-09.
3 Beijing Review, 1983(39), p.8.

ベトナムはこの環礁に対するマレーシアの立場を警戒し、1983年4月末、現地駐在の軍人数を50人から150人に増やした。1984年10月、マレーシア政府は正式に安波沙洲に対する領土の要求を提起し、ベトナムの占拠に抗議を行った。10月10日、マレーシア外務省は中国の主張を無視したまま、安波沙洲をめぐる「二国間の紛争」についてベトナムと協議することを合意したと発表し、その中で、1979年に新たに発行した大陸棚境界線地図を引用して、安波沙洲はマレーシア領であることを主張した。

　1986年11月、マレーシアはさらに出兵して、相次いで南海礁（Mariveles Reef）と光星仔礁（Ardasier Reef）を占拠し、1999年5月、楡亜暗沙（Investigator Shoal）と簸箕礁（Erica Reef）に対しても軍を送り占拠した。

　1988年2月、中国政府は南沙諸島におけるベトナム側の挑発的行為に対し警告を送ったが、マレーシア政府は中国の声明に異議を呈した。マレーシアのファゼール外務次官は2月24日に声明を発表し、南沙諸島より南にあるいくつかの島嶼（弾丸礁など三つの島嶼を指す）に対する主権を主張し、これらの小さな島とサンゴ礁はマレーシアの大陸棚に位置し、1979年に発行した地図により、正式にマレーシアに「領有」されたと表明した。[4]

　1988年7月5日、ファゼール外務次官は議会の答弁で、南沙諸島に関するマレーシアの領土主張について説明し、同様に主張を主張する中国・ベトナム・フィリピンおよび中国の台湾などと二者間の交渉をする考えであるが、交渉がまとまらない場合、国際機関に訴えて解決を図ると語った。[5]

　マレーシアが南沙諸島に足を踏み入れたとき、いかなる法的根拠も示さなかったが、その一連の行動から見て、マレーシア政府の安波沙洲と弾丸礁に対する主権主張の根拠は、これらの島嶼がマレーシアのサバ大陸棚に位置することにあると考えられる。

　1958年に発効した「大陸棚公約」を、マレーシアは1964年に調印して

4　前出（台湾）「外交部南海諸島档案資料滙編」Ⅲ（12）：4頁。

5　同上、5頁。

いるが、マレーシアが1966年に採択した「大陸棚法」は、マレー半島・サラワク島・サバ島の大陸棚は200メートルの水深ラインまで、もしくは開発可能な深さまで及ぶと定義した。

1980年5月15日、マレーシアは200カイリのEEZの適用を宣言した。1982年2月25日、マレーシアとインドネシアとの間で調印した二国間の海洋協定の中で、マレーシアはインドネシアの領海とEEZを承認し、代わりにインドネシアはマレーシアの伝統的漁業権、東マレーシアと西マレーシアの間の海空自由通過権および海底ケーブルの敷設権を尊重すると表明された。

1983年5月19日、マレーシアの法律事務担当副大臣は、マレーシアの安波沙洲に対する権利はシンプルな地理的要素によるものだと発言した。数日後、マレーシア外務次官ファゼールは、かつて安波沙洲に対して行った調査によって、それはマレーシアの海域内にあることを確認したと表明した。[6]

1979年末、マレーシア政府が発行した大陸棚の地図は前述の諸島嶼をその版図に書き入れたが、その後の数年間、何度にもわたって軍人を送り、そのうちのいくつかの島嶼を占領した。

1999年5月、マレーシアはさらに楡亜暗沙（Investigator Shoal）と簸箕礁（Erica Reef）を支配した。これでマレーシアの支配下に置かれた島嶼は五つになった。それ以後、とりわけ2002年の「南海における関係国の行動宣言（DOC）」の調印後、マレーシアはそれ以上の島嶼の占拠に走らず、主にすでに占領した南沙の島嶼における実効支配の既成事実化に注力して、経済的・軍事的プレゼンスを強化することに重きを置いた。

以下はマレーシアの実効支配下にある南沙の五つの島嶼の一覧表である（ブルネイの実効支配下の島も付録）。

---

[6] Prescott, Maritime Political Boundaries, p.222.

中国名	英語名（日本語の通称名）	マレーシア語の表示	備 注
弾丸礁	Swallow Reef（スワロー礁）	Pulau Layang-Layang	1983年、マレーシア軍が占拠
南海礁	Mariveles Reef	Terumbu Mantanani	1986年、マレーシア軍が占拠
光星仔礁	Ardasier Reef	Terumbu Ubi-Ubi	同上
榆亜暗沙	Investigator Shoal	Terumbu Peninjau	1999年、マレーシア軍が占拠
簸箕礁	Erica Reef	Terumbu Siput	同上
南通礁	Louisa Reef	Terumbu Semarang Barat Kecil	1993年からブルネイが実効支配。

二、実効支配戦略

今日までのマレーシアの言動から見れば、占拠した島嶼に対する実効支配の強化、それに関する主権のPR、既得権益の保護などがその南海戦略の中心になっているが、その戦略は主に以下のいくつかの側面に現れた。

1、支配下の島嶼で様々な活動を展開し、主権を顕彰すること

1990年、マレーシアは弾丸礁（スワロー礁）を対外開放し、島に観光レジャーの施設を多数建設した。1992年、中国が「領海と接続水域法」を公表してから、マレーシアは1993年6月、軍側が主導する「マレーシア海洋問題研究所」を設立し、南沙の問題において一段と強硬な姿勢をとった。支配下においた南海の一部の海域を「サバ海」と改名し、中国の主権要求に対抗した。

2003年5月、マレーシアは弾丸礁付近の海域で、「ラブアン（LABUAN）国際海上チャレンジ」と称する観光イベントを行い、27隻の釣り船と1隻のボートに対し、榆亜暗沙（Investigator Shoal）で観光レジャーを経営する許可を与えた。

2008年8月、副首相ナジブ・ラザク（Mohammad Najib bin Tun Haji Abdul Razak、後に首相）は弾丸礁に上陸し、2009年3月、アブドラ・バダウィ（Abdullah bin Haji Ahmad Badawi）首相も海軍司令官と陸軍司令官の同行で再度弾丸礁に上陸し、視察をした。さらにマレーシア海軍高官

は、中国の公船「漁政」による南沙海域のパトロールに対し、軍艦で「追い出す」と発言した。

2009年5月、マレーシアはベトナムと共同で国連大陸棚限界委員会に境界線分割案を提出し、南沙海域で「潜水艦の作業区域」の設置も検討していると発表された。

2、海軍と空軍の整備、占拠した島嶼の軍事施設の建設に拍車がかかる

2005年以降、マレーシアは軍事力の質的向上と戦略転換を加速している。従来の、国内の治安維持を目的とし反乱勢力対策を中心とした軍事力を、文字通りの国防軍に脱皮させた。

現在のマレーシア海軍は、東南アジアでもっとも大規模かつ先進的な海軍のひとつとなっており、イギリス製のレキウ級フリゲートとドイツ製のカスツーリ級フリゲート各2隻を主力とし、レキウ級については発展型2隻の建造も計画されている。

南海をめぐる将来的な軍事対立を想定して、マレーシアは海軍の潜水艦部隊の整備を重視している。

マレーシアは2002年6月5日、フランスのDCNS社（Direction des Constructions Navales Services、海軍艦艇を建造する造船企業）とスペインのイサル造船（スペイン語：Izar construcciones navales、国営造船会社）との間に、2008年まで2隻のトゥンク・アブドゥル・ラーマン級潜水艦を購入する契約に調印した（すでに実戦配備されている）。ほかにフランスの海軍から退役した「アゴスタ」号潜水艦を購入して訓練に使い、この3艘の購入経費だけで10億ドルを超えた。その後、マレーシアは東部サバ州で潜水艦艦隊が使用する海軍基地を建設した。2009年4月には、マレーシア海軍陸戦隊が設立された。

マレーシアは2015年の時点で先進的な航空機226機を保有しており、東南アジア地域では有数の空軍力を誇っている。マレーシア空軍を有名としたのが、アメリカ製とロシア製の戦闘機を並行して導入した戦略である。主力となる戦闘機は、米国製のF/A-18D戦闘爆撃機（8機）およびロシ

ア製の Su-30MKM 戦闘爆撃機（18 機）、そして MiG-29N 要撃機（14 機）である。これは、片方の陣営に軍事設備の導入を依存することで、マレーシアの政治と外交の幅を制限されることを避けるための決定であった。

3、漁業紛争に「断固」対処し、管轄権の強化を通じて「主権」を訴える

マレーシアは南沙の資源開発に力を入れるとともに、その主張する管轄海域にやってくる中国（台湾を含む）、タイ、フィリピンの漁船を度々拘束することを通じて、その主権をアピールした。

2003 年、南海で合わせて 25 隻の漁船・552 人の漁民が関係する 13 件の漁業紛争が起こり、そのうち、マレーシアだけで 4 件が発生した。中国の漁船と漁民を拘束すると、マレーシアは法的手段を取り、実刑判決・罰金などの処罰を言い渡している。ただ、近年、中国とマレーシアは友好関係にあり、漁業紛争に関しても互いに抑制的な態度を取っているといわれている。[7]

4、支配下の島嶼の海域でエネルギー資源を大規模に探査・開発

南沙海域でエネルギー資源を開発する各国の中で、マレーシアはベトナムと並んでもっと多くの実利を得ている。

1974 年、国営石油ガス会社ペトロナス（Petroliam National Berhad、略称：Petronas）が設立され、石油開発業法に基づいて石油資源保有権と精製・石油化学分野における製造・販売権が付与された。さらに 2011 年 4 月、首相府直轄組織として石油・ガス取引のサービス業務などを担当するマレーシア石油資源公社（Malaysia Petroleum Resources Corporation、略称：MPRC）が設立されている。

マレーシアの南海におけるエネルギー資源開発は、主に南通礁（Louisa

---

[7] ERIC YEP AND SIMON HALL「マレーシアと中国間に目立たぬ領海紛争」、米国「ウォールストリート・ジャーナル」電子版、2014 年 6 月 25 日。http://jp.wsj.com/ARTICLES/SB10001424052702303319204579645222757300700

Reef）から曽母暗沙までの海域に集中しており、米エネルギー情報局（EIA）によると、マレーシアの天然ガス生産のほとんどはここで行われている。

2013年末の時点で石油の確認埋蔵量（BP統計、以下同様）は37億バーレルであり、天然ガスの確認埋蔵量は1.1兆立方メートルである。近年、大水深開発や増進回収（EOR）、マージナル油田開発などを進めている。[8]

2015年の時点で、マレーシアの管轄海域には400以上の探査井や数百カ所の開発井がある。近年の動きとしては、2014年6月23日、サラワク州の沖合約144キロメートルの海底で大規模な天然ガス層が発見された。新たに九つの石油・ガス鉱区が開発されており、2017年まで生産が始まる見込みである。参加しているのはロイヤル・ダッチ・シェル、米マーフィー・オイル、米コノコフィリップスなどであり、一部のプロジェクトはマレーシア国営ペトロナスとの合弁で行われている。

南海で石油開発を始めてから、マレーシアの経済は急速に発展し、石油輸出額はGDP総額の20％を超えている。[9]

三、ブルネイの権利主張

ブルネイはかつて英国の保護国であった。1959年、イギリスの自治領になったが、その前年、英国は二つの法令を発し、ブルネイの両側とマレーシアとの境界線を画定し、それは同時に、ブルネイとマレーシアのサラワク州、サバ州との領海や大陸棚の境界線を構成した。

1971年、ブルネイは条約改定で完全自治を達成し、1984年正式に独立した。その間の1979年12月にマレーシアが発布した地図（前述）には、ブルネイの大陸棚のことを配慮せず、ブルネイより北のサバ州からその南

---

[8] 「マレーシアの石油・ガス産業と2019年竣工をめざすマレーシアRAPIDプロジェクト」、JPECレポート、2015年1月13日。

[9] 前出「マレーシアと中国間に目立たぬ領海紛争」。

に位置するサラワク州までの海に対して、すべてマレーシアの大陸棚と標示した。

1981 年、ブルネイはこれについてマレーシア側に質問と抗議を提起した。1984 年 1 月 1 日、ブルネイは正式に独立したが、直後、立法の形で 200 カイリの EEZ の制度を適用すると宣言し、その海域管轄範囲に関する新しい地図も発行した。発表した地図でブルネイは、南沙諸島の南端に位置する南通礁（英語名：Louisa Reef、マレー語：Terumbu Semarang Barat Kecil）に対して主権を、また南沙海域の 3000 平方キロメートルに対する管轄権を有すると主張した。

1992 年、中国が南沙諸島を含む自国領に関する領海法を公表した後、ブルネイはそれに対抗し、3 隻の近海巡視船を購入して警備に当たり、戦闘機の購入企画も発表した。1993 年よりブルネイは南通礁を正式に実効支配し始めた。

ブルネイの経済発展はひとえに南沙海域のエネルギー開発に負っていると言っても過言ではない。陸上でも 2 カ所の油田があるが、海上に 9 カ所の油田と 5 カ所のガス田を開発しており、石油の 9 割と天然ガスほぼ全部は南沙海域から採取しており、産出量のそれぞれ 95％以上と 85％以上を輸出している。

石油と天然ガスはかつて GDP の 70％、現在でも 50％程度を占め、そして輸出のほぼ全てを占めており、それらに依存した経済構造となっている。ブルネイの全人口は 41 万人しかないので、石油、天然ガスの輸出により、一人当たりの国民所得は日本よりも高く、経済的に潤っている。

ブルネイの管轄海域で探査と掘削の権利を与えられた外国石油資本は主に、オランダのシェルグループ、フランスのトタル（Total）などである。

ブルネイ政府と外国石油資本の開発協力は最初、後者に特許権を付与する形で進められたが、2001 年以降、国際的に広く行われている生産物分与契約方式（Production Sharing Contract、略称：PSC）を採用し、国による石油資源の開発に対する参加とコントロールを強化した。

2001 年初め、ブルネイ政府は EEZ 内の 1 万平方キロメートルの深水区海域と 2624 平方キロの陸地のエネルギー開発に関して初めて公開入札を

行い、2003年3月、フランスのトタル、英国のBHPビリトンそしてヘス（Amerada Hess）が落札した。

今、ブルネイは中国の主張する南沙海域でおよそ5万平方キロの海域（ブルネイ国土面積の8.6倍相当）を実効支配しており、その2カ所の油田は9段線の範囲内に入っている。

政府は2004年に30年間の長期開発計画と国家ビジョン・タスクフォースを策定、2008年1月から、30年間の長期ビジョン「Wawasan Brunei 2035」、10年間の開発戦略と政策の枠組「Outline of Strategies and Policies for Development（OSPD）2007-2017」、5年間の開発計画「National Development Plan（RKN）2007-2012」の3部門からなる長期計画を開始した。

ブルネイ初の大水深の大型油田であるキケー（Kikeh）は2007年8月から生産を開始したが、管轄権をめぐってマレーシアと一時期紛争した。交渉の末、両鉱区ともブルネイに属するが共同開発を行うことが2009年3月合意された。これにより、両国共同開発に向けたコマーシャル協定（CA）エリアとしてマレーシアが40年にわたって開発に参画することになった。[10]

四、マレーシア、ブルネイの権利主張に対する分析

これまで、マレーシアは南沙諸島のうち、弾丸礁（スワロー礁）、簸箕礁（Erica Reef）、楡亜暗沙（Investigator Shoal）、光星仔礁（Ardasier Reef）、南海礁（Mariveles Reef）という五つの島嶼を占拠しており、ブルネイは南通礁（Louisa Reef）の領有を宣言している。

両国の南沙諸島に対する権利主張の主な根拠は、UNCLOSの大陸棚とEEZに関する規定であり、海洋の管轄権をもって領土の主権を要求している。

---

10 「新たな時代を迎えたブルネイの石油・ガス産業」、『JPECレポート』2011年第9号、8月5日。

前述の通り、マレーシアは1979年12月に公表した大陸棚の地図で初めて南沙諸島の南部にある島嶼をその大陸棚の外部限界より内側に囲み入れた。同じように、ブルネイも「1954年、英国は初めてそのために大陸棚の限界を設けており、その区域は100ファゾム（fathom）〔＝約183メートル〕の水深まで至る」ことを理由に、南沙諸島南部の南通礁に対して権利の要求を打ち出した。

　1988年にブルネイで出版された地図は、その大陸棚の範囲を南薇灘（英語：Rifleman Bank、ベトナム：Bãi Vũng Mây、タガログ語：Timog）まで及ぶと示している。ほかに1982年、ブルネイは200カイリの漁業区条例を発布し、同時に200カイリのEEZの設置を宣言したが、それらの地域は南沙諸島の最南端の部分と重なっている。

　島嶼の主権帰属は、海域の管轄を確定する前提と基礎である。国際法において、島嶼の主権帰属について先占・割譲・添付・時効などの法規が適用される。海域の分割に関しては、現代の海洋法が確立した諸原則、すなわち衡平・中間線・大陸棚の自然延長などが適用される。

　国際法によれば、領土主権は海洋管轄権の基礎であり、海洋管轄権は領土主権から派生する権益である。沿海国が海洋管轄権を主張する前提と基礎は本国の領土主権であり、先に陸地の領土を有し、その国は初めて海域及びその海底に対する権利が発生するが、ある陸地（島嶼）の領土が自国の主張する海洋管轄権の範囲内にあるからと言って、元々の主権帰属を変えることはできない。

　南海の周辺国は、本国の大陸棚とEEZに関する法律制度を作る権利があり、それによって海洋管轄権を主張することもできる。しかしそれと同時に、中国の南沙諸島に対する領土主権と海洋管轄権を尊重する義務がある。海洋管轄権の主張をもって中国の南沙に対する領土主権を侵害してはならず、海洋管轄権を理由に中国の南沙諸島の領土を占拠することはなおさら認められない。

第 7 章　21 世紀の南沙紛争、波高し

　南沙をめぐる紛争は、中国・ベトナム・フィリピン・マレーシア・ブルネイ・中国の台湾という 5 カ国の 6 者が関わるにとどまらず、米国・日本・インドなどの域外勢力も各国の利益と国際・地域戦略に基づいて介入し、もはや全世界でも最も複雑で、関与する国と地域が最も多い係争地の一つとなっている。

　中国は 2002 年、ASEAN と「南海における関係国の行動宣言（DOC）」に調印し、続いて 2003 年「東南アジア友好協力条約」に加盟し、南海情勢の緩和に努めた。

　しかし、南沙紛争の複雑化・長期化・国際化という趨勢は変わっていない。関係各方面は中国とともに実質的な措置を取り、南海地域の安全を共同で守り、安定した国際環境を営み、地域の経済と社会の持続可能な発展に取り組むべきである。

一、冷戦以後、一段と矢面に立たされた中国

　中国が南沙諸島の領土主権を有することには十分な歴史的・法律的根拠があり、南沙の主権を守るためにあらゆる行動を取る十分な理由がある。しかし、南沙紛争の極端な複雑性という性格は、南沙の主権擁護にあたって中国に一連の問題と課題とを突きつけている。

　中国と ASEAN 諸国は発展途上段階にあり、植民地主義の侵略を受けた歴史的記憶を共有している。ゆえに覇権主義に反対し、人権や民主主義の擁護などに関しても共通した認識と利益を有している。

　しかし、冷戦終結後の国際情勢の構造的変化は、中国が ASEAN 諸国を含む途上国の国々と関係を築く上で新たな課題をもたらした。

東南アジア諸国にとって、現代化に邁進する中国は政治・軍事・安全保障のいずれの面においても無視できない存在となった。

　中国にとっても周辺諸国との関係は、自国の戦略的安全保障にとって、国際環境の中でも最も直接に関連する部分である。周辺諸国との安定関係は、中国が全力で現代化建設を行う際の重要な鍵となる。東南アジアは、周辺環境を安定させたい中国の国家戦略の中でかけがえのない地域である。

　したがって、中国とASEAN諸国の双方とも、友好関係を発展させるという共通認識とニーズが存在するはずである。ところがASEAN内の複数の加盟国は、中国の南沙諸島における主権に挑戦しており、南海の資源をめぐる争奪戦が白熱化し、南沙紛争は一段と表面化している。

　その意味で、中国はASEAN諸国との関係において、自国の海洋権益を守ることと、友好関係を発展させることとの矛盾に常に直面している。

　南沙の主権を守る中国の努力と行動は、また米国や日本など西側大国との関係の制約を受けている。冷戦期、米中間は相互依存の市場関係という土台がなかったものの、ソ連の脅威は互いに戦略的協力を行う基盤になっていた。1980年代以降、中国と西側諸国との利益補完・相互依存の経済関係は著しく発展し、米国と日本は中国にとって最大の貿易パートナーになった。日米欧諸国は、中国に対する貿易と投資を競って行った。この種の、経済的な相互補完関係の大きな潜在力は、西側諸国が対中政策を立案する際の主要な判断材料となっている。

　しかし一方で、米国や日本の資金と市場に対する中国の依存度は、日米による中国の市場と資金への依存度を上回っており、中国が総合的国力と軍事力の面で米国などの世界大国より劣っているという事実は、予想可能な近い将来まで変わることはない。よって、日米をはじめとする西側大国は、中国に対して軍事的圧力以外にも経済的圧力を加えることが可能であり、経済問題を政治化し、軍事と経済の両面で中国を抑止することができる。

　旧ソ連の崩壊後、西側の覇権国家に直接に対抗できる勢力は姿を消し、中国は唯一の社会主義大国として西側の資本主義諸国が政治的圧力を加える主要な対象になった。

西側の一部の機関や学者は「予防的抑止」戦略に根拠を提供するため、「中国脅威論」、「中国超大国論」、「中国覇権論」ないし「中国経済崩壊論」を次々と作り出している。これらの論説はいずれも米国・英国・日本などで生まれ、絶えず拡散され、東南アジア諸国にも影響を与え、中国とASEAN諸国の関係に影を落とす要因の一つになっている。

　日米はさらに「中国の脅威」を煽り、周辺諸国に対し、中国がいわゆる「権力の真空」を埋めることを阻止するための包囲網に参加するよう働きかけている。

　中国の南海問題における一挙手一投足は、このような背景の影響と制約を受けざるを得ない。中国の多くの学者たちは、南沙の問題は人権問題・台湾問題・貿易問題などと同じように米国など西側諸国が中国を抑制する戦略の手段になっている、と受け止めている。

　特に2009年以降、世界的な戦略構造の転換に伴い、アジア太平洋地域では一部の軍事同盟が強化され、明らかに南海をめぐる地政学的競争は激化した。

　米国をはじめとする域外大国は、世界戦略ならびに局地戦略の見地から、武器売却・軍事支援・共同軍事演習・非伝統的安全領域での協力などを通じて一部の南海周辺国家との協力水準を急速に引き上げた。いわゆる「南海の航行自由」の確保を口実に南海問題に対する介入を拡大している。さらに、南海周辺諸国との軍事関係を一段と強化し、軍事交流と協力を積み重ね、東南アジアにおける軍事的プレゼンスと影響を絶えず強めている。

　米国のグローバル戦略の重点が東方にシフトしたことを背景に、日本・インド・オーストラリアなどの域外大国も米国のアジア太平洋戦略に追随・呼応し、様々な方法で南海問題に介入し、軍事力の「触角」を南海に伸ばして、東南アジアにおける自国の影響力を大幅に向上させる突破口にしている。

　南海をめぐって大国の利益が複雑に交錯していることは、地域情勢が「バルカン半島化」する危険性も醸し出している。南海地域における摩擦や衝突の処理を少しでも誤れば、大国間の対抗を引き起こし、南海地域の平和と安定を脅かしかねない。

二、ASEAN の集団的安全保障体制と大国均衡戦略

米日中に対するバランス外交

　ASEAN は中小国家のグループとして台頭し、東アジアの政治構図に著しい変化をもたらした。ASEAN は数々の集団行動を通じて、大国と対等に国際問題を協議する重みを見せ、冷戦以後、アジア・太平洋地域の誰も無視できないパワーの一つと自他ともに認められるようになった。

　特に ASEAN が実施している集団的安全保障と大国均衡戦略は、南沙をめぐる紛争にすでにまた引き続き重要な影響を及ぼしている。

　1967 年 8 月、インドネシア・タイ・シンガポール・フィリピンの 4 カ国の外相とマレーシアの副首相がバンコクで ASEAN の設立会議を行い、「東南アジア諸国連合設立宣言」すなわち「バンコク宣言」を採択し、その誕生の第一声を発した。

　ASEAN は平等と協力の精神に基づき、域内における経済成長、社会・文化的発展の促進、地域における政治・経済的安定の確保、域内諸問題に関する協力といった目標を明確にし、正義・国家関係の原則・「国連憲章」を遵守すると訴えている。

　ASEAN の設立当初はベトナム戦争の最中だったため、米国の支援を受けた反中国・反共産主義的な性格もあった。これは ASEAN が後に長年にわたって安全保障面において西側に依存してきた背景でもある。

　冷戦終結後、ASEAN 一体化のプロセスが加速化し、世界に合同で声を発する地域組織となった。1994 年に「ASEAN 地域フォーラム」（ARF、以下略称を使う）が誕生し、ASEAN の集団安全保障メカニズムが正式に形成された。

　アジアにおける大国である中国は、地理的近接性と文化面での伝統的なつながり、さらに近年発展した巨大な市場と、それにともなう政治的な影響力の増大により、ASEAN の安全保障戦略の中で極めて重要な対象として位置続けられている。

　ASEAN サイドから見れば、中国の強大化は不可避であり、なおさら軽

視や無視はできず、政治・軍事・安全保障のあらゆる面で抜きにできない存在となっている。中国は友好的な協力パートナーとしてアジア太平洋地域を安定させる重しにもなり、アグレッシブな強権大国として対外的に ASEAN 地域の安全を脅かす存在にもなりうる。その意味で、ASEAN の集団安全保障体制が中国の「脅威」に対抗する要素を持っていることは否めない。そして二国間の交渉における自分自身の力不足を補うため、ASEAN は集団外交の形をとって中国と渡り合っている。

　ASEAN は大国均衡戦略を再度とっている。旧ソ連の勢力がしばらく後退したのに伴い、中国・米国・日本という三角関係は冷戦後の東アジアの政治と安全情勢を左右する主要なファクターになった。中国と日本はもともとこの地域における政治経済大国であり、地域情勢の成り行きに重要な影響力をもっている。一方の米国は伝統的に、また今日もなお世界一の超大国として東アジアに全面的な影響力を有している。

　ある程度、日中米の３カ国を互いに牽制させることは、ASEAN が多国間の安全保障をめぐる対話の中で主導的役割をもつために有利にはたらく。同時に ASEAN はこの戦略的トライアングルを積極的に利用して、地域安全保障戦略の実施を確保しようとしている。これは ASEAN が、東アジアにおける米国の政治・軍事的プレゼンスを歓迎する主な理由である。

　近年、日米両国は中国に対する予防的同盟関係を強化しており、両国の軍事と技術面の優位および日本の地政学的条件によって、力の均衡において中国に不利な形勢が作り出されている。これは中国を抑止する一面であるが、他方、日米両国とも中国に対するエンゲージ（関与）戦略を放棄したことはなく、中国は地域の重要なファクターであることを認め、中国が国際社会に入ることに協力すると再三表明している。

　防護と関与、牽制と協力が並行するこの種の予防戦略は、ASEAN が大国均衡戦略を実施するための外部条件を与えた。ASEAN は中日米のパワーバランスにおいて中国が劣勢に立っていることを利用して、中国が多国間の安全保障対話に参加するよう働きかける一方、日米が中国を国際社会に引き入れる戦略を利用して、東アジアを支配しようとする日米の企図を、中国の存在をつかって相殺することもある。必要な場合には中国側の

肩を持ってバランスをはかり、東アジアの戦略的均衡を確保しようとする。

このような均衡保持の発想は、ASEAN地域の安全を確保するためにうまれ、同時にASEANの安全と安定とを前提としている。したがって、ASEAN地域の安全と安定が脅威に曝された場合、ASEANは均衡保持の姿勢を放棄して、日米もしくは中国の片方に傾斜する政策をとることもあり得る。

昨今の情勢下で、ASEANの大国均衡戦略は中国にとって二つのマイナスを与えている。一つは日米とASEAN諸国との経済的連携は総合的に見て依然として中国とASEANとの経済関係より密接であり、ASEANに対する主導権を握っていること。もう一つは、一部のASEANの国と中国との間には領土と海洋権益の紛争が存在し、この領土問題はASEANの対中戦略において特別な重みを有するため、ASEANは台湾・釣魚島（尖閣諸島、以下同）・南海などの問題において日米とある種の「暗黙の了解」に達し、最終的に東アジアで「中国の脅威」を共通とする安全保障の枠組みを構築する可能性が常にあるということだ。

ASEANの四つの行動パターン

ASEANの集団安全保障体制と大国均衡戦略の特徴は、南沙をめぐる紛争の中で最も典型的に現れており、特に以下四つの側面が挙げられる。

第一、「一つの声」で立ち向かうことを強く意識

ベトナムはASEANに加盟した後、南沙の紛争をASEANの協議対象とすることを常に主張している。1995年のミスチーフ礁事件において、ASEAN諸国が歩調を合わせて中国に対抗する方針をとった。

1996年11月30日のASEAN非公式首脳会議で発表された16項目の声明の中で、ASEAN諸国の指導者は、「南海の主権要求が相互に衝突する問題の早期で平和的解決を追求する」と表明した。

1997年3月に起きた中国「勘探—3号」事件（中国の石油試掘リグが南沙群島海域で作業したことに対し、ベトナムから猛烈な反対と妨害を受けた）に対し、ベトナム外務次官ヴー・コアンがASEAN諸国の代表と会

見した後で、各国代表は相次いで本国政府に対し、ベトナムの立場を支持し、最近の南海問題に関するASEAN・中国間の紛争をめぐって会議を招集するよう提言した。

ASEANのある大使は、「ASEANはベトナムを支持する以外に選択肢は存在しない。他人のために行動するのは自分のためでもある」と発言した。南沙の紛争に対する姿勢と処理の方法は、ASEAN側が「中国は好戦的な強権大国か、それとも友好的な協力パートナーか」を判断するバロメーターにもなったのである。

第二、集団的に中国と渡り合うパワーを構築するため、「10カ国大連合」の戦略を着実に推進

1997年、ASEANはビルマ（後にミャンマーに改名）とラオスを新しいメンバー国として受け入れた。これはできるだけ早く一体化した経済圏を形成し、西側に対して独立自主の路線をとる決意を見せるとともに、中国の拡張を防ぐというもう一つの重要な考慮があった。

> 「ASEANが加盟承認を先送りした場合、ミャンマーが経済・軍事的関係を深めつつある中国の勢力圏に取り込まれてしまう可能性があり、それを防ぐ戦略上の配慮もあったと見られる」

と日本の新聞でも解説されていた。[1]

そのため、西側諸国の反対を押しきって、ASEAN諸国は国際的な「孤児」だったミャンマーの加盟を迎え入れた。ASEAN側は、ミャンマーを中国から引き離すため、ミャンマーを蚊帳の外において中国に奪われるより、ASEANのメンバーにさせたほうが有利であると判断した。この種の意識は、ミャンマーの軍事政権を圧倒した。

インドネシア戦略と国際問題研究センターの責任者が率直にその思惑を口にした。

---

[1] 藤野彰「ASEAN　独自路線示す」、『読売新聞』朝刊、1997年6月1日。

「加盟国が 10 あれば、我々は自分自身の未来を決定し、中国を含むいかなる地域からの圧力もはね返す十分な力を備えることになる」。[2]

第三、「中国の脅威」に対処するため、絶えずそれぞれの海軍力を強化し、海上の防衛と作戦能力を向上させる

　ASEAN 諸国の経済実力の上昇と「中国脅威論」の台頭は、軍備の近代化を競う「逆軍縮」の波を触発させた。

第四、南沙問題の「国際化」を図る

　ASEAN に加入している南海周辺諸国は、南沙の占拠という既成事実を固め海洋権益の拡張を図るため、南沙問題の国際化を図り、ASEAN 全体をこの方向に引っ張っている。

　米国・英国・日本・ロシア・イタリアなど各国の 200 以上の石油会社はすでに南沙海域での探査と掘削にコミットしており、それ以外にも南沙問題の国際化を推し進める様々な動きが見られている。

（1）南沙問題を国連もしくは国際会議に持ち込むこと

　1992 年 7 月、マニラで行われた第 25 回 ASEAN 外相会議で「南シナ海に関する ASEAN 宣言（the ASEAN Declaration on the South China Sea）」が採択された。これにより一般的な原則を表明しながらも、南海周辺諸国が ASEAN という枠組みを借りて中国と向き合う思惑を滲ませた。[3]

　1994 年 7 月、第 1 回 ARF がバンコクで開かれたが、このフォーラムの狙いはアジア・太平洋各国の集団的影響力を取り入れて南沙紛争の解決に

---

[2] ロイター通信、シンガポール発、1997 年 6 月 4 日英文電。ラネ・パスト記者は更に、「ASEAN の拡大は中国の軍事実力の台頭への懸念に由来するところが大きいと専門家たちは見ている」と書いている。

[3] Walsh James, China: The World's Next Superpower, Time (Asia ed.), 1993-05-10, pp.15-39.

当たるためと指摘された。[4]

1995年1月、マニラで開かれた東南アジア安全保障会議の場で、ASEANのリーダーは「重要なのは全世界の注目を集めることだ。南沙の紛争が国際化する日が近づいた」「この地域の衝突を回避するため、ASEAN諸国はこの問題を国連に提起せざるをえない」と公の場で発言にした。

ミスチーフ礁事件の発生後、フィリピンのラモス大統領はこの問題を国連安全保障理事会と国際司法裁判所に持ち込み、国際的支持を取り付けて中国の撤収を迫るべきだと語った。

（2）南沙地域の「非軍事化」に関する主張

フィリピンは南沙諸島の「主権国」との立場に立って率先して、関係諸国は南沙から軍隊を撤収し、南沙諸島の非軍事化を呼び掛けた。

域外の一部からも、南沙地域に「南極モデル」を適用し、南沙諸島を南極に類似した非軍事化の地帯と見なし、各国の領土要求を凍結させ、「国際的南海管理局」を設置して資源の共同開発、周辺環境の保護に当たるとの提案が出ている。

（3）周辺諸国による「共同管理」の主張

フィリピンは南沙地域の資源は「南海のすべての隣接国家の共同財産」であるとして、「これらの資源を共同開発」し、「共同管理（condominium）」することを提起した。

その本質は、中国に属する南沙諸島を周辺諸国の公共財（Res communis（omnium））の概念にすり替え、各隣接国が共に分割・占有・開発することを狙ったことだ。

（4）南海の名称に対する変更。

一部のASEANの国は「南海」すなわち「南中国海」（南シナ海）とい

---

[4] High hopes surround Asian security forum, The Japan Times, 1994-07-25, p.1.

う国際的な通称名を「東南アジア海」もしくは「西フィリピン海」に変えるべきだと主張している。

2009年以降、一部のASEANメンバー国の活動は一段と活発化した。ベトナム・フィリピン・マレーシアなどは、中国が国連に9段線を標示した南海の地図を提出したことに対し、協調して阻止しようとした。

マレーシアのメディアは「スプラトリー・グループ」の結成を鼓吹した。シンガポール政府首脳は米国の南海問題介入を期待する発言をした。ベトナムは南海に関する学術シンポジウムの挙行を声高々に宣伝した。

これらの動きは、ASEANが共同で中国を牽制し、南海問題の地域化、国際化を図る意図を現したものだ。

2012年7月9日から13日までプノンペンで行われた第45回ASEAN外相会議において、フィリピンやベトナムなどが南海問題で中国を非難するよう提案したのに対し、一部の国の反対に遭い、共同声明を出せなかった。これはASEANの結成45年以来初めてのことだった。

その代わりに一週間後の7月20日、DOCの完全執行、南海に関する地域の行動規範（COC）の早期採決、「国連海洋法条約（UNCLOS）を含む、普遍的に承認された国際法原則」の遵守、「全当事国の継続した自粛及び武力不行使」などの内容を盛り込んだ「南海における6方針」が発表された。

2015年8月のASEAN外相会議で発表された共同声明は中国を名指ししないものの、「フィリピンは特にUNCLOSに関係する問題の進展について説明した」という文言を入れ、フィリピンの常設仲裁裁判所への提訴を示唆し、暗に中国による「埋め立て」などの活動が相互信頼を破り、緊張を高めたとの懸念を表明した。

2015年末、ASEAN10カ国が域内の貿易自由化や市場統合などを通じて成長の加速を目指す広域的経済連携の枠組みである「ASEAN経済共同体（AEC）」が発足した。それに伴い、ASEANは南海の問題をめぐって一段と一つの声で発言していくことが予想される。

ASEANを中核とする一連の多国間協力メカニズムを構築するため、南海をめぐる政策の相違で加盟国間に「分裂」が生じることをASEANが回

避したいのは本音だ。

そのため、ASEAN は米国・日本・インドなどの域外大国の力を借り、中国による地域安全保障に対する影響力に均衡を持たせることで、ASEAN 自身の主導的地位を保とうとしている。

三、米国の南海政策の転換

80 年代末までほぼ無関心

米国は強大な海上軍事力と莫大な海外利益を持つ超大国であり、地球規模の反テロリズムと、重要な国際水路の確保などの戦略的目標に従い、1990 年代以降、東南アジアで軍事的プレゼンスを次第に回復・拡大した。

2004 年、米国は西太平洋地域における戦力をさらに強化し、グアムの基地などを大幅に拡張した。

通常、他国間の領土紛争に対し、米国政府はどちらか一方を支持せず、摩擦に介入・干渉しない中立的な立場をとってきた。代わりに、平和的交渉を呼びかけ、武力による威嚇に反対を表明している。

ただし一部のケースにおいて、米国は戦略的な判断から片方を支持する場合もあった。例えば、釣魚島をめぐる紛争の中で、米国の姿勢は明らかに日本側に傾斜し、1972 年、沖縄の行政権を返還する条約の中で、釣魚島の施政権を日本側に引き渡している。

米国政府は、施政権の返還は同島の主権帰属に関する最終的な法律解決を妨げるものではないと表明したものの、釣魚島に対する日本の実効支配を導いた。

他のケースでも、米国政府は公式な中立的立場を表明しつつ、意図的に一部の領土紛争に対して非公式ながら一定の傾向がある立場を表明し、それにより係争の解決方法および結果に影響を及ぼそうとする。中立を厳守するかそれとも一定の傾向性を見せるか、これはその時々の米国の利益判断によって決められる。

南海地域において、米国政府は重要な政治・軍事・経済・運航の利益を有すると言いながら、同地域の領土帰属問題、すなわち南沙と西沙諸島の

領土紛争に関しては、ほぼ中立的立場を取り、いかなる国の主張にも支持を表明してこなかった。

　1974年1月、中国は西沙諸島をめぐって南ベトナム海軍と衝突し、金銀島（Money Island）、珊瑚島（Pattle Island）、甘泉島（Robert Island）などを奪還した。

　南ベトナム政権は軍事的な敗北を喫した後、米国に支援を求めた。衝突の際、一人の米国情報部員は珊瑚島で南ベトナム軍の軍人と一緒に中国の捕虜になった。米国は当時、南ベトナムと南海地域に強大な軍事力を配備していたが、この紛争に巻き込まれることを避けるため、艦隊も衝突海域に近づかなかった。2週間後、米中間の外交ルートの交渉を通じて、拘束されていた米国情報部員が帰国した。

　南海問題に関連する諸国の中で、フィリピンだけが米国の同盟国であり、両国は1951年に相互防衛条約を結んでいる。条約締結後、米国はフィリピンに大規模な海空軍基地を有していた。1950年代半ばより、フィリピンは南沙諸島に対して領土の要求を打ち出したが、米国はフィリピンの占拠した南沙の島嶼に対する防衛の義務を引き受けなかった。

　1988年3月、南沙諸島で中国とベトナムの軍隊による武力衝突が生じたが、レーガン政権のアジア太平洋担当国務次官補ガストン・シグールは記者会見で、「米国はこの紛争に対して立場を持たない」とし、「言い換えれば、我々はどちら側も支持しない」と表明した。米軍側もこの問題に介入する気配を見せなかった。

　同年7月、シュルツ国務長官はバンコクでASEAN外相会議の関連会議に出席した際、東南アジアは「我々の大多数の人が20年前に想像したものより、はるかに平和的で安定し繁栄する地域になっている」とし、10万人のベトナム軍が変わらずカンボジアを侵略していることを取り上げて、引き続きベトナムに対して外交と経済の圧力を加えるべきだと語った。[5] 明らかに、この時期において、米国は南海問題が地域の国際関係に大きな影響を及ぼすものではないとの認識を持っていた。

5　American Foreign Policy, Current Documents, 1988, p.510.

クリントン政権期に変化

　1990年以降、南沙の紛争に対して米国はますます関心を寄せるようになった。1990年10月、父ブッシュ政権の極東問題担当国務次官補リチャード・ソロモンは、カリフォルニア大学サンディエゴ校で行った講演の中で、南沙の紛争を朝鮮半島問題・カンボジア問題・日ロ間の北方4島問題と同列に並べて、東アジア地域の「主要なホットスポット」と称した。これは米国政府が初めて行った、南沙の紛争を太平洋地域全体の安全と安定に関連づけた意思表明である。[6] もっとも1992年になっても、父ブッシュ政権は、東南アジア地域において「直接の安全保障上の脅威は現れていない」との認識を継承した。

　フィリピンとの基地延長に関する交渉が不発に終わり、火山の噴火で軍事基地が深刻な破壊を被ったことにもより、米国は1992年末、クラーク空軍基地とスービック海軍基地の閉鎖を決定し、二つの基地にあったすべての軍事力を撤収した。この年、米国はまたASEAN諸国の南沙紛争の解決に関する立場を支持するとも表明した。

　米国政府の南沙問題をめぐる立場は、クリントン政権期に変化が生じた。最初の変化は、この問題をある種の「脅威」と見なし、比較的に大規模な軍事衝突に発展しかねないとの懸念を示すことに現れた。

　1994年7月26日、ストローブ・タルボット国務副長官はASEAN閣僚会議で、東南アジア地域において迫ってきている脅威は南海にあり、米国は各自の領土要求に立場を持たないものの、問題の解決に武力を使用することに強く反対し、インドネシアが主導する紛争の平和的解決と資源の共同開発に関する努力を支持すると述べた。[7]

　1994年8月、元副大統領で駐日大使のモンデールは米国ナショナルプレスクラブで講演した中で、冷戦が終結し、カンボジア問題の解決も進展を遂げているものの、「東アジアの安定を脅かす脅威は依然として存在している」とし、この種の脅威は朝鮮半島の核問題以外、「南海における互

6　US Department of State Dispatch, 1990-11-05.

7　Ibid, 1994-08-08.

いに衝突する領土の要求」も含まれると話した。[8]

1994年10月、ペリー国防長官は中国の国防大学で講演した際、南海の領土紛争は長年にわたって情勢の緊張を招く火種であり、未来に不安をもたらしていると触れ、

> 「南沙諸島の領土紛争が衝突に発展すれば、地域の安定に破壊的な打撃を与えかねず、米国やその他の国にとって死活的に重要なシーレーンにも脅威を成す可能性がある。挑発的な声明と軍事的配備は緊張した雰囲気をさらに張り詰め、緊張の緩和に有利な自然資源の開発を阻害する恐れがある」

と語った。[9]

米国の介入の姿勢が明らかに

米国当局の姿勢転換のもう一つの特徴は、南海問題における緊張や脅威は中国が引き起したものだと見なすようになったことだ。

1995年2月、中国はミスチーフ礁で漁業管理のために施設を建設したが、フィリピンが領土の要求を出したため、米国政府は一部のマスコミと議員の圧力を受けて、フィリピンを支持する傾向を見せ始めた。

3月8日、国務次官補ウィンストン・ロードは中国の「南海における役割は（地域安定の）鍵となる」と発言した。

4月19日、フィリピン政府が62人の中国漁民を人質として拘束した行為に対し、米国政府の報道官は批判をせず、米国は仲介者になるつもりはないと語った。[10]

5月初め、フィリピン軍がマスコミ関係者をミスチーフ礁の取材に送ると表明し中国政府に抗議された。それに関して同月10日、米国政府が発

8　Ibid, 1994-09-19.

9　Ibid, 1994-10-31.

10　Ibid, 1995-03-27, p.325 .US Department of State Daily Briefing, 1995-04-19.

表した公式な声明は、いずれの国に対しても直接的な非難をしなかったものの、その行間には、中国を念頭にしていることが読み取れる。

　国務省報道官が読み上げたこの声明には主に次の内容が含まれた。①南海における一方的行動とそれに対する反応のパターンが地域の緊張を高めていることを懸念、②領有権紛争の武力行使およびその威嚇による解決に強く反対し、領有権を主張するすべての国に自制と不安定化行動の回避を呼びかける、③米国は南海の平和と安定に永続的な利益を有する、④領有権を主張する諸国に外交的努力の強化を呼びかける、⑤上記諸国が有用であると認める助力を提供する意思があり、1992年の南海に関するASEAN宣言を歓迎する、⑥航行の自由の維持は米国の基本的利益（fundamental interest）である、⑦南海における競合する領有権主張に対して立場をとらないが、UNCLOSを含む国際法と合致しないような、海洋権益の主張（maritime claim）と海洋活動の制限に対しては深刻な懸念を有する。この声明は、米国の南海政策が明瞭化する一里塚となった。[11]

　南海地域と南沙諸島においてこの時点で何ら軍事衝突が起きていなかったにもかかわらず、米国政府がこの声明を発表し、航行自由の利益を強調し、海上の活動に対する制限に反対を表明したことは、明らかに中国の行動に送った警告だった。

　米軍側もフィリピンに対する支持の姿勢を表明し、直後、ペンタゴンはフィリピン側の要求と米国の供与可能な援助をめぐって協議を行った。

　西側メディアの報道によると、同年7月、米海軍の特殊部隊隊員が派遣され、フィリピン軍が南沙の島嶼に常駐するための訓練が施された。上院議員ラリー・プレスラーは、もともとパキスタンに売却する予定であったF16戦闘機を先にフィリピン政府に供与し、南海地域におけるフィリピンの軍事力増強を支援する旨の議案を提出した。

　この時期における米国政府立場の三つ目の変化は、南沙の紛争に関してあからさまな介入姿勢を示したことだ。

　1995年6月16日、訪日した米国防総省のジョセフ・ナイ次官は、もし

11　US Department of State Daily Briefing, 1995-05-10.

南沙諸島で軍事的行動が発生し、海の航行の自由が妨害されれば、米国は航行の自由を守るために軍事的パトロールを行う用意があると表明した。

これは米国政府の要人が初めて、南海問題に対して軍事介入の可能性を明言したものである。[12]

8月、クリストファー国務長官はブルネイでASEANの会議に出席した際、アジア太平洋諸国は南海地域の航行自由と安定の確保に関する深刻な問題に直面しており、世界の海運の四分の一が通過する重要なこのシーレーンにおける航行自由の確保は米国の基本的利益に関わるもので、南海の紛争に関わる各方面とも対話を通じて紛争を解決するよう要望し、米国はあらゆる方法でこれに寄与する支持を提供する用意があると、数回にわたって表明した。[13]

これらの意思表明は、米国政府は南海問題に関して軍事的介入の意図とともに、外交的介入を行う構想も持ち始めたことを意味する。この種の介入に口実を見つけるため、米国は再三「航行の自由」を強調したが、実際には、南沙諸島をめぐる紛争は一度も航行に影響をもたらしたためしはなく、紛争に関わる各方面も、航行自由を妨害する方法で紛争を解決すると発言したことはなかった。

中国の台頭への警戒感

1994年から95年にかけて米国政府が南海に関する政策を転換させたのは、冷戦終結後の国際情勢の変化に対する新しい判断によるものだったと考えられる。

旧ソ連はカムラン湾から海空軍を撤収し、ベトナムも国際社会の圧力でカンボジアから軍隊を撤収した。米軍はフィリピンから撤収した。

米側は、これにより地域のパワーバランスが打破され、ある種の「力の真空」が現れ、西太平洋地域とインド洋における米国の利益と行動能力が

---

[12] Far Eastern Economy Review, 1995-08-03.

[13] US Department of State Daily Briefing, 1995-05-10. US Department of State Dispatch, 1995-08-25.

阻害されることを懸念し、軍事力の復帰を考え始めた。

　米国の一部の勢力は南沙諸島の問題を煽り立てることで目的の実現を図ろうとした。実際にペンタゴンから、ミスチーフ礁をめぐる中比間の紛争はまさに「期待していた」きっかけだとの声も漏れ出た。[14]

　米国政府の方針転換はその対中国政策の調整による影響もあった。1996年8月、米国平和研究所が発表した「南海紛争の劇化を防ぐ予防外交に関する特別レポート」は、南沙地域は豊富な石油と天然ガスおよびその他の海洋資源を有しており、太平洋とインド洋をつなぐ戦略的要所で、アジア―インド洋―ペルシャ湾の米軍海空軍基地をつなぐ中枢でもあり、米国の戦略的利益と日本の経済安全保障に関わるものだと位置づけた。当該海域における米国の利益と存在の必要性を強調した上で、南海の紛争に米国が介入する主な目的はシーレーン防衛であるが、南海での中国による行動は、北京当局が21世紀の地域と世界的大国を目指す探測気球だと見ることができると指摘した。

　そして米国の効果的で持続的な南海政策は、一方的な軍事行動を阻止することと、すべての係争国に交渉による解決の政治的要望を持たせることの2点に尽きるとし、関係諸国に米国のこの立場を受け入れさせるには、外交的働きかけのほか、ある程度の軍事的抑止力を使い、各方面が一方的な軍事冒険行動も走るのを阻止する必要があると提言した。[15]

　このレポートは米国の一部の政策決定者の見解を代弁したようなもので、米国の南海政策の中で、中国を抑止する要素が著しく膨らんだことを意味する。

　21世紀に入ってから、南海問題に対する米国の関心は一段と増し、ARFに参加して、係争海域で一部の係争関係国と共同軍事演習を行うなどの方法を通じ、南海問題に対する介入を一段と深めた。

14　Shirmar Daniel B., Military access: Pentagon versus Philippine. Monthly Review, June, 1994; Far Eastern Economy Review, 1995-08-03.

15　The South China Sea Dispute: Prospects for Preventive Diplomacy, 1996-08-01. http://www.usip.org/publications/the-south-china-sea-dispute-prospects-preventive-diplomacy

特に 2010 年に入って、米国は東南アジアにおける戦略的態勢を一層露わにし、南海政策は一段と強硬になり、政治や外交での介入とともに、軍事的介入の度合いも強めた。さらに「縁の下」から「舞台の中央」に踊り出て、片方の肩を持つ姿勢を一層明らかにした。

クリントン国務長官声明が分水嶺

2010 年 7 月 23 日、ベトナムのハノイで開催された第 43 回 ARF 外相会議でヒラリー・クリントン国務長官は、オバマ政権の南海問題に関する政策を明示した声明を初めて発表し、米国の南海に関する政策の変遷を象徴する第二の分水嶺となった。

声明では、①南海において航行の自由、アジアの海上入会地（maritime commons）への開かれた接近、国際法の尊重に対する国益を有すること、②南海の島嶼に関する競合する領有権主張に対して米国は特定の立場を取らないが、領有権および海域への付随的権利の主張は UNCLOS に従いなされるべきであり、海域に対する合法的権利主張は陸地に対する合法的権利主張から派生するべきであること、③どの領有権主張国による武力行使またはその威嚇にも反対すること、などの内容が盛り込まれた。[16]

この声明は、米国は南海関連の一部の係争国がより一層強硬な立場をとるよう、公の場で鼓動し、米国が当該国を支持する政策に転換したことを象徴するものとして一般的に理解されている。

2012 年 8 月 3 日、南海問題に関する米国務省の声明が発表された。1995 年 5 月 10 日の声明に続く 17 年ぶりの国務省声明であり、南海問題に対する米国の介入の更なる格上げを意味した。この中で、当該地域における米国の「国益」と「国際利益」を表明し、中国が協働的外交努力に反し、緊張を高める危険を冒すものと暗に批判するとともに、直前の 7 月 20 日に ASEAN 諸国の外相が発表した 2002 年の行動宣言（DOC）の完

---

16 Hillary Rodham Clinton, Remarks at Press Availability, National Convention Center, Hanoi, Vietnam, 2010-07-23, http://iipdigital.usembassy.gov/st/english/texttrans/2010/07/20100723164658su0.4912989.html#axzz4aFsgk6QH

全実施と行動規範（COC）の早期締結等の 6 項目原則に対する支持を表明し、南海問題の多国化・国際化の意図を隠さなかった。[17]

2014 年 2 月 5 日、ラッセル東アジア・太平洋問題担当国務次官補は、米下院外交委員会アジア太平洋問題小委員会で証言し、中国が南海における領有権主張の論拠とする「9 段線」について、「陸地を由来としない中国の如何なる海洋領有権主張も、国際法に反するもの」、「域内の緊張を激化するとともに、中国の長期戦略目標に対する疑念を高めてきた」と批判し、その根拠を明らかにするよう要求した。[18]

同年 5 月 28 日、オバマ大統領は陸軍士官学校の卒業式で行った演説で、「中国の経済的台頭と、軍事的拡大が近隣諸国に懸念を与えている」と述べ、中国が南海で挑発的行動を続けていると非難し、南海での紛争が解決されない場合には「最終的に米軍が巻き込まれる恐れもある」と述べ、米国の軍事的介入を暗示した。[19]

同年 8 月、ケリー国務長官はミャンマーのネピドーで開かれた ARF 外相会議で、中国の南海での石油掘削や構造物建設を問題視する立場を示し、凍結すべき行動やとるべき措置を定義すべきだと呼びかけた。

米国の提案として、

①どの国も占拠していない場所での新たな拠点の設置を自制
②（新たな衝突回避のため）ASEAN と中国が「行動宣言」に署名した 2002 年時点で他国が実効支配している場所の占拠を自制
③海上の施設などの改修や拡張などの許容範囲を規定

17　Office of the Spokesperson, U.S. Department of State, "Statement by Patrick Ventrell, Acting Deputy Spokesperson," http://iipdigital.usembassy.gov/st/english/texttrans/2010/07/20100723164658su0.4912989.html#axzz4aFsgk6QH

18　US Official Asks China to Clarify or Adjust Sea Claims, VOA News, 2014-02-06. http://www.voanews.com/a/us-official-to-china-clarify-or-adjust-south-china-sea-claims/1845502.html

19　「米大統領、南海での中国の挑発批判　米軍への影響言及」、『日本経済新聞』2014 年 5 月 29 日。

との3項目を挙げた[20]。

しかし中国から見れば、それは中国の合法かつ合理的な権利擁護の措置の阻止だけを念頭に置いた「凍結」の提案であった。

さらに、同年12月5日、米国務省の海洋国際環境科学局は南海に対する中国の「9段線」の主張は根拠が乏しく、「国際海洋法に合致していない」とする報告書を発表した。

米軍プレゼンスの急激な拡大

外交攻勢に出るとともに、米国は南海をめぐる紛争の行方に影響力を強めるため、中国と係争中の諸国との軍事協力を強化した。

米軍の高官はASEAN諸国を頻繁に訪問し、関係国との間で軍事協力分野の拡大、軍事協力関係の格上げを協議し、米国のコミットメントの拡大も約束した。

2015年の時点で、アジア太平洋地域に配備している米軍の兵力数は36万8000人であり、そのうち、約9万7000人は国際日付変更線以西の地域に駐在している。

アジア太平洋地域に配備する米軍はその海外配備の全軍事力の5割以上を占める。中国の「原潜基地」や南沙諸島の「埋め立て」などに関して米政府と軍の高官が一連の中国牽制・批判の発言を繰り返しているのは、実際には南海における米軍のプレゼンスの拡大を図る手段であり、自身の軍事拡張と中国に対する封じ込めのために口実を作る側面があるのを見逃してはならない。

2011年以降、「リバランス」（再均衡）戦略[21]の下で、米軍はそのもっとも先進的な艦船をアジア太平洋地域に配備するようになった。米太平洋軍の次期司令官に指名されたハリー・ハリス海軍大将は2014年12月2日、上院軍事委員会の指名公聴会で証言し、米軍艦船全体の56〜57％、潜水艦の6割が、アジア太平洋地域に配備済みであることを明らかにした。リ

---

20 「中国の拠点建設念頭、米が『挑発凍結』要求」、『読売新聞』2014年8月11日。
21 オバマ大統領が2011年11月、オーストラリア訪問中に最初に提起したとされる。

バランス戦略の柱として、2020 年までに米軍艦船の 6 割をアジア太平洋地域に振り向ける計画を発表しているが、ハリス大将は「現在 289 隻の艦船は、2020 年までに 308 隻になる」と述べた。[22]

なお、頻繁な軍事演習を行うことによって相手を威嚇することも、米軍が西太平洋地域の軍事的プレゼンスを強化する重要な手段であり、すでにメカニズム化され、かつ大規模化している。

米軍艦船と飛行機は一年中、南海沿岸国を含むアジア太平洋地域の国々に対して偵察と情報収集活動を行っているが、「リバランス」戦略の実施に伴い、この地域により多数の、より高性能な各種の偵察機・無人機・電子偵察船・原潜および偵察衛星などが配備された。

中国はすでに米国の実施する近距離偵察活動の頻度が一番高い国であり、最も範囲が広く、最も手段が多岐にわたる対象となっている。しかも偵察回数は引き続き増加している。2009 年、米軍偵察機が中国に対して行った近距離の偵察はのべ 260 回以上だったが、2014 年にはのべ 1200 回を超えた。[23]

海上の偵察活動も頻繁に行われている。2009 年 3 月、米海軍の音響測定艦インペッカブルが海南島南方 75 海里の公海で情報収集を行った際、中国の艦船によってその活動を妨害されたとし、駆逐艦を出動してその活動続行を護衛した。

同年 5 月、米海軍の海洋監視船ヴィクトリアスが黄海の中国沖約 150 海里の海域で測量作業をした際、中国の 2 隻の漁船と対峙したが、ヴィクトリアス号は漁船に水噴射を行った。

「無害通航」定義の濫用

米国は、他国の EEZ における平和的情報収集活動等の軍事行動は国連海洋法条約に照らして合法であるという立場であるが、中国は、米国が

---

[22] 「米軍艦船の 57％　アジア太平洋に配備済み――ハリス海軍大将」、『産経新聞』2014 年 12 月 3 日。

[23] 「専家：美国頻繁抵近偵察監視中国南海三大建設」、『人民網』http://military.people.com.cn/n/2015/0703/c1011-27247801.html

UNCLOSの下で「無害通航（innocent passage）」の定義を乱用していると見ている。

UNCLOSでは「無害通航」は、当該沿岸国の海岸から12カイリの領海を通航する船舶に対して、当該沿岸国の安全を脅かす行為を自制することを条件に認められている権利であるが、UNCLOSは軍による偵察活動も安全を脅かす行為としている。したがって、沿岸国の許可無しの軍事的調査、情報収集、水界地理学調査は禁じられているという認識である。[24]

北京大学の賈慶国教授は、「中国と米国の間で、公海における航行自由の原則について認識の相違はない。立場が異なるのは、一つの国は他の国の海岸・領海に隣接する地域に軍艦や軍用機を派遣して軍事的活動を行う権利を持つか否かである」と指摘している。[25]

2015年、米軍の艦船と飛行機は南海地域だけで700回以上の偵察とパトロールの活動を行った。10月27日、米海軍のアーレイ・バーク級ミサイル駆逐艦ラッセン（USS Lassen, DDG-82）は中国の実効支配下の南沙諸島のスビ礁の隣接海域に入り、挑発的な航行を行った。中国の軍艦はそれに対して監視、追跡と警告を行った。

12月10日、米空軍のB-52戦略爆撃機2機が中国の南沙島嶼の隣接空域を通過したが、中国軍はそれに対して厳重な監視を行い、警告を発した。

2016年1月30日、米海軍のイージス駆逐艦カーティス・ウィルバーが南海の西沙諸島トリトン島（中国名：中建島）の近隣海域を航行した。事前に航行を中国側に通告しなかったため、中国の島嶼守備部隊は監視や警告措置を取り、中国国防省は同日、「重大な違法行為で断固反対する」との談話を発表し、「米軍のいかなる挑発行為にも中国軍は必要な措置を取る」と牽制した。

5月10日、米海軍駆逐艦ウィリアム・P・ローレンスが南沙諸島のファイアリー・クロス（永暑礁）の隣接海域を航行したが、それに対して、中

---

[24] Bonnie Glaser, U.S.-China Relations: A Good Beginning Is Half Way to Success, Comparative Connections, Vol.11, No.1 (April 2009), p.29.

[25] 「北大教授質問美防長卡特為何抵近偵察 卡特結巴回應」、北京『中国日報』2016年6月4日。

国軍は戦闘機やミサイル駆逐艦などを現場海域に派遣し、米軍艦にその場を離れるよう警告し、国防部の楊宇軍報道官は「米艦が中国政府の許可を得ずに違法に南沙諸島の関係島嶼付近の海域に入ったことは、著しい挑発行為だ」と非難した。

米国防総省は、ラッセン号、カーティス・ウィルバー号、ウィリアム・P・ローレンス号の派遣は「航行の自由」を守る通常な行動だが、B-52爆撃機の飛行は「航行自由」の主張と関連性のない行動だと説明した。

2016年10月、米海軍のイージス駆逐艦ディケーターは、再び西沙諸島付近を航行し、中国から抗議を受けた。

米国の南海介入は今後も続く

米国はまた、日本などの域外同盟国に南海問題への介入を働きかけ、激励した。2015年1月、米海軍第七艦隊司令官ロバート・トーマス2世は、「率直に言って、南海では中国の漁船、海警の船（と海軍の艦船）が近隣諸国を圧倒している」として、日本の自衛隊が哨戒活動を東シナ海から南海まで拡大することを歓迎すると発言した。

その後も、新しく就任した米太平洋軍司令官ハリー・B・ハリスなども同様の発言をした。米国政府は、オーストラリア、インドなどに対しても同様な働きかけをしている。

2009年以来、米国は南海に対する戦略を見直し、次第に南海における米国の利益と目標を明確にした。2012年と13年、米国国防長官レオン・パネッタとその後任のチャック・ヘーゲルはシンガポールで開かれたアジア安全保障会議（シャングリラ会合）の席上、「2020年までに60％の海軍艦艇を太平洋地域に配備する」という計画を維持し、これを踏まえた上でさらに本土以外の60％の空軍をアジア太平洋地域に配備すると表明した。[26]

2012年1月5日、オバマ大統領は国防省で、新たな国防戦略「米国

---

26 「米軍、60％の海外空軍をアジア太平洋に配備へ」、『中国網日本語版（チャイナネット）』、2013年6月3日。

のグローバル・リーダーシップの維持：21世紀における国防の優先事項」を公表した。この新戦略「新しい戦略ガイダンス（new strategic guidance）」は、軍事力の優先順位を、過去10年間に及ぶイラクとアフガニスタンでの戦争からアジア太平洋地域にシフトし、同地域へのプレゼンスを強化することを明確に打ち出した。[27]

2014年3月、米国防省は「4年ごとの国防計画見直し」（QDR）を公表した。これは「国家安全保障戦略」などに基づいて具体化し、20年後を見据えた軍の能力、戦力構成などについて国防省が議会に報告したものである。ここで海軍艦艇と空軍機それぞれ6割の同地域への配備目標に再度言及するとともに、「米国の国益において徐々に中心的となるアジア太平洋地域における平和の安定を模索し、国防省は同地域への米国のリバランスに対する貢献を継続する」として、規模を縮小しつつも即応性を改善し、さらに高度な介入能力を構築することを明言した。[28]

2015年3月、米海軍・海兵隊・沿岸警備隊が共同で「前方｜関与｜即応 21世紀の海軍力のための協力戦略」と題する報告書を発表し、全領域へのアクセス・抑止力・制海権・戦力投射・海上保安という五つの「国家安全保障を支援する海軍力」の強化を打ち出した。[29]

同年8月、米国防総省は「アジア太平洋の海洋安全保障戦略」と題する報告書を発表し、アジア太平洋地域でこれまで強化と連携が不十分だった海洋に関連する三つの課題、即ち「海洋の自由の保護」、「紛争と強制の抑止」、そして「国際法と規範の尊守の促進」を明確化した。[30]

---

[27] 「アメリカの新国防戦略とアクセスのための統合作戦構想」『海洋安全保障情報特報』2012年1月26日配信。https://www.spf.org/oceans/analysis_ja02/b120126.html

[28] 「【アメリカ】4年ごとの国防計画見直し」、『外国の立法』誌（国立国会図書館調査及び立法考査局）、2014年5月。

[29] 「21世紀の海軍力のための協力戦略」http://www.navy.mil/local/maritime/CS21R-Japanese.pdf

[30] 「米、アジア太平洋の海洋安全保障戦略の報告書を公表」、中国国際放送局、2015年8月22日。

米政府の一連の戦略報告書の公表から見て、今後も米国は途切れることなく、フィリピン・シンガポール・マレーシアなどのASEAN諸国における軍事力の配備と、前進的プレゼンスおよび南海海域とその周辺地域での軍事活動を強化していくと見られる。
　その意味で、南海をめぐる米中間の駆け引きは緊張度をエスカレートさせていく可能性があり、南海情勢も一段と不確定性が増すことになる。

四、日印など域外勢力の介入

　日本とインドは米国に次いで、南海をめぐる紛争に大きな影響を及ぼす域外勢力である。この２カ国とも歴史的に中国と領土紛争を抱え摩擦が起きた経緯があり、現在でも日本との釣魚島（尖閣諸島）をめぐる主権紛争、インドとの国境画定などの未解決の領土問題が存在している。
　これらの国の介入は、南海情勢の複雑化と国際化をもたらすだけでなく、中国とASEANの関係諸国による南海をめぐる紛争の解決を、より一層難しくしている。

日本は80年代から積極介入へ転換

　20世紀前半、日本は何度も中国の南海諸島嶼に足を踏み入れた。第二次大戦後、敗戦国になった日本は中国にこれらの島嶼を返還した（第２、３章参照）。
　しかし、戦後の日本経済の飛躍、大国としての地位上昇および冷戦後の多極化の潮流に伴い、日本は「普通の国家」（小沢一郎氏が提唱）の地位を回復することに務めた。これにより東南アジア地域での影響力の拡大を目指したが、南海問題への介入を強化することは、地域における発言力の向上を図る重要な梃子となった。
　日本は東南アジア方面により一層大きな経済利益と安全保障上の利益を見出しているように見受けられる。東南アジアは日本の原材料供給地と海上の通路（シーレーン）にあたり、原油の10％と天然ガスの80％はASEAN諸国から輸入している。全体の53％の輸入物資は、南海を経由

している。そのため安全保障の面からも、マラッカ海峡への関心も念頭に、日本の軍事戦略は「本土防御型」から「海外介入型」への転換をほぼ完了している。

　米軍とタイ軍の主催で1982年から毎年行われている東南アジアの最大級の多国間共同軍事演習コブラ・ゴールド（Cobra Gold）に、日本の自衛隊は2005年から連続で参加しており、東南アジアとの軍事戦略関係構築を重視している。

　2005年3月、マラッカ海峡を航行中の日本船籍タグボート「韋駄天」が海賊に襲撃されたことを受けて、同年6月から8月にかけて、日本海上保安庁の大型巡視船「やしま」と「しきしま」が東南アジアに相次いで派遣され、インドネシア・マレーシア・シンガポールでそれぞれ海賊対策の連携を想定した共同演習を行い、海上自衛隊の護衛艦・航空機もそれに参加した。

　さらに同年12月、日本とこれら3カ国が共同でマラッカ海峡及びシンガポール海峡の電子海図を作成し、海峡を通航する船舶の位置を瞬時に把握できるようになった。

　近年、日本はフィリピン・ベトナム・マレーシアなどの諸国に相次いで巡視船を供与し、その要員に対する訓練と共同演習に積極的に関与しているのも、「海上の航行自由の確保」「武力行使の反対」を理由に掲げている。

中国との主導権争いを念頭に

　日本の南海介入が中国を念頭に置いているのは間違いない。中国の打ちだした南海問題の解決に関する基本方針に対して日本は常に反対の姿勢を取っている。中国の提出した「主権は我が国に属し、紛争を棚上げにし、共同開発する」という原則と南沙をめぐる紛争の解決モデルは、釣魚島や北方四島などに対する日本の立場に直接的な影響を及ぼし、今後の海洋権益をめぐる交渉で日本を不利な地位に追い込む可能性があるとして警戒している。

　より重要なのは、「ポスト冷戦」の日本の国家安全保障政策の変化と日米同盟の更なる強化に伴い、日本は戦略的に南海問題への関心を高め、介

入に意欲的になっていることだ。

　安倍内閣は集団自衛権の行使、平和憲法の改正を進め、「普通の国家」「軍事大国」への脱皮を図るためにも、南海問題を利用して東南アジアにおける政治的影響力の増強、南海地域における軍事的プレゼンスの拡大を図っている。

　同時に南海をめぐる情勢の緊張を煽ることで、日本の改憲・軍事大国化に対する国際社会の注目をそらし、日本の南海問題介入に対する各国の支持を取り付ける狙いもある。とりわけ日本は、東南アジア地域における中国との主導権争いに力を入れている。

　2006年11月、麻生太郎外相（当時）が行なった政策スピーチは、「価値の外交」と「自由と繁栄の弧」を日本外交の新機軸に据え、2007年版日本『外交青書』もそれを「新たな日本外交の柱」と定義した。

　これは「日本外交のグローバルな関与を担保するという政策的意図」があるとともに、「台頭する中国との競争」が重要な目的で、「対ASEANにおける『価値の外交』は、対中政策において大変重要な位置付けにある」と指摘されている。[31]

　ある中国の研究者は、日本にとって東南アジアは「裏庭」のように身近な存在だと指摘し、日本政府による巨額の支援があり東南アジアで一定の影響力を確立しているなか、日本と中国の争いは東南アジアの「市場争い」ではなく、本質的には東南アジアにおける地政学的な戦略的地位および主導権争いにほかならないと分析している。[32]

　また、中国が近年提唱した「一帯一路戦略」は中国のみならず、ASEAN諸国を含む「44億人に利益をもたらす大戦略」であるが、これにより、1960年代より「雁行形態論」に代表される発展プロセスのもとでアジアの主導権を握っていた日本には、アジアにおける主導権を喪失するのではないかという懸念が募っている。

---

[31] 神保謙「日本外交・安全保障政策のアウトリーチ──『自由と繁栄の弧』・日豪・日印・日NATO関係について」、独立行政法人経済産業研究所HP、2007年4月23日。http://www.rieti.go.jp/jp/events/bbl/07042301.html

[32] 『広州日報』2015年10月23日。

それゆえ、日本の政治家たちは中国に対して必死に抵抗しており、「ASEAN、インド、オセアニア諸国との関係を強化することによりアジア太平洋地区における日本の影響力を保持しようとしている」と指摘されている。[33]

日本自身の発展戦略と海洋政策という「内在的動機」、日米同盟による「押し上げ」及び中日間の複雑な衝突と競争の関係によるしわ寄せ、という「三重の原動力」に駆り立てられ、日本は南海問題に対する介入を急ピッチで進めている。

その動きは特に、ベトナムやフィリピンなどの南海をめぐる紛争の当事国に対する武器や設備の援助と外交的支持を強め、海をめぐる紛争を利用して中国に対する集団的圧力を加えることに現れている。

係争関係国への支援強化

2015年6月4日、東京を訪れたアキノ大統領と安倍首相の間で共同声明がかわされた。

> 「安倍総理から，南海における大規模な埋立てや拠点構築等の一方的な現状変更につき，深刻な懸念をフィリピンと共有し，各国と連携して『法の支配』の実現に向けて共に努力していくとともに，フィリピンの仲裁手続きの活用を支持する旨述べた」。[34]

同年7月4日、日本とメコン地域諸国の首脳が東京で第7回日本・メコン地域諸国首脳会議を開き、「日・メコン協力のための新東京戦略2015（MJC2015）」を採択した。その中でも、南沙諸島における中国の埋め立て工事を念頭に「双方は、状況を更に複雑にし、信頼及び信用を傷つけ、

---

[33] 「日中が『政冷経冷』状態、原因はアジアの主導権争い？＝中国メディア」、「サーチナ」サイト、2016年10月13日。http://www.excite.co.jp/News/chn_soc/20161013/Searchina_20161013075.html

[34] 「日・フィリピン首脳会談」、外務省HP、2015年6月4日。http://www.mofa.go.jp/mofaj/s_sa/sea2/ph/page4_001236.html

地域の平和、安全及び安定を損ないうる南海における最近の動向に関し表明された懸念に留意した」と表明された。[35]

続いて2カ月後の9月15日、訪日したグエン・フー・チョン・ベトナム共産党書記長と安倍首相が交わした「日越共同ビジョン声明」の中でも、「双方は、南海での大規模な埋立てや拠点構築等、現状を変更し緊張を高める一方的行為の継続に深刻な懸念を共有する」との内容が盛り込まれた。[36]

2006年、インドネシアは日本から無償供与された巡視船と人員訓練を受け、日本の政府開発援助が軍事化する初めてのケースになった。

2015年、日本はベトナムの海岸警備隊に合計4隻の巡視船を交付し、9月の両国首脳声明の中でも、安倍首相は「中古（巡視）船の追加供与を決定した」ことを伝え、新造巡視船の供与については「早期実現に向けて協議を続けていく旨を確認」し、また、「海上保安機関の協力及び防衛当局間の協力の強化」への期待を表明した。[37]

同年6月4日、フィリピン沿岸警備隊が調達する巡視艇10隻の建造に関するフィリピン政府と日本企業間の契約が東京で調印された。[38] 11月16日、マニラでフィリピン外相と会談した岸田文雄外相は、「日本は国際法に基づく平和的な紛争解決を引き続き支持しており、新たな段階に進んだ比中仲裁裁判の推移を注視している」と述べ、中国を牽制した。[39]

---

[35] 「日・メコン協力のための新東京戦略2015」(MJC2015)（仮訳）、外務省HP、2015年7月4日。http://www.mofa.go.jp/mofaj/s_sa/sea1/page1_000117.html

[36] 「安倍総理大臣とチョン・ベトナム共産党書記長の会談（結果）」外務省HP、2015年9月15日。http://www.mofa.go.jp/mofaj/s_sa/sea1/vn/page4_001371.html

[37] 「安倍総理大臣とチョン・ベトナム共産党書記長の会談（結果）」外務省HP、2015年9月15日。http://www.mofa.go.jp/mofaj/s_sa/sea1/vn/page4_001371.html

[38] 前出、「日・フィリピン首脳会談」、外務省HP、2015年6月4日。

[39] 「日・フィリピン外相会談」、外務省HP、2015年11月17日。http://www.mofa.go.jp/mofaj/s_sa/sea2/ph/page4_001550.html

域外諸国との連係プレーを重視

日本はまた、米国・インド・オーストラリアなどの国との連携を強めることで南海地域に対する影響力と存在感の更なる拡大を図っている。

日本は米国のアジア太平洋地域における戦略の基軸であり、日本の南海政策も米国の戦略を緊密に追随し、連携している。

2007年8月10日、麻生太郎外務大臣とジョン・トーマス・シーファー駐日米国大使の間で、「軍事情報に関する包括的保全協定（GSOMIA）」が締結され、双方の軍事協力の加速が示された。

2007年、安倍首相の提唱で、中国を念頭に、日米豪印戦略対話（四カ国戦略対話とも呼ぶ、英語：Quadrilateral Security Dialogue）が初めて実現し、それ以後、安全保障分野における4カ国の協力が加速した。

同年3月、日豪安保共同宣言が交わされた。6月、日豪間の初の「2プラス2」安保協議が東京で行われた。7月、日米印三カ国の共同軍事演習が東京近海で初めて実施された。9月、ベンガル湾で行われたこの3カ国の海軍演習にオーストラリアも参加した。

もっとも、インド外務大臣シャンカル・メノン（Shivshankar Menon）は、日本との防衛協定は「中国を含めいかなる第三国も目標に定めていない」と表明した。[40] ただ、2006年末、日印の間で「日印戦略的グローバル・パートナーシップ」の樹立に合意した後、双方の協力が全面的に格上げされた。

2008年10月22日、日印「安全保障共同宣言」が発表された。2012年、日印2国間の合同演習が東京沖で初めて行われ、翌年、インド洋でも実施された。2015年、日本の海上自衛隊の観艦式にインド海軍の艦艇が参加し、翌年2月、インドで行われたインド海軍主催の国際観艦式に海上自衛隊の護衛艦も参加した。

2015年12月、インドを訪問した安倍首相はモディ首相との間に「日印ヴィジョン2025　特別戦略的グローバル・パートナーシップ──イ

---

[40] Indian PM stresses economic, security ties with Japan not at cost of China, BBC Monitoring South Asia, 2008-10-23.

ンド太平洋地域と世界の平和と繁栄のための協働」が合意され、その中で、「両首脳は、インド太平洋地域及び更に広範な地域において、平和的で、開かれ、公正で、安定した、規則に基づく秩序を実現するための断固としたコミットメントを改めて表明し」、「2025 年に向けてこれらの原則によって支えられたインド太平洋地域の平和、安全保障及び発展のために取り組むことを約束」、「南海における変化に留意し、全ての国に対し、地域の緊張につながる一方的な行動を回避するよう呼びかけた」と盛り込まれた。[41]

2016 年 6 月、日米印 3 カ国による、対潜水艦戦などを内容とする共同軍事演習「マラバール」が沖縄本島の東方沖で行われた。2016 年 11 月、インドが核拡散防止条約（NPT）に未加盟であるにもかかわらず、「日印原子力協力協定」が調印された。

警戒される日本の軍事介入

2015 年以降、米国の南海問題に対する介入が間接的かつ限定的なものから、直接的で全面的なものにエスカレートしたのに伴い、日本は米国の南海における軍事行動に積極的に支持・呼応し、自らの南海地域での軍事的プレゼンスも一段と拡大した。

同年 11 月 19 日、安倍首相はアジア太平洋経済協力会議（APEC）首脳会議出席に合わせて、訪問先のマニラでオバマ大統領と会談し、「南海に中国が建設した人工島の 12 カイリ内での米海軍の巡視活動に支持する」旨伝え、「南海での自衛隊の活動は、日本の安全保障に与える影響を注視しつつ、検討する」と語った。[42]

直前の 11 月 5 日、菅義偉官房長官は記者会見で、南海での海上自衛隊の活動について、将来、警戒監視活動などに参加する可能性を示唆した。

---

41 「日印ヴィジョン 2025 特別戦略的グローバル・パートナーシップ――インド太平洋地域と世界の平和と繁栄のための協働」、外務省 HP、2015 年 12 月 12 日。http://www.mofa.go.jp/mofaj/s_sa/sw/in/page3_001508.html

42 「日米首脳会談 中国の海洋進出に連携対処を」、『読売新聞』デジタル版、2015 年 11 月 21 日。http://www.yomiuri.co.jp/editorial/20151120-OYT1T50146.html

2016年に入って日本の軍事介入がエスカレートする動きはよく伝えられた。1月10日付『読売新聞』朝刊によると、防衛省は、ソマリアに派遣したP-3Cが3カ月ごとに交替するが、その日本帰還経路を見直し、フィリピン・ベトナムなどの基地を経由することにした、という。

　同記事はこの動きを「米軍が中国の人工島周辺で実施している巡視活動を日本が独自に支援する活動」とし、海上自衛隊P-3C哨戒機が南海で定期パトロールを行うことにつながるとも解説した。

　これに対して、中国人民広播電台（中国人民ラジオ）が運営するニュースサイトの「央広網」に掲載された1月12日付記事は、P-3Cの飛行ルート変更は、軍事目的ではなく主に政治、外交目的と解説し、「米国に対して、日本は南海の問題に積極的に介入する意向を示すため」と評した。

　実際に翌2月18日までの3日間、海上自衛隊のP-3C哨戒機2機がベトナム中部ダナンに飛来し、ベトナム海軍と合同で図上の洋上捜索訓練などを実施した。[43]

　続いて中谷元防衛相は6月4日、シンガポールで開催されたアジア安全保障会議（シャングリラ会合）の講演で、中国を名指しすることは避けたものの、南海で大規模な埋め立てと軍事拠点化が進んでいることに言及して、「現状変更やその既成事実化は、国際法の原則に基づく秩序への挑戦にほかならない」と非難した。そのうえで、東南アジア諸国による海上の監視能力向上を支援する必要があるとして、「装備協力といったハード面での支援とともに、教育や訓練といったソフト面での支援も実施する、日本ならではの持続的な取り組みを進めていく」と語った。[44]

　このほか、日本は国際会議などの場で南海問題を議題にするよう積極的に働きかけ、問題の国際化を図っている。

　2015年6月7日、安倍首相はG7エルマウ・サミットの開幕式で、「大

---

[43] 「海自が存在感、中国を牽制　P3C派遣しベトナム海軍と合同訓練」、『産経新聞』2016年2月18日。

[44] 「南海問題、『海洋秩序を著しく逸脱』と中谷防衛相」、『朝日新聞』デジタル版、2016年6月4日。http://www.asahi.com/international/reuters/CRWKCN0YQ052.html

規模な埋立てを含め東シナ海・南シナ海において緊張を高める動き」を取り上げ、「海洋における一方的な現状変更の試みを放置してはならない」と発言した。[45]

　2016年7月16日、モンゴル・ウランバートルで開かれたアジア欧州会合（ASEM）首脳会議で安倍晋三首相は、南海問題をめぐる仲裁裁定について、「最終的なものであり、紛争当事国を法的に拘束する」とし、「当事国が（仲裁裁判所の）判断に従うことで、南海での紛争の平和的解決につながることを強く期待する」と述べ、仲裁裁定の関連内容をASEMの議長声明に入れようと多数派工作を行ったが、声明は「UNCLOSなど国際法に基づく紛争解決が重要」との表現を取り入れるにとどまった。

インドの「アクト・イースト」政策

　1990年代末からインドは「ルック・イースト政策」を取っていたが、モディ首相は2014年のASEAN・インド首脳会談で、それに代わるものとして「アクト・イースト（Act East＝東方に行動せよ）」政策を発表し、東アジア諸国との経済、戦略関係を強化していくことを表明した。

　南海は世界的に重要なシーレーンの経由地であり、マラッカ海峡はインドのアンダマン諸島に近いことにもより、インドが優先的に重視する地域になった。

　人民党（BJP）が政権を握ってから、インドの政局は多元化と右傾化の傾向を見せ、強硬なナショナリズム的な政策を推し進めている。すでに核保有国であるインドは大国戦略を着実に実施しており、地域と世界的な諸問題への影響力を絶えず強めている。インドは今や、まさに東南アジア地域をその「アクト・イースト」政策を推進する突破口にしようとしている。

　近年、インド外交は一段と活発化している。経済の躍進で総合的国力の向上が背景にあるが、東アジアの国際関係、とりわけ米日両国と中国との構造的矛盾や地政学的な原因により、インドは各方面から「引っ張りだ

45　「G7エルマウ・サミット（概要）」、外務省HP、2015年6月8日。http://www.mofa.go.jp/mofaj/ecm/ec/page4_001243.html

こ」の対象になっている。米日両国はインドを引きずり込んで中国を牽制する戦略を取っており、インドは地域大国として中国に対して一定の牽制力になっているのも事実である。

インドはまず、東南アジアと南海地域における軍事的プレゼンスの拡大に力を注いでいる。2000年7月、東部艦隊が設置された。2008年、インド海軍は防御戦略を見直し、「近海防御」と「地域内の抑止力」の追求から遠洋の攻撃能力の獲得にシフトし、戦略的原子力潜水艦と空母の保有を優先的に重視した。転換を踏まえて、モディ政権は「東方海洋戦略」を制定し、海軍の活動範囲を東は南海ないし太平洋まで、西は紅海、スエズ運河まで、南はインド洋の最南端まで拡大すると明言した。

インドはまた、東南アジア諸国との関係の強化を重視している。冷戦時代、旧ソ連が共通した武器の供給先だった原因もあり、特にベトナムとの関係が密接である。ベトナムはインドの南海進出、他のASEAN諸国との関係樹立に協力し、インドはベトナムによる中国の西沙諸島への領土主権の要求を支持すると表明している。共同の海賊対策、インド艦船のトンキン湾駐留に関する合意も交わされている。

2003年、インドは中国に次いで「東南アジア友好協力条約」に調印したが、「9.11」事件後、ASEAN諸国との「反テロ」、シーレーン防衛をめぐる協力を強化し、近年、南海の周辺国と頻繁に共同軍事演習を行っている。

2015年10月15日、インドのスシュマ・スワラジ外相はニューデリーでフィリピンのロサリオ外相と会談し、「インド政府はフィリピン政府の立場を支持し、いわゆる『西フィリピン海』問題での国際法廷の結審を中国が無視することになっても、この立場は変わらない」と表明し、初めて南海に対して「西フィリピン海」という表現を使った。[46]

---

46 Sachin Parashar, India backs Philippines on South China Sea row, the Times of India, 2015-10-15. http://timesofindia.indiatimes.com/india/India-backs-Philippines-on-South-China-Sea-row/articleshow/49363556.cms

同年8月、インドの石油と天然ガス国有会社は中越間の係争海域での探査活動を再開することでベトナム側と合意した。

ニューデリーの南海介入の背景要因

米日両国がインドの南海進出にエールを送っているが、インド側も進んで米日豪との関係を推進している。

2015年1月25日からの3日間、オバマ大統領がインドを訪問し、モディ首相との首脳会談を行った後、「共有された取り組み：皆のための進歩（Shared Effort; Progress for All）」と題する共同声明、印米デリー友好宣言、及びアジア太平洋・インド洋地域のための共同戦略ビジョンを発表し、米企業の原子力発電所輸出を推進することなどでも合意した。

共同戦略ビジョンは「アジア太平洋とインド洋域を橋渡しする二大民主主義国のリーダー」としての責任に言及し、南海地域の海洋安全、航行自由の確保が重要だと明言した。[47]

同年6月8日、印豪日の三国がニューデリーで初めて次官級対話を行い、南海問題を含む海洋の安全保障問題を協議し、中国の南沙諸島での埋め立て活動への懸念を表明した。[48]

南海問題においてインドとベトナムとの関係強化が、特に中国で注目されている。インドは公式に西沙諸島と南沙諸島に対するベトナムの主権を認め、中国と係争する相手国の立場を支持していることは、中国が南沙紛争の平和的解決を図る上でも、中印関係や中国の周辺環境全般の平和維持にとってもマイナス要因になっている。

インドが積極的に南海問題に介入してきた要因は、一つは、中国の東南

---

[47] U.S.-India Joint Strategic Vision for the Asia-Pacific and Indian Ocean Region, the White House, 2015-01-25.
https://www.whitehouse.gov/the-press-office/2015/01/25/us-india-joint-strategic-vision-asia-pacific-and-indian-ocean-region

[48] India-Japan-Australia forum not anti-China: Peter Varghese, The Hindu, 2015-06-09. http://www.thehindu.com/news/national/chinas-actions-cause-for-concern-australia/article7295709.ece

アジア地域における影響力の向上およびインド洋地域への進出に対するけん制であり、東南アジアと南海地域で中国の勢力がインド洋にさらに進出するのを食い止める思惑がある。もう一つは、インド洋の大国に甘んじず、南海地域ないし西太平洋地域での発言権の拡大、軍事的勢力範囲の拡張を狙っている。そして「米国の『アジア・ピヴォット』戦略に沿うもので、ワシントンは中国の経済的及び外交的影響力に対抗するため東南アジア及び東アジアでもっと攻撃的な姿勢を取るようにインドを鼓舞した」ためでもあるとの指摘がある。[49]

ただ、2014年に登場したモディ政権は人民党の実利主義的な外交伝統を継承しており、米国・日本・中国などの大国との関係における均衡も図ろうとしている。

実際にモディ政権は中国との経済貿易関係を意欲的に推進しており、中国が提唱したアジアインフラ投資銀行（AIIB）に加盟し、中印国境交渉の再開にも乗り出している。

2016年6月24日、中国とロシアが主導する上海協力機構（SCO）の首脳会議がウズベキスタンの首都タシケントで開かれ、インドとパキスタンの加盟に向けた覚書が調印された。

五、南沙紛争の平和解決に関する中国の取り組み

UNCLOSの規定により、締約国は2009年5月13日を最終期限に、国連にEEZと大陸棚の境界画定案を提出しなければならない。これを背景に、2008年から09年前半にかけて東南アジア諸国は国連大陸棚限界委員会に境界画定案を提出することを機に、中国の南海諸島嶼に対して相次いで主権の要求を出した。

まずフィリピンは、大統領が「領海基線法」に署名し、南沙の一部の島嶼と黄岩島（スカボロー礁）をフィリピン領に書き入れた境界画定案を国

---

[49] Deepal Jayasekera「インドの戦艦が南海入り」、2016年5月28日。以下のサイトから引用。http://summingup.seesaa.net/article/438501081.html

連大陸棚限界委員会に手渡した。マレーシア首相アブドラ・バダウィは2009年3月5日、南沙の弾丸礁（スワロー礁）に上陸し、主権をピーアールした。ベトナムは「ホアンサ諸島」（西沙諸島）主席を任命し、またマレーシアと共同で境界画定案を国連に提出した。その間に米国も、海洋測量船を南海に派遣して介入した。

中国国家海洋局海洋発展戦略研究所が発表した『中国海洋発展報告2009』は、2008年以来、南海をめぐる情勢が複雑で流動的であり、南沙諸島をめぐる紛争の解決に実質的な進展がなく、中国の「島嶼が占拠され、海域が分割され、資源が略奪される」状況も変化がないと指摘した。にもかかわらず、中国は平和的方式で南沙紛争の対応に一貫して努めてきた。

基本的立場と政策主張

中国政府は長年にわたって、平和的な方法で国際紛争を交渉して解決することを主張している。この精神に基づき、中国は大半の陸上の隣国と二国間の交渉を通じて協議し、公正で合理的で友好的に領土と国境問題を解決してきた。この立場は同様に南沙諸島に適用される。

中国は関係諸国とともに、公認の国際法と現代の海洋法、UNCLOSで確立された基本原則と法律制度に基づいて、和平交渉を通じて南海に関する紛争を解決したい。

この立場は1997年の中国とASEANとの非公式首脳会談で合意された「共同声明」に明確に盛り込まれている。中国政府はまた、「紛争を棚上げし、共同開発する」との主張を出し、紛争が解決される以前には関係諸国との間で暫定的に紛争を棚上げし、協力を進める用意もある。

中国はこのように主張しただけでなく、実際にこのように行動してきた。この十数年の間、中国と関係諸国との間では南海問題をめぐって何度も協議し、意見交換し、その過程で幅広い共通認識にも達成した。

中国とフィリピン、ベトナム、マレーシアとの二国間の協議メカニズムは健全に機能しており、その対話も程度の差こそあれ、一定の積極的な進展を遂げている。

中国とASEANとの協議・対話メカニズムの中でも、双方は南海問題を

めぐって率直かつ真摯に意見交換し、問題の妥当な解決を見出すために平和的方法と友好的協議を続けていくことに同意している。

　中国は、関係諸国とも南沙の問題において抑制的かつ冷静で建設的な姿勢をとるよう呼びかけている。ベトナムとフィリピンなどの国は軍人を派遣して南海の一部の無人島を強引に占拠し、中国がこれらの無人島嶼に建てていた主権の標識を壊し、南海で作業する中国の漁民を拘束し、武力で排除してきたが、これに対し中国側は終始、外交ルートを通じて平和的方法で関係諸国と関連問題の解決を図る方針を取っており、地域の安定と双方の友好関係の「大局」を大切にする中国側の誠意を十分に示している。

　南海の国際航路の安全と順調を、中国は極めて重視している。中国が南沙諸島に対して主権と海洋権益を擁護することは、国際法で認められる外国の船舶と飛行機の通過の自由にいささかも影響しない。実際に、この地域における外国の民間の船舶と飛行機の航行の自由に対して、中国はこれまで一度も妨害したことがないし、今後も決して妨害などはありえない。中国は南海の沿岸諸国とともに、南海地域の国際航路の安全を共同で守っていく考えである。

　南海の問題は、中国と関係諸国の間の問題である。中国政府は一貫して、双方の友好協議を通じて関係諸国との食い違いを解決すると主張している。いかなる域外勢力の介入も建設的ではなく、情勢を一段と複雑化するだけである。南海地域の平和と安定は、今後も長期にわたって維持可能である。そもそも現在、南海地域において危機は存在せず、それをめぐる緊張を煽ることは事実に反しており、別の思惑があると疑われても仕方ない。

「紛争を棚上げし、共同開発する」方針

　中国政府は、善隣友好、周辺地域の安全環境の確保、ならびに地域内の緊張情勢を緩和し、周辺諸国との友好協力関係を発展させる見地から、「擱置争議、共同開発（争議を棚上げし、共同開発する）」という方針を打ち出した。

　1980年代、まず鄧小平（当時は党中央軍事委員会主席）が最初に提唱し、1986年6月に訪中したフィリピンの副大統領サルバドル・ラウレル

と 1988 年 4 月に訪中したアキノ大統領に対し、南海問題に関して「両国の友好関係から出発して、この問題を先に棚上げし、共同で開発する方法を取るべきだ」と相次いで語り、二人から賛同を得た。

同時に、鄧小平は「南沙諸島について世界地図の大半は中国領と書いており、中国に属する」、「我々は多くの証拠を持ち、世界の多くの国の地図もこの点を認めている」と語り、「主権属我」の立場も表明している。

中国外交部は、中国の南海紛争に関する対処方針について以下の 4 点の原則から成るものだと説明している。すなわち、①関係する領域の領有権は中国に属する。②領有権争議解決の条件が熟していない場合には争議を棚上げしうる。ただ、争議の棚上げは主権の放棄を意味しない。③係争領域は共同開発することができる。④共同開発の目的は、協力を通じた相互理解の増進と領有権問題解決の条件整備にある。[50]

2013 年 7 月 30 日、習近平主席も中国共産党政治局の「海洋強国建設」をテーマにした集団学習会で海洋権益に関して「主権属我　擱置争議　共同開発」という 12 文字の方針を語り、鄧小平路線の継承を表明した。

共同開発とは資源・海洋環境・気象・漁業問題等の協商ならびに協力であるが、この主張は南海をめぐる紛争の最終的解決に有益な道筋を作っただけでなく、関係各方面の実際の利益に対しても十分に配慮している。

中国と関係諸国の間ですでに、エネルギー資源・漁業・海洋の環境保護や気象などの分野において協力を進めており、これは紛争解決モデルの模索、協力の強化と共同発展を進めるのに良好な雰囲気を作り、有益な経験を積み重ねている。

2005 年 3 月 14 日、中国・ベトナム・フィリピンの 3 カ国の国家石油会社の間で「南海の協定区域における三カ国共同海洋地震作業の協定」が調印された。3 カ国の石油会社は 3 年の協定期間内に、約 14 万 3000 平方キロメートルの海域の協定区域で、探査船が海底地層に人工地震波を送って資源埋蔵量を調査する。そこで収集した一定数量の 2D および 3D の地

---

[50]「擱置争議，共同開発」、中国外交部 HP。http://www.mfa.gov.cn/chn//gxh/xsb/wjzs/t8958.htm

震測線を処理し、現存の一定数量の 2D 地震測線も再処理することで、協定区域の石油資源の状況を研究・評価することを取り決めたものである。

この協定は、長年の係争地で「紛争を棚上げし、共同開発する」構想を実践する新しい一ページを開き、南海全体が将来「友好の海、協力の海」になることにも幕開きの役割を果たした。

協定が生まれた背景には、エネルギーの需要に対する共通認識が原動力となり、関係諸国が主権の争議で自国だけが蚊帳の外に置かれるのを防ぐ狙いもあったと考えられる。

このほか、中国とブルネイ、マレーシアとの間の二国間の「共同開発」も積極的に協議されている。中国とベトナムは 2004 年 6 月 30 日、「中越両国の北部湾（トンキン湾）における領海・EEZ・大陸棚の境界確定に関する協定」と「中越の北部湾における漁業協力協定」を締結した。

その意義について、中国外交部条約法律司海洋処の蕭建国処長は記者会見で、

> 「中国とベトナムの北部湾における領海・EEZ・大陸棚の境界確定は、中国で初となる海上境界線であり、重要な意義がある。中越双方が新たな海洋法の秩序に合わせし、海洋における境界確定を公平に解決した成功例だ。双方に利益があるよう取り決められ、中越関係の長期的な安定と発展にとって重要な意義がある。境界確定協定の調印は同時に、中国が領土と国境に関する紛争を平和的手段で解決したいとする立場も十分に示しており、中国が世界公認の国際法によって問題を処理しようとする誠意が十分に表された」

とその意義を高く評価している。[51]

その後、トンキン湾内の境界をまたぐ石油と天然ガス資源の共同探査と共同開発をめぐって協議が重ねられ、2005 年末には中国海洋石油総公司

---

51 「北部湾国境確定、発見された資源は中越共同採掘へ」、『人民網』日本語版、2004 年 8 月 3 日。

とベトナム石油公社が「トンキン湾における石油・天然ガス協力枠組み協定」に調印した。

　2006年は、中国とASEAN諸国との間で安全保障面で確実な進展を見せた1年になった。中越両国はトンキン湾での海軍による合同パトロールを開始し、これは中国海軍が外国海軍と初めて行った合同パトロールでもあった。中国国防部長・曹剛川はベトナムとマレーシアを歴訪し、マレーシア海軍司令官が訪中し、共同で南海の安全を守る責任を有する認識で一致した。中国とフィリピンの間では第二回防衛と安全協議を行った。ベトナム人民軍の総政治局主任レ・バン・ズン（黎文勇）も訪中した。

　中国海軍艦隊はフィリピンに寄港し、中越間の第二回防衛と安全協議が行われた。その年、台風で遭難したベトナム漁民に対する中国の全力の救援も話題になった。

　トンキン湾の（南海に面した）出口の外の境界画定をめぐる交渉も2006年、中越両国間で始まった。その後、2回の協議を通じて、共同作業グループ・作業の順序と方法などについて合意に達し、「トンキン湾の湾口以外海域の境界画定交渉を着実に推進し、同海域の共同開発問題も積極的に検討する」という作業グループの目指す方向も明らかにした。

南海における関係国の行動宣言（DOC）

　長年の協議を経て、2002年11月4日、カンボジアのプノンペンで開かれた第8回ASEAN首脳会議において中国と共同で「南海における関係国の行動宣言（Declaration on the Conduct of Parties in the South China Sea、略称：DOC）」が発表された。

　この宣言は、領有権をめぐる紛争の平和的解決を目指し、敵対的行動を自制すること、ならびに軍関係者の相互交流や環境調査協力を実施することで信頼醸成を高めていくとの方向を打ち出した。

　第1段落で国連憲章、UNCLOS及び東南アジア友好協力条約を再確認し、第2段落ではUNCLOSで確認されている公海航行及びその上空飛行の自由は南海においても適用されることを再確認した。

　その上で第4段落では、関係諸国が南海における領有権を巡る紛争を武

力による威嚇や武力の行使に訴えることなく平和的手段により解決を訴え、第5～6段落では無人の島嶼に新たに人員を常駐させないこと及び軍事演習の実施を自発的に告知すること、などの内容から構成される。[52]

それと同時に、中国とASEANとの間に、「ASEANと中国の全面的経済協力の枠組み合意」、「農業の協力事項覚書」、「非伝統的安全保障分野における協力の宣言」が調印された。この四つの文書は中国とASEANとの関係史の里程標であり、相互信頼と地域安全、共同な繁栄を目指して双方が手を携えたことを意味する。

DOCは法的拘束力のない政治宣言だが、双方とも地域の安全と経済発展はグローバリゼーション時代における重要性に対する共通認識を持ったことも意味する。

ASEAN諸国はその後もDOCを高く評価しており、他方、それは中国の政治的誠意を示し、責任ある大国のイメージを樹立し、中国が南海でいわゆる「覇権的野望」を求めるという関係諸国の疑念をある程度解消し、東南アジアでくすぶる「中国脅威論」も否定したことになる。

2003年に、双方は定例のASEAN・中国高級事務レベル会合（SOM）の開催を決定し、これによりDOCの実施を監督し、共同作業部会を設置して、その細目に対処する段階に入った。

2004年12月、クアラルンプールで初のDOCに関するSOMが開催されたが、共同作業部会機構の設置、その構成や役割、責任などについて合意された。

第1回共同作業部会の会合は2005年8月4～5日にマニラで行われた。2回目の会合は2006年に中国海南島の三亜で行われ、そこで関係諸国が六つの協力分野に的を絞ることに合意した。

2010年10月29日のASEAN関連首脳会議の場で温家宝首相が南海を「友好と協力の海」と呼び、対話による問題解決を定めたDOCの「履行

---

[52] DECLARATION ON THE CONDUCT OF PARTIES IN THE SOUTH CHINA SEA, Association of Southeast Asian Nations. http://www.asean.org/asean/external-relations/china/item/declaration-on-theconduct-of-parties-in-the-south-china-sea, 2015-03-05.

に真剣に取り組む」ことを表明した。

　2011年7月22日に開催されたASEAN・中国外相会議においては、同宣言の実効性を高めるための「南海に関する行動宣言ガイドライン」が採択された。

　いわゆる「仲裁裁定」が出た後も、ASEANと中国の双方はDOCの更なる推進という方向を変えなかった。双方の外相は2016年7月25日、ラオスの首都ビエンチャンでASEAN外相会議が開かれた際に会談を行い、「DOCの完全かつ有効な実施に関するASEAN加盟国と中国の外相による共同声明」を採択した。

　声明は、「両者は南海域における平和と安定が、国際社会とともにASEAN加盟国と中国の利益となることを確認した」と主張した。

　「DOCは、国連憲章やUNCLOSを含む世界的に承認された国際法の原則に沿った、域内の平和と安定、相互信頼と信用を促進するための関係国による誓約を体現した重要文書である」とし、DOCの重要性とその役割を強調した。

　声明はさらに、「DOCの完全かつ有効な実施と全会一致に基づく南海行動規範（COC、以下略称を使う）の早期採択に向けた実のある作業」について合意し、UNCLOSを含む国際法の諸原則で示された南海での自由な航行と飛行の尊重、関係した当事国の主権に基づく友好的協議と武力による威嚇やその行使に訴えない平和的手段での紛争の解決を盛り込んだ。

　さらに、人が住まない島や岩礁での居住活動の抑制や、航行の安全、研究、救助、海洋科学調査などの分野で協力することで合意した。

　現在、関係諸国は、DOCより具体的な内容を盛り込み、法的拘束力を持つCOCの作成に向けて交渉が続いている。

　2012年7月にプノンペンで開かれたASEAN外相会議で中国の楊潔篪外交部長（当時）は、COC協議が全ての関係諸国によるDOCの完全順守に基づくものであるとしたうえで、「中国は全ての関係諸国が相互信頼を強化し、連携を促進し、COC策定のための必要条件を作り出すためにより多くを行うことを望む」と述べた。

　2013年8月、中国の王毅新外相は、COCプロセスに関する四つの見解

を提示した。第一に、COC の制定は問題の複雑性にかんがみ、かなり長い時間を要するであろうということ。第二に、このプロセスは最大限の総意に沿い、それぞれの権利主張国の受け入れやすさを配慮するべきこと。第三に、その他の妨害が取り除かれるべきこと。第四に、諸交渉が段階的に進められるべきことである。

2013 年 9 月 15 日、COC 履行に関する第 1 回中国・ASEAN 高級事務レベル会合が蘇州で開催された。全ての参加諸国が総意を守り、段階的アプローチを採用する原則に従って COC プロセスを開始することで合意した。

2016 年 9 月 7 日、ラオスのビエンチャンで開催された中国 – ASEAN 対話関係樹立 25 周年を記念するサミットで「サミットを記念する共同声明」が発表された。声明は南海問題に関して客観的かつポジティブな姿勢を見せ、DOC が一里塚としての意義を持つことを強調し、各国とも DOC を効果的かつ万全に実施し、全員一致を前提に、COC への早期合意を実質的に推進することを約束した。

各国はまた、同年 7 月に中国 – ASEAN 外相会合で採択した「中国と ASEAN 諸国外相の DOC の全面的かつ効果的な実施に関する共同声明」を歓迎し、「中国・ASEAN 諸国の海上緊急事態対応外交高官ホットライン指導方針」及び「中国・ASEAN 諸国の南海で適用される『海上意外相遇規則』に関する共同声明」の二つの文書を採択した。

これら一連の合意文書は、中国・ASEAN 諸国が「宣言」を規則とする地域枠組みを再構築し、二国間協議と交渉を通じて紛争を解決する正しい軌道を再形成する積極的な意向と重要な共通認識を示した。

「東南アジア友好協力条約」に中国が署名

1976 年 2 月 24 日にインドネシアのバリ島で開催された第 1 回 ASEAN 首脳会議で採択された「東南アジア友好協力条約」（英語名：Treaty of Amity and Cooperation in Southeast Asia、略称：TAC）では、加盟国の主権尊重・国内問題への不干渉・武力行使の放棄などが基本原則に掲げられた。

1987年に同条約の加入資格が域外国に開放され、2003年6月、中国の国会に当たる第10回全人代常務委員会第3次会議で中国が同条約への加入を批准し、東南アジア地域以外の最初の加盟国になった。同年10月にバリ島で開かれた第7回ASEANと中国（10＋1）首脳会議でその正式加盟が表明され、同時に、中国とASEANの間で「平和と繁栄に向けた戦略的パートナーシップ」の樹立も合意された。

　中国は、他国にさきがけて「東南アジア非核武器地帯条約」議定書にも署名し、双方は安全保障領域、とりわけ非伝統領域の安全協力で著しい成果を上げた。これは政治的に、中国の「良き隣人、良きパートナー」という善隣外交が実質的な進展を見せたことであり、DOCに続いて、両者の関係が新しい段階に入ったことを示したものである。

ASEANとの自由貿易協定

　ASEANとの間で調印された自由貿易協定（ASEAN-China Free Trade Area、略称：ACFTA）は中国が国外と締結した初の、そして最大のFTAである。

　2000年11月に開かれた第4回中国・ASEAN首脳会議で、当時の朱鎔基首相が最初にFTAを提唱した。2002年11月、「ASEAN・中国包括的経済協力枠組み協定」が締結され、2004年から早期関税引き下げ措置（アーリーハーベスト）として一部の農産品の無税化を実施し、2005年7月には「物品貿易協定」が、2007年7月には「サービス貿易協定」がそれぞれ発効した。

　2010年になると中国とASEAN間の自由貿易協定（ACFTA）が正式に発効し、双方の経済貿易関係の長期的・安定的・健全な発展を力強く推進し、発展途上国間の互恵・協力・Win-Winの良きモデルとなった。

　ACFTAの発効に伴い、中国とASEAN諸国との貿易投資関係は飛躍的に発展している。1991年の中国・ASEAN間の貿易額は79億6000万ドルだったが、2010年には2928億ドルに達し、2014年には4804億ドルと急増した。現在、中国はすでにASEAN最大の貿易パートナーとなり、ASEANは中国の第三の貿易パートナーとなっている。なお、双方向の投

資は 2003 年の 33 億 7000 万ドルから、2014 年には 122 億ドルと、約 4 倍になり、双方の相互投資は累計 1500 億ドルを突破している。

中国外務省は 2009 年 4 月 12 日、東南アジア地域の経済統合を後押しするため、100 億ドル規模の「投資協力基金」を創設するとともに、ASEAN 各国に総額 150 億ドルの融資を供与する計画を明らかにした。投資基金は中国と ASEAN 加盟 10 カ国をつなぐインフラ整備の促進に充当するとし、融資期間は 3 〜 5 年となる。

当該地域の貿易・投資の自由化と便利化水準を高めるため、李克強首相は 2013 年 10 月、中国・ASEAN 首脳会議で ACFTA の格上げ交渉の開始を提唱した。

2014 年 8 月、中国・ASEAN 経済閣僚会合において格上げ交渉の開始が宣言された。双方は 4 回の交渉を経て、2015 年 11 月 22 日、中国商務部の高虎城部長と ASEAN10 カ国の担当相はマレーシア・クアラルンプールで李克強首相と ASEAN10 カ国の首脳が見守る中、ACFTA の格上げ交渉の成果文書「中華人民共和国と ASEAN の『ACFTA』およびその一部合意の改正に関する議定書」に署名した。

商務部国際局の責任者によると、計 500 ページからなる同議定書は、中国が既存の FTA を基礎として作成した格上げをめざした文書で、貨物貿易・サービス貿易・投資・経済技術協力などの各分野をカバーしている。既存の協定をより豊富化し、完備・補充・向上させたもので、経済貿易協力関係の深化・開拓に向けた双方の共通の願いと現実的なニーズが反映されている。[53]

議定書の署名により、双方の経済発展に新たな推進力が生まれ、より密接な中国・ASEAN 運命共同体の構築が加速、2020 年までに相互貿易額を 1 兆ドルに拡大する目標の実現が後押しされるほか、「東アジア地域包括的経済連携（RCEP）」と「アジア太平洋自由貿易圏（FTAAP）」の建設も促進される見通しだ。

---

[53] 「中国・ASEAN 自由貿易協定がアップグレード」、『人民網』日本語版、2015 年 11 月 24 日。

中国と ASEAN 関係の新しい発展

　中国の胡錦濤国家主席が、2006 年 11 月にハノイで行われた APEC の第 14 回非公式首脳会合に出席したのに続き、2007 年に入って、中国と ASEAN 諸国の首脳の相互訪問や国際会議での会談が頻繁に行われた。

　同年 1 月、温家宝首相は第 10 回中国・ASEAN（10 + 1）首脳会議に参加し、双方の協力強化について 5 項目の提案を行った。6 月、国会議長に当たる全人代常務委員会委員長の呉邦国は、訪中したインドネシアのカラ副大統領と会談した。9 月、胡錦濤主席は、シドニーで開かれた第 15 回 APEC 非公式首脳会合に参加した際、フィリピンのアロヨ大統領、インドネシアのユドヨノ大統領とそれぞれ会談した。

　11 月、温家宝首相は第 11 回中国・ASEAN サミットに出席した際、ASEAN との間の平和と繁栄を目指す戦略的パートナーシップを固め、発展させていくことは中国政府の揺るぎない外交方針であると表明した。同月、胡錦濤主席は北京を訪れたシンガポールのリー・クアンユー内閣顧問と会見した。12 月、温家宝首相は ASEAN10 カ国のリーダーとともにシンガポールで行われた第 3 回東アジアサミット（EAS）に参加し、「手を携えて持続可能な未来を共同で創造するために協力しよう」と題する演説を行った。

　このほか、第 13 回 ASEAN・中国高級事務レベル会合（SOM）が中国の安徽省で行われ、「中国・ASEAN のメインコンセプトに関する文書」が採択された。

　2007 年から 08 年にかけて、インドネシアと海軍艦隊の相互訪問と共同演習、タイと陸軍特殊部隊の共同訓練、インドネシアと軍事教育・技術訓練・情報交換の協力、シンガポールとの防衛政策対話、カンボジア・タイ・ベトナムへの中国海軍「鄭和」号遠洋航海訓練艦の歴訪など、軍事交流が頻繁に行われた。

　双方の軍首脳の相互訪問もたびたび行われ、曹剛川・国防部長はフィリピン・ブルネイ・インドネシアを訪問し、マレーシア空軍司令官、シンガポール国防長官、カンボジアの副首相兼内政大臣などが訪中した。

2008年5月末、ベトナム共産党のノン・ドゥック・マイン第一書記も訪中し、「長期的安定、未来志向、善隣友好、全面的協力」の方針の下で全面的戦略的協力パートナーシップの発展について合意した。

　しかし2009年に入って、南海をめぐって中国と関係諸国間の紛争は再度エスカレートした。年初、フィリピン議会の衆参両院が相次いで「領海基線法」を採択し、国内法の形で黄岩島と南沙諸島の一部の島嶼をフィリピン領と規定した。同年5月、マレーシアとベトナムは、国連大陸棚限界委員会（CLCS）に対して、南海における両国の200海里以遠の大陸棚限界延長にかかわる共同申請を実施した（第4、5章で言及）。

　共同申請に対し、中国は5月7日、国連事務総長に宛てた口上書を提出し、中国は「南海の島嶼及び近隣する海域並びに海底部分に対して争いのない主権を有しており、また、このことは中国政府の一貫した態度であり、国際社会にも広く周知されている」と表明した。その上で、両国による南海における大陸棚限界延長申請は、中国が南海において主張する主権、主権的権利及び管轄権を深刻に侵害するものであるとし、CLCS手続規則附属書I第5条（a）項に基づき、当該共同申請を評価検討しないよう要求した。[54]

　中国の反論に対して、今度はインドネシア・フィリピン・ベトナムなどが各国の立場から異議を申し立て、中国が主張する9段線の内側に位置する島嶼への主権及び管轄権にかかわる主張は、国際法の根拠を欠いているとも反論した。国連を舞台としたこの論争は南海地域での緊張をもたらし、中国は一時期、「漁政」（漁業局）の公船を派遣してパトロールを行った。

　米国もこの時期に、南海問題への介入を強めた。2009年3月、米海軍の音響測定艦インペッカブルが海南島沖の公海で調査活動を実施したことに対し、中国の艦船は活動を阻止する行動に出た。

　2010年7月のクリントン国務長官による南海介入強化を表明した演説を受けて、地域内の交流と交渉による紛争解決の気運に一層マイナスの影

---

[54] Note Verbal CML/17/2009, the Permanent Mission of the People's Republic of China, 2009-05-07.

響が及ぼされた。

　それでも 2011 年に入って、中国と ASEAN 諸国との間で DOC の実効性を高めるための「DOC ガイドライン」が採択された。

　同年 11 月、ASEAN と中国の会合では、温家宝首相が実務協力の拡大を呼びかけ、中国・ASEAN 海上協力基金を設立することを提案し、30 億元（約 360 億円）出資の意向を表明した。[55]

　2012 年 6 月 21 日、中国国務院は三沙市の成立を正式に発表した。これは 1959 年に海南特別行政区の下に設置された西沙諸島・中沙諸島・南沙諸島管理事務所（1988 年、海南省の設置に伴い、その管轄下に入る）を前身とするものである。中国民政部報道官によると、三沙市の設立は、中国の主権範囲内で行われた海南省西沙諸島・中沙諸島・南沙諸島の島礁及びその海域の行政管理体制に対する調整・整備のためであり、これらの群島、島礁及びその海域に対する行政管理と開発建設をさらに強化する。さらに、南海海洋環境の保護にも役立ち、南海の諸島嶼に対する中国の主権を一段と確実に行使するのに有利になるという。[56]

南沙諸島の埋め立て問題

　全般的な南沙海域情勢の変化に対する反応として、また、南沙における中国の経済・貿易・漁業の必要性、基本的な軍事防御および主権と権益を守る考えに基づき、中国側は 2013 年末より、自ら支配・守備している島嶼で拡大工事に着手した。

　これらの島嶼は国際航路から遠く離れており、航行自由には何ら影響は及ぼさないが、米国とフィリピンなどの国が強く抗議したことで、国際的に注目される問題に発展した。

　外部の懸念に対し、2015 年 4 月 9 日、中国外交部報道官・華春瑩は記者会見で、工事について次のように説明を行った。

55　「中国、海上協力基金設立へ＝ ASEAN 取り込み図る」、時事通信、2011 年 11 月 18 日。
56　「中国、南中国海に三沙市を設立」、『北京週報』日本語版、2012 年 7 月 10 日。

> 「中国政府が、守備下にある南沙の一部の島嶼に対して建設や施設のメンテナンスを行ったのは、主に島嶼の機能を拡張し、守備人員の作業や生活条件を改善すること、ならびに国の領土主権と海洋権益を一層擁護し、海上捜査や救助・防災・海洋科学研究・気象観測・環境保護・航行の安全・漁業支援などの分野における中国の国際的責任と義務を履行するためである。
> 　一連の建設は中国の主権範囲内で実施され、いかなる他の国にも影響せず、また他国に脅威を与えるものではない。国際社会に公共サービスを提供する灯台・自動気象台・海洋観測センター・海洋科学研究施設などのプロジェクトは順調に建設されている。」[57]

これに対し、一部の関係国は依然、憂慮の態度を表明し、特に米国はこの問題を機に南海問題に対する介入を一段と深めた。

米側は、中国の島嶼埋め立ては「大規模すぎ、かつ、進行が速すぎる」「島嶼の軍事化」といった非難を行い、ひいては軍艦を中国の南沙と西沙の島嶼付近を通過させることで中国に全面的な圧力を加えたが、中国は米側の行動こそ中国への軍事的挑発であり、地域情勢を不安定化する軍事化であると批判している。[58]

王毅外相は埋め立て問題について次のように説明している。

> 「関係国が関心を持っている南海における埋め立てと造成に関しては、今に始まったことではなく、中国が始めたものでもない。換言すれば、南海の『現状』はここ数年来一貫して変更が加えられてきた。
> 　最近、中国は初めて南沙諸島の一部の、軍が駐留する島礁で建設を行ったが、その目的は駐留にかかわる仕事及び生活条件を改善し、厳格な環境保全基準を達成するためである。

---

[57] 「2015年4月9日外交部発言人華春瑩主持例行記者会」、中国外交部HP、http://www.mfa.gov.cn/web/fyrbt_673021/jzhsl_673025/t1253375.shtml

[58] 傅瑩 呉士存「南海局勢及南沙群島争議：歴史回顧與現實思考」、『中國新聞周刊』2016年5月12日号。

2015年6月末に干拓が完了したことを中国は宣言しており、今後は公益目的の施設を順次建設していくことになっている。それらの施設とは、総合的灯台・海上応急救援施設・気象観測ステーション・海洋科学研究センター・医療救急施設等である。
　完成後、中国はこれらの施設を域内諸国に開放する考えだ。最大の南海沿岸国として、中国には域内諸国に対して公共施設を提供する能力と義務がある。」[59]

「双軌思路」「四つの尊重」など中国の新提案

　その間、中国とASEAN諸国との協力関係は引き続き拡大した。習近平国家主席が2013年10月にインドネシア国会で演説をした折には、15世紀に鄭和が東南アジアと密接な関係を構築していたこと、18世紀中頃に著された中国の名著『紅楼夢』の中でジャワ島の宝物に触れられていることに言及した。さらに、中国と東南アジアの交流史を振り返り、「海のシルクロード」（一路）の共同建設を提起した。

　直前の9月、習近平主席はカザフスタンのナザルバエフ（Nazarbayev）大学で講演した際も、陸のシルクロード（一帯）の共同建設を呼び掛けており、両者は合わせて「一帯一路」構想と呼ばれている。

　「一路」で最も密接な関係にあるのがASEAN諸国である。

　そもそも、「一路」は中国・ASEAN自由貿易協定（ACFTA）を基に構想・提起されたものだ。現在、中国とASEANは、戦略パートナー関係の第二段階（ACFTAの格上げなど）に入りつつあり、「一路」の共同建設は、その重要な第一歩と位置付けられている。

　「『一路』戦略構想には、世界におけるアジア太平洋時代の到来を再び歴史に刻むとの意義がある。この点、FTAAP、RCEP、TPP、日中韓FTAに代表される『メガFTA』構築の行方にも密接に関わっている」とも指

---

59 「王毅在東盟地區論壇上談南海問題」、2016年8月6日。中国の韓国駐在大使館HP。http://www.chinaemb.or.kr/chn/xwxx/t1288190.htm

摘されている。60

　2014年11月、李克強首相がミャンマーのネピドーで開かれた第17回中国・ASEAN（10＋3）首脳会議に出席し、共同議長を務めたが、講演の中で「中国とASEANの戦略的パートナーシップが新たな歴史的段階に入り、双方の全面的協力は得がたいチャンスを迎えている」と述べた。

　その上で、2016～20年の発展戦略を共同で計画すること、自由貿易圏のバージョンアップを図ること、相互接続（コネクティビティー）インフラ網の構築を急ぐこと、海上法執行機関間の対話・協力を強化し、海洋協力センターを設立するなど海上協力の新たな焦点を作ること、伝統・非伝統分野の「ダブル安全保障」に努力すること、教育・農村貧困削減・公衆衛生人材養成・科学研究・環境保護などの分野の協力を強化し、人文（人と文化）・科学技術・環境保護協力分野を積極的に開拓すること、といった6項目の提案を行い、ASEAN側から高く評価された。

　李首相は更に演説の締めくくりで、中国・ASEAN戦略パートナーシップは「黄金の10年」を経て、スタート地点がより高く、内容がより広く、協力がより深い「ダイヤモンドの10年」に入っているとし、

> 「『天の時』『地の利』『人の和』がある。双方の努力で中国・ASEAN関係は必ず一層大きく発展し、双方の人民により多くの利益をもたらし、地域および世界で平和、発展、協力の輝きをもたらすだろう」

と強調した。61

　2013年にフィリピンが一方的に南沙諸島に関して仲裁裁判所に提訴したことをきっかけに、中国とフィリピン、ベトナムなどとの関係は一時、緊張度が高まった。

　近年、南海地域の軍備競争も激化し、係争諸国は相次いでハイテク兵器

60　江原規由「21世紀海上シルクロード建設の意義とアジア太平洋地域の共同発展」、『季刊 国際貿易と投資』2015年春季号（No.99）、54―55頁。

61　「李総理、中国ASEAN首脳会議で6項目協力提案」、中国外交部HP、2014年11月15日。http://www.china-embassy.or.jp/jpn/zgyw/t1211407.htm

を購入し、軍事演習・軍事管制などの海上の軍事活動を活発化させ、地域の安全に不安定要因をもたらした。

この間、南海地域で一部の事件と非難の応酬が起きたが、全般的な情勢は安定しており、制御可能な状態にある。関係諸国は対話と協議を通じて係争問題の解決を目指すべきで、南海紛争の拡大化・複雑化・国際化をすべきではない。

地域内の緊張緩和は当事国を含むすべての国の共通利益に符合する。南海地域で、戦争より平和、対抗より対話、誤解より相互理解を追求することは大きな潮流であり、すべての民衆が期待するところである。

少数の国は南海を大国間の「格闘リング」に持ち込み、自身の利益拡大を図り、火中の栗を拾おうとしたが、これは時代の流れに反するもので、実際にフィリピンでは2016年夏の政権交代で軌道修正を余儀なくされた。

中国は現代国家に脱皮して以来、海に出た歴史が浅く、試行錯誤が続いている。しかし、関係諸国とともに、平和的な方法で係争問題を処理し、互いに疑念を解消し相互信頼を増強し、南海を「平和の海、友好の海、協力の海」にするという基本方針は今後も変わらない。

この間、中国は南海地域の安定を図りつつ、こう着した局面の打開を目指して、一連の新しいアプローチを行っている。

例えば2014年8月9日、王毅外相はミャンマーで開かれたASEAN＋3（日中韓）外相会議で「双軌思路（ツートラック路線）」を提唱した。

「双軌思路」とは、南沙諸島の関連係争を直接的な当事国との交渉・協議により適切に解決し、南海の平和と安定は中国とASEAN諸国が共に守るべきだという構想である。後に、「双軌思路」はブルネイが最も早く提唱し、中国が「すべての南海沿岸国の利益に合致するものだと考え、それを支持した」という経緯も明らかになっている。[62]

なお、同年9月7日、オーストラリア訪問中の王毅外相は域外諸国に対して以下のように「四つの尊重」を呼び掛けた。

---

62 「『双軌思路』、南中国海問題を解決する最も現実的な手段＝王外交部長」、『中国網』サイト、2016年4月22日。

①歴史事実の尊重
②国際法の尊重
③当事者同士の直接対話と協議の尊重
④南海の平和・安定の維持に向けた中国と ASEAN の共通の努力の尊重

その上で、王毅外相は、

> 「中国と ASEAN は、南海の平和と安定および航行の自由を維持する能力を十分に有している。われわれは域外の国家の合理的関心に理解を示すとともに、域外の国家が南海問題において建設的な役割を発揮することを望んでいる。そうした役割とは『力添え』であるべきであり、『邪魔』であってはならない」

と語った。[63]

南海問題をめぐる中国の新しい主張とアプローチはもっと注目されるべきである。

---

[63] 「王毅：望域外国家在南海問題発揮建設性作用而非添乱」、北京『中国新聞網』2014 年 9 月 7 日。http://www.chinanews.com/gn/2014/09-07/6570244.shtml

第8章 「仲裁裁定」後の南海問題の行方

　2016年7月12日、フィリピンが中国を提訴した「南海仲裁」案に対し、常設仲裁判所（Permanent Court of Arbitration、略称：PCA、以下略称を使う）は最終裁定を公表した。これにより、3年半に及んだ仲裁騒動はついに幕を閉じた。500ページ以上にわたる判決は予想外の結果を含んでいたが、そうなること自体は早い段階から予想できることであった。

　予想外であったのは、PCAが、フィリピンが提起した15項目の訴求をほとんど全て受け入れ、中国の南海における領土の主権と海洋権益をほぼ完全に否定したことであり、これは国際仲裁機関が持つべき公正や正義の立場から完全に離反した態度である。

　それが予想できると言ったのは、PCAがフィリピンによる不法な主張を一辺倒的に支持し、日米等の域外国家が南海問題において中国と地政学的な闘いをしていくつもりであること、そして、PCAが南海における中国の固有の権利と合法的主張に挑戦する「道具」に使われたことは、2015年10月29日にPCAが示した管轄権と受理の可否に関する裁定において、すでに端緒が表れていたからである。

　PCAは、中国の南沙諸島が海洋的地質構造物として島嶼であるという地位、および群島の一体性に関する主張を恣意的に否定し、南海において中国が享有する生物ならびに非生物的資源に対する歴史的権利を否定した。この越権した裁定は、UNCLOS（国連海洋法条約）が明文化した「締約国の主権を務めて配慮・保護する」という基本的前提を無視しただけでなく、平和裏に紛争を解決することを促進する同条約の目的と主旨から著しく離脱しており、条約の完全性と権威性とを深刻に損なっている。

　よって、中国はこの判決を受け入れないし、認めもしない。国際法に基づかないこの裁定は無効であり、中国に対する拘束力を持たず、中国の南

海における領土主権と海洋権益を否定することもできない。

一、仲裁裁判の一部始終

フィリピンによる提訴の経緯

　2013年1月22日、フィリピン外務省が中国駐フィリピン大使館に口上書を渡し、中国との間における南海「海洋管轄権」紛争について「西フィリピン海におけるフィリピンの海洋管轄権に関する中国との紛争」という件名で強制的仲裁を提起したと伝え、その根拠はUNCLOS第287条及び附属書Ⅶの関連規定にあると主張した。

　2013年2月19日、中国外交部はフィリピンの口上書とそれに添付した「仲裁の通知」を送り返すという措置を講じ、フィリピンが一方的に提起した仲裁を受け入れないとの立場を表明した。

　条約附属書Ⅶ第3条により、当事者の片方が仲裁員の指名とPCAの設置に参加しなくても、もう一方は国際海洋法裁判所の関連メカニズムを通じて審議を進めることができる。2013年6月、5人からなるPCA法廷が設置され、仲裁プロセスはPCAが主導する過程に正式に入った。[1]

　第1回のPCA会議は2013年7月にハーグで開かれた。8月27日、PCAは「第1号手続命令（first Procedural Order）」を発布し、仲裁の「手続規則（Rules of Procedure）」を制定し、2014年3月30日をフィリピンが申述書（memorial）を提出する最終期限と確定した。[2]

　これに対し、中国はPCAに口上書を提出し、中国側が仲裁を受け入れないという一貫した立場を重ねて表明し、仲裁のプログラムに参加しない

---

[1] 「外交部發言人華春瑩就菲律賓推進設立涉中菲南海争議仲裁庭事答記者問」、中国外交部HP。http://www.fmprc.gov.cn/mfa_chn/wjdt_611265/fyrbt_611275/t1035477.shtml

[2] PCA Press Release: Arbitration between the Republic of the Philippines and the People's Republic of China: Arbitral Tribunal Establishes Rules of Procedure and Initial Timetable，http://www.pca-cpa.org/showfile.asp?fil_id=2311（最終閲覧日2014年12月20日）

ことを明示した。[3]

　2014年3月30日、フィリピンはPCAに申述書を提出し、PCAの管轄権、フィリピンの訴求の受理の可否及び争議の実体問題について説明した。

　フィリピン側は訴状の中で、本案件に適用する法律と相関する証拠に関する見解を述べ、権利主張に関する声明（Submissions of the Republic of the Philippines）の中でフィリピンが提起したあらゆる主張に対してPCAが管轄権を持ち、すべての主張について裁定が与えられるべきだと立証しようとした。最後にPCAは、そのすべての主張に関してフィリピン側が求める具体的な救済を提出した。

　フィリピンは訴状の中で次のような15項目の仲裁請求を提起し、仲裁裁判所の裁定を求めた。

（1）中国の南海における海洋権原は、フィリピンのそれと同様に、UNCLOSの規定の限度を超えて、拡大してはならない。
（2）いわゆる「9段線」によって包摂される南海の海域に対する主権的権利と管轄権、及び「歴史的権利」に関する中国の主張は、UNCLOSに違反するものであり、UNCLOSで認められる海洋権原の地理的範囲を実質的に超える部分については法的効力を持たない。
（3）スカボロー礁（黄岩島）はEEZや大陸棚を生成しない。
（4）ミスチーフ礁（美済礁）、セカンドトーマス礁（仁愛礁）、スービ礁（渚碧礁）は領海、EEZまたは大陸棚を生成しない「低潮高地」であり、占拠やその他の手段によって占有できる対象ではない。
（5）ミスチーフ礁（美済礁）とセカンドトーマス礁（仁愛礁）はフィリピンのEEZと大陸棚の一部である。
（6）ガベン礁（南薫礁）、マッケナン礁（西門礁、ヒューズ礁＝東門礁を含む）は「低潮高地」で何の海洋権原も有しないが、これら環礁

---

[3] PCA Press Release: Arbitration between the Republic of the Philippines and the People's Republic of China: Arbitral Tribunal Establishes Rules of Procedure and Initial Timetable, http://www.pca-cpa.org/showfile.asp?fil_id=2311（最終閲覧日2014年12月20日）

の低潮線は、ナムイエット島（鴻庥島、ベトナム占拠）とシンカウ島（景宏島、同）のそれぞれの領海の幅を測定する場合の基線として用いることができる。

（7）ジョンソン南礁（赤瓜礁）、クアルテロン礁（華陽礁）、及びファイアリークロス礁（永暑礁）は、EEZ または大陸棚を生成しない。

（8）中国はフィリピンの EEZ と大陸棚における生物資源と鉱物資源に対するフィリピンの主権的権利の享受とその執行を不法に妨害した。

（9）中国はフィリピンの EEZ 内における自国漁民と船舶による違法な操業を阻止しなかった。

（10）中国はスカボロー礁（黄岩島）周辺でのフィリピン漁民の伝統的漁業活動を妨害することによって、フィリピン漁民の生計活動を不法に阻止した。

（11）中国はスカボロー礁（黄岩島）とセカンドトーマス礁（仁愛礁）において UNCLOS の海洋環境の保護、保全義務に違反した。

（12）ミスチーフ礁（美済礁）に対する中国の占拠と建設活動
  a．人工島、施設及び構築物に関する UNCLOS の規定違反
  b．UNCLOS の海洋環境の保護、保全に関する中国の義務違反
  c．UNCLOS に違反した、不法な占拠行為の実行

（13）中国によるスカボロー礁（黄岩島）周辺海域を航行するフィリピン船舶に対する衝突のリスクも厭わない中国政府公船の危険な運用は UNCLOS に規定する義務に違反する。

（14）中国は 2013 年 1 月の仲裁裁判への提訴以来、特に以下の行為によって、問題を不法に悪化させて、引き延ばしてきた。
  a．セカンドトーマス礁（仁愛礁）内の水域とその周辺海域におけるフィリピンの「航行の自由」の権利に対する妨害
  b．セカンドトーマス礁（仁愛礁）内（座礁させた艦船内）に駐留するフィリピン人要員の交替と再供給に対する妨害
  c．セカンドトーマス礁（仁愛礁）内に駐留するフィリピン要員の健康と生活を危険に晒すこと。
  d．ミスチーフ礁（美済礁）、クアルテロン礁（華陽礁）、ファイア

リークロス礁（永暑礁）、ガベン礁（南薫礁）、ジョンソン礁（赤瓜礁）、ヒューズ礁（東門礁）及びスービ礁（渚碧礁）における浚渫、人工島造成そして建設活動の実施

（15）中国は、UNCLOSの下でのフィリピンの諸権利と自由を尊重し、南海の海洋環境の保護、保全を含むUNCLOSにおける義務を遵守し、フィリピンの諸権利と自由に妥当な考慮を払いつつ、自らの諸権利と自由を行使すべきである。

2014年5月、PCAは「第2号手続命令」を発布し、12月15日を中国がフィリピンの訴状に対する弁護訴状の提出最終期限と規定した。5月21日、PCAは中国からの口上書を再度受け取った。中国は口上書の中で再度「フィリピンの提訴した仲裁を受け入れない」立場と、同口上書をもって「中国が仲裁のプロセスを受け入れ、もしくは参加したと見なされるべきではない」とした立場を説明した。[4]

中国の立場

2014年12月7日、中国政府はフィリピンの申し立てた南海仲裁案の管轄権問題に関する立場を明記した文書「ポジション・ペーパー（Position Paper)」を発表し、中国が仲裁を受け入れず、関与せず、及びに仲裁裁判所が本件に対して明らかに管轄権を持たない立場や国際法上の根拠を全面的・系統的に説明した。

ポジション・ペーパーは三つの方面から「フィリピンの請求内容がUNCLOS第288条第1項に規定されている『同条約の解釈または適用に関する紛争』には該当しないことからそもそも無効であること」を主張した。

まず、フィリピンが仲裁を申し立てた関係事項は実質的に南沙の一部の

---

[4] PCA Press Release: Arbitration between the Republic of the Philippines and the People's Republic of China, http://www.pca-cpa.org/showfile.asp?fil_id=2638（最終閲覧日 2014年12月20日）

島嶼の領土主権問題であり、関係事項も中比の海洋境界画定の不可分の構成部分となっている。陸地領土問題は UNCLOS の適用範囲を超えているため、強制仲裁を提起できず、PCA も管轄権を有しない。

次に、フィリピンが一方的に仲裁を提起したことは、中比が二国間の話し合いによって紛争を解決するという合意と DOC（南海における関係国の行動宣言）の精神に違反する。中比は関係の二国間文書の中ですでに話し合いによって南海をめぐる紛争を解決するという合意を結び、しかも何度もそれを確認した。上述の中比二国間の各文書および DOC の関連規定は相互に補完し合い、中比両国間の合意を構成している。両国はそれらに基づいて話し合いによって関係紛争を解決することを選択し、仲裁を含む第三者による解決方式を排除している。

さらに、本仲裁は海洋境界画定に関する判断が含まれ、中国は 2006 年に UNCLOS 批准時において同 298 条第 1 項に記される「大陸又は島の領土に対する主権その他の権利に関する未解決の紛争についての検討が必要となる紛争については、当該調停に付さない」旨の選択的適用除外宣言を行っていることから、PCA は本件に関する管轄権を有さない。

フィリピンはその要求を偽装し、UNCLOS が規定する第三者の紛争解決手続きでは海洋境界画定を含む紛争を除外していることを承知していながら、故意に海洋境界画定において考慮されるべき各要素を分離させて、他と切り離して扱い、中国の適用除外宣言を回避することをたくらんだ。[5]

PCA は 2015 年 4 月 20 日から 21 日、ハーグの平和宮にある PCA 本部で第 3 次仲裁法廷会議を開き、2015 年 7 月を期限に、中国の「立場の文書」が表明した管轄権に関する反対意見について法廷の審理を行うと決定した。7 月 7 日から 13 日まで、PCA は初めて本案の管轄権と受理の可否問題について開廷して公聴審理を行った。

2015 年 10 月 29 日、PCA はその管轄権問題に関する決定を明らかにし

---

[5] 「外交部受権発表中国政府関於菲律賓所提南海仲裁案管轄権問題的立場文件」、2014 年 12 月 7 日、中国外交部 HP。http://www.fmprc.gov.cn/mfa_chn/zyxw_602251/t1217144.shtml

た。それによると、UNCLOS 第 288 条第 4 項「裁判所もしくは法廷が管轄権を持つか否かをめぐって紛争が生じる場合、当該裁判所の裁判で決定する」との規定により、PCA は、それ自体は UNCLOS の規定に基づいて「合法的に設置された」ものであり、中国が仲裁のプロセスを「受け入れず、関与しない」立場は PCA が管轄権を行使することを妨げない。さらに、PCA はフィリピンの訴状の第 3、4、6、7、10、11、13 項の訴訟請求（前出、306 頁参照）に対して管轄権を有する。第 1、2、5、8、9、12、14 項目の訴求（前出）に対して段階に分けて審理する。第 15 項目の訴求（前出）に関しては請求内容がやや明確性を欠くため、フィリピンに対し本申立の内容をより明確化し、その範囲を絞ることを指示する、となっている。[6]

中国外交部は翌 10 月 30 日、声明を発表し、次のように指摘した。

> 「PCA が同年 10 月 29 日に行った管轄権と受理の可否問題に関する裁定は無効であり、中国に拘束力を持たない。フィリピンと PCA は仲裁案の実質は領土主権と海洋境界画定およびそれに関連する問題であることを無視し、中国が 2006 年に UNCLOS 第 298 条の規定に基づき行った除外に関する声明を故意に回避し、中比双方の交渉と話し合いによる紛争解決のコンセンサスを否定し、順序を濫用し、仲裁を強引に推進したが、これは中国が UNCLOS の締約国が有する合法的権利を深刻に侵害し、UNCLOS の主旨と目的に著しく離反し、UNCLOS の完全性と権威性を損なった。」[7]

仲裁裁定の中身

2015 年 11 月 24 日から 30 日まで、PCA は実体法的規則および先決的

---

[6] Award on Jurisdiction and Admissibility, PCA Website: http://www.pcacases.com/web/sendAttach/1506.

[7] 「中華人民共和国外交部関於応菲律賓共和国請求建立的南海仲裁案仲裁庭関於管轄権和可受理性問題裁決的声明」、『新華網』、2015 年 10 月 30 日。http://news.xinhuanet.com/politics/2015-10/30/c_1116991261.htm

事項を持たない管轄権の問題について開廷して公聴審理した。

2016年7月12日、PCAは500ページに及ぶ「最終的裁定」を公表した。裁定の主な内容は以下の通りである。

「歴史的権利」と「9段線」に関しては、当事者双方のそれをめぐる紛争について管轄権を有すると裁定した。

実体法的規則の問題に関して、UNCLOSはすでに海洋地域の権利に対して全般的な配分を行い、資源に対する既存の権利を考慮したが、それを条約に明文化しなかった。しかし、中国がある程度有していた南海の海域の資源に対する歴史的権利はUNCLOSのEEZに関する規定と一致しない範囲で消滅していると裁定した。

同時に、歴史上、中国やその他の国の航海者と漁民は南海の島嶼を利用したが、中国が歴史上、同水域やその資源に対して排他的支配力を持ったと裏付ける証拠はないと指摘した。また、中国が「9段線」内の海洋地域の資源について歴史的権利を主張することについて法的根拠はないと裁定した。

島嶼の法的地位に関しては、中国が主張した一部の海洋の自然地構造物について満潮時に水面から出ているか否かを判定した上で、「高潮高地」は12カイリの領海を持てるが、満潮時に海面下に沈む「低潮高地」は如何なる海洋権原も有しないと裁定した。

また、一部の「岩」の現状は埋め立てと建設活動によって著しく変化してしまっているが、UNCLOSが定める島嶼の自然に形成された陸地に基づいて分類されるべきだとし、歴史的データに基づいて、南沙諸島の全ての「高潮高地」(恒久的に海面上にある陸地)はみな、人間の居住または独自の経済的生活を維持できない「岩」であると判定した。

さらに、南沙諸島におけるこれらの「高潮高地」はいずれも、UNCLOS第121条3項に該当する、人間の居住または独自の経済的生活維持できる海洋地勢には当てはまらないため、EEZと大陸棚を生成しないと裁定した。現時点で多くの島嶼に駐在する政府人員は外来の支援に頼っており、漁業や肥料開発などの短期的な利用は安定した人間の居住に当たらず、よって、南沙諸島のすべての「高潮高地」は12カイリを超える海

洋的権利が生まれず、南沙諸島も一つの総体として海洋の権利を主張することはできないと裁定した。

　ミスチーフ礁（美済礁）、セカンドトーマス礁（仁愛礁）はフィリピンのEEZと大陸棚の一部であり、中国による人工島の建設はフィリピンの主権的権利の侵害であるとし、中国はフィリピンの生物資源と鉱物資源に対する主権的権利の享受とその執行を不法に妨害し、フィリピンのEEZ内における自国漁民と船舶による違法な操業を阻止せず、スカボロー礁（黄岩島）周辺でのフィリピンの伝統的漁業活動を妨害したと裁定した。

　ミスチーフ礁（美済礁）における中国の活動は海洋環境保全義務に違反し、絶滅の危険がある海洋生物に対する本国漁民の大量捕獲を阻止する義務を履行しなかったと裁定した。同礁はフィリピンのEEZ内に位置する「低潮高地」であり、故に占有の対象ではない。

　最後に、仲裁のプロセスが始まった後の中国の行動は当事者双方の対立を激化したか否かに関して、セカンドトーマス礁（仁愛礁）周辺海域でのUNCLOS第298条第1項（b）の軍事活動に該当する行動については仲裁裁判所に管轄権がないが、フィリピンのEEZ内における埋め立てや人工島の造成によって、紛争を悪化させ、拡大させたと裁定した。[8]

背後に域外大国の影響

　仲裁の裁定が発表された当日の7月12日、習近平・中国国家主席は訪中したヨーロッパの代表団と会見した際、「南海諸島は古来、中国領であり、中国の南海の領土主権と海洋権益はいかなる状況下でも、いわゆるフィリピンの南海仲裁案の裁定に影響されることはない」と語った。[9]

　同日、中国政府は二つの声明を発した。「フィリピン共和国の申し立てにより設けられた南海仲裁裁判所の裁定に関する中華人民共和国外交部声

---

[8] 裁定書「IN THE MATTER OF THE SOUTH CHINA SEA ARBITRATION」を要約。Award, PCA Website, http://www.pcacases.com/pcadocs/PH-CN%20-%20 20160712%20-%20Award.pdf

[9] 「習近平会見欧洲理事会主席図斯克和欧盟委員会主席容克」、『新華網』、2016年7月12日。http://news.xinhuanet.com/photo/2016-07/12/c_129139618.htm

明」は「中華人民共和国外交部は、その裁決が無効であり、拘束力を持たず、中国は受け入れず、認めないことを厳粛に声明する」と表明した。[10]

また、「南海における領土主権と海洋権益に関する中華人民共和国政府声明」は南海における中国の領土主権と海洋権益について、

> 「（一）中国は東沙群島、西沙群島、中沙群島、南沙群島を含む南中国海諸島に対して主権を有する。
> （二）中国の南中国海諸島は内水、領海、接続水域を有する。
> （三）中国の南中国海諸島は排他的経済水域と大陸棚を有する。
> （四）中国は南中国海において歴史的権利を有する。」[11]

と表明した。

7月13日、中国国務院新聞弁公室は「中国は南海における中国とフィリピンの紛争の話し合いによる解決を堅持する」と題する白書を発表した。台湾の指導者・蔡英文執務室も12日夕方、「中華民国は南海諸島及び関連する海域に対して国際法及び海洋法の権利を有すると強調する」とのプレス発表を行った。このほか70以上の国は、自主的選択の平和的方法で南海の紛争を解決するという中国の立場に支持を表明した。

一方で米国務省は、仲裁判決が出た当日、仲裁判決は最終的かつ紛争当事国を法的に拘束するものであり、双方とも「関係の義務」を遵守し、これを契機に紛争の平和的解決の努力を回復するよう呼び掛けた。

日本の岸田文雄外相は、UNCLOSの関係規定に基づき、「裁定」は「最終的結果」であり、当事国に対して「法的拘束力を持ち、当事国はそれを受け入れなければならない」との談話を発表した。

7月25日夜、米日豪の3カ国外相は共同声明を発表し、「法的拘束力を持つPCAの判断を順守する」よう中国に促した。

---

[10] 中華人民共和国駐日本大使館HP。http://www.china-embassy.or.jp/jpn/zt/NKMD/t1380626.htm

[11] 中華人民共和国駐日本大使館HP。http://www.china-embassy.or.jp/jpn/zt/NKMD/t1380625.htm

これで分かるように、南海仲裁案はもはや純粋な法律上の問題ではなく、フィリピンの提訴の背後に、一部の西側大国の強い影があるのは明らかだ。仲裁の裁定が公表される前から、一部の国は既に様々なルートを通じて国際社会に発信し、中国が裁定を執行するよう求めた。

　これらの国はあたかも仲裁の裁定結果を事前に知っていたかのように、中国が判決を受け入れないことをあらかじめ牽制していた。裁定の結果は一部の国によって事前にシミュレーションが行われたようである。裁定の結果の公表によって中比間の対立が激化することが、一部の国によって期待されていた。

二、フィリピンの提訴と仲裁裁定の問題点

　中国は仲裁裁定を受け入れない立場を貫いてきたが、日本などの一部からは、国際法を無視した強権主義だと批判された。しかし中国から見れば、自国の対応は国際法に則っており、一方的に提訴したフィリピン側にこそ問題がある。その理由は以下の通りである。

一方的な提訴は権限の濫用

　まず、UNCLOS 第286条の規定によれば、その適用範囲は UNCLOS が解釈し、適用する争議に限定される。

　UNCLOS 前文が指摘したように、UNCLOS の主旨と目的は「この条約を通じ、すべての国の主権に妥当な考慮を払いつつ、国際交通を促進し、かつ、海洋の平和的利用、海洋資源の衡平かつ効果的な利用、海洋生物資源の保存並びに海洋環境の研究、保護及び保全を促進するような海洋の法的秩序を確立する」ことである。言い換えれば、UNCLOS は陸地領土の主権に関わらない分野の国際法規である。

　陸地領土の主権問題は UNCLOS に関わる事項ではないため、強制的仲裁プログラムの適用範囲に当てはまらない。中比間で起きている南海紛争の核心は、1970年代以降フィリピンが国連憲章の義務に違反し、中国の南沙諸島の一部の島嶼を不法に占拠したことによって引き起こされた、領

土帰属の紛争だということである。

次に、UNCLOS は締約国に自主的に紛争解決の方法を選択する権利を付与している。これにより強制的な争議解決の適用が排除され、自主的な選択が尊重されるべきである。

UNCLOS 第 280 条は、「この部のいかなる規定も、この条約の解釈又は適用に関する締約国間の紛争を当該締約国が選択する平和的手段によって解決することにつき当該締約国がいつでも合意する権利を害するものではない」と規定している。また、第 281 条は、

> 「この条約の解釈又は適用に関する紛争の当事者である締約国が、当該締約国が選択する平和的手段によって紛争の解決を求めることについて合意した場合には、この部に定める手続は、当該平和的手段によって解決が得られず、かつ、当該紛争の当事者間の合意が他の手続の可能性を排除していないときに限り適用される」

と規定している。[12]

中国外交部条約法律局の徐宏局長は 2016 年 5 月 12 日の記者会見で「平和的に国際紛争を解決することは、国際法の一つの重要な原則だが、平和的に紛争を解決する方法は多種類で多様化しており、強制仲裁はその一つに過ぎない」と述べ、「交渉と協議などの方法と比べて、強制仲裁は副次的で、補充的な方法だ」と指摘した。[13]

中比間では、1995 年 8 月 10 日の「中華人民共和国及びフィリピン共和国の南中国海問題とその他の分野の協力に関する協議の共同声明」をはじめとして、1999 年 3 月 23 日「中国とフィリピン信頼醸成のワーキングチーム会議共同コミュニケ」、2000 年 5 月 16 日「中華人民共和国政府と

---

[12] 「海洋法に関する国際連合条約」、以下の日本語サイトから訳文を引用。http://www.houko.com/00/05/H08/006.HTM

[13] 「外交部条約法律司司長、フィリピンが提起した南中国海仲裁案が国際法に違反する理由を詳しく解説」、『新華網』、2016 年 5 月 13 日。http://jp.xinhuanet.com/2016-05/13/c_135357027.htm

フィリピン共和国政府の21世紀の二国間協力枠組みに関する共同声明」、2001年4月4日「中国とフィリピン信頼醸成の第3回ワーキングチーム会議共同コミュニケ」、2004年9月3日「中華人民共和国政府とフィリピン共和国政府の共同コミュニケ」、2011年9月1日「中華人民共和国とフィリピン共和国の共同声明」、などが相次いで発表されている。

発表された声明はいずれも、中比双方が二国間協議を通じて領土と海洋権益の争議を解決することを盛り込んでいる。協議を通じた争議の平和的解決は、中国側の政策だけでなく、中比双方の合意事項でもある。

2002年11月4日、中国はフィリピンを含むASEAN10カ国と「南海における関係国の行動宣言（DOC）」に共同で署名した。DOC第4条は、「1982年の国連海洋法条約を含む公認の国際法原則にのっとり、直接的関係を有する主権国家が友好的な協議と話し合いにより、それらの領土と管轄権紛争を平和的に解決する」ことを厳かに誓約した。

中比両国は二国間及び多国間の合意文書の中で、協議を通じて争議を解決する方法を選択しており、協議について期限も設定していない。当事者は紛争解決方法について、事前に意見を交換する義務がある。当事者が意見交換の義務を履行しない場合は、強制仲裁を申し立てるべきではなく、PCAにも管轄権はない。

だがフィリピンは、紛争解決方法について中国と意見交換する義務を果たしていない。フィリピンは中比がその仲裁事項についていかなる話し合いも行ったことがないという事実を無視し、一連の海洋に関する一般的な事務協議を、仲裁事項のために行った話し合いだと故意に歪曲し、さらにそれを口実に双方の話し合いの手段は尽きたと主張した。

前述の通りUNCLOS第298条により、締約国は、特定の争議事項において強制仲裁の適用から除外される権利を有している。[14]

国家主権は国際法と国際関係の礎である。国家間の法的争議に関し国際法の基本原則は、紛争の当事者の同意がなければ、国際司法裁判所（ICJ）

14　前出「外交部受権発表中国政府関於菲律賓所提南海仲裁案管轄権問題的立場文件」、2014年12月7日、中国外交部HP。

やPCAに提訴することができない、となっている。

しかし、PCAは強引に審理を進め、管轄権を恣意に拡大し、一方的にフィリピン側が提出した証拠を採用するが、中国の関係方面（たとえば、「アミカス・キュリィ（amicus curiae＝裁判所の友、または法廷助言者と訳される）」が提出した証拠を完全に無視し、公正から逸し、フィリピン側に偏り、完全に越権した裁定を行った。

このような公信力と権威を持たないPCAが行った裁定は国際社会から広く疑問視されており、前述した中国の立場から、その裁定は中国に何ら拘束力を持たないことも自明である。

実質問題に関する裁定の誤りと偏見
1、南海の断続線について

具体的には裁定における以下の問題点を指摘することができる。

第一に、事実に対する歪曲である。南海に関する中国の歴史的権利についての主張は2009年から始まっているとされているが、本書の第2、3章で詳しく検証した通り、「歴史的漁業権」を例にとってみても、長い歴史を有している。[15]

第二に、「関係する海域」は断続線以内の「高潮高地」の12カイリ以外のすべての水域を指すと曲解されている。実際に中国政府が発布した南海漁業禁止令は北緯12度以北の海域にのみ適用されている。

礼楽灘（リード堆）は南沙諸島の一部であり、中国が礼楽灘でのフィリピンの石油資源開発を阻止したのは中国の主権と主権的権利を守るためであり、歴史的権利に基づくとは言っていない。南海における中国の海洋権益の核心は中国の南沙諸島が主張可能なEEZと大陸棚であり、その次に歴史的権利である。

南沙諸島は一つの総体であり、全体として領海・EEZ・大陸棚を主張する権利を有する。UNCLOSは大陸国家の遠洋群島が、群島国家の制度を

---

[15] 関連する最新研究は以下の論文を参照。賈宇「中国在南海的歴史性権利」、北京『中国法学』誌2015年第3号、191頁。

適用することに関して法的空白を残しているが、否定していない。エクアドル・デンマーク・スペインなど一部の国によるこれまでの主張と実際にとられた措置は、当該分野における制度の整備を促す大きな役割を果たしている。

第三に、フィリピン側が引用した、米国国務省国際環境科学局が 2014 年 12 月 5 日に発表した報告書「海洋の限界――南海における中国の主張（China: Maritime Claims in the South China Sea, Limits in the Seas）」[16] は明らかな事実の誤認と欠陥が存在する。

同報告書は 9 段線について「海洋法規則に鑑みた場合、中国が発行した地図においては『9 段線』は海洋境界線として記されているという解釈することは妥当ではない」との判断を出しているが、そもそも中国が発行した国内の地図に表示されている断続線は「未定国境線」であり、国際社会向けに出す臨時的境界線としての性格を持つ。南海に対して主権の要求を出す他国も含め、領土紛争を抱えるどの国も、交渉に臨む前に自国の地図に、最終的に争議を解決した場合の妥協案を大幅に超過した境界を記すことは通常のやり方である。まして中国は地図の上で断続線の臨時的性格を明確に示している。

さらに米国務省報告書は、中国が UNCLOS に盛り込まれた EEZ 制度を受け入れた以上、「南海は複数の沿岸国の EEZ が重畳する半閉鎖的な海であることから、海洋法は係る海域において『歴史』を理由に特定国の権利を優先させることを許容しない」と指摘している。

これは説得力を欠くのみならず、論理上も疑問が残る。はるか昔に形成され、しかも長期にわたって今日まで行使されてきた「歴史的（漁業）権利」は、国際法がこの権利の取り消しを明示しない限り、UNCLOS の発効に伴って消滅するものではない。

1984 年に国際司法裁判所（ICJ）がメイン湾海域境界画定事件について判決を出した以降の多くの判例、例えばグリーンランドとヤンマイエン間の海域境界画定事件、エリトリア／イエメン仲裁裁定、カタールとバー

---

[16] https://www.state.gov/documents/organization/234936.pdf

レーン間の海域境界画定と領域問題事件、バルバドス V. トリニダード・トバゴ海事区切り仲裁[17]などはいずれも、長期的に存在する伝統的権利は国際法の尊重と保護を受けるべき、との観点を採用している。

2、「島」と黄岩島の法的地位について

UNCLOS 第 121 条第 1 項（「島とは、自然に形成された陸地であって、水に囲まれ、満潮時においても水面上にあるものをいう」）と第 2 項（「島の領海、接続水域、排他的経済水域及び大陸棚は、他の領土に適用されるこの条約の規定に従って決定される」）の内容は、早くも 1958 年の「領海及び接続水域に関する条約」の中に盛り込まれ、長年の実践を経て国際的慣習法になっており、世界各国に広く遵守されている。

しかし UNCLOS 第 121 条第 3 款の規定（「人間の居住又は独自の経済的生活を維持することのできない岩は、排他的経済水域又は大陸棚を有しない」）は提出の期間が短いため、実践も法的根拠もなく、法律条文も完全ではないため、多くの問題に直面している。[18] 各国とも、より多くの経済利益を獲得するため自分に有利なように解釈を拡大しがちだ。

PCA は、南沙諸島には「島」に関する厳格な定義に当てはまるものはひとつもないとしたが、仮にこのような定義が国際的に受け入れられるとすれば、多くの小島はこの定義の基準を満たせず「天下大乱」となると厦門大学南海研究院院長の傅崐成が指摘し、次のように分析した。

> 「UNCLOS における『島』であるか否かの判断基準は、『人間の居住を維持することができるか否か』である。ところが仲裁裁定が示した判断基準は、『実際に人々が自然に形成した居住集落があるか否か』

---

[17] 以下の研究を参照。松葉真美「大陸棚と排他的経済水域の境界画定－判例紹介」、『レファレンス』誌 2005 年 7 月号。石塚智佐「近年における常設仲裁裁判所（PCA）の展開」、『一橋法学』第 6 巻第 3 号、2007 年 11 月。高健軍「国際法庭近来有関海洋劃界裁判的述評」、『中国国際法年刊』、2011 年第 1 号。

[18] Tan Townsend Gaul, Preventive Diplomacy and Pro-Activity in the South China Sea, Contemporary Southeast Asia, 1998, 20(2), p.179.

である。すなわち、問題が（条約の）『できるか否か』から（裁定で）『実際にあるか否か』にすり替えられている。

　日本が200カイリのEEZを持つと主張している沖ノ鳥島は、やや大きなテーブル大の大きさしかなく、明らかに誰一人としてそこで居住したことはない。米国のジョンストン礁も同じように極めて小さいが、それに基づいてカリフォルニア州の面積に相当する200カイリのEEZを主張している。仲裁裁定の判断基準に基づくと、これも放棄しなければならないのではないか。

　実際、ほとんどの小島は『実際に人々が自然に形成した居住集落があるか否か』という定義を満たさない。他方、（南沙諸島にある）太平島は、1000年以上にわたって中国の漁民が長期あるいは短期で居住してきたのであり、仲裁裁定が太平島を島と見なさないのは『極めて驚き』である。」[19]

　南海仲裁案に関して言えば、PCAは裁定の中で触れた九つの海洋自然構造物の法的地位を判断する権限はない。たとえそのような裁定が出されても、中国の領土主権と海洋権益に影響を加えることはできない。

　中国の国連常駐代表団が2009年5月7日に潘基文（パン・ギムン）国連事務総長に提出した口上書から、中国は南沙諸島は一つの総体として捉えてEEZと大陸棚を主張している[20]のであって、南沙諸島をばらばらにしてそれぞれの島嶼と岩礁にEEZと大陸棚の適用を主張していない。

　1983年より、国連総会は事務総長年次総合報告書に基づいて海洋事務と海洋法に対して審査を行っている。年次審査をスムーズにするため、1999年国連総会は、メンバーを限定しない国連海洋事務と海洋法の問題に関する非公式の協議プロセスの開始を決定した。課題の一つは、「UNCLOSに規定された法的枠組みの下での海洋事務の進展を検討する」

---

[19] 中国新聞網インタビュー記事、2016年7月17日。ここは「21世紀の日本と国際社会」HPの同記事に関する訳文を参考した。

[20] 詳しくは中国代表団が2009年5月7日に提出した「就馬來西亞和越南向大陸架限界委員会聯合提交文件呈交聯合国秘書長的普通照会」を参照。

ことである。

　群島を有する大陸国家の一つとして、中国は今後この枠組みを活用して、同様な難題を抱えるその他の大陸国家——例えばエクアドル・デンマーク・スペイン・ノルウェー・インドなど——と協議し、国連総会が1982年UNCLOSの群島に関する条款を見直し、群島システムを大陸国家が有する遠洋群島にも同様に適用させることを目指す議案を出すべきだ。

　これは国際社会に大きな不都合をもたらさず、大陸国家がその遠洋群島を管理するのに有益であり、群島住民の経済生活にも有利であるはずだ。伝統的権益を持つ一部の国は、大陸国家と二国間条約を調印する形でその権益を守ることができる。

3、南海における中国の行動の合法性問題

　フィリピン側は、フィリピンが南海においてEEZと大陸棚の外部限界を明確に持ち、中比間で境界の争いがなく、関係海域での中国の活動は「旗国（flag state）」[21]の性格に属することを前提に訴求を打ち立てているが、これはフィリピン側が、中比間の島嶼の領土帰属紛争と海域境界分割の争議を避けるために使った戦術である。

　しかし実際には、中比間は「カラヤン諸島」（南沙諸島の一部）内のすべての海洋自然構造物を含む領土の帰属紛争を抱えており、また、島嶼の帰属紛争が解決される前に両国間で海域境界分割の協議を始めることはできない。

　したがって、フィリピンの主張する「EEZ」はUNCLOS第74条が規定した「境界画定されていない係争海域」に属する。中国の身分も決して「旗国」ではなく、フィリピンとの間に島嶼主権と海域境界分割の争議を有する係争国である。

　PCAは、中国の漁民が境界未分割の南海海域で漁撈することは国際法

---

21 「船舶は国際法上、単一の輸送共同体を構成し独自の単位として扱われるが、独自の国籍を有し、この船籍国が船舶の旗国である。船籍を根拠として、旗国は自国船舶に対して管轄権の行使、外交的保護権の発動などを行う。」『ブリタニカ国際大百科事典』

に違反するか否かについてそもそも管轄権を持っていない。

中国はフィリピン側が主張する「EEZ」の中でどういう権利を行使できるか、それはUNCLOSの規定した義務に反するか否か、これは中国が9段線の中で享受する権利に基づいて判断されるべきである。

これらの権利の源泉に関して言えば、一つは中国の歴史的権利に対する解読・解釈にかかわるが、もう一つは島嶼主権の帰属問題と切り離して語ることができない。

島嶼領土の帰属問題が明らかになっていない状況の下で、係争国がその周辺海域においてどういう権利を享受するかをめぐって裁定を行うこと自体、関係国を納得させることはありえない。

フィリピンは長年にわたって、その法的執行活動を通じて、中国漁民の伝統的な漁労活動を不法に妨害し、その公的部門は何度も中国漁民と衝突を起こしている（第5章を参照）。にもかかわらず、中国の合法的な法的執行活動をPCAに起訴していることは、誠に本末転倒である。

よって、フィリピン側が実質的問題をめぐる法定審理で出した3種類の訴求（①中国の9段線およびその線内の海域に対する歴史的権利に関する主張はUNCLOSに符合するか否か、②南沙の中国の一部の島嶼と黄岩島の法的地位の問題、③南海における中国の関係する行動の合法性の問題）は一つの例外なく、南沙の一部の島嶼の領土帰属紛争と南海の関係海域の境界画定の紛争にかかわっている。このような争議に関してPCAは管轄権を有しない。

仲裁裁定が出された直後、中国国務院は「中国は南中国海における中国とフィリピンの紛争の話し合いによる解決を堅持する」と題する白書を公表した。その中では、仲裁裁定におけるその他いくつかの問題点について以下のように指摘した。

「――フィリピンはいかなる領土の帰属の判定、あるいはいかなる海洋境界の画定も求めないと言明しながら、仲裁の過程、特に法廷審問において、中国の南海における領土主権と海洋権益を再三否定した。
――フィリピンは南海問題における中国の一貫した立場と実践を無視

し、ありもしない作り話をして中国が南海全域に対し排他的海洋権益を主張していると称している。
——フィリピンは西洋の植民者の南海における歴史上の役割を故意に誇張して言い、中国が長期にわたって南海の関係水域を開発、経営、管轄した史実および相応の法的効力を否定している。
——フィリピンは無理やりこじつけて、関連性と証明力の不足する証拠を寄せ集め、その訴訟上の要求を強引に押し通している。
——フィリピンは国際法の規則を勝手に解釈し、極めて論議を呼んだ司法判例と権威に欠ける個人的意見を大量に援用してその主張を支えている。」[22]

三、仲裁裁定の後続的動向と影響

フィリピンの新しい大統領ドゥテルテの就任と訪中、ASEAN諸国を中心とする一連の国際会議の開催と合意・共同声明の発表に伴い、7月12日に「仲裁裁定」が公表された直後の一時的な異様な外交騒ぎが静まり返りつつあるが、裁定が南海の平和と安定に落とした影は今後も存在し続けると予想される。

一部の国は最初から裁定の内容を外交的に利用し、中国を孤立させ、中国のイメージダウンに使う方針のようである。中国外交部の徐宏・条約法律局局長も「フィリピンは仲裁を申し立て、一部の国が波乱を大きくするよう助長するのはいずれも真剣に紛争を解決するためではなく、明らかに別の意図がある」と指摘した。[23]

また、一部の国は裁定の結果によって間接的に利益を受けているのも事

---

[22] 「中国は南中国海における中国とフィリピンの紛争の話し合いによる解決を堅持する」、2016年7月13日。中国の日本駐在大使館HP。http://www.china-embassy.or.jp/jpn/zt/NKMD/t1380722.htm

[23] 前出、「外交部条約法律司司長、フィリピンが提起した南中国海仲裁案が国際法に違反する理由を詳しく解説」、『新華網』、2016年5月13日。

実だ。どのようなタイミングで、どのような手口で燻り返すか分からないが、これらの国は今後も裁定を利用して南海を問題とし、中国の領土主権と海洋権益に挑戦し続けるだろう。

　中国語に「不変に以って万変に応ず」ということわざがあるが、どのような圧力と挑戦が降りかかろうと、中国の立場は後退も変化もありえない。長年の歴史の中で、先占・開発と経営・管轄を通じて、南海諸島嶼及びその関連水域で領土主権と海洋権益を獲得した事実を変えることもできない。

米国のダブルスタンダード

　国際法の実践の中で、偏った裁定や判決の結果を受け入れないことは多くの前例がある。ある米学者の統計によると、1946年に国際司法裁判所（ICJ）が設立されてから、2004年までの約60年間、ICJが行った判決の「不執行率」は44％に達し、拘束力ある案件の執行率は33％しかない。

　そのうち、米国がかかわった案件は「在テヘラン米国大使館事件」（米国 vs. イラン、1980年5月24日判決）、「ニカラグア事件」（ニカラグア vs. 米国、1986年6月27日判決）、「ラグラン事件」（ドイツ vs. 米国、2001年6月27日判決）、「アヴェナ他メキシコ国民事件」（メキシコ vs. 米国、2004年判決）など4件ある。前の2件の判決はまったく遵守されておらず、後者の2判決は部分的にしか執行されていない。

　特に「ニカラグア事件」のケースでは、ニカラグアが米国による軍事行動などの違法性を主張し、1984年4月に違法性の宣言や損害賠償などを求め、ICJに米国を提訴したが、1986年6月27日に下されたICJの本案判決は米国の行動の違法性を認定した。

　しかしニカラグアへの損害賠償などを命じたICJの判決を米国は拒否し、その上判決履行を求めてニカラグアが安保理に提訴したことに対しても再度拒否権行使によって否決した。

　米国はいまだにUNCLOSに加盟しておらず、自らICJの判決を拒否し、国連安保理で自分に都合の悪い「判決履行」を求める提案まで否決している。拘束力あるICJの判決を自分で無視しながら、他の国に遵守せよと求めるのはおかしい話で、「自分は拘束されないが、他人を責める道具とし

323

ては使う」典型的な覇権主義のやり方である。

　また、国連安保理常任理事国のうち、米国以外の4カ国はいずれも、UNCLOS第298条に基づいて拘束力ある執行の免除を声明している。その意味で、今回のそもそも拘束力を持たない不当な裁定を中国が受け入れないのは「悪質な前例」を作ったとの非難に当たらず、国際法の無視や、国際秩序への挑戦などの避難にはなおさら当て嵌まらない。

> 「米国は中国に対して『海洋法条約を守れ。裁定に従え』と要求するが、米国自身は海洋法条約に入っていない。批准どころか署名もしていない。その理由は、もし米国が海洋法条約に入り、今回の中国と同じような裁定を米国が食らい、それに従わねばならない状態になると、米国自身が裁定を無視することになるからだ。覇権国は、自国の国益にならない行動を他から求められても、拒否してかまわない。それは、教科書に書いていない世界の不文律だ。」

　米国自身のダブルスタンダードを辛辣に批判したこの記事は、米国の権威ある国際分析サイト「ナショナル・インテレスト」に掲載された。[24]

　オバマ政権の1期目でNSCのアジア上級部長を務め、ブルッキングス研究所のシニアフェローであるジェフリー・ベーダーも仲裁裁定が出た後、さっそく検証論文を出し、次のように述べた。

> 「PCAは、南海に『島』と認められる自然構造物は一つもないとの裁定を出したが、この基準に従えば、太平洋地域にある米国の多くの『島』は『岩』となり、EEZを持てなくなる。米国自身がこれらの『島』を再定義しない限り、南海の係争国に道徳的な模範を示せない。なお、UNCLOSに米国は早く批准し加盟すべきだ。でなければ、中

24　Jared McKinney, Nicholas Butts, 3 Myths About China and the South Sea Tribunal Verdict, The National Interest, 2016-07-14, http://nationalinterest.org/feature/3-myths-about-china-the-south-sea-tribunal-verdict-16968

国や他の国がUNCLOSを守れ、と求めるのはダブルスタンダードと言われても仕方がない。」[25]

　南海の平和と安定は係争国や利益関係国がともに重大な関心を持つ要務である。対話と協議を通じて敏感で複雑な領土と国境問題を解決するというのは中国の一貫した立場である。元国務委員で北京大学国際戦略研究院の戴秉国・名誉院長がカーネギー国際平和基金などの共催した「中米ブレーン・トラスト南海問題ダイアログ」（2016年7月5日、ワシントンD.C.）で行った基調講演の中で、次のように述べた。

「交渉を通じて紛争を平和的に解決することは、中国が国際的法治を履行してきた成功した実践だ。早くも1950年代に、中国は平和共存5原則に基づいて、歴史的に残された国境問題を協議で解決するイニシアチブを提起した。それ以来、中国は14の陸続きの隣国中の12カ国との間で、交渉を通じて国境問題を解決し、2万キロに及ぶ国境線を画定し、その長さは中国の陸地国境の90％を占める。中国はまた、ベトナムとの間でトンキン湾海洋国境を交渉で解決した。これらのうち、中露（ソ）国境については40年以上、中越陸地国境については30年以上、トンキン湾境界については20年以上交渉を行った。私自身、そのうちのいくつかの国境交渉に部分的に携わった。歴史的経験が証明するように、交渉を通じて平和的に紛争を解決することは、各国の自主的願望及び主権の平等をもっともよく体現し、複雑な領土及び海洋紛争を解決する上で独特の優位性を持ち、生命力をもっとも備えている。我々としては、平和的な交渉を通じて南海の紛争を解決し

---

[25] Jeffrey A. Bader, What the United States and China should do in the wake of the South China Sea ruling, Brookings Institution, 2016-07-18, https://www.brookings.edu/2016/07/13/what-the-united-states-and-china-should-do-in-the-wake-of-the-south-china-sea-ruling/

ないという理由はない。」[26]

　2015 年 12 月、中国と韓国との間にも、海上境界の画定に関する交渉を正式にスタートさせた。

　中国は当事国同士の対話と協議を通じて南沙の領土と海洋管轄権をめぐる紛争を解決する方針を貫いており、この主張は中国と ASEAN10 カ国の長年の交渉を経て 2002 年に共同署名した DOC にも明記された。

　DOC は信頼醸成の一歩であり、ある意味では危機管理メカニズムでもある。現在、中国と ASEAN の双方は COC の制定を努力の目標に掲げ、協議のプロセスに入っている。

　米国では中国の立場を批判する人が多いが、その中で冷静な見解を示した人も少なくない。米国の元中国駐在大使で国務次官補も務めたロイ（J. Stapleton Roy）は、南海の島嶼や海洋権益をめぐる紛争に関する関係諸国の立場を比較した上で、2016 年 9 月、ワシントン D.C. で開かれたセミナーで、次のように述べた。

「東シナ海情勢と違って、南海問題に関して、中国と ASEAN10 カ国の間に、2002 年、DOC に調印しており、情勢を制御する枠組みを持っている。自分の判断は、我々（米国）は軍事的な対応に偏りすぎて、情勢の安定に有利な交渉メカニズムに十分な支持を与えていない。中国指導者は南沙諸島の軍事化をしない約束をし、関係各方面に DOC の完全履行と COC の制定を呼び掛けているが、それは、中国は南海問題において一部の譲歩をする用意があることを示している。南海問題における中国の立場は他の係争国より合理的と認めなければならない。

　なぜなら、中国は領土紛争をめぐって交渉に応じると表明した唯一の国である。しかしほかのどの ASEAN 側の係争国も、交渉に応じよ

---

[26] 「戴秉国：弄清南海是非 管控中美分岐」、『人民網』2016 年 7 月 7 日。http://theory.people.com.cn/n1/2016/0707/c40531-28531603.html

うとしていない。彼らは、これらの『領土』は自分のもので、交渉する対象ではない、との立場にこだわっている。」[27]

また、カリフォルニア州選出の民主党の下院議員シャーマン（Brad Sherman）も、米国国防総省は南海の一部の「岩礁」を針小棒大に「大きい山」と見なしていると批判した。[28]

中国は国際社会に立場を説明

南海は重要な海上の通路であり、各国が国際法に従って航行と飛行の自由を享有することは中国と南海沿岸諸国の共通認識である。実際に南沙紛争が起きて半世紀近く経ったが、南海の航行自由は係争によって妨害されたことは一度もない。

一方、南海問題は係争国と係争する島嶼の数が最も多く、係争の海域面積が極めて広い海洋の紛争であり、短い期間でこれほど複雑な問題をいっぺんに解決することは非現実的だ。

唯一に実施可能な選択肢は、中国が提起した、「主権は我に属す」前提の下で「紛争を棚上げし、共同開発する」ことであり、関係各方面はその協力の過程を通じて政治的相互信頼を積み重ね、最終的な問題解決に条件を作り出していく以外にない。

「仲裁裁定」が出た後、中国は立て続けに、それに関する外交部声明、政府声明、白書を発表し、自国の立場を明確にした。それ以後も、中国側は、外部に一部誤解され、もしくは故意に歪曲された立場を丁寧に説明した。王毅外相は 2016 年 8 月 5 日に開催された ASEAN・中国外相会議で発言し、中国と ASEAN との協力関係を深化させるための 10 項目の提案を行った上、南海の平和と安定を守るための次の 3 項目の提案も行った。

---

27 「美外交官打臉政府：中国在南海問題立場更合理」、北京『環球網』、2016 年 9 月 28 日。http://mil.huanqiu.com/observation/2016-09/9494729.html
28 同上。

①南海域内諸国は、DOCを効果的かつ完全に実行に移し、COCの協議を加速し、「海上におけるリスクの制御・予防措置」を積極的に検討する。
②域外諸国は、地域諸国の以上の努力を支持し、地域情勢の緊張及び複雑化を招く行動を取らないことを約束する。
③各国は、国際法に基づき、南海で享受している航行及び飛行の自由を行使し及び守ることを約束する。[29]

王毅外相は翌8月6日の会議では、中国の南海における行動や埋め立て工事について即席で、中国政府の立場を次のように全面的に紹介した。

> 「まず、南海情勢は総じて安定しており、重大な衝突が発生する可能性は存在しない。したがって、中国としては違いを誇張し、対立をはやし立て、緊張を作り出す非建設的な言動に反対する。(中略)
> 中国の大部分の貨物の輸送は南海経由であり、南海の航行の自由は中国にとっても他国同様非常に重要である。今日に至るまで、南海の航行の自由が影響を受ける状況は一度も起こっていない。中国は、各国とともに南海の航行及び飛行の自由を引き続き擁護することを願っている。
> 中国の基本的主張は、歴史的事実を尊重する基礎の上でUNCLOSを含む国際法に基づき、協議と交渉を通じて平和的に紛争を解決するというものだ。この立場は今後も変わることはあり得ない。中国とASEAN諸国は、友好的な協議を通じて、南海問題を適切に処理することに関する以下のようなメカニズムをすでに作りあげている。
> 一つは『双軌思路（ツートラック路線）』で南海問題を処理することだ。すなわち、具体的な紛争は直接当事国が交渉と協議を通じて平和的に解決し、南海の平和と安定に関しては中国とASEAN諸国が共

---

[29] 「王毅提出"維護南海和平穩定三點倡議"」、2016年8月5日、中国外交部HP。http://www.mfa.gov.cn/web/zyxw/t1286655.shtml

同で守る、という両者の並行的推進である。それは DOC 第 4 条にすでに盛り込まれている。

　もう一つは宣言を実行に移し及び規範を協議することだ。現在、DOC を実行に移すことは順調に進んでいる。COC に関する協議も進展があり、協議開始以来現在までの 2 年足らずにすでに共通認識を記した二つの文書を調印し、現在『重要かつ複雑な問題』の協議に入り、二つのホット・ライン・プラットホームの成立に同意し、間もなく稼働することになっている。

　三つ目は、中国が提案している『海上におけるリスクを管理制御し予防する措置』制定の検討だ。新しいプラットホームにおいては、各国が提出する提案や構想を討議することができ、共通認識が達成されれば実行に移すことができる。」[30]

日本への反論

　仲裁裁定に関して、日本が突出して中国を批判したため、王毅外相はこの発言の中で日本に次のように反論した。

「たった今、日本代表も南海問題に言及し、人工島礁は合法的な権利を生みださないと述べた。しかし、まず日本が何をしたかを見てみよう。

　ここ数年、日本は 100 億円をかけて鉄筋コンクリートで、海上の猫の額ほどのちっぽけな土地である沖ノ鳥島を人工島に作りあげ、それに依拠して国連に対して 200 カイリの EEZ の要求を提出した。国連の多くの国々は日本の主張は理解できないとし、日本の主張を受け入れていない。日本は他国を批判する前に、まずは自らの言動をよくよく検討するが良かろう。中国は日本とは違う。南海の権利に関する中国の主張はつとに存在するものであり、海を埋め立てて陸地を作る

---

30 「王毅在東盟地區論壇上談南海問題」、2016 年 8 月 6 日。中国の韓国駐在大使館 HP。http://www.chinaemb.or.kr/chn/xwxx/t1288190.htm

ことによって言い分を補強する必要はない。」[31]

　10月に入って、フィリピンのドゥテルテ大統領が訪中し、南海をめぐる争議の棚上げに関する合意に達したが、官房長官、防衛大臣は相次いで南海問題に引き続き介入する姿勢を表明した。これに対し、中国外交部の華春瑩報道官は10月21日の記者会見で、「日本の一部の人はいつも地域の平和を口癖のように言うが、地域の平和と安定が本当に実現しようとするとき、かえって焦り始めた。理由は何だろう」と牽制した。

　11月、稲田朋美防衛大臣がASEAN国防相会議終了後の記者会見で「（日本にとっては、）南シナ海を守ることが東シナ海を守ることにも繋がっていく」と発言したのに対し、中国外交部の耿爽報道官は11月17日の定例記者会見で、

> 「中国とASEANの国家の共同の努力の下、現在南海情勢は前向きな方向に向かって発展しており、南海問題も既に直接の当事国の交渉・協議を通してくい違いをコントロールし解決する正しい軌道に戻っている。日本は地域外国家として、この地区の国家が南海の平和と安定のために費やしている努力を反故にすべきではなく、いわれのない干渉を行うべきではない」[32]

とくぎを刺した。

　日本の有識者も、沖ノ鳥島問題に対する政府のダブルスタンダードの姿勢や、南海問題への過度な「熱心」の問題点を指摘し始めている。

　矢吹晋・横浜市立大学名誉教授は次のように語った。

> 「海洋法の専門家ハワイ大学のダイク教授は1988年1月21日付

---

[31] 同上。

[32] 中国外交部HP。2016年11月17日。http://www.fmprc.gov.cn/web/fyrbt_673021/t1416218.shtml

NYタイムズに次の投書を書いた。(中略) 日本は2億ドル以上を費やして人工島を建設しようとしているが、そのような建設によって資源を排他的に管理する基礎とすることはできない。

　仲裁裁定が示された翌朝7月13〜14日の社説表題を一瞥して見よう。(中略)『中国は海洋法を守れ、法秩序を守れ』の大合唱だ。さて日本は海洋法を守り、法秩序を遵守しているのか、これについてこの論説記者たちは驚くほど無知だ。海洋法を守ると、日本が800億円を用いて埋め立てを続けてきた沖ノ鳥島がどうなるのかについて意識した社説は皆無である事実に驚かされる。

　国際法をもし尊重するならば、『沖ノ鳥島に排他的経済水域が認められなかった現実』をそのまま書いて、今後の血税浪費対策を真面目に検討するのがスジである。」[33]。

もう一人の元外交官浅井基文も次のように分析した。

「『日本と一緒になって中国と対決してきたフィリピン』という先入主が日本のメディアには『動かすべからざる当然の前提』としてあったために、(中略) ドゥテルテの敢然とした行動は衝撃であり、対応が追いつかない。

　日本のメディアの南シナ海問題に関する事実認識は日本政府の垂れ流す『事実』をそのまま鵜呑みにしたものであって、根底から間違っている。

　私たちはアメリカ発の『歪められた事実』によって誘導され、判断・認識を誤らせてしまっている。私たちがドゥテルテ訪中から学びとるべきもっとも重要なポイントは正にここにある。」[34]

---

[33] 公開講演会記録「南シナ海判決と沖ノ鳥島の運命」、一般社団法人国際善隣協会『善隣』No.475（2017年1月号）。
[34] 浅井基文「中比関係の質的転換の本質的意義は何か」、『21世紀の日本と国際社会』HP、2016年10月23日。http://www.ne.jp/asahi/nd4m-asi/jiwen/thoughts/2016/853.html

四、ASEAN 諸国との関係の新動向

ドゥテルテ大統領の訪中と関係修復

「雨降って地固まる」といわれるように、仲裁の裁定をめぐる激しい外交衝突を経て、関係諸国は静かに話し合う道を選んでいる。フィリピンの新大統領ドゥテルテは選挙期間中と当選後、中比関係を改善することに関して積極的な発言をし、両国間の南海をめぐる争議について改めて二国間交渉による協議と解決を求める、という正しい軌道に戻る意向を示した。

8月8日、ラモス元大統領が「個人的身分」と称して、実際はドゥテルテ大統領の特使として香港にやってきて、中国の国会に当たる全人代外事委員会主任委員傅瑩と意見交換したが、著者もその会合に立ち会った。この会合では係争中の島の主権問題や仲裁裁定に触れず、「一段と対話を通じて情勢を緩和させ、信頼を構築する」ことに合意した。[35]

一連の準備を積み重ねた上、ドゥテルテ大統領は、10月18日から21日まで国賓として北京を訪問し、これはまた、大統領にとって ASEAN 以外の初の訪問地となった。

首脳会談に入る前、ドゥテルテ大統領はマスコミのインタビューを受け、南海問題で米国やその同盟国がフィリピンを支持する立場に立てば、「第三次世界大戦を引き起こす可能性がある」「戦争が起きたら、ある海域の領有権が何の役に立つのか。百年後、南海は何の意味もなくなっているだろう」と語り、中国との対話を通じて問題を解決する姿勢を強調した。[36]

習近平主席は10月20日、人民大会堂でドゥテルテ大統領と会談し、「中比は共に発展途上国であり、団結、助け合い、協力、発展が我々の共通の目標だ。中国側はフィリピンとの関係を非常に重視している」と冒頭に語り、続いて係争中の問題について、「両国の国交樹立以来の大部分の

---

[35] 「菲律賓前總統拉莫斯在香港為中菲"破冰"」、英国『FT』紙、2016年8月12日。

[36] 「訪中のドゥテルテ比大統領、南シナ海問題を事実上棚上げの姿勢」、「産経ニュース」サイト、2016年10月20日。http://www.sankei.com/world/news/161020/wor1610200002-n1.html

時期、双方は南中国海問題を双方間の対話と協議を通じて適切に管理・コントロールしてきた。これは発揚すべき政治的知恵であり、続けることのできる成功的実践でもあり、中比関係の健全で安定した発展を確保する重要な共通認識でもある。友好的な対話と協議を堅持しさえすれば、あらゆる問題について率直に誠意を持って意見交換し、溝をうまく管理・コントロールし、協力について話し合うことができる」と強調した。

その上で中比関係の今後の発展について、①政治的相互信頼の強化（「両国の政府、政党、議会、地方の全面的な往来と協力を推進する」）、②実務協力の展開（「中国はフィリピンの鉄道、都市軌道交通、道路、港湾などインフラ整備に積極的に参加する用意」）、③民間交流の後押し、④地域・多国間問題での協力強化、という四つの提案を行った。

それに対し、ドゥテルテ大統領は、

> 「フィリピン側は両国関係の積極的な発展に尽力し、中国側との協力を強化する。これは両国民に幸福をもたらす。フィリピンの経済・社会発展への中国側の力強い支持に感謝する。両国の各レベルの交流を緊密化し、国家発展、社会ガバナンスについて踏み込んで交流し、経済・貿易、投資、農業、科学技術、製造業、インフラなどの協力推進に力を入れることに賛成する。アジアインフラ投資銀行（AIIB）がフィリピン経済の発展に一層の役割を発揮することを希望する。中国―ASEAN関係のより良い発展を後押しし、中国と国際・地域問題で調整や協力を緊密化したい」

と表明した。[37]

李克強首相は大統領との会見で、「双方の対立や相違は当事者同士による直接対話で協議されるべきで、南海問題は中比関係の全部ではなく、両国間の共通利益は相違をはるかに上回る」と発言し、ドゥテルテ大統領か

---

[37] 「習近平主席がフィリピン大統領と会談　中比関係の発展に4提案」、『人民網』日本語版、2016年10月21日。http://j.people.com.cn/n3/2016/1021/c94474-9130873.html

ら賛同を得た。[38]

　首脳会談後に発表された中比共同声明は南海問題に関し、「仲裁裁定」に触れず、「UNCLOSなどを含む国際法の原則」に基づき「直接の関係国の友好的な協議によって、領土や管轄権の争いを平和的に解決する」、「南海での行動を自制すると約束し、問題を複雑にし拡大するのを回避する」と表明し、「両国関係にとり防衛・軍事協力は重要な要素との認識で一致した」ことも盛り込んだ。

　同時に、総額240億ドル（約2兆5000億円）に上る（ロペス貿易産業相の説明による）経済協力に合意し、また、麻薬対策、反テロ、警察間協力、各レベルの政府と立法機関の相互訪問、農業、教育、観光、メディア、金融、税関、スポーツなど各分野の交流強化に関する13の合意文書に調印した。[39]

　中国外交部次官・劉振民が直後の記者会見で、「この訪問は中比の友好は全面的に正常化し、実務的な協力が新段階に入ったことを意味し、また、南海問題をめぐる中比の対処は新しい一ページを開き、双方の対話による協議の軌道に戻ったことを示す」と語った。[40]

　10月以降、フィリピン漁民が黄岩島周辺の漁業活動を再開したと伝えられ、それに関して、中国外交部報道官は「ドゥテルテ大統領の訪中を境目に、中比関係は全面的に改善された。このような情勢下、ドゥテルテ大統領が関心を寄せる問題について、中国側は両国間の友好感情に基づき、善意的な対策を行った」と答えた。[41]

　米国大統領選挙でトランプが勝利した後、ドゥテルテ大統領は「この結果は彼が中国、東南アジアのその他の国と一段と緊密な関係を樹立する決定を変えるものではない」と語った。それに対し、中国外交部報道官は、「これは中比双方の根本的で長期的な利益に合致するもの」として歓迎の

38　「李克強会見菲律賓總統杜特爾特」、新華社、2016年10月20日。

39　「中華人民共和國與菲律賓共和國聯合聲明」、新華社、2016年10月21日。

40　「外交部副部長：中菲友好全面恢復到正常軌道」、新華社、2016年10月20日。

41　「華春瑩就中国海警允許菲漁民到黄岩島附近捕魚答記者問」、『人民網』2016年10月31日。

意を表した。[42] 11月19日、中比首脳はペルーのリマで開かれたAPECの際に再度会談し、ドゥテルテ大統領は「兄弟のような中国と永遠に友人になりたい」、「対話を通じて関係する海の問題を妥当に協議し処理する用意がある」と語った。[43]

　2017年に入って、双方の交流と協力は確実に前進した。前年11月に中国農業部がフィリピンを訪れて漁業協力を申し出たことを受けて、1月、フィリピン農業省のクルズ（Wilfredo M. Cruz）漁業水産局長が率いる代表団が訪中し、水産物の養殖と加工、魚の飼料生産などをめぐって協力し、フィリピン漁民が中国側の研修を受けるという文書に調印した[44]。

　海上警察の間では、ドゥテルテ大統領の訪中で交わされた合意に従い、2月20～22日、両国海上警察部門の合同会議がフィリピンのスービックで開かれ、「海上警察の海上協力合同委員会」の発足が決定した。さらに国境をまたぐ犯罪対策・海上救助・環境保護・緊急事態の対処など他分野における協力を進め、海上警察首脳と艦船の相互訪問・共同演習を年内に実施することでも合意された[45]。

　フィリピン沿岸警備隊の報道官バリロ（Armando Barilo）の2月28日の発表によると、20人のフィリピン海上警察官が中国で業務研修を受け、両国の巡視艇も2017年の夏に相互訪問することになった[46]。

　もちろんこれらの相互交流は、ドゥテルテ大統領がすでに確保した南海での既得権益を放棄することを意味しない。2016年11月、フィリピン政府は4億5000万ペソの予算でパグアサ島（中業島）に港を建設し、より

42　「外交部：杜特爾特最近言行重申改善對華關系立場」、『人民網』2016年11月14日。

43　「習近平会見菲律賓總統杜特爾特」、新華社、2016年11月20日。

44　「中菲漁業合作重啓　菲漁業代表団来華培訓交流」、『中国漁業報』2017年1月16日。

45　「中菲海警同意在打撃跨国犯罪和海上搜救等領域進一歩加強合作」、中国新聞社2017年2月22日。

46　「菲律賓與中国開啓"海警外交"」、フィリピン『Manila Bulletin』紙中国語サイト、2017年3月2日。http://mbcn.com.ph/2017/03/02/%E8%8F%B2%E5%BE%8B%E8%B3%93%E8%88%87%E4%B8%AD%E5%9C%8B%E9%96%8B%E5%95%93%E6%B5%B7%E8%AD%A6%E5%A4%96%E4%BA%A4/

多くの住民を島に移住させる計画の続行を決定したと伝えられた。

中国の学者は、「中比関係の全面的発展は、アジア情勢が平和と安定を維持することに対してプラスの影響を生むだろう。米国がここ数年極力推進してきたアジア太平洋リバランス戦略と、フィリピンを利用して南海問題で事を起こし、アジアを攪乱し、中国を押さえ込もうとする狙いに対しては小さくない打撃だ」とし、「このような展開は、表面的にはフィリピン大統領の個人的行動がなせる技のように見え、偶然のようだが、本質的には必然であり、米国のアジア覇権外交衰退の一つの象徴でもある」とも指摘した。

その中でさらに次のように分析した。

> 「アジアで軍事覇権を維持し、それによってアジアを支配しようとする米国の夢はすでに破れた。（中略）アジアが直面している安全保障上のチャレンジ及び経済開発問題を解決するためには、米国の軍事力及び軍事行動に頼っているのでは出口はなく、アジア各国が平等に対話、協議及び協力共贏の道を進むことこそが最良であるということだ。中米が軍事的に衝突するならば、真っ先に被害を蒙るのは最前線にあるフィリピンであり、米国がフィリピンのために犠牲になることはあり得ない。現在一心不乱に米国に追随している日本、また、安全保障で米国に頼ろうとしている韓国、オーストラリア及びシンガポールは、何時になったら平和的発展を主題とする新しい時代の世界的潮流を認識するのだろうか。
> 　ドゥテルテの中国訪問の成功は、中比関係の改善及び発展に新たなエネルギーを注入するとともに、米国が自らのアジア覇権外交政策を反省することにも新たな材料を提供した。」[47]

ベトナムとマレーシアも新関係を模索

中比関係の改善を背景に、ベトナム、マレーシアなど、南沙諸島をめ

---

[47] 「呉祖榮：美国亜洲覇権外交走衰的象征」、北京『環球時報』2016年10月21日。

ぐって係争中の国も中国との関係改善に動いた。

2016年4月に就任したベトナム新首相グエン・スアン・フックは9月に訪中し、習近平主席は彼との会見で、「中越両国とも社会主義制度を堅持しており、これは我々の最大の共通的戦略利益だ」「中越間の全面的戦略協力パートナー関係を新段階に押し上げ、両国人民により多くの実際の利益をもたらそう」と語った。

それに対し、フック首相は、「中国との伝統友好を継承し発展させることは双方の長期的で根本的な利益に合うのみならず、地域の平和と繁栄にも有利」「ベトナム側は常に中国との関係を対外関係における優先的位置に置き、政治的相互信頼と実務的協力を推進し、相違を効果的に制御せよ」と答えた。[48]

また、李克強首相との会談でフック首相は「海上の安定を保持し、敏感度の低い領域から海上の協力を行い、海の問題に両国関係が影響されないようにせよ」と提案した。[49]

2016年、ベトナムはマレーシアに代わって、ASEANにおける中国の最大の貿易相手国になった。同年9月にハノイで発表された初の「外交青書」は南海問題を中国との「2国間関係で最大の懸案事項」と記す一方、「中国との友好的で対等かつ互恵的な協力に影響を与えないようにする」と表明した。10月22日、ベトナムは中部の軍事要衝カムラン湾に中国海軍の艦船3隻を寄港させた。[50]

続いて2017年1月、グエン・フー・チョン・ベトナム共産党書記長が訪中し、習近平主席は会見の中で「相互信頼を増進し、海洋問題解決のための着実な政治的基盤を固めなければならない」と訴え、海洋協力や共同開発を推進する考えを伝えた。この訪問で発表された「共同コミュニケ」の中で、特に以下のいくつかの合意が注目されている。

---

48 「習近平会見越南総理阮春福」、新華社、2016年9月13日。

49 「李克強同越南総理阮春福挙行会談」、新華社、2016年9月12日。

50 「ベトナムが米中の狭間でバランス外交　中国艦3隻がカムラン港に寄港」、「産経ニュース」サイト、2016年10月23日。http://www.sankei.com/world/news/161023/wor1610230018-n1.html

① 両国は長い友好の歴史がある隣国であり、政治体制が同じで、発展の道路も似ており、「運命を共にする」関係であること。
②「長期安定、未来志向、善隣友好、全面協力」との方針を貫いていくこと。
③ 両軍間の交流の密接化。高級将校の往来、防衛と安全保障の協議メカニズム・国境問題のハイレベル協議メカニズム・国防省同士のホットラインの活用、国境警備隊の友好交流、人材育成、軍事面の学術交流、トンキン湾の共同パトロールなどが強化されていく。
④ 海上警察の協力と連携。青年警官の交流、艦船の相互訪問、救助などの共同演習とともに、海上警察間の定期的協議、漁業活動の突発事件をめぐるホットライン体制が推進される。
⑤ 海の紛争に関して、既存の国境交渉メカニズムを活用し、共同開発を含め、双方とも受け入れられるような抜本的で恒久的な解決方法を求めていくこと。
⑥ トンキン湾より外の海域の共同調査を継続するとともに、「トンキン湾より外の海域区分をめぐる交渉」と、当該海域の共同開発を推進していくこと。[51]

ただ一方、前述の通り、米国シンクタンクの2016年11月の報告によると、ベトナムはその実効支配下の南沙における27の島嶼と環礁で埋め立てをしており、中心的な南威島では2014年まで650メートルの長さだった滑走路を1000メートル以上に拡張した。

フィリピン、ベトナム首脳の訪中と前後して、2016年10月31日より4日間の日程で、マレーシアのナジブ・ラザク首相が訪中した。ナジブ首相はまず李克強首相とともに北京の人民大会堂で両国の官民企業による合意調印式に立ち会ったが、調印式では鉄道建設、鉄鋼プラント開発、シリコン太陽電池生産、石油ガスパイプライン建設など14項目で合意し、総

---

[51]「中越聯合公報」、新華社、2017年1月14日。

金額は約 1440 億リンギット（約 3 兆 6000 億円）に上った。

　さらに中国から沿岸海域で哨戒任務に当たる高速哨戒艇4隻を購入することでも合意した（2隻は中国が建造して引き渡し、残り2隻はマレーシアが建造するが資金は中国側銀行が供与）。マレーシアが軍事分野で大型装備品を中国から導入するのは初めてのケースとなる。[52]

　両首脳は会談で仲裁裁定に触れず、「（南海問題は）協議と対話により問題を解決することの重要性」で意見の一致をみたとし、合意した共同声明でも、「南海の平和と安定、航行と飛行の自由を守る」こと、「直接関係ない国の介入は問題解決の助けにならない」と域外大国の介入を牽制する表現が盛り込まれた。[53]

五、南海を周辺諸国の「共通な庭」にするために

南海情勢の行方：五つの可能性

　「仲裁裁定」後の諸反応を経て、南海情勢は次第に沈静化し、二国間協議・交渉による解決という正道に回帰しており、域内外の国々の南海問題に対する関心も紛争から協力へと移行しつつある。

　南海問題に関しては、交渉と協議を通じて双方の主張の相違を解決して危機を管理し、協力を推進し、COCの締結をめざす協議を加速させるなどの一連の共通認識をつくりあげた。現在の情勢下では、南海で再び混乱を引き起こそうとする国があるとしても、時宜に適さず域内諸国の共感と支持に欠けるため、なすすべがない状態だ。

　南海紛争の本質や、駆け引きにおけるゲームルールの変化、紛争当事国及び利益関係国の戦略目標及び利益追求における調整の結果を総合的に見

---

[52] 以下の記事を参照。大塚智彦「南シナ海と引き換えに中国に急接近するマレーシア・ナジブ首相」、『ニューズウィーク』日本版、2016年11月7日。http://www.newsweekjapan.jp/stories/world/2016/11/post-6203.php

[53] 「『南シナ海問題は対話で解決』　中国＆マレーシア首脳が声明」、「産経ニュース」サイト、2016年11月4日、を参照した。http://www.sankei.com/world/news/161104/wor1611040004-n1.html

て、今後南海情勢は五つの傾向を見せていくと予想される。

　第一に、係争関係国同士の摩擦と対立の焦点は領土主権の争いから、海域の争奪・資源開発・航路の確保・ルール制定主導権の争いなど、一段と複雑な利益が絡む問題に移っていくことである。

　中国とASEAN諸国は、いまだ南海における「海上衝突回避規範（CUES）」に合意していないため、各国の海上警察同士、もしくは海上警察と漁民との間で衝突が起こる可能性がむしろ高まることもありうる。

　米国のリバランス戦略に占める南海ファクターの重みが上昇するに従い、南海及び海洋権利に関して米中間の争いは、ますます顕在化してきた。トランプ政権になっても、大きく変わることはないだろう。

　第二に、関係諸国の南沙島嶼における建設と軍事施設の配備、「航行自由作戦」、南海におけるCOCの締結という三大問題は、ホットスポットとしてこの地域の緊張情勢を再度燻らせる可能性があることだ。

　中国は今後、南沙島嶼での港湾・港・飛行機収納庫などの民用施設を次第に運用し始め、必要な装備と施設をさらに配備していくことに伴い、「南海軍事化」や「中国の海洋拡張」の論調が再び台頭し、ベトナムやフィリピンも一段と、その支配下の島嶼での建設や軍備増強を加速することは必至である。

　米国は「航行の自由」を守るという大義名分の下で南海でのパトロールを恒常化し、引き続き、日本やオーストラリアが「共同パトロール」に参加するように働きかけていくだろう。

　第三に、米中間の軍事的駆け引きは、今後の南海をめぐる地政学的政治競争において顕著な特徴となる可能性がある。

　本質的に南海をめぐる争いには、既得権益を守る大国と新興大国の間の構造的矛盾に由来し、根底に地政学的戦略優位の争い、ならびに制海権と東アジア秩序の主導権の争いがあるため、今後、米国は、南海周辺地域にさらに多くの軍事基地を建設し、あるいは南海周辺諸国とさらに多くの軍事協力を行うことで、中国に対する軍事的優勢を維持しようとしていくだろう。この趨勢はトランプ政権時代でも継続すると見られる。

　第四に、日本の動向と、「台湾独立」の理念を持つ台湾民進党政権の南

海政策の行方も注目される。

　最後に、「仲裁裁定」はひとまず段階を一つ進めたが、域外大国は依然裁定を理由に中国の南海政策に挑戦し、自国の南海地域での影響力拡大を狙っている。係争関係国も裁定を利用して、島嶼建設の拡大・海域の分割・資源開発など、一方的行動に乗り出す可能性がある。

　中比間の問題も根本的には解決されておらず、細心の注意と配慮をする必要がある。

南海の平和と安定を守ることに関する提言
　中国は、南海の平和と安定に関する積極的提唱者と推進者として、当面の南海情勢が良い方向に転じる有利なタイミングを生かし、米国との関係、その他の係争国との関係、ASEANとの関係、という三組の主要ファクターを掴み、地域情勢を一段と好転させなければならない。

　特に今後は、建設中の南沙島嶼の民用施設といった強みを活用して、周辺諸国と国際社会に公共財を積極的に提供し、米国・フィリピン・ベトナム・マレーシアなどの政策調整期間のタイミングに合わせて、南海情勢をWin-Winの枠組みに持っていく努力を払うべきである。

　これに関して、著者は四つの提言を考えている。

　一、米国との「新型大国関係」の枠組みの下で、米中の新型軍事関係を構築していくこと。
　南海問題において、双方は誤断を回避し、対決を減らし、危機を管理することに取り組み、米側の過度な「自由航行デモンストレーション」と中国側の島嶼建設の過度な軍事化によって摩擦ないし衝突が生じる恐れを何よりも避けなければならない。
　二、中国とASEAN諸国はCOCの協議を加速し、「双軌思路（ツートラック路線）」の中の「南海の平和と安定は中国とASEAN諸国が共に守る」という片輪を目に見える形に具体化していくこと。
　COC協議の複雑さと難しさに対する心構えを持つとともに、COC協議をめぐる「タイム・テーブル」と「ロードマップ」を早急に制定するべき

だ。COC協議を確実に推進することは、南海周辺国が主導し、共同参加する地域の危機管理体制を創設し、最終的にルールに基づく南海地域の秩序を樹立することにつながる。

　三、UNCLOS第123条の「閉鎖海又は半閉鎖海に面した国の間の協力」義務に関する規定に基づき、海洋環境及び海洋生物資源の保護等にかかわる「南海沿岸国協力メカニズム」設立の可能性を検討すること。

　重点的な取り組みは、南海におけるサンゴ礁の修復、持続可能な漁業資源と生物多様性の保護などの領域の協力に置く。

　このような協力は相互信頼を強め、衝突を避けるのに有利だけでなく、南海は周辺諸国の「共通の庭」(「共同家園」)になるという運命共同体の意識を育成していくプロセスにもなる。

　四、中国と南海沿岸諸国は危機管理と紛争解決を目的とする双方間の協議メカニズムを次第に立ち上げていくこと。

　「ツートラック」のもう一方の車輪「南沙諸島の関連係争は直接的な当事国の交渉と協議により適切に解決する」ことを、構想段階から実施段階に推進する。

　締めくくりとして強調したいのは、南海は周辺諸国の「共通の庭」であり、南海の平和と安定は地域諸国の切実な利益と福祉に係わるだけではなく、国際社会全体の重大な関心でもあることだ。

　したがって、南海が平静に回帰し、南海紛争を本来の性質に回帰させ、紛争解決の道を通常な軌道に回帰させるためには、当事国、沿岸国及び利益関係国さらには国際社会全体の、共通目標に向けたゆまぬ努力が求められている。

あとがき——解説に代えて

朱　建栄

日本における南シナ海問題研究のバイアス

　訳者は、長年、中国外交、特に中国と周辺諸国との関係を研究の守備範囲としてきた。南シナ海の問題に関して、かつて『毛沢東のベトナム戦争』（東京大学出版会、2001年）を執筆中、トンキン湾の真ん中に位置する「白竜尾島」が中国からベトナムに引き渡された経緯を検証するなど少しかじったことがあるが、詳しくはなかった。

　近年、南シナ海問題は東アジアのホットスポットの一つとして注目され、中国と米国との、さらにASEANないし日本との関係も、この問題を抜きにしては語れなくなっている。経済・政治・軍事のいずれの面でも世界的大国の地位を固めつつある中国の行方を見る上でも、南シナ海政策は中国外交の理念と政策の具現、「平和的台頭」方針の試金石として位置づけられている。

　しかし、現在の日中関係の厳しい雰囲気、日本の対中好感度が各国に比べて異常に低い中で、南シナ海問題の真相、それをめぐる中国の真の姿勢や考えはなかなか伝わらない。日中間で「島」や東シナ海をめぐる係争が激化し、日本経済が足踏みする中で、1990年に日本の8分の1に過ぎなかった中国GDPの規模が2015年には日本の2.5倍の規模に一気に膨らんだこともあり、日本のマスコミ、政治家ないし学界でも中国を見る目に、かつての余裕、平常心、客観性が失われかけていると言わざるを得ない。中国の脅威・崩壊に関する言説はどんなに外れても一向に答められないが、「親中国」のレッテルが張られると大変だ。南シナ海問題をめぐる報道、研究も同じようなバイアスがかかる。

南シナ海問題に関して、中国の拡張、小国いじめ、「法的支配」の破壊といったイメージが定着しているが、この百年の経緯、中国側の実際の主張と行動はあまり知られていない。かつてはそうではなかった。本書の扉に紹介された地図の通り、1964年、全国教育図書株式会社が発行した『NEW WORLD ATLAS』に「南沙／Nansha（China）」と表記されていた。この地図集は国土地理院の承認済みとなっており、しかも当時の外務大臣大平正芳の肉筆署名入りで「推薦のことば」が掲載されていた。

　1974年1月、西沙諸島の領有権をめぐって中国と南ベトナム（当時）の間で軍事衝突が起きたが、本書で紹介したように、当時の日本主要紙の見解は南沙諸島の領有権に関してほとんど中国側に傾いていた。

　同月20日に掲載された『朝日新聞』の解説には「南沙諸島の『歴史』をみると、数世紀にわたって、『中国領土』であったとみられ、世界各国の地図にも中国領と記載されていた」とあり、同日付の『産経新聞』記事も、「歴史上の主張となると中国はもっと古い。（中略）観測筋の間では中国側の主張に軍配をあげる意見がつよい」と書いている。同日の『読売新聞』の記事は「これらの群島に対する中国の領有権主張はその他の国より一段久しい歴史を持っており、今回の事件に中国が激しい怒りを表明することは明らかだ」と伝えた。

　日本の学界でも以前は比較的公正、客観的な研究が進められていた。本書の検証によると、かつて日本の地図、年鑑、百科事典の多数は南沙諸島を中国領と記していた。

　南シナ海問題について関係諸国の資料を一番詳しく収録し、問題の歴史的経緯をもっとも幅広く検証したのは浦野起央著『南海諸島国際紛争史研究・資料・年表』（刀水書房、1997年初版）である。1000ページ以上に及ぶこの巨著の前書きには、「この南海諸島の地域は、古くから中国人が居住し、その往来が確認されてきている」「『中国の海』であった南海の諸島も、現在は、その自然征服と資源開発をめぐって、世界の発火点の一つとなっている」「一九五一年の対日平和条約で、日本は、正式に権原と請求権を放棄し、中国が、すでに接収していた東沙群島、西沙群島、中沙群島、南沙群島の南海諸島全域の領有権を引き継いだ」と述べられている。

ところが、同著者が2015年に出した『南シナ海の領土問題　分析・資料・文献』（三和書籍）では、中国の南シナ海における歴史的権利、敗戦後の日本から領有権を回復したことに関する叙述は姿を消している。「はしがき」は「東アジア・太平洋において現下の重大な安全保障の関心事は、海洋大国中国の進出と第一列島線及び第二列島線の存在とそこでの活動」だという記述で始まり、「序説」においては、1990年代以降、中国の「海軍発展戦略として提起されたのが、第一列島線及び第二列島線である」とし、近年の中国の南シナ海政策はそのような「中国的地政学の国政伸長理論」「中華主義」に基づくものだと論破し、歴史の検証や資料と文献の提供という著書本来の趣旨から逸した「中国脅威論」の域に入っている。

　しかし第一列島線と第二列島線に関する論評は、歴史学における基本的な過ちを犯したものだと言える。これらの列島線はもともと中国が提起したものではなく、米国が朝鮮戦争中に共産主義陣営を封じ込めるために打ちだした包囲網を意味する概念であったからである。

　「第一列島線」に関するウィキペディアの中国語説明は次のようになっている。

> 米国国務長官顧問のジョン・フォスター・ダレス（後に国務長官）が1951年の冷戦中に初めて明確に打ち出した概念であり、地理的含意と政治・軍事的な意味の両方があり、東アジア大陸の東岸を封じ込め、ソ連・中国などの共産主義国家に対して抑止力を形成するための用途があった。[1]

　この叙述は日本人学者の歴史的研究に基づいたものだと脚注で引用されている。[2]

1　「第一島鏈」：https://zh.wikipedia.org/wiki/ 岛链
2　Hiroyuki Umetsu（梅津弘幸）, Communist China's entry into the Korean hostilities and a U.S. proposal for a collective security arrangement in the Pacific offshore island chain. Journal of Northeast Asian Studies. June 1996, 15 (2): pp.98-118.

そのような歴史的経緯があるため、中国は長い間、第一・第二列島線という封じ込めのラインを突破して太平洋に出ることを悲願としていた。この悲願は、米国によって概念が打ち出された40年後に、中国海軍司令官が語る夢として表明されたが、中国が海洋拡張を意図して開発した概念ではない。
　上記のような誤解も含んだ論述に、日本の中国研究とりわけ南シナ海問題研究における中国批判一辺倒の雰囲気が端的に表れている。

中国の認識と国際感覚とのずれ
　一方、中国自身の南シナ海問題研究も遅れている。これまで「9段線」などの主張があるものの、それに関する客観的な検証、特に諸外国の人が読んでわかるような学術的論著はつい最近までほとんど出ていなかった。
　訳者は小学校時代から、中国の国土の範囲は「南は北緯4度の曾母暗沙まで」と教わったが、どのような経緯でそうなったのか説明を聞いたことはなかった。中国は隣国との国境紛争について、「千年前」「二千前」とする古書の記載をよく証拠として持ち出すが、古書の記録も複数の解釈が可能であるために、曖昧さが残りがちだ。また「過去」に中国領であったからといって、必然的に「現在」も中国領であるとは限らない。モンゴルのように、かつては中国領だったが、第二次大戦後にその独立を中国が承認したケースもある。
　したがって、古書、古地図は現在の主張にとって一定の裏付けになるが、やはり19世紀以降の近現代の国際条約、国際法に基づいて検証・説明しなければ、（日本が周辺諸国と係争中の島を「固有の領土」と呼ぶのと同様に）「古来、自国の領土」だとして中国国内のナショナリズム、ポピュリズムに一定の満足感を与えられても、国際社会に対しては十分な説得力を持たない。
　アヘン戦争以降、中国は帝国主義列強の度重なる侵略、圧迫を受けて、あらゆる国際条約、国際法は列強の対外拡張の道具であるとのイメージを定着させ、それに対する不信感を心底に根付かせた。このような懐疑心や不安感は、21世紀に入り世界大国として台頭した中国が、まさに外部世

界から国際法と国際的ルールを守るか否かが注目される中で、問題として浮上してきた。

経済の急速な発展に背中を押されて中国は近年、「海のシルクロード」の再建や海軍力の増強を推し進めるとともに、海域や島嶼をめぐる紛争の多発などにともない「海洋戦略」を重点化するようになった。しかし、海洋法を含む中国の「海」に関する認識と対応は「グレードアップ」されていない。

それが端的に示されたのは、フィリピンが一方的に中国を提訴した仲裁裁判である。中国側が「見ざる聞かざる言わざる」の対応をし、判事の推薦や反論の権利を自ら放棄して、結局極めて不利な裁定が言い渡されるに至った。

ある在米中国人学者は、仲裁裁判に関する中国の対応には「欧米が主導してきた国際法と仲裁などのシステムを内心信用していないこと、文化的には重大な問題を顔も知らない仲裁員の判断に委ねることに抵抗がある」といった背景があると指摘し、「国際法という課目の補講を受け、国際化された真の現代国家に脱皮する必要がある」と訴えた。[3]

外部世界は中国の主張、本音を十分に理解しておらず、中国も自分の真の考えと立場を国際法に律して、諸外国から理解されやすい形で語っていない。このギャップをどうやって埋めるかを逡巡する中で、訳者は2016年初め、本書のもととなった『南沙争端的起源与発展』とその著者に出会ったのである。

本書の成立過程

著者の高名は前から知っている。呉士存先生が院長を務める中国南海研究院は海南島の海口市にあり、中国で最も権威ある南シナ海問題の研究機

---

[3] 汪錚「南海仲裁案　中国還需要補上国際法這一課」、『ＦＴ』紙中国語サイト、2016年7月20日。
http://www.ftchinese.com/story/001068537?full=y&from=timeline&isappinstalled=0

関である。[4] 前身は1996年に設立された「海南南海研究中心」で、2004年に国務院の認可を得て現在の名前に改名された。

　日本とも交流が深く、笹川平和財団と同研究院は協力関係にあり、複数回の日中共同シンポジウム、トラック2（半官半民）討論会が開催され、2016年6月には呉院長本人も日本記者クラブで記者との懇談をするなど、マスコミや学界、政府関係者との交流に意欲的に参加している。

　訳者は中国の書店で本書の原著『南沙争端的起源与発展』（改訂版、中国経済出版社、2013年）を見つけたが、著者の来日の際にこの本を日本の読者に紹介したいと申し入れ、快諾を受け、日本語版の翻訳、出版の運びになった。

　ただ原著は数年前に中国で出版されていたので、著者に対し、南シナ海をめぐる紛争が一段と激化した原著出版以降の動向に関する分析も付け加えてほしいこと、数カ月後に出る予定だった「仲裁裁定」に関する論述も追加してほしいことを要望したが、これも承諾してくれた。

　その後、年末にかけて、追加の原稿が数回にわたって届いた。翻訳作業が増えたが、歴史を踏まえ、最新の動向にも触れる「重厚感」と「タイムリー」の両方を兼ねた本になったと手ごたえを感じた。

　実は原稿を出版社に送った2017年初め、著者から再度、追加の原稿が送られ、「必ず最後の部分に付け加えてほしい」とのエピソードがあった。呉先生が、読者の目に触れるまで常に推敲を加える、という古来の「学者魂」の持ち主であると感じるとともに、中国の南シナ海をめぐる認識と対応は「仲裁裁定」後も絶えず修正し深化していることを強く感じた。

中国側の立場を分析した意味

　南シナ海問題研究の中国側の第一人者として著者は本書の多くのページを割いて、南シナ海問題の歴史的経緯に関する中国の見方、昨今の南シナ海問題の本質とその行方に関する中国側の分析を行ったことは言うまでも

---

[4] 中国南海研究院HPを参照。http://www.nanhai.org.cn/index.php/Index/Index/index.html

あとがき——解説に代えて

ない。

　本書第4章で紹介されたように、1992年、南沙諸島の最西端にある海底盆地である万安灘（バンガード堆）の石油開発をめぐって中越間で激しい論争が起こったが、開発の話を中国に持ちかけたのは米国のクレストン・エナジー社（Crestone Energy Co.、現：Harvest Natural Resources）社だった。同社は1988年から南シナ海の石油開発に携わったが、どの国がこの海域の領有権をもつのかについて2年以上かけて、マニラ、シンガポール、クアラルンプール、コロンボ、ハワイ大学、ホノルル・イーストウェーストセンター、広州など、各国の図書館と研究機関を回り調査した結果、同海域の主権と管轄権は中国に属するとの結論に至り、中国海洋石油総公司（CNOOC）に共同開発を持ち掛け、石油開発契約を結んだ。

　その後、ベトナム側の再三の妨害を受けて協力は頓挫したが、関係諸国の資料を比較した上で、同群島と海域は中国の領有に属するとの独自な判断が出された歴史事実に変わりはない。中国の事情に詳しい日本のあるシニア外交官も、「各方面の資料を調べたが、中国の主張に一理ある」と個人的に話してくれた。

　本書は、南シナ海への中国のかかわりと主張に関して、おそらく一番体系的に整理し、検証したものであり、中国に対する好き嫌いと関係なく、あるいは中国に反論・批判するためにも、本書の内容をじっくり読んでいただきたい。

本書の意義

　それ以外に、訳者は本書の翻訳作業を進める中で、次のような意義と注目すべき点を見出した。

1、「9段線」が形成されるに至った経緯とその意味の検証

　日本では「9段線」という言葉はこれまで中国以外で聞いたこともなく、勝手に引かれたものだとの批判があるが、実は日本の多くの地図、年鑑、百科事典にも「9段線」は採用されていた（第3章を参照）。

本書ではこの概念が1920～30年代に使われはじめ、1947年に確定したこと、任意に地図上で線を引いたのではなく、一定のルールに沿って使われたことについて詳しい検証がなされた。特に「9段線」の定義について、中国国内でも4種類の解釈があることを紹介し、「9段線」の中のすべての海が中国の領海とは言えないとはっきり結論付けた。

　2016年7月12日（「仲裁裁定」が出た直後）に出された「南中国海の領土主権と海洋権益に関する中華人民共和国政府の声明」の中で「9段線」の内側で中国が持つ権利・権原について初めて系統的に定義された（台湾側は1994年、「9段線」に関する定義を出している）が、これまでの経緯は本書が日本で初めて紹介・検証したものである。

2、中国以外の関係諸国の主張と動向に関する紹介

　日本では南シナ海問題に関して中国批判ばかりが行われているが、実は中国と係争中のベトナム、フィリピン、マレーシアなど沿岸国の主張、言い分はほとんど整理・紹介されていない。

　本書では、これら諸国の主張を列挙した上で、冷静に反論を加えている。著者は相手国の主張についてただ感情的に否定・批判するのではなく、その欠陥と問題点を国際法に則って分析し、「それに一定の理屈があるが、中国の主張に勝るものではない」との判断を下している。

　そして、中国と関係諸国の主張と立場を比較・説明した上で、双方の今後の妥協・歩み寄りの可能性についても言及している。ほかに、米国、日本、インドなど域外諸国の近年の動向及びその主張の背景と狙いなどに関する分析も行われたが、それに関する中国の見方を知るうえでかなり参考になる。

3、日本での出版を念頭に、日本と南シナ海問題とのかかわりについて多く検証された

　これに関して著者は、日本語版のために多くの新しい研究成果を取り入れた。

　1930年代当時の日本政府が、西沙などの諸島嶼は中国領だとの認識を

持っていたことをはじめとし、大戦中に南シナ海諸島嶼を占拠して「新南群島」として台湾の管轄下に置いたが、終戦後、西沙・南沙に駐屯していた旧日本軍は海南島駐在の中国軍に武器を引き渡したこと、特に、1952年の「日台条約」は西沙と南沙が中国領であることを示す日本の国際的約束であるという重要性をもつと指摘し、検証した箇所は是非一読を薦める（94 — 96頁参照）。

　この経緯が分かれば、日本は南シナ海問題に関して過度に首を突っ込むべきではないとの結論は自然に出てくる。

4、「仲裁裁定」の結果に対する検証

　2016年7月12日に「仲裁裁定」の結果が出た直後、中国側は猛烈に怒り、元高官はそれを「一枚の紙くずだ」とする感情的な表現も用いた。

　その後、日本では、この裁定の内容について、特に中国の主張がいかに否定されたかの角度で紹介されたが、裁定結果自体にどのような問題や欠陥があるのか、どこまでどのような拘束力をもって南シナ海問題の行方に影響を及ぼすのかについてほとんど伝えられていない。

　本書は「紙くず」といった感情的な表現を使わず、中国側の観点に立ちながらも、国際法の立場から「仲裁裁定」に対する詳しい分析と反論を加えている。訳者の要望に応えて、著者はこの部分を本書の日本語版のために書き下ろしてくれた。

　また、今回の裁定によって日本や米国の自国のEEZに関する主張が挑戦を受けるという「予想外の波紋」も本書で検証されている。日本側は沖ノ鳥島の領有によって全陸地の国土よりも広いEEZを設定できると主張してきたが、その根拠を完全に失う苦境に追い込まれた、とする矢吹晋氏などの研究成果が引用された。このほか、オバマ政権時代にNSCのアジア上級部長を務めたジェフリー・ベーダー氏は「この基準に従えば、太平洋地域にある米国の多くの『島』は『岩』となり、EEZを持てなくなる。米国自身がこれらの『島』を再定義しない限り、南海の係争国に道徳的な模範を示せない」と認めた、などの動向も紹介されている。

5、南シナ海問題の行方に関する中国側の本音を語ったこと

本書の第8章に、次のような興味深い一節があった。

> そもそも中国が発行した国内の地図に表示されている断続線は「未定国境線」であり、国際社会向けに出す臨時的境界線としての性格を持つ。南海に対して主権の要求を出す他国も含め、領土紛争を抱えるどの国も、交渉に臨む前に自国の地図に、最終的に争議を解決した場合の妥協案を大幅に超過した境界を記すことは通常のやり方である。まして中国は地図の上で断続線の臨時的性格を明確に示している（317頁）。

この一節には、①「9段線」は中国側の権益主張として、他の関係国との交渉に入るまでの「掛値」的な性格をもつこと、②他の国も同じように「最終的に争議を解決した場合の妥協案に示される境界を大幅に超過する」主張を出していること（ベトナムもほぼ南シナ海全域の主権を主張している）、③「9段線」は「国際社会向けに出す臨時的境界線としての性格を持つ」ので、交渉次第、変更がありうる、というニュアンスが込められているように思われる。

実際に中国の陸上国境でも、交渉相手同士でそれぞれ「掛値」すなわち最大限の権利を主張しつつ、最終的に歩み寄り、妥結にこぎつけており、今はインドを除いてほぼ全部の陸続きの隣国と国境問題を解決した。

1969年の「珍宝島事件」（中ソ間の国境をめぐる武力衝突）、1979年の国境戦争をそれぞれ経験した中国とロシア、中国とベトナムの間では、いずれも陸上国境の画定条約が調印された。

中印国境でも、インドの旧宗主国イギリスが一方的に引いた「マクメホンライン」を認めないのが中国の立場であり、中国の地図はいまだにこのラインの向こう側の9万平方キロが自国領とする暫定的国境線（やはり断続線）を描いているが、中印両国の間で実際は「現状維持」との暗黙の了解に基づいて交渉が進められている。

2016年後半、特にドゥテルテ大統領就任後のフィリピンとの間に、中

国は柔軟な外交を進めており、係争海域の共同開発、共同パトロールを提案し、合意に至っている。その意味で、南シナ海問題の行方について、「中国は絶対に南シナ海全域を支配する」との先入観で見るのではなく、「固い原則と実際対応の柔軟性」を兼ねる中国外交の特徴、両国間の信頼関係を醸成しつつ領土問題を解決するという中国外交の手法なども理解した上で見通しを立てなければならない。

6、サプライズだった著者からの「ラストオーダー」

　前述の通り、本書の翻訳がほぼ完了し出版社に原稿を出した直後、著者から追加の原稿が届き、本書の締めくくりの部分にぜひ付け加えてほしいとの要請を受けた。その内容は中国外交部傘下の『世界知識』誌の2017年1月1日号に掲載されたもので、中国の立場と考えを理解しているつもりの訳者でも、それを読んでサプライズを感じる内容だった。

　著者は南シナ海問題の行方について四つの提言を行ったが、その一つは、

> 米国との「新型大国関係」の枠組みの下で、両者の間の新型軍事関係を構築していくこと。
> 南海問題において、双方は誤断を回避し、対決を減らし、危機を管理することに取り組み、米側の過度な「自由航行デモンストレーション」と中国側の島嶼建設の過度な軍事化によって摩擦ないし衝突が生じる恐れを何よりも避けなければならない（341頁）。

というものである。

　この中で、「米側の過度な自由航行デモンストレーション」と「中国側の島嶼建設の過度な軍事化」が並列して「摩擦や衝突が生じる」ことを招きかねないファクターとして列挙され、「避けなければならない」と提言されたことは実に興味深く、目の前が一新する感じがした。

　2016年6月23日、米国「FP（Foreign Policy）」サイトに「中国内部の南シナ海をめぐる闘い（The Fight Inside China Over the South China

Sea)」と題する論文が掲載された。[5] そこでは、中国の指導部（政府と軍を含めて）とオピニオンリーダーたちが南シナ海問題の対応をめぐって、現実派／強硬派／穏健派という三つのグループに分かれていること、三者とも埋め立て作業を支持しているが、その上でどうするかをめぐって意見が分かれていることが分析されていた。

筆者の知るかぎり、中国国内では2002年のDOC（南シナ海における関係国の行動宣言）合意以降、胡錦濤主席の時代（2003～12年）を通して、首脳部は南シナ海で島の埋め立ても油田開発も行わず、「維権（権利の確保）」より「維穏（関係諸国との穏便な外交保持）」を最優先する方針を取ったが、その傍らで、ベトナムやフィリピンなどはどんどん開発・埋め立て・軍事配備を進めた。

これに対し、中国の内部ではフラストレーションが高まり、「このままだと、本来中国に属する権益は沿岸諸国に完全に乗っ取られてしまう」との危機感が募っていった。それゆえに2012年末以降の習近平時代に入ると、南シナ海をめぐる中国の対応は振り子のように一挙に逆行し、大規模な埋め立てへと踏み切った。この措置に関して、現実派も強硬派も穏健派も異論がなかった。

ただ、これからどうするかが問題である。軍事衝突を慎重に回避しながらも人工島の防衛施設建設を着実に推進すべきとする現実派、黄岩島（スカボロー礁）の埋め立てを含め、一気に大規模な軍事化を進めるべきだと主張する強硬派、今後は平和外交を貫き、ASEAN諸国との関係修復を優先し、南シナ海問題をめぐる現実的な妥協に応じるべきとする穏健派――という三種の意見相違が現れている。同「FP」の論文は、「現時点で強硬派の見解は中国の最高指導部に受け入れられていない」と分析した。

トランプ米新大統領が「アメリカンファースト」のスローガンを掲げたのをしり目に、習近平主席は2017年1月中旬、世界経済フォーラム（WEF）の年次総会（ダボス会議）で行った基調講演で、「開放・Win-

---

5　http://foreignpolicy.com/2016/06/23/the-fight-inside-china-over-the-south-china-sea-beijing-divided-three-camps/

Winの協力モデル、公正で合理的なガバナンスモデルを築く」よう呼びかけ、「人類運命共同体の意識を確立せよ」と強調した。続いて国連ジュネーブ本部での講演においても、習主席は、「平和・共通利益・Win-Win・包容」といった理念を語り、中国は国連を中心とする国際メカニズムを守り、国連憲章を礎とする国際関係の基本原則を守り、多国主義を支持すると表明した。

同じ月に中国国務院新聞弁公室が発表した「中国のアジア太平洋安全保障協力政策」と題する白書も、既存の地域多国間枠組みの健全化、国際法と国際秩序に則って一連の制度とルールを早期制定、意見の相違と矛盾を平和的に処理し、紛争の激化を防ぐなど６項目の「安保協力政策」を打ち出した。

このような文脈の中で、著者の『世界知識』論文はさらに、南シナ海沿岸諸国の共通努力の方向として次のように提言した。

> 「南海沿岸国協力メカニズム」設立の可能性を検討すること。重点的な取り組みは、南海におけるサンゴ礁の修復、持続可能な漁業資源と生物多様性の保護などの領域の協力に置く。このような協力は相互信頼を強め、衝突を避けるのに有利だけでなく、南海は周辺諸国の「共通の庭」（「共同家園」）になるという運命共同体の意識を育成していくプロセスにもなる。

南シナ海が沿岸諸国の「共通な庭」になるようにという大胆な提言、それが習近平主席の語った「人類運命共同体」の理念と結び付けて提唱されたことはこれまでなかったことだ。

中国外交は今後、「責任ある大国」を一段と意識し、南シナ海問題をめぐる各種の主張の中では「穏健派」の考えを支持し、紛争の激化防止・沿岸諸国との関係強化・新しい枠組み作りに取り組むという方向へ向かって模索をしていくのではないかと期待されている。

2017年３月８日、王毅外相は全人代の期間中に行われた記者会見で、

「過去 1 年、南中国海は波立ったが、最終的に穏やかになってきた。情勢はいくらか緩和したのではなく、著しく緩和した。これは中国とASEAN諸国の共同努力の結果であり、地域にとっても世界にとっても幸いなことだ」

「現在、南中国海における関係国の行動宣言（DOC）は全面的かつ有効に実行に移され、具体的争いはすでに直接の当事国による対話と協議による解決という正しい道に戻っている。われわれはまた、ASEAN10 カ国と南中国海における行動規範（COC）の協議を進めており、共に同意する地域ルールを制定しようとしている」

と語った。[6]

もちろん、南シナ海問題の行方をあまり楽観視してはならない要素はまだ残る。米軍が「過度に頻繁な自由航行作戦」を繰り返したり、域外大国が同海域で「共同パトロール」に踏み切ったりすれば、中国国内のナショナリズムと解放軍内部の不満が再度噴出し、それに押されて、中国が南シナ海問題で再び強硬に出るシナリオも排除できない。

一縷の望みとして、南シナ海への対応をめぐってトランプ新政権と中国との間で、緊張をエスカレートさせず、軍事衝突を防ぎ、外交交渉によって解決をする点で初歩的な合意に達したことが挙げられる。

南シナ海に比べて、東シナ海方面はかえって不測の事態が起こりそうな雰囲気である。最近、元自衛官の小西誠氏が著した『オキナワ島嶼戦争――自衛隊の海峡封鎖作戦』（社会批評社）を読んだ。自衛隊の南西諸島配備は「尖閣戦争」に備えるものとして合理化されているが、実際は「米軍のエアシーバトル（軍事戦略）に合わせた対中抑止戦略の本格的発動態勢づくり」が目的であり（104 頁）、「米中経済の緊密化の中で、（中略）日本・自衛隊を中心にした『東中国海戦争』となりつつある」（173 頁）と指摘されていることに強い衝撃を受けた。

---

[6] 「中国外交部長　ASEANと共に同意する地域のルールを制定」、『人民網』日本語版、2017 年 3 月 10 日。http://j.people.com.cn/n3/2017/0310/c94474-9188696.html

日中間では不測の事態を防ぐ最低限の相互通報メカニズム「東シナ海海空連絡システム」の早期合意が求められている。

中国の海洋戦略は形成過程にあり、確かに不透明な部分がある。ただそれを最初から脅威や潜在敵と決めつけて過剰な対立行動を取ると、中国側の強い反発と警戒心を呼び、緊張が一層高まる可能性がある。まさに「自己実現的予言（Self-fulfilling prophecy）」[7]である。

中国外交政策の決定に対し影響力がある傅瑩・全人代外事委員会主任委員は、2017年3月4日の記者会見でいみじくも次のように語った。

> 「国際的な役割」「国際的なポジション」といった概念は中国にとってまだ新しい課題であり、中国もそれを模索し、実践していく過程にある。[8]

中国が現代化プロセスを進めていく延長線上には、民主化、国際法の順守、国際システムの中で発展する、という選択肢しか残っていない。このような世界と中国の大きな流れをまず見極め、南シナ海問題を含め、中国の行方に対してもっと幅の広い観察力と柔軟な対処能力を身に着けなければならない。

以上に列挙した著者の深みある観点を理解した上で本書を通読すれば、その面白さも倍増する。それが、この後書きが「解説に代えて」として長く書いた理由でもある。

ただ、本書の翻訳は引き受けてから、実際の作業は予想以上に大変だった。引用された中国の歴史文献の現代語訳、国際法用語の推敲、地図の追加、ベトナム語・フランス語・英語などの人名・地名・書名・雑誌名の確認などもしなければならなかった。

---

[7] マートン（Merton, R. K.1957）は、トマス（Thomas, W. I.）の状況定義論「人がある状況がほんとうにあると定義すると、結果としてその状況が現実に存在するものになる」を発展させ、自己実現的予言と名づけた。

[8] 「傅瑩宣講中国"世界観"：看重当下国際体系」、北京『参考消息網』2017年3月5日。

困難を乗り越えて翻訳作業を完了し、出版にこぎつけたことに、まず著者の呉士存先生が訳者の度重なる要望と注文に丁寧に対応してくださったことに感謝の意を表さなければならない。中国南海研究院の陳平平・海洋経済研究所副所長、閻岩・同海洋法律と政策研究所副所長（博士）、劉延華・同助理研究員（博士）も、参考資料と地図の提供、引用文献の確認など親切に協力してくださった。翻訳の過程において、日本では矢吹晋・横浜市立大学名誉教授、村田忠禧・横浜国立大学名誉教授、岡田充・共同通信社客員論説委員、石井明・東京大学名誉教授、中野亜里・大東文化大学教授、苦米地真理・法政大学大学院特任研究員、黄祥雲・社団法人アジア連合大学院機構研究員、台湾では邵漢儀・政治大学国際法学研究中心研究員、中国大陸では沈志華・華東師範大学周辺国家研究院院長など、多くの方の協力と支援を受けた。併せて御礼を申し上げたい。

　筆者が学問や本著の翻訳作業に専念できたのは、妻智子のサポートによるところも大きい。長女夏穂は多国籍企業に就職し、さまざまな言語が飛び交う中で、国際人として育っていくことが楽しみだ。次女慧は美術系の大学に進学し、同級生と共同個展を出すなど意欲的であるところがうれしい。家族が頑張っていればこそ、還暦を迎えた自分も毎日深夜まで仕事ができる充実感がある。

　中国の南シナ海政策に関するデリケートな本書の出版を、花伝社の平田勝社長が引き受けてくださったことに、敬意を表したい。編集担当の山口侑紀さんの、引用資料・用語のチェックなどにおける丁寧な作業、内容の真実と正確さの追求に妥協しない姿勢に脱帽した。文末にて衷心よりの感謝を申したい。

2017年4月

朱　建栄

呉士存（Wu Shicun）
1957年、中国江蘇省生まれ。2004年より中国南海研究院院長となり現在に至る。南京大学中国南海研究協同創新センター副主任、ボアオ（博鰲）アジアフォーラム研究院副院長を兼任。歴史学博士。専門は、南海、海洋法律、地域安全保障問題。中国とベトナムのトンキン湾境界線画定交渉にも携わり、南海問題関連の研究プロジェクトを多数主催。著編書に、本書のもとになった『南沙争端的起源与発展』（改訂版、中国経済出版社 2013年）、英語版 Solving Disputes for Regional Cooperation and Development in the South China Sea: A Chinese Perspective（Chandos Publishing,UK,2013）のほか、『南海問題文献匯編』（海南出版社 2001年）、『世界著名島嶼経済体選論』（世紀知識出版社 2006年）、『南海知識読本』（南海出版社 2010年）、『中菲南海争議10問』（時事出版社 2014年）、『南海問題面面観（改定版）』（時事出版社 2016年）、『国際海洋法最新案例精選』（中国民主法治出版社 2016年）、『21世紀海上絲綢之路与中国──東盟合作』（南京大学出版社 2016年）など多数。

朱建栄（しゅ・けんえい）
1957年、上海生まれ。中国・華東師範大学外国語学部卒、1992年、学習院大学で博士号（政治学）を取得。1986年に来日し、学習院大・東京大・早稲田大などの非常勤講師を経て、1992年、東洋女子短期大学助教授、1996年より東洋学園大学教授となり現在に至る。その間、2002年、米国ジョージ・ワシントン大学（GWU）客員研究員、2007年、英国ロンドン大学東洋アフリカ学院（SOAS）客員研究員。著書は『毛沢東の朝鮮戦争』（岩波書店 1991年）、『中国 2020年への道』（日本放送出版協会 1998年）、『毛沢東のベトナム戦争』（東京大学出版会 2001年）、『中国で尊敬される日本人たち』（中経出版 2010年）、『中国外交 苦難と超克の100年』（PHP 2012年）など多数。

中国と南沙諸島紛争──問題の起源、経緯と「仲裁裁定」後の展望
2017年4月25日　初版第1刷発行

著者 ── 呉　士　存
訳者 ── 朱　建　栄
発行者 ── 平田　勝
発行 ── 花伝社
発売 ── 共栄書房
〒101-0065　東京都千代田区西神田2-5-11出版輸送ビル2F
電話　　　03-3263-3813
FAX　　　03-3239-8272
E-mail　　kadensha@muf.biglobe.ne.jp
URL　　　http://kadensha.net
振替 ── 00140-6-59661
装幀 ── 水橋真奈美（ヒロ工房）
印刷・製本 ─ 中央精版印刷株式会社

©2017　呉士存　朱建栄
本書の内容の一部あるいは全部を無断で複写複製（コピー）することは法律で認められた場合を除き、著作者および出版社の権利の侵害となりますので、その場合にはあらかじめ小社あて許諾を求めてください
ISBN 978-4-7634-0807-5 C0036

南シナ海領土紛争と日本

矢吹 晋 著

本体価格2000円＋税

●沖ノ鳥島は島か岩か？
南シナ海・南沙諸島紛争は、人類が経験した最も複雑な領有権争いである。その出発点に、日本の敗戦処理において、日本が戦時中に領有したこれらの島々を放棄しただけで、帰属先を決めていないことがあった。決して他人事ではない南シナ海領土紛争。その解決には人類の英知が試され、日本の役割が問われている。
人類・地球の宝、母なる海を、領土・領海ナショナリズムから解き放て

なぜ、いま東アジア共同体なのか

東アジア共同体研究所　編
鳩山友紀夫、進藤榮一、高野孟、中島政希、島袋純　著
本体価格2000円＋税

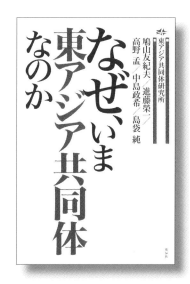

●東アジア共同体構想の推進こそが未来を拓く

国際環境の大変動に日本はいかなる構想力をもって対応すべきか？「すべての偉大な歴史的出来事は、ユートピアとして始まり、現実として終わった。」──クーデンホフ・カレルギー（EUの父）